“十二五”普通高等教育本科国家级规划教材

北京高等教育精品教材

概率论与数理统计

(第 三 版)

王松桂　张忠占　程维虎　高旅端　编

第一版获“2002年全国普通高等学校优秀教材二等奖”
第二版获“普通高等教育‘十一五’国家级规划教材”

科学出版社

北　京

内 容 简 介

本书是一本高等学校非数学专业的概率论与数理统计教材. 全书共9章, 内容包括随机事件、随机变量、随机向量、数字特征、极限定理、样本与统计量、参数估计、假设检验, 回归分析与方差分析. 各章后选配了适量习题, 并在书后附有习题答案与选解. 书末有 4 个附录, 其中附录一给出了几个重要的分布表, 附录二介绍了一些常见的重要概率分布, 附录三汇集了近几年的硕士研究生入学统一考试试题及参考答案, 附录四介绍了概率统计的各种应用. 本书力求使用较少的数学知识, 强调概率统计概念的阐释, 并注意举例的多样性.

本书可作为高等学校工科、农医、经济、管理等专业的概率统计课程的教材, 也可作为实际工作者的自学参考书.

图书在版编目(CIP)数据

概率论与数理统计/王松桂等编. —3 版. —北京: 科学出版社, 2011

"十二五"普通高等教育本科国家级规划教材 · 北京高等教育精品教材

ISBN 978-7-03-032023-0

Ⅰ. ①概… Ⅱ. ①王… Ⅲ. ①概率论-高等学校-教材 ②数理统计-高等学校-教材 Ⅳ. ①O21

中国版本图书馆 CIP 数据核字(2011) 第 162173 号

责任编辑: 姚莉丽 / 责任校对: 张怡君
责任印制: 张克忠 / 封面设计: 陈　敬

科学出版社 出版
北京东黄城根北街 16 号
邮政编码: 100717
http://www.sciencep.com

北京市文林印务有限公司印刷
科学出版社发行　各地新华书店经销
*
2000 年 9 月第 一 版　开本: 720 × 1000 1/16
2006 年 8 月第 二 版　印张: 18
2011 年 12 月第 三 版　字数: 350 000
2015 年 8 月第三十三次印刷

定价: 28.00 元

(如有印装质量问题, 我社负责调换)

第三版前言

本书自出版以来, 受到了广大读者和同行的青睐, 在第二版出版 5 年之际, 总发行量已达 15 万册. 作为本书的作者, 在欣喜之余也感到压力. 高兴自不必说, 压力来自惟恐教材中哪点考虑不周而贻害广大读者. 客观地说, 编写一本数学基础课教材并不容易. 本书之所以受到欢迎, 一方面是有一个比较恰当的定位和多年的积累, 另一方面也是由于不断吸收了同行的意见和建议.

在第二版的基础上, 本版主要做了如下修订：(1) 针对在教学中碰到的问题对部分内容进行了修改, 试图使学生更容易理解这些内容. 这些修改所涉及的多是相关内容的表述, 不影响知识体系. (2) 在第 9 章中, 简化了回归分析的内容, 增加了方差分析的基本内容. (3) 更新了正文中的部分例题和习题. (4) 对于几个附录做了少许改动. 本版沿用了第二版的结构安排, 没有对内容进行大规模的改动. 这既是考虑到使用的连续性, 同时我们主观上希望本书作为基础课教材逐步走向成熟. 另外, 近几年来我们课程组还努力围绕本书进行了一系列工作：编写了便于学生研习的教学辅导材料 (《概率论与数理统计学习辅导》, 杨爱军等编, 科学出版社 2008 年出版) 和包含基本内容的电子课件等.

本书第三版的出版得到科学出版社一如既往的鼓励和支持, 我们非常感谢自第一版出版以来出版社的所有编辑朋友们; 也感谢全国各地多年来支持我们的广大同行, 并希望能够继续得到对于本书的意见和建议.

作　者

2010 年 11 月于北京工业大学

第二版前言

本书第一版自 2000 年 9 月出版以来, 被许多高等院校选作教科书, 并荣获教育部“2002 年全国普通高等学校优秀教材二等奖”, 已重印七次. 另一方面, 近几年来, 高等教育的飞速发展为高等学校的教学提出了许多新的课题, 教育部近几年来非常重视本科教育质量的提高, 推出了一系列精品工程, 北京工业大学的公共基础课“概率论与数理统计”也于 2003 年被评为北京市精品课程, 这使得本书的影响面越来越大. 面对高等教育的发展, 面对精品课程和精品教材建设的要求, 面对广大同仁的鼓励, 我们感到压力. 虽然我们曾经努力争取在每一次重印时都有所改进, 但终究认为有必要把最近几年我们在教学过程中的尝试进行系统的总结, 使得本书能以更好的面貌呈现给读者. 于是, 在科学出版社的鼓励下, 就有了再版的想法.

如第一版前言所说, “概率论与数理统计”作为数学类基础课, 与应用的联系密切, 同时学生对于概念与理论的理解往往感到困难. 而目前由于高等教育向大众化的发展, 学生的学习需求趋向于多样化, 同时, 由于各方面的原因, 也很难预期增加课程的学时, 这给教师授课增加了难度. 面对这种复杂的局面, 我们在教学中进行了一些尝试. 目前呈现在大家面前的这一版, 就是在第一版的基础上, 通过总结最近几年教学的经验, 对原有内容进行进一步凝练、加工和增删而形成的. 与第一版比较, 内容的变动和我们的主要想法如下：

(1) 继续保持了第一版在三个方面的努力, 即精化论证、保持严谨, 详解概念、帮助领会, 举例多样、注重应用, 但在新版中我们进一步注意了学生对于内容及其叙述的可接受性, 从而为在基本内容上提高教学效果留下了空间. 我们对第一版中的一些推演进行了改进, 使之更为顺畅或简洁; 各章均调整和增加了部分例题, 以提高例题的代表性, 加强学生对相关知识应用的掌握; 精简了关于 n 维随机向量的内容, 尤其是后面涉及不多的 n 维离散型随机向量; 调整了前四章的习题及其答案, 使得习题与课程内容有更好的衔接; 同时, 我们进一步改进了一些思想和概念的讲解.

(2) 考虑到硕士研究生教育的快速发展以及本科生学习的多层次的需要, 我们汇集了近几年来硕士研究生招生考试中的概率统计试题, 并给出了参考答案, 形成了附录三, 一方面可以作为补充的课外练习, 同时也可以作为有志进一步学习的读者的参考.

(3) 我们在教学中了解到, 很多读者在学习的过程中, 希望更多了解这门学科在实际中的应用情况. 为此, 我们增加了附录四“概率论与数理统计应用漫谈”作为一个尝试, 选取若干有一定代表性的实例, 简略地介绍其中有关的概率统计的思想方法以及相应的概率统计学的分支, 并给出了相应的参考书, 但不深入这些理论的具体细节. 一方面作为课堂内容的延伸, 可以提高读者对于概率统计课程的兴趣、增加对于概率统计应用的了解, 另一方面也可以作为读者面对实际问题查找概率统计工具的一个导引. 其中的内容基本独立于各章, 也不需要特殊的数学基础, 因而阅读的时间、空间不受限制. 我们希望读者能够在轻松愉快的阅读中领略到概率统计的无穷魅力和应用的广阔空间. 当然, 如果读者在学习课程前后各读一遍, 效果会更好.

我们还对附录二的部分内容进行了调整. 同时, 第二版也改正了原来的一些不妥之处, 不一一列举. 在此, 还想强调一点, 虽然书后附有习题和研究生入学试题的答案, 但希望读者一定要先进行独立的思考, 不要过早地翻看习题的答案. 这对于学习数学尤其重要.

第二版的更新和写作分工如下：第 1、2 章和附录二由程维虎执笔, 第 3、4 章和附录三由高旅端执笔, 第 6~8 章由王松桂执笔, 第 5、9 章和附录四由张忠占执笔, 并在集体讨论的基础上由张忠占定稿. 写作过程中吸收了北京工业大学概率统计学科部各位老师的经验, 同时也吸取了不少同行的意见和建议. 这次再版的工作得到了北京市精品教材建设项目的资助和北京市精品课程建设项目的支持, 同时, 北京工业大学和科学出版社也给予了很大的鼓励, 在此一并致以衷心感谢.

由于水平所限, 加之时间仓促, 不当之处在所难免, 敬请同行与广大读者不吝赐教. 联系地址：zzhang@bjut.edu.cn.

编　者

2004 年 8 月 10 日

第一版前言

本书是根据我们在北京工业大学和中国科学技术大学 20 余年来教学实践的基础上编写的, 其目的是作为高等学校理工、农医、经济、金融、管理等各专业有关概率论与数理统计课程的教材或实际工作者的参考书.

概率论与数理统计作为现代数学的重要分支, 在自然科学、社会科学和工程技术的各个领域都具有极为广泛的应用, 特别近 20 年来, 随着计算机的迅速普及, 概率统计在经济、管理、金融、保险、生物、医学等方面的应用更是得到长足发展. 正是概率统计的这种广泛应用性, 使得它今天成为各类专业大学生的最重要的数学必修课之一. 概率统计有别于其他数学分支的重要一点在于, 初学者往往对一些重要的概率统计概念的实质的领会感到困难. 考虑到这个原因以及概率统计应用性很强的特点, 本书在取材与写作上, 在如下三个方面做了努力:

(1) 尽量使用较少的数学知识 (只限于微积分和少量矩阵代数知识), 避免过于数学化的论证, 但保持叙述的严谨性.

(2) 用较多的篇幅对基本概念, 特别是统计概念的理论或应用上的解释, 以便帮助读者正确领会概念的内涵.

(3) 考虑到概率统计应用的广泛性, 我们特别注意举例的多样性, 书中给出了工业、农业、工程、经济、管理、医药、商业、保险等领域的许多例子, 以便帮助读者从不同的侧面理解概念, 掌握方法.

全书共九章, 分两大部分. 第一部分由前五章组成, 讲授概率论的基础知识, 包括随机事件、随机变量及其分布和极限定理. 第二部分是后四章, 讲授数理统计的基本概念、参数估计、假设检验和线性回归分析, 本书各章配有适量习题, 书后有习题提示和解答. 根据不同专业的需要, 适量选取部分内容, 本书可作为不同专业有关概率论与数理统计课程的教材.

本书的写作分工如下: 第 1、2 章由程维虎执笔, 第 3~5 章由高旅端执笔, 第 6~9 章由王松桂执笔, 最后全书由王松桂修改定稿. 贾忠贞仔细阅读了本书部分章节的初稿, 提出了许多宝贵意见.

本书的编写工作还得到了国家自然科学基金和北京市自然科学基金的资助, 编者借此机会一并致谢.

由于编者水平所限, 不当乃至谬误之处在所难免, 恳请国内同行及广大读者不吝赐教.

编　者

1999 年 10 月 1 日

目　　录

第三版前言

第二版前言

第一版前言

第 1 章　随机事件 ······ 1

1.1　基本概念 ······ 1

1.1.1　随机试验与事件 ······ 1

1.1.2　事件的关系与运算 ······ 3

1.2　事件的概率 ······ 5

1.2.1　事件的频率 ······ 6

1.2.2　事件的概率 ······ 7

1.3　古典概率模型 ······ 9

1.4　条件概率 ······ 14

1.4.1　条件概率 ······ 14

1.4.2　乘法公式 ······ 16

1.4.3　全概率公式 ······ 17

1.4.4　贝叶斯公式 ······ 18

1.5　事件的独立性 ······ 19

习题 1 ······ 22

第 2 章　随机变量 ······ 25

2.1　随机变量的定义 ······ 25

2.2　离散型随机变量 ······ 26

2.2.1　离散型随机变量的概率分布 ······ 26

2.2.2　常见的离散型随机变量的概率分布 ······ 28

2.3　连续型随机变量与随机变量的分布函数 ······ 33

2.3.1　直方图 ······ 33

2.3.2　概率密度函数 ······ 35

2.3.3　常见的连续型随机变量的概率密度函数 ······ 36

2.3.4　随机变量的分布函数 ······ 40

2.4　随机变量函数的分布 ······ 42

2.4.1　离散型随机变量函数的分布 ······ 43

2.4.2　连续型随机变量函数的分布 ······ 44

习题 2 …… 48
第 3 章　随机向量 …… 51
3.1　二维随机向量及其分布函数 …… 51
3.2　二维离散型随机向量 …… 52
3.3　二维连续型随机向量 …… 55
3.3.1　二维连续型随机向量 …… 55
3.3.2　均匀分布 …… 56
3.3.3　二维正态分布 …… 57
3.4　边缘分布 …… 58
3.4.1　边缘分布函数 …… 58
3.4.2　二维离散型随机向量的边缘概率分布 …… 59
3.4.3　二维连续型随机向量的边缘概率密度 …… 61
3.5　条件分布 …… 63
3.5.1　条件分布的概念 …… 63
3.5.2　离散型随机变量的条件概率分布 …… 63
3.5.3　连续型随机变量的条件概率密度 …… 65
3.6　随机变量的独立性 …… 69
3.7　随机向量函数的分布 …… 71
3.7.1　$Z=X+Y$ 的分布 …… 71
3.7.2　$Z=\max\{X,Y\}$ 和 $Z=\min\{X,Y\}$ 的分布 …… 73
3.8　n 维随机向量 …… 75
3.8.1　定义和分布函数 …… 75
3.8.2　n 维连续型随机向量 …… 76
3.8.3　n 维随机向量函数的分布 …… 77
习题 3 …… 78
第 4 章　数字特征 …… 82
4.1　期望 …… 82
4.1.1　离散型随机变量的期望 …… 82
4.1.2　连续型随机变量的期望 …… 86
4.1.3　随机变量函数的期望 …… 87
4.1.4　期望的性质 …… 90
4.2　方差 …… 92
4.2.1　定义 …… 92
4.2.2　方差的性质 …… 94
4.2.3　几种常用随机变量的方差 …… 96
4.3　协方差与相关系数 …… 98

4.3.1 协方差 ······ 99
4.3.2 相关系数 ······ 100
4.4 矩与协方差矩阵 ······ 102
4.4.1 矩 ······ 102
4.4.2 协方差矩阵 ······ 103
习题 4 ······ 103
第 5 章　极限定理 ······ 107
5.1 大数定律 ······ 107
5.1.1 切比雪夫不等式 ······ 107
5.1.2 大数定律 ······ 108
5.2 中心极限定理 ······ 110
习题 5 ······ 114
第 6 章　样本与统计量 ······ 115
6.1 总体与样本 ······ 115
6.2 统计量 ······ 118
6.3 正态总体的抽样分布 ······ 122
6.3.1 χ^2 分布 ······ 122
6.3.2 t 分布 ······ 124
6.3.3 F 分布 ······ 124
6.3.4 正态总体的样本均值与样本方差的分布 ······ 126
习题 6 ······ 127
第 7 章　参数估计 ······ 129
7.1 矩估计 ······ 129
7.2 极大似然估计 ······ 132
7.3 估计量的优良性准则 ······ 138
7.3.1 无偏性 ······ 138
7.3.2 均方误差准则 ······ 140
7.4 正态总体的区间估计 (一) ······ 141
7.5 正态总体的区间估计 (二) ······ 145
7.6 非正态总体的区间估计 ······ 147
7.6.1 二项分布 ······ 148
7.6.2 泊松分布 ······ 149
习题 7 ······ 150
第 8 章　假设检验 ······ 152
8.1 基本概念 ······ 152
8.2 正态总体均值的检验 ······ 155
8.2.1 单个正态总体 $N(\mu,\sigma^2)$ 均值 μ 的检验 ······ 155

8.2.2 两个正态总体 $N(\mu_1, \sigma_1^2)$ 和 $N(\mu_2, \sigma_2^2)$ 均值的比较 …… 157
8.2.3 成对数据的 t 检验 …… 160
8.3 正态总体方差的检验 …… 162
8.3.1 单个正态总体方差的 χ^2 检验 …… 162
8.3.2 两个正态总体方差比的 F 检验 …… 164
8.4 拟合优度检验 …… 165
8.5 独立性检验 …… 170
习题 8 …… 173
第 9 章 回归分析与方差分析 …… 175
9.1 一元线性回归模型 …… 175
9.1.1 最小二乘估计 …… 176
9.1.2 最小二乘估计的性质 …… 179
9.1.3 回归方程的显著性检验 …… 180
9.1.4 回归参数的区间估计 …… 183
9.1.5 预测问题 …… 184
9.2 方差分析 …… 187
9.2.1 单因子试验的方差分析 …… 187
9.2.2 两因子试验的方差分析 …… 191
习题 9 …… 195
习题答案与选解 …… 198
参考文献 …… 209
附录一 重要分布表 …… 210
附录二 常见的重要分布 …… 226
附录三 2009 年至 2015 年全国硕士研究生入学统一考试试题 …… 236
附录四 概率论与数理统计应用漫谈 …… 250

第 1 章　随 机 事 件

在人类社会的生产实践和科学实验中, 人们所观察到的现象大体上可分为两种类型. 一类是事前可以预知结果的, 即在某些确定的条件满足时, 某一确定的现象必然会发生, 或根据它过去的状态, 完全可以预知它将来的发展状态. 我们称这一类型的现象为确定性现象或必然现象. 例如, 在一个标准大气压下, 水在 100 ℃时一定沸腾; 两个同性的电荷一定互斥; 冬天过去, 春天就会到来, 等等. 还有另一类现象, 它是事前不能预知结果的, 即在相同的条件下重复进行试验时, 每次所得到的结果未必相同, 或即使知道它过去的状态, 也不能肯定它将来的发展状态. 我们称这一类型的现象为偶然性现象或随机现象. 如抛掷一枚质地均匀的硬币, 硬币落地后的结果可能是带币值的一面朝上, 也可能是另一面朝上, 并且在每次抛币之前, 不能预知其抛币后的结果肯定是什么; 又如, 某射击运动员用一支步枪在同一地点进行射击训练, 每次射击的成绩 (环数) 可能不同, 并且在每次射击之前, 均无法预知其射击后的成绩是多少, 等等.

虽然随机现象在一定的条件下, 可能出现这样或那样的结果, 且在每一次试验或观测之前不能预知这一次试验的确切结果，但人们经过长期的、反复的观察和实践, 逐渐发现了所谓结果的“不能预知”, 只是对一次或少数几次试验和观察而言的. 当在相同条件下进行大量重复试验和观测时, 试验的结果就会呈现出某种规律性. 例如, 多次抛掷均匀硬币时, 出现带币值的一面朝上的次数约占抛掷总次数的一半. 这种在大量重复性试验和观察时, 试验结果呈现出的规律性, 就是我们以后所讲的统计规律性. 概率论与数理统计就是研究和揭示随机现象统计规律性的数学分支.

1.1　基 本 概 念

1.1.1　随机试验与事件

为了叙述方便, 我们常把对某种现象的一次观察、测量或进行一次科学实验, 统称为一个试验. 如果这个试验在相同的条件下可以重复进行, 且每次试验的结果是事前不可预知的, 则称此试验为随机试验, 也简称为试验, 记为 E. 以后所提到的试验都是指随机试验.

进行一次试验, 要有一个观测目的. 试验中可能观测到多种不同的结果. 例如, 抛掷一枚质地均匀的硬币, 如果观测的目的只是看硬币落地后哪一面朝上, 这时, 可能观测到的结果有两种：带币值的一面朝上和另一面朝上, 至于硬币落在了什么位置、落地前转了几圈等均不在观测目的之列, 当然也就不算在试验的结果之内.

下面是一些试验的例子.

E_1: 掷一颗骰子, 观察所掷的点数是几;

E_2: 工商管理部门抽查市场某些商品的质量, 检查商品是否合格;

E_3: 观察某城市某个月内交通事故发生的次数;

E_4: 已知某物体的长度在 a 和 b 之间, 测量其长度;

E_5: 对某型号电子产品做实验, 观察其使用寿命;

E_6: 对某型号电子产品做实验, 观察其使用寿命是否小于 200 小时.

对于随机试验, 尽管在每次试验之前不能预知其试验的结果, 但试验的所有可能结果组成的集合却是已知的. 我们称试验的所有可能结果组成的集合为样本空间, 记为 Ω. 样本空间的元素, 也就是随机试验的单个结果称为样本点.

在前面所举的 6 个试验中, 若以 Ω_i 表示试验 E_i 的样本空间, $i=1,2,\cdots,6$, 则

$\Omega_1=\{1,2,3,4,5,6\}$;

$\Omega_2=\{$合格品, 不合格品$\}$;

$\Omega_3=\{0,1,2,\cdots\}$;

$\Omega_4=\{\ell,\ a\leqslant\ell\leqslant b\}$;

$\Omega_5=\{t,\ t\geqslant 0\}$;

$\Omega_6=\{$寿命小于 200 小时, 寿命不小于 200 小时$\}$.

需要说明的是: 在 E_3 中, 虽然每个城市每个月内发生交通事故的次数是有限的, 不会非常大, 但一般说来, 人们理论上很难定出一个交通事故次数的有限上限. 为了方便, 我们把上限视为 ∞. 这样的处理方法在理论研究中经常被采用. 同样, 在 E_5 中我们也作了类似的处理.

我们把样本空间的任意一个子集称为一个随机事件, 简称事件, 常用大写字母 A, $B, C, \cdots$ 表示. 因此, 随机事件就是试验的若干个结果组成的集合. 特别地, 如果一个随机事件只含一个试验结果, 则称此事件为基本事件.

例 1.1.1 掷一颗骰子, 用 $A_1=\{1\}$, $A_2=\{2\}, \cdots, A_6=\{6\}$ 分别表示所掷的结果为"一点"至"六点", B 表示"偶数点", C 表示"奇数点", D 表示"四点或四点以上". 若试验的目的是观察所掷的点数是几, 试写出样本空间; 指出 $A_1, A_2, \cdots, A_6$, B, C, D 事件中哪些是基本事件; 表示事件 B, C, D.

解 投掷后可能有 6 种不同的结果 $A_1, A_2, \cdots, A_6$, 样本空间 $\Omega=\{1,2,3,4,5,6\}$; $A_1, A_2, \cdots, A_6$ 都是基本事件; $B=\{2,4,6\}$, $C=\{1,3,5\}$, $D=\{4,5,6\}$.

例 1.1.2 观察某城市单位时间 (例如一个月) 内交通事故发生的次数, 若以 $A_i=\{i\}$ 表示"该城市单位时间内交通事故发生 i 次", $i=0,1,2,\cdots$, 则样本空间 $\Omega=\{0,1,2,\cdots\}$, $A_i=\{i\}$ 是基本事件, $i=0,1,2,\cdots$. 若随机事件 B 表示"至少发生一次

交通事故”, 则 $B=\{1,2,\cdots\}$. 若随机事件 C 表示“发生交通事故不超过 5 次”, 则 $C=\{0,1,2,3,4,5\}$, 等等.

在试验中, 当事件 (集合) 中的一个样本点 (元素) 出现时, 称这一事件发生. 例如, 在例 1.1.1 中, 当投掷的结果为“四点”时, 事件 A_4, B, D 均发生.

由于样本空间 Ω 包含了所有的样本点, 且是 Ω 自身的一个子集, 在每次试验中它总是发生, 所以称 Ω 为必然事件. 空集 $\varnothing$ 不包含任何样本点, 它也是样本空间的一个子集, 且在每次试验中总不发生, 所以称 $\varnothing$ 为不可能事件.

1.1.2 事件的关系与运算

既然事件是一个集合, 因此有关事件间的关系、运算及运算规则也就按集合间的关系、运算及运算规则来处理. 根据“事件发生”的含义, 不难给出事件的关系与运算的含义.

设 Ω 是试验 E 的样本空间, A, B, C 及 $A_1, A_2, \cdots$ 都是事件, 即 Ω 的子集.

1. 若事件 A 发生必有事件 B 发生, 则称事件 A 包含于事件 B, 或事件 B 包含事件 A, 记为 $A\subset B$.

从“事件是样本空间的子集”的观点看, $A\subset B$ 表示集合 A 包含在集合 B 之中, 即 B 要比 A 大或一样大. 例如, 在例 1.1.1 中, $A_1=\{1\}\subset C=\{1,3,5\}$, $A_2=\{2\}\subset B=\{2,4,6\}$.

若 $A\subset B$, 且 $B\subset A$, 则称事件 A 与 B 相等, 记为 $A=B$.

2. 对两个事件 A 与 B, 定义一个新事件

$$C=\{A\text{发生或}B\text{发生}\},$$

称为事件 A 与 B 的和或并, 记为 $C=A\cup B$ 或 $C=A+B$.

从定义容易看出, 只要事件 A 与 B 中至少有一个发生, 事件 C 就发生. 因此, A 与 B 的和事件就是把 A 与 B 所包含的试验结果合并在一起. 例如, 在例 1.1.1 中, $A_1=\{1\}$, $C=\{1,3,5\}$, $D=\{4,5,6\}$, 则 $A_1\cup C=\{1,3,5\}$, $C\cup D=\{1,3,4,5,6\}$.

事件的和可以容易地推广到多个 (有限或可列无限) 事件的情形. 例如 n 个事件 $A_1, A_2, \cdots, A_n$ 的和 C, 记为$C=\bigcup\limits_{i=1}^{n}A_i$, 定义为

$$\begin{aligned}C=\bigcup_{i=1}^{n}A_i&=\{A_1\text{发生, 或}A_2\text{发生, }\cdots\text{, 或}A_n\text{发生}\}\\&=\{A_1, A_2, \cdots, A_n\text{中至少一个发生}\}.\end{aligned}$$

对可列无限个事件 $A_1, A_2, \cdots$, 可以类似地定义它们的和 C, 并记为

$$C=\bigcup_{i=1}^{\infty}A_i=\{A_1, A_2, \cdots\text{中至少一个发生}\}.$$

在例 1.1.2 中, 观察某城市某月内交通事故发生的次数, 用 A_i 表示该月发生 i 次交通事故, 则 $A_i=\{i\}$, $i=0,1,2,\cdots$. 定义 $C_1=\{$该月发生交通事故不超过 10 次$\}$, 则

$$C_1=\bigcup_{i=0}^{10}A_i.$$

如果定义 $C_2=\{$该月发生交通事故 10 次或 10 次以上$\}$, 则

$$C_2=\bigcup_{i=10}^{\infty}A_i.$$

3. 对两个事件 A 与 B, 定义一个新事件

$$C=\{A与B都发生\},$$

称为事件 A 与 B 的积或交, 记为 $C=A\cap B$ 或 $C=AB$.

从“事件是样本空间的子集”的观点看, $C=AB$ 就是集合 A 与 B 的公共部分. 在例 1.1.1 中, $A_1C=\{1\}$, $A_2B=\{2\}$, $CD=\{5\}$.

类似地, 我们也可以定义多个事件 $A_1,A_2,\cdots$ 的积, 根据事件个数的有限和无限分别定义为

$$C=\{A_1,A_2,\cdots,A_n都发生\}=\bigcap_{i=1}^{n}A_i,$$

$$C=\{A_1,A_2,\cdots都发生\}=\bigcap_{i=1}^{\infty}A_i.$$

特别地, 若 $AB=\varnothing$, 则称 A 与 B 为互斥事件, 简称 A 与 B 互斥, 这也就是说事件 A 与 B 不可能同时发生. 例如, 在例 1.1.1 中, $A_1=\{1\}$, $A_2=\{2\}$, 于是 $A_1A_2=\varnothing$. 所以, 事件 A_1 与 A_2 互斥. 又如, 对 $B=\{2,4,6\}$ 和 $C=\{1,3,5\}$, 也有 $BC=\varnothing$, 事件 B 与 C 也互斥.

4. 对两个事件 A 与 B, 定义一个新事件

$$C=\{A发生,\ B不发生\},$$

称为事件 A 与 B 的差, 记为 $C=A-B$.

直观上容易理解, $A-B$ 就是在事件 A 所包含的试验结果中除去事件 B 所包含的试验结果后所剩下的部分.

特别地, 称 $\Omega-A$ 为 A 的对立事件或 A 的补事件, 记为 $\overline{A}$. 显然, $\overline{A}=\{A不发生\}$, $A\cup\overline{A}=\Omega$, 并且 $\overline{A}$ 与 A 总是互斥的. 例如, 在例 1.1.1 中, $A_1=\{1\}$, 于是 $\overline{A_1}=\{2,3,4,5,6\}$, 而 $B=\{2,4,6\}$, 因而 $\overline{B}=\{1,3,5\}$.

在这里, 我们用平面上的一个矩形表示样本空间 Ω, 矩形内的每个点表示一个样本点, 用两个小圆分别表示事件 A 和 B, 则事件的关系与运算可用图 1.1 来表示, 其中 $A\cup B, AB, A-B, \overline{A}$ 分别为图中阴影部分.

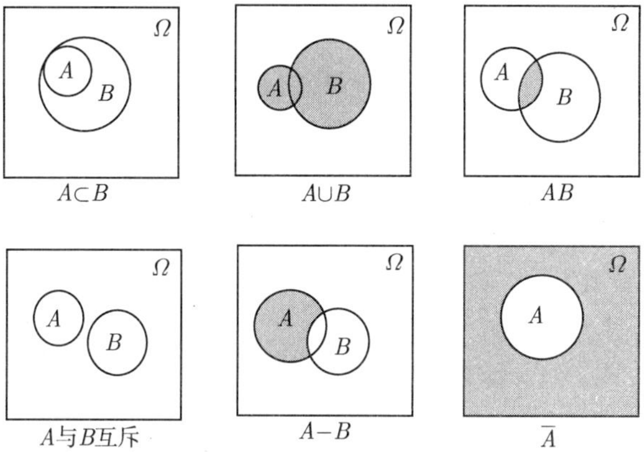

图 1.1 事件的关系与运算图

在进行事件的运算时, 经常要用到如下规则.

交换律: $A\cup B=B\cup A,\quad AB=BA$;

结合律: $A\cup(B\cup C)=(A\cup B)\cup C,\quad A(BC)=(AB)C$;

分配律: $A(B\cup C)=(AB)\cup(AC),\quad A\cup(BC)=(A\cup B)(A\cup C)$;

对偶律: $\overline{A\cup B}=\overline{A}\ \overline{B},\quad \overline{AB}=\overline{A}\cup\overline{B}$.

对于多个随机事件, 上述运算规则也成立. 例如,

$$
\begin{aligned}
&A(A_1\cup A_2\cup\cdots\cup A_n)=(AA_1)\cup(AA_2)\cup\cdots\cup(AA_n);\\
&\overline{A_1A_2\cdots A_n}=\overline{A_1}\cup\overline{A_2}\cup\cdots\cup\overline{A_n};\\
&\overline{A_1\cup A_2\cup\cdots\cup A_n}=\overline{A_1}\ \overline{A_2}\ \cdots\ \overline{A_n},
\end{aligned}
$$

等等.

此外, 还应注意到 $A-B=A\overline{B},\quad A=(AB)\cup(A\overline{B})$ 等.

1.2 事件的概率

除必然事件和不可能事件外, 一个事件在一次试验中可能发生, 也可能不发生. 我们常常需要知道某些事件在一次试验中发生的可能性大小, 揭示出这些事件的内在的统计规律, 以便使我们能更好地认识客观事物. 例如, 知道了某食品在每段时间内变质的可能性大小, 就可以合理地制定该食品的保质期; 知道了河流在造坝地段最大洪峰达到某一高度的可能性大小, 就可以合理地确定造坝的高度等. 为了合理地刻画事件在一次试验中发生的可能性大小, 我们先引入频率的概念, 进而引出表征事件在一次试验中发生的可能性大小的数字度量 —— 概率.

1.2.1　事件的频率

定义 1.2.1　设 A 是一个事件. 在相同的条件下, 进行 n 次试验, 在这 n 次试验中, 若事件 A 发生了 m 次, 则称 m 为事件 A 在 n 次试验中发生的频数或次数, 称 m 与 n 之比 m/n 为事件 A 在 n 次试验中发生的频率, 记为 $f_n(A)$.

由定义, 不难发现频率具有如下性质:

(1) $0 \leqslant f_n(A) \leqslant 1$;

(2) $f_n(\Omega) = 1,\ f_n(\varnothing) = 0$;

(3) 若事件 $A_1, A_2, \cdots, A_k$ 两两互斥, 即对于 $i, j = 1, 2, \cdots, k, i \neq j, A_iA_j = \varnothing$, 则

$$f_n\left(\bigcup_{i=1}^{k} A_i\right) = \sum_{i=1}^{k} f_n(A_i).$$

由于事件 A 在 n 次试验中发生的频率是它发生的次数与总试验次数之比, 其大小表示 A 发生的频繁程度. 频率越大, 事件 A 发生得越频繁, 这就意味着 A 在一次试验中发生的可能性越大. 因此, 直观的想法是用频率来表示事件 A 在一次试验中发生的可能性大小. 但这是否合理? 先看下面的例子.

例 1.2.1　考虑"抛硬币"试验. 历史上, 许多数学家都做过这一试验, 若规定均匀硬币的币值面向上为事件 A 发生, 有关数据如表 1.1.

表 1.1　抛硬币试验数据表

试验者	n	m	$f_n(A)$
D.Mogen	2048	1061	0.5181
C.D.Buffon	4040	2048	0.5069
K.Pearson	12000	5981	0.4984
K.Pearson	24000	12012	0.5005

从表 1.1 中不难发现: 事件 A 在 n 次试验中发生的频率 $f_n(A)$ 具有随机波动性, 且当 n 较小时, 随机波动的幅度较大; 当 n 较大时, 随机波动的幅度较小. 最后, 随着 n 的逐渐增大, $f_n(A)$ 逐渐稳定于固定值 0.5.

例 1.2.2　考虑某类种子发芽率试验. 从一大批种子中抽取 7 批种子做发芽试验, 其结果见表 1.2.

表 1.2　种子发芽率试验数据表

种子粒数	10	70	310	700	1500	2000	3000
发芽粒数	9	60	282	639	1339	1806	2715
发芽率	0.9	0.857	0.910	0.913	0.893	0.903	0.905

在本例中, 我们可将观察一粒种子是否发芽视为一次试验. 若种子发芽, 则记事

件 A 发生. 从表 1.2 中不难发现: 事件 A 在 n 次试验中发生的频率 $f_n(A)$ 也具有随机波动性, 且当 n 较小时, 随机波动的幅度较大; 当 n 较大时, 随机波动的幅度较小. 最后, 随着 n 的逐渐增大, $f_n(A)$ 逐渐稳定于固定值 0.9.

从上面两个例子可以看出: 事件 A 在 n 次试验中发生的频率 $f_n(A)$ 在 0 与 1 之间随机波动, 当试验次数 n 较小时, 波动的幅度较大. 因而, 当 n 较小时, 用 $f_n(A)$ 来表示事件 A 在一次试验中发生的可能性大小是不恰当的. 况且, 即使对于相同的 n, $f_n(A)$ 也可能不同. 但是, 随着 n 的逐渐增大, $f_n(A)$ 逐渐稳定于某一固定常数. 对于每个事件 A, 都有这样一个客观存在的常数与之对应. 这种"频率的稳定性"就是通常所说的"统计规律性", 它已不断地被人类的实践所证实, 揭示了隐藏在随机现象中的内在规律性. 于是, 用这个频率的稳定值来表示事件发生的可能性大小是恰当的.

但是, 在实际问题中, 我们不可能、也没有必要对每个事件都做大量的试验, 从中得到频率的稳定值. 现在, 我们从频率的稳定性和频率的性质出发, 给出度量事件发生的可能性大小的量 —— 概率的定义及性质.

1.2.2 事件的概率

定义 1.2.2 设 E 是随机试验, Ω 是其样本空间. 对每个事件 A, 定义一个实数 $P(A)$ 与之对应. 若函数 $P(\cdot)$ 满足条件:

(1) 对于每个事件 A, 均有 $P(A) \geqslant 0$;

(2) $P(\Omega) = 1$;

(3) 若事件 $A_1, A_2, \cdots$ 两两互斥, 即对于 $i, j = 1, 2, \cdots,\ i \neq j,\ A_iA_j = \varnothing$, 均有

$$P(A_1 \cup A_2 \cup \cdots) = P(A_1) + P(A_2) + \cdots, \tag{1.2.1}$$

则称 $P(A)$ 为事件 A 的概率.

(1.2.1) 式称为概率的可加性.

注意, 这里的函数 $P(\cdot)$ 与我们在微积分中所遇到的函数不同, 其不同之处在于这里的函数的自变量是一个集合, 因而它是一个集合函数.

不难看出, 事件概率的定义是在事件频率的三条性质的基础上提出的. 在 5.1 节中, 我们将给出, 当 $n \to \infty$ 时, 频率 $f_n(A)$ 在某种意义下收敛到概率 $P(A)$ 的结论. 基于这一点, 我们有理由用上述定义的概率 $P(A)$ 来度量事件 A 在一次试验中发生的可能性大小.

由概率的定义, 可以推出概率的如下性质:

1. $P(\varnothing) = 0$, 即不可能事件的概率为零.

2. 若事件 $A_1, A_2, \cdots, A_n$ 两两互斥, 则有

$$P(A_1 \cup A_2 \cup \cdots \cup A_n) = P(A_1) + P(A_2) + \cdots + P(A_n), \tag{1.2.2}$$

即两两互斥事件之和的概率等于它们各自的概率之和.

3. 对任一事件 A, 均有 $P(\overline{A})=1-P(A)$.

4. 对两个事件 A 和 B, 若 $A\subset B$, 则有

$$P(B-A)=P(B)-P(A),\quad P(B)\geqslant P(A). \tag{1.2.3}$$

5. 对任意两个事件 A 和 B, 有

$$P(A\cup B)=P(A)+P(B)-P(AB). \tag{1.2.4}$$

证　1. 令 $A_i=\varnothing,\ i=1,2,\cdots$, 则 $A_1\cup A_2\cup\cdots=\varnothing$, 且 $A_1,A_2,\cdots$ 两两互斥. 由概率的可加性 (1.2.1) 式, 得

$$P(\varnothing)=P(\varnothing)+P(\varnothing)+\cdots.$$

再由 $P(\varnothing)\geqslant 0$, 得 $P(\varnothing)=0$. 性质 1 得证.

2. 令 $A_{n+1}=A_{n+2}=\cdots=\varnothing$, 则 $A_1,A_2,\cdots$ 两两互斥, 且 $A_1\cup A_2\cup\cdots\cup A_n=A_1\cup A_2\cup\cdots$. 于是, $P(A_1\cup A_2\cup\cdots\cup A_n)=P(A_1\cup A_2\cup\cdots)$. 由概率的可加性 (1.2.1) 式及性质 1, 得

$$\begin{aligned}P(A_1\cup A_2\cup\cdots\cup A_n)&=P(A_1\cup A_2\cup\cdots)\\&=P(A_1)+P(A_2)+\cdots+P(A_n)\\&\quad+P(A_{n+1})+P(A_{n+2})+\cdots\\&=P(A_1)+P(A_2)+\cdots+P(A_n)+0+0+\cdots\\&=P(A_1)+P(A_2)+\cdots+P(A_n).\end{aligned}$$

于是, (1.2.2) 式成立. 性质 2 得证.

3. 在性质 2 中, 取 $n=2,\ A_1=A,\ A_2=\overline{A}$, 则 $A_1A_2=\varnothing,\ A_1\cup A_2=\Omega$. 由性质 2 及 $P(\Omega)=1$, 得

$$1=P(\Omega)=P(A_1\cup A_2)=P(A_1)+P(A_2).$$

于是, $1=P(A)+P(\overline{A})$, 即 $P(\overline{A})=1-P(A)$. 性质 3 得证.

4. 由 $A\subset B$, 可知 $BA=A,\ B=(BA)\cup(B-A)=A\cup(B-A)$, 且 $A(B-A)=\varnothing$. 由性质 2, 得 $P(B)=P(A)+P(B-A)$, 即

$$P(B-A)=P(B)-P(A).$$

由概率定义中的 (1), 可知 $P(B-A)\geqslant 0$. 再由上式, 得 (1.2.3) 式成立. 性质 4 得证.

5. 因 $A\cup B=A\cup(B-AB)$ 且 $A(B-AB)=\varnothing$, $AB\subset B$, 由性质 2 及性质 4, 得

$$P(A\cup B)=P(A)+P(B-AB)=P(A)+P(B)-P(AB),$$

(1.2.4) 式成立. 性质 5 得证.

性质 5 称为概率的加法公式. 另外, 性质 5 还可以推广到多个事件的情形. 对 n 个事件 $A_1, A_2, \cdots, A_n$, 有

$$P(A_1 \cup A_2 \cup \cdots \cup A_n) = S_1 - S_2 + S_3 - S_4 + \cdots + (-1)^{n+1} S_n, \tag{1.2.5}$$

其中

$$S_1 = \sum_{i=1}^{n} P(A_i), \quad S_2 = \sum_{1 \leqslant i < j \leqslant n} P(A_i A_j),$$

$$S_3 = \sum_{1 \leqslant i < j < k \leqslant n} P(A_i A_j A_k), \ \cdots, \ S_n = P(A_1 A_2 \cdots A_n).$$

特别地, 对三个事件 A_1, A_2 和 A_3, 有

$$\begin{aligned} P(A_1 \cup A_2 \cup A_3) = & P(A_1) + P(A_2) + P(A_3) \\ & - P(A_1 A_2) - P(A_1 A_3) - P(A_2 A_3) \\ & + P(A_1 A_2 A_3). \end{aligned} \tag{1.2.6}$$

1.3 古典概率模型

如果试验 E 的结果只有有限种, 且每种结果发生的可能性相同, 则称这样的试验模型为等可能概率模型或古典概率模型, 简称为等可能概型或古典概型.

下面我们来讨论古典概型中事件概率的计算问题.

设试验 E 的样本空间 $\Omega = \{\omega_1, \omega_2, \cdots, \omega_n\}$, 且在试验中每个基本事件发生的可能性相同, 即

$$P(\{\omega_1\}) = P(\{\omega_2\}) = \cdots = P(\{\omega_n\}).$$

由基本事件两两互斥, 且 $\{\omega_1\} \cup \{\omega_2\} \cup \cdots \cup \{\omega_n\} = \Omega$, 得

$$\begin{aligned} 1 = P(\Omega) = & P(\{\omega_1\} \cup \{\omega_2\} \cup \cdots \cup \{\omega_n\}) \\ = & P(\{\omega_1\}) + P(\{\omega_2\}) + \cdots + P(\{\omega_n\}) \\ = & nP(\{\omega_1\}), \end{aligned}$$

于是, 有

$$P(\{\omega_1\}) = P(\{\omega_2\}) = \cdots = P(\{\omega_n\}) = \frac{1}{n}.$$

若事件 A 包含 k 个基本事件, 即 $A = \{\omega_{i_1}\} \cup \{\omega_{i_2}\} \cup \cdots \cup \{\omega_{i_k}\}$, $1 \leqslant i_1 < i_2 < \cdots < i_k \leqslant n$, 得

$$P(A) = \sum_{j=1}^{k} P(\{\omega_{i_j}\}) = \frac{k}{n} = \frac{\text{事件}A\text{包含基本事件数}}{\text{基本事件总数}}. \tag{1.3.1}$$

例 1.3.1　掷一颗匀称骰子, 设 A 表示所掷结果为“四点或五点”, B 表示所掷结果为“偶数点”. 求 $P(A)$ 和 $P(B)$.

解　设 $A_1=\{1\}$, $A_2=\{2\},\cdots,A_6=\{6\}$ 分别表示所掷结果为“一点”, “两点”,…,“六点”, 则样本空间 $\Omega=\{1,2,3,4,5,6\}$, $A_1,A_2,\cdots,A_6$ 是所有不同的基本事件, 且它们发生的概率相同, 于是

$$P(A_1)=P(A_2)=\cdots=P(A_6)=\frac{1}{6}.$$

由 $A=A_4\cup A_5=\{4,5\}$, $B=A_2\cup A_4\cup A_6=\{2,4,6\}$, 得

$$P(A)=\frac{2}{6}=\frac{1}{3},\quad P(B)=\frac{3}{6}=\frac{1}{2}.$$

例 1.3.2　将一枚均匀硬币抛掷三次, 设事件 $A=\{$恰有两次出现币值面朝上$\}$, $B=\{$至少有一次出现币值面朝上$\}$. 求 $P(A)$ 和 $P(B)$.

解　对现在的问题, 视硬币每掷三次为一次试验, 用 H 表示抛币后出现币值面朝上, T 表示币值面朝下. 这样, 每次试验的结果都需要用三个字母来表示. 例如 (HTH) 就表示第一、三次是币值面朝上, 第二次币值面朝下等. 样本空间 $\Omega=\{HHH,HHT,HTH,THH,HTT,THT,TTH,TTT\}$, $A=\{HHT,HTH,THH\}$, $\overline{B}=\{TTT\}$, 所以

$$P(A)=\frac{3}{8},\quad P(B)=1-P(\overline{B})=1-\frac{1}{8}=\frac{7}{8}.$$

例 1.3.3　货架上有外观相同的商品 15 件, 其中 12 件来自产地甲, 3 件来自产地乙. 现从 15 件商品中随机地抽取两件, 求这两件商品来自同一产地的概率.

解　从 15 件商品中取出两件商品, 共有$\binom{15}{2}$种取法, 且每种取法都是等可能的. 每一种取法是一个基本事件, 于是基本事件总数$n=\binom{15}{2}=\dfrac{15\times 14}{2\times 1}=105.$

同理, 事件 $A_1=\{$两件商品来自产地甲$\}$包含基本事件数

$$k_1=\binom{12}{2}=\frac{12\times 11}{2\times 1}=66,$$

事件 $A_2=\{$两件商品来自产地乙$\}$包含基本事件数

$$k_2=\binom{3}{2}=3.$$

而事件 $A=\{$两件商品来自同一产地$\}$$=A_1\cup A_2$, 且 A_1 与 A_2 互斥. 所以, 事件 A 包含基本事件数 $k=k_1+k_2=69$. 于是, 所求概率

$$P(A)=\frac{k}{n}=\frac{69}{105}=\frac{23}{35}.$$

例 1.3.4 有外观相同的三极管 6 只, 按电流放大系数分类, 4 只属甲类, 2 只属乙类. 试按下列两种方案抽取三极管两只, 求下列事件 A, B, C, D 的概率, 这里

$A=\{$抽到两只甲类三极管$\}$, $B=\{$抽到两只同类三极管$\}$,

$C=\{$至少抽到一只甲类三极管$\}$, $D=\{$抽到两只不同类三极管$\}$.

抽取方案

(1) 每次抽取一只, 测试后放回; 然后再抽取下一只 (这样的抽取方法称为放回抽样).

(2) 每次抽取一只, 测试后不放回; 然后在剩下的三极管中再抽取下一只 (这样的抽取方法称为不放回抽样).

解 (1) 先考虑放回抽样的情况. 由于每次抽测后放回, 因此, 每次都是在 6 只三极管中抽取. 第一次从 6 只中取一只, 共有 6 种可能的取法, 第二次还是从 6 只中取一只, 还是有 6 种可能的取法. 所以, 取两只三极管共有 $6\times 6=36$ 种可能的取法, 即基本事件总数 $n=36$, 且每个基本事件发生的可能性相同.

因为第一次取一只甲类三极管共有 4 种可能的取法, 第二次再取一只甲类三极管还是有 4 种可能的取法, 所以, 取两只甲类三极管共有 $4\times 4=16$ 种可能的取法, 可知 A 包含的基本事件数为 16. 于是

$$P(A)=\frac{16}{36}=\frac{4}{9}.$$

同理, $\overline{C}=\{$抽到两只乙类三极管$\}$ 包含的基本事件数为 $2\times 2=4$,

$$P(C)=1-P(\overline{C})=1-\frac{4}{36}=\frac{8}{9}.$$

注意到 $B=A\cup\overline{C}$, 且 A 与 $\overline{C}$ 互斥, 得

$$P(B)=P(A)+P(\overline{C})=\frac{4}{9}+\frac{1}{9}=\frac{5}{9}.$$

再由 $D=\overline{B}$, 得

$$P(D)=P(\overline{B})=1-P(B)=1-\frac{5}{9}=\frac{4}{9}.$$

(2) 考虑不放回抽样的情况. 由于第一次抽测后不放回, 因此, 第一次是从 6 只中取一只, 共有 6 种可能的取法. 而第二次是从 5 只中取一只, 共有 5 种可能的取法. 所以, 取两只三极管共有 $6\times 5=30$ 种可能的取法, 即基本事件总数 $n=30$, 且每个基本事件发生的可能性相同.

注意到第一次取一只甲类三极管共有 4 种可能的取法, 第二次再取一只甲类三极管有 3 种可能的取法. 所以, 取两只甲类三极管共有 $4\times 3=12$ 种可能的取法, 可知 A 包含的基本事件数为 12. 于是

$$P(A)=\frac{12}{30}=\frac{2}{5}.$$

同理, $\overline{C}=\{$抽到两只乙类三极管$\}$包含的基本事件数为 $2\times 1=2$,

$$P(C)=1-P(\overline{C})=1-\frac{2}{30}=\frac{14}{15}.$$

注意到 $B=A\cup\overline{C}$, 且 A 与 $\overline{C}$ 互斥, 得

$$P(B)=P(A)+P(\overline{C})=\frac{2}{5}+\frac{1}{15}=\frac{7}{15}.$$

再由 $D=\overline{B}$, 得

$$P(D)=P(\overline{B})=1-P(B)=1-\frac{7}{15}=\frac{8}{15}.$$

例 1.3.5 将 n 个球随机地放入 $N(N\geqslant n)$ 个盒子中, 若盒子的容量无限制, 求事件 $A=\{$每个盒子中至多有一个球$\}$ 的概率.

解 由于每个球都可以放入 N 个盒子中的任何一个, 所以每个球有 N 种放法. 若盒子的容量无限制, 则将 n 个球放入 N 个盒子中共有 $N\times N\times\cdots\times N=N^n$ 种不同的放法, 且每种放法的可能性相同. 而每个盒子中至多有一个球的放法有 $N(N-1)\cdots(N-n+1)=\mathrm{A}_N^n$ 种. 因而所求概率为

$$P(A)=\frac{N(N-1)\cdots(N-n+1)}{N^n}=\frac{\mathrm{A}_N^n}{N^n}.$$

许多问题和本例有相同的数学模型. 例如“人群中有相同生日的问题”. 假设每个人在一年 (按 365 天计) 内每一天出生的可能性都相同, 现随机地选取 $n(n\leqslant 365)$ 个人, 则他们生日各不相同的概率为

$$\frac{365\times 364\times\cdots\times(365-n+1)}{365^n}.$$

于是，n 个人中至少有两人生日相同的概率为

$$1-\frac{365\times 364\times\cdots\times(365-n+1)}{365^n}.$$

经计算, 得到表 1.3.

表 1.3 n 个人中至少有两人生日相同的概率表

n	10	15	20	25	30	35	40	45	50
p	0.12	0.25	0.41	0.57	0.71	0.81	0.89	0.94	0.97

从表 1.3 可以看出: 在 40 人左右的人群里, “十有八九”会发生“两人或两人以上生日相同”这一事件.

例 1.3.6 有白色乒乓球 12 只, 黄色乒乓球 3 只. 现将它们随机地分装在 3 个盒中, 每盒装 5 只. 设 $A=\{$每盒中恰有一只黄色球$\}$, $B=\{$三只黄色球都在同一盒中$\}$. 试求 $P(A)$ 和 $P(B)$.

解 将 15 只乒乓球装入 3 个盒中，每盒装 5 只，共有 $\dfrac{15!}{5!5!5!}$ 种装法，且每种装法都是等可能的. 每种装法就是一个基本事件, 则基本事件总数为 $\dfrac{15!}{5!5!5!}$.

把三只黄色球分别装入三个盒中, 共有 3! 种装法. 对于这样的每一种装法, 把其余 12 只白色球再平均装入 3 个盒中, 每盒装 4 只, 共有 $\dfrac{12!}{4!4!4!}$ 种装法. 因此, A 有 $\dfrac{3!12!}{4!4!4!}$ 种装法, 即 A 包含 $\dfrac{3!12!}{4!4!4!}$ 个基本事件. 所以,

$$P(A)=\frac{3!12!}{4!4!4!}\Big/\frac{15!}{5!5!5!}=\frac{25}{91}.$$

把三只黄色球装入同一盒中, 共有 3 种装法. 对于这样的每一种装法, 再把其余 12 只白色球装入 3 个盒中 (一盒再装 2 只, 其余两盒各装 5 只) 共有 $\dfrac{12!}{2!5!5!}$ 种装法. 因此, B 有 $\dfrac{3\times 12!}{2!5!5!}$ 种装法, 即 B 包含 $\dfrac{3\times 12!}{2!5!5!}$ 个基本事件. 所以,

$$P(B)=\frac{3\times 12!}{2!5!5!}\Big/\frac{15!}{5!5!5!}=\frac{6}{91}.$$

在上述计算中, 我们反复使用了以下公式：把 n 个物品分成 k 组, 第一组恰有 n_1 个, 第二组恰有 n_2 个, $\cdots$, 第 k 组恰有 n_k 个, 每个 n_i 均为正整数, 且 $n=n_1+n_2+\cdots+n_k$, 则不同的分组方法有 $\dfrac{n!}{n_1!n_2!\cdots n_k!}$ 种.

例 1.3.7 设 N 件产品中有 K 件是次品, $N-K$ 件是正品, $K<N$. 现从 N 件中每次任意抽取 1 件产品, 在检查过它是正品或是次品后再放回. 这样共抽取了 n 次, $n\leqslant K$, $n\leqslant N-K$, 求事件 $A=\{n$ 件产品中恰有 k 件次品$\}$ 的概率, $k=0,1,2,\cdots,n$.

解 由于每次都是从 N 件产品中任意取出一件, 每次都有 N 种取法. 所以, 取 n 次, 共有 N^n 种取法, 且每种取法出现的可能性都相同. 每种取法就是一个基本事件, 则基本事件总数为 N^n; 同理, 每次从 K 件次品中取出 1 件, 取 k 次, 共有 K^k 种取法; 每次从 $N-K$ 件正品中取 1 件, 取 $n-k$ 次, 共有 $(N-K)^{n-k}$ 种取法. 由于 k 件次品出现在 n 次中的方式有 $\begin{pmatrix} n \\ k \end{pmatrix}$ 种, 可知 A 包含

$$\begin{pmatrix} n \\ k \end{pmatrix}K^k(N-K)^{n-k}$$

个基本事件, 从而

$$\begin{aligned} P(A)&=\frac{\begin{pmatrix} n \\ k \end{pmatrix}K^k(N-K)^{n-k}}{N^n} \\ &=\begin{pmatrix} n \\ k \end{pmatrix}\left(\frac{K}{N}\right)^k\left(1-\frac{K}{N}\right)^{n-k}, \quad k=0,1,2,\cdots,n. \end{aligned} \tag{1.3.2}$$

因为在放回抽样的情况下, 每次抽取时次品率都未发生变化, 都是 K/N. 若记 $p = K/N$ 为每次抽取时的次品率, 则 (1.3.2) 式变成了

$$P(A) = \begin{pmatrix} n \\ k \end{pmatrix} p^k(1-p)^{n-k}, \quad k = 0, 1, 2, \cdots, n. \tag{1.3.3}$$

(1.3.3) 式就是以后常用的, 也是非常重要的二项分布的概率公式.

1.4　条 件 概 率

1.4.1　条件概率

在实际问题中, 除了要考虑某事件 A 的概率 $P(A)$ 外, 有时还要考虑在"事件 B 已经发生"的条件下, 事件 A 发生的概率. 一般情况下, 后者的概率与前者的概率不同, 为了有所区别, 常把后者的概率称为条件概率, 记为 $P(A|B)$ 或 $P_B(A)$, 读作在事件 B 发生的条件下, 事件 A 发生的条件概率.

例 1.4.1　设 100 件产品中有 5 件是不合格品, 而 5 件不合格品中又有 3 件是次品, 2 件是废品. 现从 100 件产品中任意抽取一件, 假定每件产品被抽到的可能性都相同, 求

(1) 抽到的产品是次品的概率;

(2) 在抽到的产品是不合格品的条件下, 产品是次品的概率.

解　设 $A = \{$抽到的产品是次品$\}$, $B = \{$抽到的产品是不合格品$\}$.

(1) 由于 100 件产品中有 3 件是次品, 按古典概型计算, 得

$$P(A) = \frac{3}{100}.$$

(2) 由于 5 件不合格品中有 3 件是次品, 故可得

$$P(A|B) = \frac{3}{5}.$$

可见, $P(A) \neq P(A|B)$.

值得思考的问题是: 虽然这两个概率不同, 但二者之间应当有一定的关系. 我们先从例 1.4.1 入手分析这个关系, 然后给出条件概率的一般定义.

先来计算 $P(B)$ 和 $P(AB)$.

因为 100 件产品中有 5 件是不合格品, 所以 $P(B) = 5/100$. 而 $P(AB)$ 表示事件"抽到的产品是不合格品, 且是次品"的概率, 再由 100 件产品中只有 3 件既是不合格品又是次品, 得 $P(AB) = 3/100$. 通过简单运算, 得

$$P(A|B) = \frac{3}{5} = \frac{3}{100}\bigg/\frac{5}{100} = \frac{P(AB)}{P(B)}.$$

受此式的启发, 我们对条件概率 $P(A|B)$ 定义如下.

定义 1.4.1 设 A 和 B 是两个事件, 且 $P(B)>0$, 称

$$P(A|B)=\frac{P(AB)}{P(B)} \tag{1.4.1}$$

为在事件 B 发生的条件下, 事件 A 发生的条件概率.

条件概率 $P(\cdot|B)$ 满足概率定义中的三个条件, 即

(1) 对每个事件 A, 均有 $P(A|B)\geqslant 0$;

(2) $P(\Omega|B)=1$;

(3) 若 $A_1,A_2,\cdots$ 是两两互斥事件, 则有

$$P\big((A_1\cup A_2\cup\cdots)\big|B\big)=P(A_1|B)+P(A_2|B)+\cdots.$$

证 由条件概率的定义, 可直接得到 (1) 和 (2), 下面仅证 (3).

若 $A_1,A_2,\cdots$ 两两互斥, 则对每个 $i\neq j,\ i,j=1,2,\cdots$, 有 $A_iA_j=\varnothing$. 再由事件积的运算性质, 得

$$(A_iB)(A_jB)=(A_iA_j)B=\varnothing B=\varnothing.$$

于是, $A_1B,A_2B,\cdots$ 也两两互斥, 从而

$$\begin{aligned}P\big((A_1\cup A_2\cup\cdots)\big|B\big)&=\frac{P\big((A_1\cup A_2\cup\cdots)B\big)}{P(B)}\\&=\frac{P\big((A_1B)\cup(A_2B)\cup\cdots\big)}{P(B)}\\&=\frac{P(A_1B)+P(A_2B)+\cdots}{P(B)}\\&=\frac{P(A_1B)}{P(B)}+\frac{P(A_2B)}{P(B)}+\cdots\\&=P(A_1|B)+P(A_2|B)+\cdots.\end{aligned}$$

证毕.

既然条件概率满足概率定义中的三个条件, 所以条件概率也是概率. 于是, 在 1.2 节中, 对于概率所给出的所有结果, 也都适用于条件概率. 例如, 对任意事件 A_1 和 A_2, 有

$$P((A_1\cup A_2)|B)=P(A_1|B)+P(A_2|B)-P(A_1A_2|B).$$

例 1.4.2 有外观相同的三极管 6 只, 按电流放大系数分类, 4 只属甲类, 两只属乙类. 不放回地抽取三极管两次, 每次只抽一只. 求在第一次抽到是甲类三极管的条件下, 第二次又抽到甲类三极管的概率.

解　记 $A_i=\{$第 i 次抽到的是甲类三极管$\}$, $i=1,2$, 则

$$A_1A_2=\{\text{两次抽到的都是甲类三极管}\}.$$

由例 1.3.4, 可知 $P(A_1A_2)=12/30=2/5$. 再由 $P(A_1)=4/6=2/3$, 得

$$P(A_2|A_1)=\frac{P(A_1A_2)}{P(A_1)}=\frac{2/5}{2/3}=\frac{3}{5}.$$

另外, 也可以按条件概率的含义直接计算 $P(A_2|A_1)$. 因为在 A_1 已经发生的情况下, 即 6 只三极管中有一只甲类三极管已被抽去后, 第二次再抽时就只能从剩下的 5 只 (其中 3 只属甲类, 两只属乙类) 中再抽一只三极管. 这时, 抽到甲类三极管的可能性为 3/5, 这与用条件概率定义所算出的结果完全相同.

1.4.2　乘法公式

若 A 和 B 是两个事件, 由条件概率定义的 (1.4.1) 式可知, 当 $P(B)>0$ 时, 有

$$P(AB)=P(B)\cdot P(A|B);\tag{1.4.2}$$

同理, 当 $P(A)>0$ 时, 有

$$P(AB)=P(A)\cdot P(B|A).\tag{1.4.3}$$

通常称 (1.4.2) 式和 (1.4.3) 式为概率的乘法公式.

乘法公式也可以推广到多个事件的情况. 例如, $A_1,A_2,\cdots,A_n$ 为 n 个事件, $n\geqslant 2$, 当 $P(A_1A_2\cdots A_{n-1})>0$ 时, 有

$$P(A_1A_2\cdots A_n)=P(A_1)P(A_2|A_1)P(A_3|A_1A_2)\cdots P(A_n|A_1A_2\cdots A_{n-1}).\tag{1.4.4}$$

事实上, 由 $P(A_1)\geqslant P(A_1A_2)\geqslant\cdots\geqslant P(A_1A_2\cdots A_{n-1})>0$, 可知 (1.4.4) 式的右端有定义, 且等于

$$P(A_1)\cdot\frac{P(A_1A_2)}{P(A_1)}\cdot\frac{P(A_1A_2A_3)}{P(A_1A_2)}\cdots\frac{P(A_1A_2\cdots A_n)}{P(A_1A_2\cdots A_{n-1})}=P(A_1A_2\cdots A_n),$$

于是, (1.4.4) 式成立.

利用乘法公式, 可以方便地计算一些事件的概率.

例 1.4.3　一批灯泡共 100 只, 其中 10 只是次品, 其余为正品. 作不放回抽取, 每次取一只, 求第三次才取到正品的概率.

解　设 $A_i=\{$第 i 次取到正品$\}$, $i=1,2,3$, $A=\{$第三次才取到正品$\}$. 则 $A=\overline{A_1}\,\overline{A_2}\,A_3$, 于是

$$\begin{aligned}P(A)&=P(\overline{A_1}\,\overline{A_2}\,A_3)\\&=P(\overline{A_1})\cdot P(\overline{A_2}|\overline{A_1})\cdot P(A_3|\overline{A_1}\,\overline{A_2})\\&=\frac{10}{100}\times\frac{9}{99}\times\frac{90}{98}=0.0083.\end{aligned}$$

所以, 第三次才取到正品的概率为 0.0083.

例 1.4.4 袋中有同型号小球 $b+r$ 个, 其中 b 个是黑球, r 个是红球. 每次从袋中任取一球, 观其颜色后放回, 并再放入同颜色、同型号球 c 个. 若 $B=\{$第一、第三次取到红球, 第二次取到黑球$\}$, 求 $P(B)$.

解 设 $A_i=\{$第 i 次取到红球$\}$, $i=1,2,3$, 则 $B=A_1\overline{A_2}A_3$, 于是

$$\begin{aligned}P(B)&=P(A_1\overline{A_2}A_3)\\&=P(A_1)\cdot P(\overline{A_2}|A_1)\cdot P(A_3|A_1\overline{A_2})\\&=\frac{r}{b+r}\cdot\frac{b}{b+(r+c)}\cdot\frac{(r+c)}{(b+c)+(r+c)}\\&=\frac{rb(r+c)}{(b+r)(b+r+c)(b+r+2c)}.\end{aligned}$$

这是因为, 在第一次取到红球后、第二次取球之前, 袋中有 $r+c$ 个红球, b 个黑球; 在第一次取到红球、第二次取到黑球后、第三次取球之前, 袋中有 $r+c$ 个红球, $b+c$ 个黑球.

1.4.3 全概率公式

为介绍全概率公式, 我们先引入样本空间划分的概念.

定义 1.4.2 设 Ω 为试验 E 的样本空间, $B_1,B_2,\cdots,B_n$ 为一组事件, 若 $B_1,B_2,\cdots,B_n$ 两两互斥, 且 $B_1\cup B_2\cup\cdots\cup B_n=\Omega$, 则称 $B_1,B_2,\cdots,B_n$ 为样本空间 Ω 的一个划分.

易见, 若 $B_1,B_2,\cdots,B_n$ 为样本空间 Ω 的一个划分, 则每次试验时, 事件 $B_1,B_2,\cdots,B_n$ 中必有一个, 且仅有一个发生.

定理 1.4.1 设 Ω 是试验 E 的样本空间, A 为一个事件, $B_1,B_2,\cdots,B_n$ 为 Ω 的一个划分, 且 $P(B_i)>0$, $i=1,2,\cdots,n$, 则有

$$P(A)=\sum_{i=1}^{n}P(B_i)P(A|B_i). \tag{1.4.5}$$

证 由 $B_1,B_2,\cdots,B_n$ 为 Ω 的一个划分, 可知 $B_iB_j=\varnothing$, $i\neq j$, $i,j=1,2,\cdots,n$, 且 $B_1\cup B_2\cup\cdots\cup B_n=\Omega$. 于是

$$A=A\Omega=A(B_1\cup B_2\cup\cdots\cup B_n)=(AB_1)\cup(AB_2)\cup\cdots\cup(AB_n),$$

且 $(AB_i)(AB_j)=A(B_iB_j)=A\varnothing=\varnothing$, $i\neq j$, $i,j=1,2,\cdots,n$. 于是 $AB_1,AB_2,\cdots,AB_n$ 两两互斥. 从而

$$P(A)=\sum_{i=1}^{n}P(AB_i). \tag{1.4.6}$$

再由 $P(B_i)>0$ 及乘法公式, 得

$$P(AB_i)=P(B_i)P(A|B_i),\quad i=1,2,\cdots,n.$$

将上式代入到 (1.4.6) 式, 整理后得 (1.4.5) 式. 定理证毕.

(1.4.5) 式称为全概率公式.

全概率公式的含义是: A 的概率 $P(A)$, 可以用 A 在各个条件 B_i 下的条件概率 $P(A|B_i)$ 及各个条件出现的概率 $P(B_i)$, $i=1,2,\cdots,n$ 来表示. 在许多实际问题中, $P(A)$ 不易直接求得, 但却容易找到 Ω 的一个划分 $B_1,B_2,\cdots,B_n$, 且 $P(B_i)$ 和 $P(A|B_i)$ 或为已知, 或易求得. 那么, 可根据 (1.4.5) 式求出 $P(A)$.

例 1.4.5 一批同型号的螺钉由编号为Ⅰ、Ⅱ、Ⅲ的三台机器共同生产, 各台机器生产的螺钉占这批螺钉的比例分别为 35%, 40% 和 25%, 各台机器生产的螺钉的次品率分别为 3%, 2% 和 1%. 求该批螺钉的次品率.

解 设 $A=\{$螺钉是次品$\}$, $B_1=\{$螺钉由Ⅰ号机器生产$\}$, $B_2=\{$螺钉由Ⅱ号机器生产$\}$, $B_3=\{$螺钉由Ⅲ号机器生产$\}$, 则

$$\begin{aligned}&P(B_1)=0.35, &&P(B_2)=0.40, &&P(B_3)=0.25,\\ &P(A|B_1)=0.03, &&P(A|B_2)=0.02, &&P(A|B_3)=0.01.\end{aligned}$$

由全概率公式, 得

$$\begin{aligned}P(A)&=P(B_1)P(A|B_1)+P(B_2)P(A|B_2)+P(B_3)P(A|B_3)\\&=0.35\times0.03+0.40\times0.02+0.25\times0.01=0.021.\end{aligned}$$

所以, 这批螺钉的次品率为 0.021.

1.4.4 贝叶斯公式

定理 1.4.2 设 Ω 是样本空间, A 为一个事件, $B_1,B_2,\cdots,B_n$ 为 Ω 的一个划分, 且 $P(A)>0$, $P(B_i)>0$, $i=1,2,\cdots,n$, 则

$$P(B_i|A)=\frac{P(B_i)P(A|B_i)}{\sum\limits_{j=1}^{n}P(B_j)P(A|B_j)},\quad i=1,2,\cdots,n. \tag{1.4.7}$$

证 由条件概率的定义及全概率公式, 得

$$P(B_i|A)=\frac{P(B_iA)}{P(A)}=\frac{P(B_i)P(A|B_i)}{\sum\limits_{j=1}^{n}P(B_j)P(A|B_j)},\quad i=1,2,\cdots,n.$$

定理证毕.

(1.4.7) 式称为贝叶斯 (Bayes) 公式, 它是概率论中的一个著名公式. 从形式上看, 贝叶斯公式把一个简单的条件概率 $P(B_i|A)$ 表示成了很复杂的形式, 但在许多问题中, 公式右端中的量 $P(B_j)$ 和 $P(A|B_j)$ 或为已知, 或容易求得. 因此, 这个公式提供了计算事件条件概率的一个有效途径.

例 1.4.6　8 支步枪中有 5 支已校准过, 3 支未校准. 一名射手用校准过的枪射击时, 中靶的概率为 0.8; 用未校准的枪射击时, 中靶的概率为 0.3. 现从 8 支枪中任取一支用于射击, 结果中靶. 求所用的枪是校准过的概率.

解　设 $B_1=\{$使用的枪校准过$\}$, $B_2=\{$使用的枪未校准$\}$, $A=\{$射击时中靶$\}$, 则 B_1, B_2 是 Ω 一个划分, 且

$$P(B_1)=\frac{5}{8},\qquad P(B_2)=\frac{3}{8},$$
$$P(A|B_1)=0.8,\quad P(A|B_2)=0.3.$$

由贝叶斯公式, 得

$$\begin{aligned}P(B_1|A)&=\frac{P(B_1)P(A|B_1)}{P(B_1)P(A|B_1)+P(B_2)P(A|B_2)}\\&=\frac{(5/8)\times 0.8}{(5/8)\times 0.8+(3/8)\times 0.3}=\frac{40}{49}.\end{aligned}$$

这样, 所用的枪是校准过的概率为 $\dfrac{40}{49}$.

例 1.4.7 (续例 1.4.5)　现从该批螺钉中抽到一颗次品, 试问这颗螺钉由 I 、II 、III号机器生产的概率各为多少?

解　由贝叶斯公式, 得

$$\begin{aligned}P(B_1|A)&=\frac{P(B_1)P(A|B_1)}{P(B_1)P(A|B_1)+P(B_2)P(A|B_2)+P(B_3)P(A|B_3)}\\&=\frac{0.35\times 0.03}{0.35\times 0.03+0.40\times 0.02+0.25\times 0.01}=\frac{1}{2}.\end{aligned}$$

同理, 可得

$$P(B_2|A)=\frac{8}{21},\quad P(B_3|A)=\frac{5}{42}.$$

这样, 此螺钉是 I 、II 、III号机器生产的概率分别为 $\dfrac{1}{2}, \dfrac{8}{21}, \dfrac{5}{42}$.

1.5　事件的独立性

设 A 和 B 是两个事件, 若 $P(B)>0$, 则可定义条件概率 $P(A|B)$. 它表示在事件 B 发生的条件下, 事件 A 发生的概率; 而 $P(A)$ 表示不管事件 B 发生与否, 事件 A 发

生的概率. 若 $P(A|B)=P(A)$, 则表明事件 B 的发生并不影响事件 A 发生的概率, 这时称事件 A 与 B 相互独立, 并且乘法公式变成了

$$P(AB)=P(A|B)P(B)=P(A)P(B).$$

我们可以用这个公式来刻画事件的独立性.

定义 1.5.1　设 A 与 B 是两个事件, 如果等式

$$P(AB)=P(A)P(B) \tag{1.5.1}$$

成立, 则称事件 A 与 B 相互独立.

用 (1.5.1) 式定义两个事件的独立性, 在数学上至少有两个好处: 一是不需要条件概率的概念; 二是该形式关于 A 与 B 具有对称性, 因而体现了"相互独立"的实质. 在实际应用中, 两个事件是否相互独立, 常常不是根据 (1.5.1) 式来判断, 而是根据这两个事件的发生是否相互影响来判断的. 例如, 甲、乙两人向同一目标射击, 彼此互不相干, 则甲、乙各自是否击中目标这类事件是相互独立的; 又如, 对某一物体进行多次测量时, 不同次测量的测量误差都可以认为是相互独立的.

相互独立的事件具有如下性质.

定理 1.5.1　若事件 A 与 B 相互独立, 则 A 与 $\overline{B}$, $\overline{A}$ 与 B, $\overline{A}$ 与 $\overline{B}$ 也相互独立.

证　这里仅给出"由 A 与 B 相互独立, 可推出 A 与 $\overline{B}$ 相互独立"的证明, 其他可类似推出.

由 $A=(AB)\cup(A\overline{B})$, 且 AB 与 $A\overline{B}$ 互斥. 于是, 有

$$P(A)=P(AB)+P(A\overline{B}),$$

再由 $P(AB)=P(A)P(B)$, 得

$$P(A\overline{B})=P(A)-P(A)P(B)=P(A)[1-P(B)]=P(A)P(\overline{B}).$$

所以, A 与 $\overline{B}$ 相互独立. 定理证毕.

例 1.5.1　甲乙两射手独立地射击同一目标, 他们击中目标的概率分别为 0.9 和 0.8. 求每人射击一次后, 目标被击中的概率.

解　设 $A=\{$甲击中目标$\}$, $B=\{$乙击中目标$\}$, 则

$$P(A)=0.9,\ P(B)=0.8,$$

由事件之和的概率 (1.2.4) 式及 A 与 B 相互独立, 得

$$\begin{aligned}P(A\cup B)&=P(A)+P(B)-P(AB)\\&=P(A)+P(B)-P(A)P(B)\\&=0.9+0.8-0.9\times 0.8=0.98.\end{aligned}$$

所以, 目标被击中的概率为 0.98.

另外, 由 $\overline{A\cup B}=\overline{A}\,\overline{B}$, 且 A 与 B 相互独立, 得 $\overline{A}$ 与 $\overline{B}$ 相互独立, 也有

$$\begin{aligned}P(A\cup B)&=1-P(\overline{A\cup B})=1-P(\overline{A}\,\overline{B})=1-P(\overline{A})P(\overline{B})\\&=1-(1-0.9)(1-0.8)=0.98.\end{aligned}$$

关于事件的独立性, 可推广到多个事件的情况.

定义 1.5.2 设 $A_1,A_2,\cdots,A_n$ 是 n 个事件, $n\geqslant 2$, 如果对其中的任意 $k(\geqslant 2)$ 个事件 $A_{i_1},A_{i_2},\cdots,A_{i_k}$, $1\leqslant i_1<i_2<\cdots<i_k\leqslant n$, 等式

$$P(A_{i_1}A_{i_2}\cdots A_{i_k})=P(A_{i_1})P(A_{i_2})\cdots P(A_{i_k}) \tag{1.5.2}$$

总成立, 则称事件 $A_1,A_2,\cdots,A_n$ 相互独立.

多个相互独立事件具有如下性质:

1. 若事件 $A_1,A_2,\cdots,A_n$ 相互独立, 则 $A_1,A_2,\cdots,A_n$ 中任意 $k(\geqslant 2)$ 个事件 $A_{i_1},A_{i_2},\cdots,A_{i_k}$, $1\leqslant i_1<i_2<\cdots<i_k\leqslant n$ 也相互独立.

2. 若事件 $A_1,A_2,\cdots,A_n$ 相互独立, 则事件 $B_1,B_2,\cdots,B_n$ 也相互独立，其中 B_i 或为 A_i, 或为 $\overline{A_i}$, $i=1,2,\cdots,n$.

例 1.5.2 验收 100 件产品的方案如下: 从中任取 3 件进行独立地测试, 如果至少有一件被断定为次品, 则拒绝接收该批产品. 设一件次品经测试后被断定为次品的概率为 0.95, 一件正品经测试后被断定为正品的概率为 0.99, 并已知这 100 件产品中恰有 4 件次品, 求该批产品能被接收的概率.

解 设 $A=\{$该批产品被接收$\}$, $B_i=\{$取出的 3 件产品中恰有 i 件是次品$\}$, $i=0,1,2,3$, 则

$$P(B_0)=\binom{96}{3}\Big/\binom{100}{3},\qquad P(B_1)=\binom{4}{1}\binom{96}{2}\Big/\binom{100}{3},$$

$$P(B_2)=\binom{4}{2}\binom{96}{1}\Big/\binom{100}{3},\quad P(B_3)=\binom{4}{3}\Big/\binom{100}{3}.$$

由假设, 三次测试是相互独立的, 于是

$$P(A|B_0)=0.99^3,\qquad P(A|B_1)=0.99^2(1-0.95),$$

$$P(A|B_2)=0.99(1-0.95)^2,\quad P(A|B_3)=(1-0.95)^3.$$

由全概率公式, 得

$$P(A)=\sum_{i=0}^{3}P(B_i)P(A|B_i)=0.8629.$$

所以, 该批产品能被接收的概率约为 0.8629.

例 1.5.3 若干人独立地向一游动目标射击, 每人击中目标的概率都是 0.6, 问至少需要多少人, 才能以 0.99 以上的概率击中目标?

解 设至少需要 n 个人, 才能以 0.99 以上的概率击中目标. 令 $A=\{$目标被击中$\}$, $A_i=\{$第 i 人击中目标$\}$, $i=1,2,\cdots,n$, 则 $A=A_1\cup A_2\cup\cdots\cup A_n$, 且 $A_1,A_2,\cdots,A_n$ 相互独立. 于是, $\overline{A_1},\overline{A_2},\cdots,\overline{A_n}$ 也相互独立. 利用事件的对偶律

$$\overline{A_1\cup A_2\cup\cdots\cup A_n}=\overline{A_1}\ \overline{A_2}\cdots\overline{A_n}\ ,$$

得

$$\begin{aligned}P(A)&=1-P(\overline{A_1\cup A_2\cup\cdots\cup A_n})\\&=1-P(\overline{A_1}\ \overline{A_2}\cdots\overline{A_n})\\&=1-P(\overline{A_1})P(\overline{A_2})\cdots P(\overline{A_n})\\&=1-(1-0.6)^n=1-0.4^n.\end{aligned}$$

问题化成了求最小的 n, 使 $1-0.4^n>0.99$. 解此不等式, 得

$$n>\frac{\ln 0.01}{\ln 0.4}=5.026,$$

所以, 最小的 n 应为 6, 即至少需要 6 人射击, 才能以 0.99 以上的概率击中目标.

习 题 1

1.1 写出下列随机试验的样本空间:

(1) 某篮球运动员投篮时, 连续 5 次都命中, 观察其投篮次数;

(2) 掷一颗匀称的骰子两次, 观察前后两次出现的点数之和;

(3) 观察某医院一天内前来就诊的人数;

(4) 从编号为 1, 2, 3, 4, 5 的 5 件产品中任意取出两件, 观察取出哪两件产品;

(5) 检查两件产品是否合格;

(6) 观察某地一天内的最高气温和最低气温 (假设最低气温不低于 T_1, 最高气温不高于 T_2);

(7) 在单位圆内任取两点, 观察这两点的距离;

(8) 在长为 l 的线段上任取一点, 该点将线段分成两段, 观察两线段的长度.

1.2 设 A,B,C 为三事件, 用 A,B,C 的运算关系表示下列各事件:

(1) A 与 B 都发生, 但 C 不发生; (2) A 发生, 且 B 与 C 至少有一个发生;

(3) A,B,C 中至少有一个发生; (4) A,B,C 中恰有一个发生;

(5) A,B,C 中至少有两个发生; (6) A,B,C 中至多有一个发生;

(7) A,B,C 中至多有两个发生; (8) A,B,C 中恰有两个发生.

1.3 设样本空间 $\Omega=\{x|\ 0\leqslant x\leqslant 2\}$, 事件 $A=\{x|\ 0.5\leqslant x\leqslant 1\}$, $B=\{x|\ 0.8<x\leqslant 1.6\}$, 具体写出下列各事件:

(1) AB; (2) $A-B$; (3) $\overline{A-B}$; (4) $\overline{A\cup B}$.

1.4 用作图法说明下列各命题成立：

(1) $A\cup B=(A-AB)\cup B$, 且右边两事件互斥;

(2) $A\cup B=(A-B)\cup(B-A)\cup(AB)$, 且右边三事件两两互斥.

1.5 用作图法说明下列各命题成立：

(1) 若 $A\subset B$, 则 $AB=A$; (2) 若 $A\subset B$, 则 $A\cup B=B$;

(3) 若 $A\subset B$, 则 $\overline{B}\subset\overline{A}$; (4) 若 $AB=\varnothing, C\subset B$, 则 $AC=\varnothing$.

1.6 按从小到大次序排列 $P(A), P(A\cup B), P(AB), P(A)+P(B)$, 并说明理由.

1.7 若 W 表示昆虫出现残翅, E 表示有退化性眼睛, 且 $P(W)=0.125$, $P(E)=0.075$, $P(WE)=0.025$, 求下列事件的概率：

(1) 昆虫出现残翅或退化性眼睛;

(2) 昆虫出现残翅, 但没有退化性眼睛;

(3) 昆虫未出现残翅, 也无退化性眼睛.

1.8 设 A 与 B 是两个事件, $P(A)=0.6$, $P(B)=0.8$. 试问：

(1) 在什么条件下 $P(AB)$ 取到最大值? 最大值是多少?

(2) 在什么条件下 $P(AB)$ 取到最小值? 最小值是多少?

1.9 设 $P(A)=0.2$, $P(B)=0.3$, $P(C)=0.5$, $P(AB)=0$, $P(AC)=0.1$, $P(BC)=0.2$, 求事件 A,B,C 中至少有一个发生的概率.

1.10 计算下列各题：

(1) 设 A 与 B 是两个事件, $P(B)=0.3$, $P(A\cup B)=0.6$, 求 $P(A\overline{B})$;

(2) 设 $P(A)=0.8$, $P(A-B)=0.4$, 求 $P(\overline{AB})$;

(3) 设 $P(AB)=P(\overline{A}\,\overline{B})$, $P(A)=0.3$, 求 $P(B)$.

1.11 把 3 个球随机地放入 4 个杯子中, 求有球最多的杯子中球数是 $1,2,3$ 的概率各是多少?

1.12 掷一颗匀称的骰子两次, 求前后两次出现的点数之和为 $3,4,5$ 的概率各是多少?

1.13 在整数 $0,1,2,\cdots,9$ 中任取三个数, 求下列事件的概率：

(1) 三个数中最小的一个是 5; (2) 三个数中最大的一个是 5.

1.14 12 只乒乓球中有 4 只是白色球, 8 只是黄色球. 现从这 12 只乒乓球中随机地取出两只, 求下列事件的概率：

(1) 取到两只黄球; (2) 取到两只白球; (3) 取到一只白球, 一只黄球.

1.15 已知 $P(A)=0.7$, $P(B)=0.4$, $P(A\overline{B})=0.5$, 求 $P((A\cup\overline{B})|B)$.

1.16 已知 $P(A)=0.6$, $P(B)=0.4$, $P(A|B)=0.5$, 计算下列二式：

(1) $P(A\cup B)$; (2) $P(\overline{A}\cup B)$.

1.17 一批产品共 20 件, 其中有 5 件是次品, 其余为正品. 现从这 20 件产品中不放回地任意抽取三次, 每次只取一件, 求下列事件的概率：

(1) 在第一、第二次取到正品的条件下, 第三次取到次品;

(2) 第三次才取到次品;

(3) 第三次取到次品.

1.18 有两批相同的产品, 第一批产品共 14 件, 其中有两件为次品, 装在第一个箱中; 第二批有 10 件, 其中有一件是次品, 装在第二个箱中. 今在第一箱中任意取出两件混入到第二箱中, 然后再从第二箱中任取一件, 求从第二箱中取到的是次品的概率.

1.19 一等小麦种子中混有 5% 的二等种子和 3% 的三等种子. 已知一、二、三等种子将来长出的穗有 50 颗以上麦粒的概率分别为 50%, 15% 和 10%. 假设一、二、三等种子的发芽率相同, 求用上述的小麦种子播种后, 这批种子所结的穗有 50 颗以上麦粒的概率.

1.20 设男女两性人口之比为 51 : 49, 男性中的 5% 是色盲患者, 女性中的 2.5% 是色盲患者. 今从人群中随机地抽取一人, 恰好是色盲患者, 求此人为男性的概率.

1.21 根据以往的临床记录, 知道癌症患者对某种试验呈阳性反应的概率为 0.95, 非癌症患者对这试验呈阳性反应的概率为 0.01, 被试验者患有癌症的概率为 0.005. 若某人对试验呈阳性反应, 求此人患有癌症的概率.

1.22 仓库中有 10 箱同一规格的产品, 其中 2 箱由甲厂生产, 3 箱由乙厂生产, 5 箱由丙厂生产, 三厂产品的合格率分别为 95%, 90% 和 96%.

(1) 求该批产品的合格率;

(2) 从该 10 箱中任取一箱, 再从这箱中任取一件, 若此件产品为合格品, 问此件产品由甲、乙、丙三厂生产的概率各是多少?

1.23 甲、乙、丙三人独立地向同一目标各射击一次, 他们击中目标的概率分别为 0.7, 0.8 和 0.9, 求目标被击中的概率.

1.24 在四次独立试验中, 事件 A 至少发生一次的概率为 0.5904, 求在三次独立试验中, 事件 A 发生一次的概率.

第2章 随机变量

2.1 随机变量的定义

为了方便地研究随机试验的各种结果及各种结果发生的概率, 我们常把随机试验的结果与实数对应起来, 即把随机试验的结果进行数量化, 引入随机变量的概念.

定义 2.1.1 设 E 是随机试验, Ω 是其样本空间. 如果对每个 $\omega \in \Omega$, 总有一个实数 $X(\omega)$ 与之对应, 则称 Ω 上的实值函数 $X(\omega)$ 为 E 的一个随机变量.

从定义知道, 随机变量是一个函数, 它定义在样本空间 Ω 上, 而取值在实轴上. 因此, 它与通常函数所不同的是, 它的自变量是随机试验的结果. 由于随机试验结果的出现具有随机性, 即在一次具体试验之前, 我们无法预先知道试验究竟会出现哪一个结果. 因此, 随机变量的取值也具有一定的随机性. 这正是随机变量与一般函数的最大不同之处, 随机变量的这一特殊性质研究的需要, 产生了现代概率论.

例 2.1.1 抛掷一枚均匀硬币, 观察币值面是否朝上. 若记 $\{\omega_1\}=\{$币值面朝上$\}$, $\{\omega_2\}=\{$币值面朝下$\}$, 则样本空间 $\Omega=\{\omega_1,\omega_2\}$. 于是, 试验有两个可能的结果: ω_1 和 ω_2. 引入随机变量

$$X(\omega)=\begin{cases}1, & \omega=\omega_1;\\ 0, & \omega=\omega_2.\end{cases}$$

对样本空间中不同的元素 ω_1 和 ω_2, 随机变量 $X(\omega)$ 取不同的值 1 和 0. 由于试验结果的出现是随机的, 所以随机变量 $X(\omega)$ 的取值也是随机的, 值域为 $\{0,1\}$.

例 2.1.2 观察一部电梯一年内出现故障的次数. 记 $\{\omega_i\}$=$\{$电梯一年内发生 i 次故障$\}$, $i=0,1,2,\cdots$, 则样本空间 $\Omega=\{\omega_i,\ i=0,1,2,\cdots\}$. 于是, 试验的结果有无限多个, 引入随机变量

$$X(\omega_i)=i,\quad i=0,1,2,\cdots,$$

可使样本空间中的每个元素 ω_i 都与一个非负整数 i 对应, $i=0,1,2,\cdots$. 由于试验结果的出现是随机的, 所以随机变量 $X(\omega)$ 的取值也是随机的, 值域为 $\{0,1,2,\cdots\}$.

例 2.1.3 测量某机床加工的零件长度与零件规定长度的偏差 ω(单位: 毫米). 由于通常可以知道其偏差的范围, 故可以假定偏差的绝对值不大于某一固定的正数 ε. 若是这样, 则样本空间 $\Omega=\{\omega,\ -\varepsilon\leqslant\omega\leqslant\varepsilon\}$. 对于每个偏差 $\omega\in\Omega$, 可取 $X(\omega)=\omega$

与之对应, 这样就建立了样本空间 Ω 与区间 $[-\varepsilon,\varepsilon]$ 之间的对应关系. 由于试验结果的出现是随机的, 所以随机变量 $X(\omega)$ 的取值也是随机的, 值域为 $[-\varepsilon,\varepsilon]$.

例 2.1.4 对某只灯泡做寿命试验, 观察其使用寿命值. 记 ω 为该只灯泡的使用寿命 (单位：小时), 则试验的样本空间

$$\Omega=\{\omega,\ 0\leqslant\omega<+\infty\}.$$

对于每个 $\omega\in\Omega$, 可取 $X(\omega)=\omega$ 与之对应, 这样就建立了样本空间 Ω 与区间 $[0,+\infty)$ 之间的对应关系. 由于试验结果的出现是随机的, 所以随机变量 $X(\omega)$ 的取值也是随机的, 值域为 $[0,+\infty)$.

如果将 $X(\omega)$ 简记为 X, 对于实数集的每个子集 L, 将 $\{\omega,\ \omega\in\Omega\text{且}X(\omega)\in L\}$ 简记为 $\{X\in L\}$, 则可用随机变量 X 来描述随机事件. 例如, 在例 2.1.1 中, 可用 $\{X=1\}$ 表示事件 $\{\omega_1\}=\{$币值面朝上$\}$, $\{X=0\}$ 表示事件 $\{\omega_2\}=\{$币值面朝下$\}$; 在例 2.1.2 中, 可用 $\{X\leqslant 5\}$ 表示事件 {电梯在一年内出现故障的次数不超过 5}; 在例 2.1.4 中, 可用 $\{X\geqslant 1000\}$ 表示事件 {灯泡的使用寿命大于等于 1000 小时}等等. 这时, 我们就可以说随机变量 $X=1$ 的概率 $P\{X=1\}$; 随机变量 $X=0$ 的概率 $P\{X=0\}$; 随机变量 $X\leqslant 5$ 的概率 $P\{X\leqslant 5\}$; 随机变量 $X\geqslant 1000$ 的概率 $P\{X\geqslant 1000\}$ 等等.

有许多试验, 试验的结果是用数量来描述的 (如例 2.1.2, 例 2.1.3, 例 2.1.4 等). 这时, 样本点 ω 就是数. 此时, 我们可以很自然地定义随机变量 $X(\omega)=\omega$.

2.2 离散型随机变量

常见的随机变量, 根据其可能取值的整体状况, 分为两大类：离散型和连续型.

对于随机变量 X, 如果它只可能取有限个或可列无限个 (即虽然是无限个, 但可以一个接一个地排列起来) 值, 则称其为离散型随机变量. 例如, 在例 2.1.1 中, 随机变量 X 只可能取 0 和 1 两个值, 所以, X 是离散型随机变量; 在例 2.1.2 中, 随机变量 X(电梯在一年内发生故障的次数) 只可能取 $0,1,2,\cdots$, 所以, X 也是离散型随机变量. 另有一类所谓连续型随机变量, 其全部可能取的值虽然也是无限多个, 但这些值充满了一个区间, 不能排成一列. 例如, 在例 2.1.3 中, 随机变量 X(测量的零件长度与零件规定长度的偏差) 的取值可以充满区间 $[-\varepsilon,\varepsilon]$, 区间内的值无法一个接一个地排列出来, 所以 X 是连续型随机变量; 又如, 在例 2.1.4 中, 随机变量 X(灯泡的使用寿命) 也是连续型随机变量. 本节先讨论离散型随机变量.

2.2.1 离散型随机变量的概率分布

不妨设离散型随机变量 X 所有可能取的值为 $x_1,x_2,\cdots$. 为了全面地了解随机变量 X, 仅仅知道它可能取的值是不够的, 还需要知道它取各个值的概率. 也就是说, 要

知道概率

$$P\{X=x_k\}=p_k,\quad k=1,2,\cdots. \tag{2.2.1}$$

称 (2.2.1) 式为离散型随机变量 X 的概率分布或分布律. 概率分布也可用下面表格的形式给出:

X	x_1	x_2	$\cdots$	x_k	$\cdots$
p_k	p_1	p_2	$\cdots$	p_k	$\cdots$

这些 p_k 满足

$$\begin{cases} p_k \geqslant 0, \quad k=1,2,\cdots; \\ \sum_{k=1}^{\infty} p_k = 1. \end{cases} \tag{2.2.2}$$

所以, 概率分布体现了随机变量取各个可能值的概率的分布情况.

例 2.2.1 如图 2.1 所示, 电子线路中装有两个并联继电器. 假设这两个继电器是否接通具有随机性, 且彼此独立. 已知每个继电器接通的概率为 0.8, 记 X 为线路中接通的继电器的个数. 求 (1) X 的概率分布; (2) 线路接通的概率.

解 (1) 随机变量 X 仅可能取 $0,1,2$ 三个值. 记 $A_i=\{$第 i 个继电器接通$\}$, $i=1,2$. 注意到两个继电器是否接通是相互独立的, 于是 A_1 与 A_2 相互独立, 且 $P(A_1)=P(A_2)=0.8$.

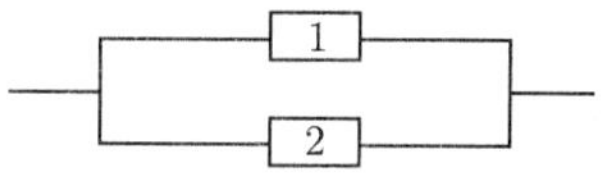

图 2.1 电子线路中的两个并联继电器

因为 $\{X=0\}$ 表示两个继电器都没接通, 所以

$$P\{X=0\}=P(\overline{A_1}\ \overline{A_2})=P(\overline{A_1})P(\overline{A_2})=0.2\times 0.2=0.04.$$

类似地, 可得

$$\begin{aligned} P\{X=1\} &= P(A_1\overline{A_2}\cup\overline{A_1}A_2)=P(A_1\overline{A_2})+P(\overline{A_1}A_2) \\ &= P(A_1)P(\overline{A_2})+P(\overline{A_1})P(A_2) \\ &= 0.8\times 0.2+0.2\times 0.8=0.32, \end{aligned}$$

$$P\{X=2\}=P(A_1A_2)=P(A_1)P(A_2)=0.8\times 0.8=0.64.$$

于是, X 的概率分布为

X	0	1	2
p_k	0.04	0.32	0.64

(2) 因为此电路是并联电路, 所以, 只要一个继电器接通, 整个线路就接通. 于是, 所求的概率为

$$P\{X\geqslant 1\}=P\{X=1\}+P\{X=2\}=0.32+0.64=0.96.$$

2.2.2 常见的离散型随机变量的概率分布

在理论和应用上, 所遇到的离散型随机变量的分布有很多, 但其中最重要的是两点分布、二项分布和泊松 (Poisson) 分布. 在本小节和后续章节中, 我们将对这三种离散型分布做详细讨论, 对其他离散型分布, 读者可参阅书后的附录二.

1. *两点分布*

若随机变量 X 只可能取 0 或 1 两个值, 其概率分布为

$$P\{X=1\}=p,\quad P\{X=0\}=q, \tag{2.2.3}$$

其中 $0<p<1$, $q=1-p$, 则称 X 服从参数为 p 的两点分布或 (0–1) 分布, 记为 $X\sim B(1,p)$.

对于任何一个只有两种可能结果的随机试验 E, 如果用 $\Omega=\{\omega_1,\omega_2\}$ 表示其样本空间, 我们总可以在 Ω 上定义一个服从两点分布的随机变量

$$X=X(\omega)=\begin{cases}1, & \omega=\omega_1,\\ 0, & \omega=\omega_2\end{cases}$$

用来描述随机试验的结果. 例如, 对射手射击是否"中靶", 掷硬币是否"币值面朝上", 检查产品是否"合格", 明天是否"下雨", 种子是否"发芽"等试验, 均可用服从两点分布的随机变量来描述.

例 2.2.2 200 件产品中, 有 196 件是正品, 4 件是次品, 今从中随机地抽取一件, 若规定

$$X=\begin{cases}1, & \text{取到正品},\\ 0, & \text{取到次品},\end{cases}$$

则

$$P\{X=1\}=\frac{196}{200}=0.98,\quad P\{X=0\}=\frac{4}{200}=0.02.$$

于是, X 服从参数为 0.98 的两点分布, 即 $X\sim B(1,0.98)$.

在实际问题中, 有时一个随机试验可能有多个结果. 例如, 在产品质量检查中, 若检查结果有四种: 一级品、二级品、三级品和不合格品. 但是, 如果把前三种统称为合格品, 则试验的结果就只有合格品和不合格品两种了. 于是, 也可以用两点分布来描述随机试验. 又如, 研究者记录了某城市每月交通事故发生的次数, 则它可能取的值为 $0,1,2,\cdots$, 这是无限多个结果. 但是, 如果我们现在关心的问题是每月发生交通事故的可能性, 我们可以把观测的结果分成"发生交通事故"和"不发生交通事故"两种情况. 于是, 就可用两点分布来研究每月发生交通事故的可能性.

2. 二项分布

将试验 E 在相同条件下重复进行 n 次, 如果将第 i 次试验的结果记成 A_i, $i=1,2,\cdots,n$, 总有 $A_1,A_2,\cdots,A_n$ 相互独立, 即每次试验结果出现的概率都不依赖于其他各次试验的结果, 则称这 n 次试验是相互独立的.

设试验 E 只有两个结果：A 和 $\overline{A}$. 记 $p=P(A)$, 则 $P(\overline{A})=1-p$, $0<p<1$, 将试验 E 独立地重复进行 n 次, 则称这 n 次独立重复的试验为 n 次伯努利 (Bernoulli) 试验, 简称伯努利试验.

伯努利试验是从现实世界许多的随机现象中抽象出来的一种很基本的概率模型. 例如, 在一批产品的质量检查中, 若检查的结果分为"合格"和"不合格"两种, 且采用放回抽样，则检查 n 件产品就是 n 次伯努利试验. 又如, 在对某种新开发产品的市场调查中, 要了解消费者对于这种产品的态度. 若分为"喜欢"和"不喜欢"两种, 且采用放回抽样，则随机访问 n 位消费者的调查就是 n 次伯努利试验（在这个问题中，由于消费者群体很大，而 n 一般相对较小，即便不采用放回抽样，仍然可以近似看成伯努利试验）. 这样的例子还可以举出很多, 因此, 伯努利试验与其对应的概率分布, 即下面将引进的二项分布在概率论与数理统计的理论与应用上占有十分重要的地位.

例 2.2.3 某射手每次射击命中 10 环的概率为 p, 现独立地进行 n 次射击, 求{恰有 k 次命中 10 环}的概率.

解 这是一个典型的 n 次伯努利试验模型.

记 $A=\{$命中 10 环$\}$, $P(A)=p$, X 为 n 次伯努利试验中 A 发生 (命中 10 环) 的次数, 则 X 是一个随机变量, 可能取到的值为 $0,1,2,\cdots,n$. 现在我们求 X 的概率分布.

由于各次试验是相互独立进行的, 因此事件 A 在指定的 $k(0\leqslant k\leqslant n)$ 次试验中发生, 其余 $n-k$ 次试验中均不发生 (比如在前 k 次试验中发生, 在后 $n-k$ 次试验中均不发生) 的概率为

$$\underbrace{pp\cdots p}_{k\text{ 个}}\ \underbrace{(1-p)(1-p)\cdots(1-p)}_{n-k\text{ 个}}=p^k(1-p)^{n-k}.$$

由于这样的指定方式共有 $\begin{pmatrix} n \\ k \end{pmatrix}$ 种, 故在 n 次试验中 A 发生 k 次的概率为

$$\begin{pmatrix} n \\ k \end{pmatrix}p^k(1-p)^{n-k},\quad k=0,1,2,\cdots,n,$$

即

$$P\{X=k\}=\begin{pmatrix} n \\ k \end{pmatrix}p^k(1-p)^{n-k},\quad k=0,1,2,\cdots,n. \tag{2.2.4}$$

显然 $p_k = P\{X = k\} \geqslant 0,\ k = 0, 1, 2, \cdots, n$; 并且

$$\sum_{k=0}^{n} p_k = \sum_{k=0}^{n} \binom{n}{k} p^k (1-p)^{n-k} = [p + (1-p)]^n = 1.$$

所以, 这些 p_k 满足 (2.2.2) 式.

注意到 $\binom{n}{k} p^k (1-p)^{n-k}$ 恰好是二项式 $[p + (1-p)]^n$ 展开式中的一项, 所以, 我们称具有 (2.2.4) 式概率分布的随机变量 X 服从参数为 (n, p) 的二项分布, 记为 $X \sim B(n, p)$. 这里的大写字母 B 是取自英文单词 Binomial(二项式) 的第一个字母.

显然, 参数为 p 的两点分布, 是二项分布在 $n = 1$ 时的特殊情形. 对于二项分布 $B(n, p)$, 有时记

$$b(k; n, p) = P\{X = k\} = \binom{n}{k} p^k (1-p)^{n-k}, \quad k = 0, 1, 2, \cdots, n. \tag{2.2.5}$$

值得注意的是, 在许多实际问题中, 有些试验虽不是伯努利试验, 但仍可按伯努利试验来处理.

例 2.2.4　一种 40 瓦的灯泡, 规定其使用寿命超过 2000 小时的为正品, 否则为次品. 已知有很大一批这样的灯泡, 其次品率为 0.2. 现从该批灯泡中随机地抽取 20 只做寿命试验, 问这 20 只灯泡中恰有 k 只次品的概率是多少?

解　这虽是不放回抽样的问题, 但由于这批灯泡的总数很大, 且抽出灯泡的数量相对于灯泡总数来讲非常小, 因此, 可以把这种试验当作放回抽样来处理. 这样做会把问题大大简化, 虽然会有一些误差, 但误差很小.

我们将观测一只灯泡的使用寿命是否超过 2000 小时看成一次试验, 观测 20 只灯泡相当于做 20 次伯努利试验. 用 X 记 20 只灯泡中次品的只数, 则 X 是一个随机变量, 且 $X \sim B(20, 0.2)$. 于是, 由 (2.2.5) 式, 得

$$b(k; 20, 0.2) = P\{X = k\} = \binom{20}{k} (0.2)^k (0.8)^{20-k}, \quad k = 0, 1, 2, \cdots, 20.$$

将计算结果列入表 2.1.

表 2.1　20 只灯泡中恰有 k 件次品的概率分布表

k	0	1	2	3	4	5	6
$b(k; 20, 0.2)$	0.012	0.058	0.137	0.205	0.218	0.175	0.109
k	7	8	9	10	11	$\cdots$	20
$b(k; 20, 0.2)$	0.055	0.022	0.007	0.002	<0.001	$\cdots$	$\cdots$

例 2.2.5 设每天每辆出租车出现故障的概率为 0.02, 某出租汽车公司共有出租车 400 辆, 试求一天内没有出租车出现故障的概率.

解 将观察一辆出租车一天内是否出现故障看成一次试验. 因为每辆出租车是否出现故障与其他出租车是否出现故障无关, 于是, 观察 400 辆出租车是否出现故障就是做 400 次伯努利试验. 设 X 是一天内出现故障的出租车数量, 则 $X \sim B(400, 0.02)$,

$$P\{X=0\} = 0.98^{400} = \mathrm{e}^{400\ln 0.98} = 0.000309.$$

即一天内没有出租车出现故障的概率近似地为万分之三.

二项分布 $B(n,p)$ 和两点分布 $B(1,p)$ 还有一层密切关系. 仍设一个试验只有两个结果: A 和 $\overline{A}$, 且 $P(A)=p$. 现将试验独立地进行 n 次, 记 X 为 n 次试验中结果 A 发生的次数, 则 $X \sim B(n,p)$. 若记 X_i 为第 i 次试验中结果 A 发生的次数, 即

$$X_i = \begin{cases} 1, & \text{第}\,i\,\text{次试验中}\,A\,\text{发生}, \\ 0, & \text{第}\,i\,\text{次试验中}\,\overline{A}\,\text{发生}, \end{cases} \qquad i=1,2,\cdots,n,$$

则 $X_i \sim B(1,p)$, 并且 $X_1, X_2, \cdots, X_n$ 相互独立 (相互独立的概念见第 3 章). 根据 X 和 $X_1, X_2, \cdots, X_n$ 的定义, 自然地有

$$X = X_1 + X_2 + \cdots + X_n.$$

这个式子表明, 一个服从二项分布的随机变量可以表示成 n 个相互独立的服从两点分布的随机变量之和. 这个事实很重要, 在以后的讨论中要多次用到.

3. 泊松分布

如果随机变量 X 的概率分布为

$$P\{X=k\} = \frac{\lambda^k}{k!}\mathrm{e}^{-\lambda}, \quad k=0,1,2,\cdots, \tag{2.2.6}$$

其中 $\lambda > 0$ 为常数, 则称随机变量 X 服从参数为 λ 的泊松分布, 记为 $X \sim P(\lambda)$.

易见, $P\{X=k\} \geqslant 0$, $k=0,1,2,\cdots$, 且有

$$\sum_{k=0}^{\infty} P\{X=k\} = \sum_{k=0}^{\infty} \frac{\lambda^k \mathrm{e}^{-\lambda}}{k!} = \mathrm{e}^{-\lambda}\sum_{k=0}^{\infty}\frac{\lambda^k}{k!} = 1.$$

对于泊松分布 $P(\lambda)$, 通常记

$$p(k;\lambda) = P\{X=k\} = \frac{\lambda^k}{k!}\mathrm{e}^{-\lambda}, \quad k=0,1,2,\cdots. \tag{2.2.7}$$

在许多实际问题中, 我们所关心的量都近似地服从泊松分布. 例如, 某医院每天前来就诊的病人数; 某地区一段时间间隔内发生火灾的次数、发生交通事故的次数; 一

段时间间隔内某放射性物质放射出的粒子数; 一段时间间隔内某容器内部的细菌数; 某地区一年内发生暴雨的次数等, 都近似地服从某一参数的泊松分布.

例 2.2.6 某一城市每天发生火灾的次数 X 服从参数 $\lambda = 0.8$ 的泊松分布, 求该城市一天内发生 3 次或 3 次以上火灾的概率.

解 由概率的性质及 (2.2.7) 式, 得

$$\begin{aligned}P\{X \geqslant 3\} &= 1 - P\{X < 3\} \\ &= 1 - P\{X = 0\} - P\{X = 1\} - P\{X = 2\} \\ &= 1 - \mathrm{e}^{-0.8}\left(\frac{0.8^0}{0!} + \frac{0.8^1}{1!} + \frac{0.8^2}{2!}\right) = 0.0474.\end{aligned}$$

例 2.2.7 某床单厂生产的每条床单上含有疵点的个数 X 服从参数 $\lambda = 1.5$ 的泊松分布. 质量检查部门规定: 床单上无疵点或只有一个疵点的为一等品, 有 2 个到 4 个疵点的为二等品, 5 个或 5 个以上疵点的为次品. 试求该床单厂生产的床单为一等品、二等品和次品的概率.

解 由 $X \sim P(1.5)$ 及概率的可加性, 得

$$\begin{aligned}P\{\text{床单为一等品}\} &= P\{X \leqslant 1\} = \mathrm{e}^{-1.5}\left(\frac{1.5^0}{0!} + \frac{1.5^1}{1!}\right) = 0.558, \\ P\{\text{床单为二等品}\} &= P\{2 \leqslant X \leqslant 4\} = \mathrm{e}^{-1.5}\left(\frac{1.5^2}{2!} + \frac{1.5^3}{3!} + \frac{1.5^4}{4!}\right) = 0.424, \\ P\{\text{床单为次品}\} &= 1 - P\{\text{床单为一等品}\} - P\{\text{床单为二等品}\} \\ &= 1 - 0.558 - 0.424 = 0.018.\end{aligned}$$

所以, 床单为一等品、二等品和次品的概率分别为 0.558, 0.424 和 0.018.

需要注意的是, 二项分布和泊松分布之间有一个重要的关系. 对于二项分布 $B(n,p)$, 当 n 充分大, p 又很小时, 则对任意固定的非负整数 k, 有近似公式

$$b(k;n,p) \approx \frac{\lambda^k}{k!}\mathrm{e}^{-\lambda}, \quad \lambda = np. \tag{2.2.8}$$

在实际计算中, 当 $n \geqslant 20$, $p \leqslant 0.05$ 时, 记 $\lambda = np$, 用 $\frac{\lambda^k}{k!}\mathrm{e}^{-\lambda}$ 作为 $b(k;n,p)$ 的近似值时效果很好; 当 $n \geqslant 100$, $np \leqslant 10$ 时, 效果更好. 例如, 对于例 2.2.5, 可用

$$p(0;8) = \frac{8^0}{0!}\mathrm{e}^{-8} = 0.000335$$

近似地代替 $b(0;400,0.02) = 0.000309$. 另外, 对于某些 λ, $\sum\limits_{k=x}^{\infty}\frac{\lambda^k}{k!}\mathrm{e}^{-\lambda}$ 的值可以从书后附表 1 中直接查到.

例 2.2.8 某公司生产的一种产品, 根据历史生产记录知, 该产品的次品率为 0.01, 问该种产品 300 件中次品数大于 5 的概率是多少?

解 把检验每件产品看作一次试验, 它有两个可能的结果: $A=\{\text{正品}\}$ 和 $\overline{A}=\{\text{次品}\}$. 检验 300 件产品相当于做 300 次伯努利试验. 用 X 表示检验出的次品数, 则 $X\sim B(300,0.01)$, 我们要计算 $P\{X>5\}$.

对 $n=300,\ p=0.01$, 有 $\lambda=np=3$. 应用 (2.2.8) 式, 得到

$$P\{X>5\}=\sum_{k=6}^{300}b(k;300,0.01)\approx\sum_{k=6}^{300}\frac{\mathrm{e}^{-3}}{k!}3^k\approx\sum_{k=6}^{\infty}\frac{\mathrm{e}^{-3}}{k!}3^k.$$

查附表 1, 知 $P\{X>5\}\approx 0.08$.

2.3 连续型随机变量与随机变量的分布函数

在 2.2 节中, 我们讨论了一类重要的随机变量 —— 离散型随机变量. 在这一节中, 先介绍直方图的概念, 进而讨论另一类重要的随机变量 —— 连续型随机变量, 最后介绍随机变量的分布函数.

2.3.1 直方图

例 2.3.1 某工厂生产一种零件, 由于生产过程中各种随机因素的影响, 零件长度不尽相同. 现测得该厂生产的 100 个零件的长度 (单位: 毫米) 如下:

129, 132, 136, 145, 140, 145, 147, 142, 138, 144, 147, 142, 137, 144, 144, 134, 149, 142, 137, 137, 155, 128, 143, 144, 148, 139, 143, 142, 135, 142, 148, 137, 142, 144, 141, 149, 132, 134, 145, 132, 140, 142, 130, 145, 148, 143, 148, 135, 136, 152, 141, 146, 138, 131, 138, 136, 144, 142, 142, 137, 141, 134, 142, 133, 153, 143, 145, 140, 137, 142, 150, 141, 139, 139, 150, 139, 137, 139, 140, 143, 149, 136, 142, 134, 146, 145, 130, 136, 140, 134, 142, 142, 135, 131, 136, 139, 137, 144, 141, 136.

用随机变量 X 表示零件的长度, 和 2.1 节中的例 2.1.3 及例 2.1.4 中的随机变量类似, 它们都是连续型随机变量的例子, 其共同特点是: 它们可能取某一区间内的所有值. 这样, 再使用刻画离散型随机变量概率分布的方法来刻画连续型随机变量的概率分布就会出现问题, 必须寻找另外的方法. 画直方图就是一种近似的方法, 下面使用例 2.3.1 中的数据说明画直方图的过程.

这 100 个数据的最小值是 128, 最大值是 155. 在画直方图时, 先取一个区间, 其左端点比数据的最小值稍小一些, 右端点比最大值稍大一些, 例如可取 $(127.5,155.5)$, 可以把所有数据包含在内. 将区间 $(127.5,155.5)$ 等分为 7 个小区间: $(127.5,131.5)$, $(131.5,135.5)$, $(135.5,139.5)$, $(139.5,143.5)$, $(143.5,147.5)$, $(147.5,151.5)$, $(151.5,155.5)$.

上述这些区间的端点均比数据多取一位小数, 其目的是使数据不落在区间的端点上.

每个小区间称为一个组, 数据落入每个组的个数是频数, 每个组的频数与数据总个数的比值是频率, 这样可得到数据统计表, 见表 2.2.

表 2.2　数据统计表

组	频数	频率
(127.5, 131.5)	6	0.06
(131.5, 135.5)	12	0.12
(135.5, 139.5)	24	0.24
(139.5, 143.5)	28	0.28
(143.5, 147.5)	18	0.18
(147.5, 151.5)	8	0.08
(151.5, 155.5)	4	0.04

在平面直角坐标系的横轴上截出各组的区间, 每组的区间长度称为组距, 此例中组距为 4. 在各组上以组距为底向上作长方形, 使该长方形的面积等于该组的频率, 即长方形的高 = 频率 ÷ 组距 = 频率/4. 这样的图形称为直方图, 见图 2.2.

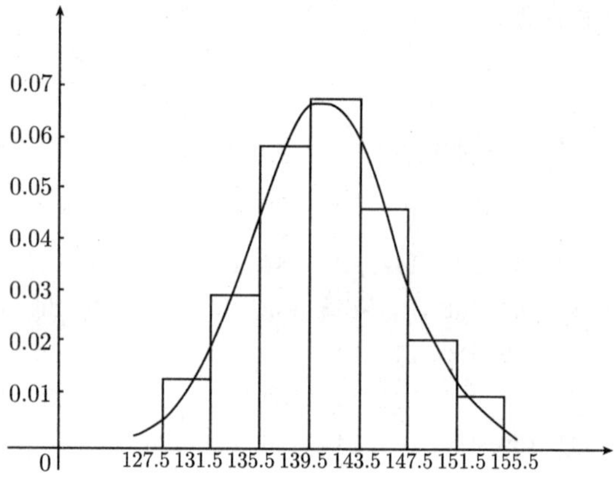

图 2.2　直方图

由于概率可以由频率近似, 因此, 这个直方图可以近似地刻画零件长度 X 的概率分布情况.

用上述直方图刻画 X 的概率分布情况是比较粗糙的. 为了更加准确地刻画 X 的概率分布情况, 应该增加数据的个数, 同时要把组分得更细. 可以设想: 当数据个数越来越多, 组分得越来越细时, 直方图的外形轮廓越来越接近某一条曲线, 见图 2.2. 这条曲线可以准确地刻画 X 的概率分布情况, 它就是下面将要定义的连续型随机变量的概率密度函数的图形. 这就是说, 刻画连续型随机变量的概率分布要使用概率密度函数.

2.3.2 概率密度函数

定义 2.3.1 若存在非负函数 $f(x)$, 使随机变量 X 取值于任一区间 $(a,b]$ 的概率可以表示为

$$P\{a < X \leqslant b\} = \int_a^b f(x)\mathrm{d}x, \tag{2.3.1}$$

则称 X 为连续型随机变量, $f(x)$ 为 X 的概率密度函数, 简称概率密度.

若 $f(x)$ 是连续型随机变量 X 的概率密度函数, 则对任意固定的 x, 任意的 $\Delta x > 0$, 有

$$\frac{P\{x < X \leqslant x+\Delta x\}}{\Delta x} = \frac{1}{\Delta x}\int_x^{x+\Delta x} f(t)\mathrm{d}t, \tag{2.3.2}$$

上式左端表示随机变量 X 落在区间 $(x, x+\Delta x]$ 上的平均概率. 如果 $f(x)$ 在 x 处连续, 则

$$\lim_{\Delta x\to 0}\frac{P\{x < X \leqslant x+\Delta x\}}{\Delta x} = f(x). \tag{2.3.3}$$

从这里我们看到, 概率密度的定义与物理学中线密度的定义极其类似. 这就是我们将 $f(x)$ 称为概率密度的原因.

容易看出, 概率密度函数具有如下性质:

$$\int_{-\infty}^{+\infty} f(x)\mathrm{d}x = 1. \tag{2.3.4}$$

对连续型随机变量 X 和任意常数 a, 总有 $P\{X=a\}=0$.

证 由于对任意给定的 $\varepsilon > 0$, 总有

$$P\{X=a\} \leqslant P\{a-\varepsilon < X \leqslant a\} = \int_{a-\varepsilon}^{a} f(x)\mathrm{d}x,$$

令 $\varepsilon \to 0$, 得上式右端趋近于零. 所以, $P\{X=a\}=0$.

这条性质说明, 连续型随机变量取任意一点值的概率为零. 同时也说明, 从 $P(A)=0$, 并不能推出 A 是不可能事件. 因为在这里, 虽然 $P\{X=a\}=0$, 但事件 $\{X=a\}$ 并非不可能事件.

这样, 连续型随机变量 X 落在区间 (a,b), $[a,b)$, $(a,b]$, $[a,b]$ 上的概率都相等, 即

$$P\{a < X < b\} = P\{a \leqslant X < b\} = P\{a < X \leqslant b\} = P\{a \leqslant X \leqslant b\},$$

且都等于 $f(x)$ 在区间 $[a,b]$ 上的积分, 即曲线 $y=f(x)$ 和直线 $x=a$, $x=b$ 及 $y=0$ 所围成的曲边梯形的面积，如图 2.3.

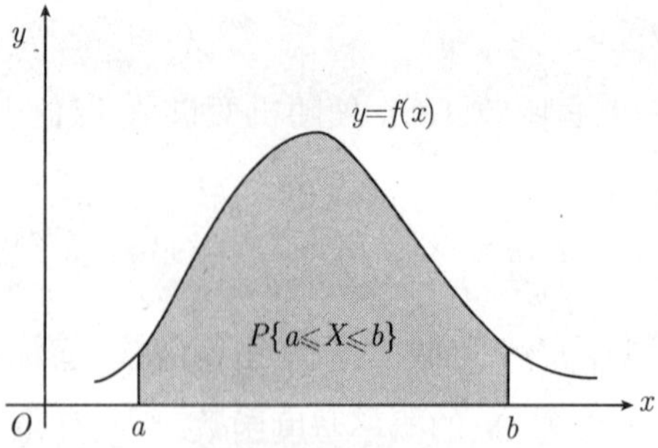

图 2.3　概率密度曲线与概率表示

2.3.3　常见的连续型随机变量的概率密度函数

1. 均匀分布

如果随机变量 X 的概率密度函数为

$$f(x)=\begin{cases}\dfrac{1}{b-a}, & a\leqslant x\leqslant b,\\ 0, & \text{其他},\end{cases} \tag{2.3.5}$$

则称 X 服从 $[a,\,b]$ 区间上的均匀分布, 记作 $X\sim U[a,\,b]$, 其中 $a,\ b(a<b)$ 为常数, 这里字母 U 取自英文单词 Uniform(均匀) 的第一个字母.

如果 $X\sim U[a,\,b]$, 则对任意满足 $a\leqslant c<d\leqslant b$ 的 c,d, 总有

$$P\{c\leqslant X\leqslant d\}=\int_c^d f(x)\mathrm{d}x=\frac{d-c}{b-a}. \tag{2.3.6}$$

这表明, X 落在 $[a,\,b]$ 的子区间 $[c,\,d]$ 上的概率, 只与子区间的长度 $(d-c)$ 有关 (成正比), 而与子区间在区间 $[a,\,b]$ 中的具体位置无关. 事实上, 对于任意长度为 ℓ 的子区间 $[c,\ c+\ell]$, $a\leqslant c<c+\ell\leqslant d$, 有

$$P\{c\leqslant X\leqslant c+\ell\}=\int_c^{c+\ell} f(x)\mathrm{d}x=\frac{\ell}{b-a}. \tag{2.3.7}$$

均匀分布无论在理论上, 还是在应用上都是非常有用的一种分布. 例如, 计算机在进行计算时, 对末位数字要进行“四舍五入”, 譬如对小数点后面第一位进行四舍五入时, 一般认为舍入误差服从区间 $[-0.5,\ 0.5]$ 上的均匀分布; 又如, 当我们对取值在某一区间 $[a,\,b]$ 上的随机变量 X 的分布一无所知时, 可以先假设它服从 $U[a,\,b]$ 等等.

2. 指数分布

若随机变量 X 的概率密度函数为

$$f(x)=\begin{cases}\lambda\mathrm{e}^{-\lambda x}, & x\geqslant 0,\\ 0, & x<0,\end{cases} \tag{2.3.8}$$

其中 $\lambda > 0$ 为常数, 则称 X 服从参数为 λ 的指数分布. 指数分布是最常用的寿命分布, 许多电子产品或元件的寿命都服从指数分布.

容易证明,

$$\int_{-\infty}^{+\infty} f(x)\mathrm{d}x = \int_{0}^{+\infty} \lambda \mathrm{e}^{-\lambda x}\mathrm{d}x = 1. \tag{2.3.9}$$

例 2.3.2 设某电子管的使用寿命 X(单位: 小时) 服从参数 $\lambda = 0.0002$ 的指数分布. 求电子管的使用寿命超过 3000 小时的概率.

解 $P\{X > 3000\} = \int_{3000}^{+\infty} 0.0002\,\mathrm{e}^{-0.0002x}\mathrm{d}x = \mathrm{e}^{-0.6} = 0.5488$. 即电子管的使用寿命超过 3000 小时的概率为 0.5488.

3. 正态分布

设随机变量 X 的概率密度函数为

$$f(x) = \frac{1}{\sqrt{2\pi}\,\sigma}\mathrm{e}^{-\frac{(x-\mu)^2}{2\sigma^2}}, \quad -\infty < x < +\infty, \tag{2.3.10}$$

其中 μ, $\sigma(\sigma > 0)$ 为常数, 则称 X 服从参数为 μ, σ 的正态分布或高斯 (Gauss) 分布, 记为 $X \sim N(\mu, \sigma^2)$. 这里的字母 N 取自英文单词 Normal(正常的) 的第一个字母. 同时称 X 为正态随机变量.

关于参数 μ 和 σ 的含义, 我们将在第 4 章中给予说明. 易见, 由 (2.3.10) 式所定义的 $f(x)$ 是非负的, 但它在 $(-\infty, +\infty)$ 上的积分是否等于 1 呢? 这一点需要我们来证明. 因为, 如果 $\int_{-\infty}^{+\infty} f(x)\mathrm{d}x \neq 1$, $f(x)$ 就不能作为随机变量的概率密度函数.

下面证明 $\int_{-\infty}^{+\infty} f(x)\mathrm{d}x = 1$.

记 $I = \frac{1}{\sigma}\int_{-\infty}^{+\infty} \mathrm{e}^{-\frac{(x-\mu)^2}{2\sigma^2}}\mathrm{d}x$, 设 $y = \frac{x-\mu}{\sigma}$, 则

$$\begin{aligned}
I &= \int_{-\infty}^{+\infty} \mathrm{e}^{-\frac{y^2}{2}}\mathrm{d}y = 2\int_{0}^{+\infty} \mathrm{e}^{-\frac{x^2}{2}}\mathrm{d}x \geqslant 0,\\
I^2 &= 4\int_{0}^{+\infty} \mathrm{e}^{-\frac{x^2}{2}}\mathrm{d}x \int_{0}^{+\infty} \mathrm{e}^{-\frac{y^2}{2}}\mathrm{d}y\\
&= 4\int_{0}^{+\infty}\int_{0}^{+\infty} \mathrm{e}^{-\frac{x^2+y^2}{2}}\mathrm{d}x\mathrm{d}y \quad (\text{由极坐标变换})\\
&= 4\int_{0}^{\pi/2}\mathrm{d}\theta \int_{0}^{+\infty} \mathrm{e}^{-\frac{r^2}{2}} r\mathrm{d}r = 2\pi,
\end{aligned}$$

再由 $I \geqslant 0$, 可得 $I = \sqrt{2\pi}$. 于是

$$\int_{-\infty}^{+\infty} f(x)\mathrm{d}x = 1.$$

正态分布的概率密度函数 $f(x)$ 图形如图 2.4 所示.

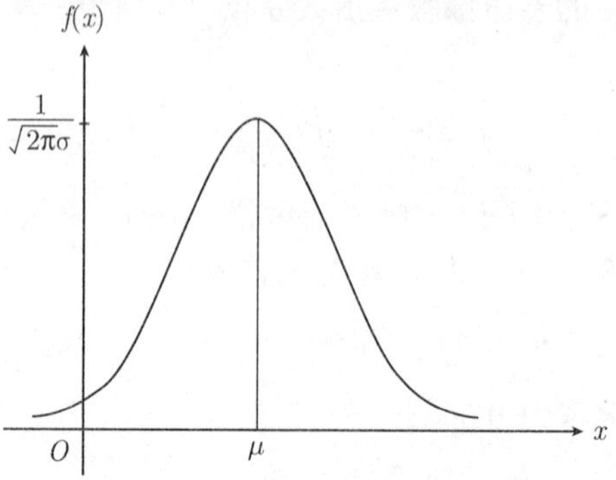

图 2.4　正态分布的概率密度函数

从图 2.4 中容易看出：$f(x)$ 的图形呈钟形, 且有如下特征：

(1) 关于直线 $x=\mu$ 对称;

(2) 在 $x=\mu$ 处取得最大值 $\dfrac{1}{\sqrt{2\pi}\,\sigma}$;

(3) 在 $x=\mu\pm\sigma$ 处有拐点;

(4) 当 $|x|\to+\infty$ 时, 曲线以 x 轴为渐近线.

如果固定 σ, 改变 μ 的值, 则图形沿着 x 轴平移, 而图形的形状不变; 如果固定 μ, 改变 σ 值, 由最大值 $f(\mu)=\dfrac{1}{\sqrt{2\pi}\,\sigma}$ 随 σ 的增大而减小, 可知随着 σ 的增大, 图形变得越来越扁, 但图形的对称轴没有改变.

特别地, 称参数 $\mu=0,\ \sigma=1$ 的正态分布 $N(0,1)$ 为标准正态分布. 对于标准正态分布 $N(0,1)$, 其概率密度函数通常用 $\varphi(x)$ 来表示, 即

$$\varphi(x)=\frac{1}{\sqrt{2\pi}}\mathrm{e}^{-\frac{x^2}{2}},\quad -\infty<x<+\infty. \tag{2.3.11}$$

此外, 记

$$\varPhi(x)=\frac{1}{\sqrt{2\pi}}\int_{-\infty}^{x}\mathrm{e}^{-\frac{t^2}{2}}\,\mathrm{d}t,\qquad -\infty<x<+\infty, \tag{2.3.12}$$

由 $\varphi(x)$ 的对称性, 可推出 $\varPhi(x)$ 的如下重要性质：

$$\varPhi(-x)=1-\varPhi(x). \tag{2.3.13}$$

$\varPhi(x)$ 的函数值已制成标准正态分布表 (见附表 2). 利用此表, 我们可以计算参数已知情形下, 正态随机变量落在一个区间内的概率. 先来看下面的定理.

定理 2.3.1　若随机变量 $X\sim N(\mu,\sigma^2)$, 则对任意 $a,\ b(a<b)$, 有

$$P\{a<X\leqslant b\}=\varPhi\left(\frac{b-\mu}{\sigma}\right)-\varPhi\left(\frac{a-\mu}{\sigma}\right). \tag{2.3.14}$$

证 由概率密度函数的性质及 (2.3.10) 式, 得

$$
\begin{aligned}
&P\{a<X\leqslant b\}\\
&=\frac{1}{\sqrt{2\pi}\,\sigma}\int_a^b \mathrm{e}^{-\frac{(x-\mu)^2}{2\sigma^2}}\mathrm{d}x \qquad \left(\text{令 } \frac{x-\mu}{\sigma}=u\right)\\
&=\frac{1}{\sqrt{2\pi}}\int_{(a-\mu)/\sigma}^{(b-\mu)/\sigma}\mathrm{e}^{-\frac{u^2}{2}}\mathrm{d}u\\
&=\frac{1}{\sqrt{2\pi}}\int_{-\infty}^{(b-\mu)/\sigma}\mathrm{e}^{-\frac{u^2}{2}}\mathrm{d}u-\frac{1}{\sqrt{2\pi}}\int_{-\infty}^{(a-\mu)/\sigma}\mathrm{e}^{-\frac{u^2}{2}}\mathrm{d}u \qquad (\text{由 (2.3.12) 式})\\
&=\Phi\left(\frac{b-\mu}{\sigma}\right)-\Phi\left(\frac{a-\mu}{\sigma}\right),
\end{aligned}
$$

于是, (2.3.14) 式成立. 定理证毕.

例 2.3.3 已知某台机器生产的螺栓长度 X(单位: 厘米) 服从参数 $\mu=10.05$, $\sigma=0.06$ 的正态分布. 规定螺栓长度在 10.05 ± 0.12 内为合格品, 试求螺栓为合格品的概率.

解 根据假设 $X\sim N(10.05,0.06^2)$, 记 $a=10.05-0.12$, $b=10.05+0.12$, 则 $\{a\leqslant X\leqslant b\}$ 表示螺栓为合格品. 于是,

$$
\begin{aligned}
P\{a\leqslant X\leqslant b\}&=P\{a<X\leqslant b\}=\Phi\left(\frac{b-\mu}{\sigma}\right)-\Phi\left(\frac{a-\mu}{\sigma}\right)\\
&=\Phi(2)-\Phi(-2) \qquad (\text{由 (2.3.13) 式})\\
&=\Phi(2)-[1-\Phi(2)]=2\Phi(2)-1\\
&=2\times0.9772-1=0.9544,
\end{aligned}
$$

即螺栓为合格品的概率等于 0.9544.

注意到 $\Phi(-\infty)=0$ 和 $\Phi(+\infty)=1$ 两个事实, 可得 a 和 b 之一为无穷时, 定理 2.3.1 仍成立. 这时 (2.3.14) 式分别变成了

$$
\begin{aligned}
&P\{X\leqslant b\}=P\{-\infty<X\leqslant b\}=\Phi\left(\frac{b-\mu}{\sigma}\right);\\
&P\{X>a\}=P\{a<X<+\infty\}=1-\Phi\left(\frac{a-\mu}{\sigma}\right).
\end{aligned}
\qquad (2.3.15)
$$

例 2.3.4 假设某地区成年男性的身高 (单位: 厘米) $X\sim N(170,7.69^2)$, 求该地区成年男性的身高超过 175 厘米的概率.

解 根据假设 $X\sim N(170,7.69^2)$, 且 $\{X>175\}$ 表示该地区成年男性的身高超过 175 厘米, 由 (2.3.15) 式的后一个公式, 得

$$
\begin{aligned}
P\{X>175\}&=P\{175<X<+\infty\}=1-\Phi\left(\frac{175-170}{7.69}\right)=1-\Phi(0.65)\\
&=1-0.7422=0.2578.
\end{aligned}
$$

即该地区成年男性身高超过 175 厘米的概率为 0.2578.

设随机变量 $X \sim N(0,1)$, 对给定的 $\alpha, 0<\alpha<1$, 称满足条件

$$P\{X>Z_\alpha\}=\int_{Z_\alpha}^{+\infty}\varphi(x)\mathrm{d}x=\alpha$$

的点 Z_α 为标准正态分布的上 α 分位点.

由标准正态分布的上 α 分位点的定义和 (2.3.15) 式, 容易得到

$$\Phi(Z_\alpha)=1-\alpha. \tag{2.3.16}$$

在后面的数理统计中, 我们将经常使用这一公式.

关于标准正态分布的上 α 分位点 Z_α, 可用图 2.5 来表示, $-Z_\alpha$ 表示 Z_α 关于 y 轴的对称点. 由分位点的定义及 $\varphi(x)$ 的对称性, 可知, 图中两块阴影部分的面积均为 α. 它们分别为随机事件 $\{X\leqslant -Z_\alpha\}$ 和 $\{X\geqslant Z_\alpha\}$ 的概率, 即标准正态分布的概率密度函数 $\varphi(x)$ 分别在区间 $(-\infty, -Z_\alpha]$ 和 $[Z_\alpha, +\infty)$ 上的积分.

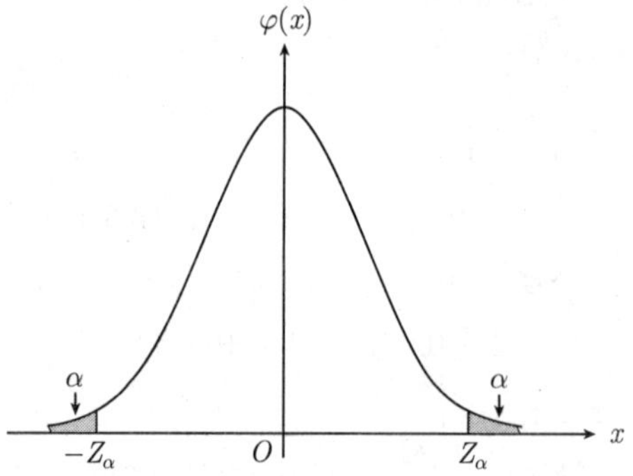

图 2.5 标准正态分布分位点

在实际问题中, 许多随机变量都服从或近似地服从正态分布. 例如, 一个地区居民的身高或体重; 某物体长度的测量值; 某零件长度的测量误差; 某市场每天商品销售总额; 某地区居民年收入; 半导体器件中的热噪声电流或电压等都服从正态分布. 因此, 在概率论与数理统计的理论研究与实际应用中, 正态分布都起着非常重要的作用.

2.3.4 随机变量的分布函数

前面对离散型随机变量, 我们用分布律来刻画它的概率分布情况. 对连续型随机变量, 我们用概率密度来刻画它的概率分布情况. 现在, 我们引入分布函数的概念, 它可以对上述两类随机变量的概率分布情况进行刻画. 分布函数具有良好的性质, 便于研究, 因此, 它在概率论的理论研究中具有重要意义.

定义 2.3.2 设 X 是一随机变量, 称函数

$$F(x)=P\{X\leqslant x\},\quad -\infty<x<+\infty \tag{2.3.17}$$

为 X 的分布函数.

随机变量 X 的分布函数 $F(x)$ 具有如下的性质.

1. 对任意实数 $a<b$, 总有 $F(a)\leqslant F(b)$(单调不减性), 并且

$$P\{a<X\leqslant b\}=F(b)-F(a). \tag{2.3.18}$$

证 $\{a<X\leqslant b\}=\{X\leqslant b\}-\{X\leqslant a\}$, 由于 $\{X\leqslant a\}\subset\{X\leqslant b\}$, 于是

$$P\{a<X\leqslant b\}=P\{X\leqslant b\}-P\{X\leqslant a\}=F(b)-F(a),$$

再由 $P\{a<X\leqslant b\}\geqslant 0$, 得 $F(a)\leqslant F(b)$.

性质 1 很重要, 它表明, 随机变量 X 落在区间 $(a,b]$ 上的概率可以通过 X 的分布函数来计算.

2. 对任意实数 x, 总有 $0\leqslant F(x)\leqslant 1$(有界性), 且

$$F(-\infty)=\lim_{x\to-\infty}F(x)=0,\quad F(+\infty)=\lim_{x\to+\infty}F(x)=1. \tag{2.3.19}$$

对于性质 2, 我们不作严格证明, 只作一些简单说明. 由 $F(x)$ 的定义 (2.3.17) 式直接可得 $0\leqslant F(x)\leqslant 1$. 当 $x\to-\infty$ 时, $\{X\leqslant x\}$ 越来越趋于不可能事件, 故其概率 $P\{X\leqslant x\}$, 即 $F(x)$ 就趋于不可能事件的概率 (零). 类似地, 可以说明 (2.3.19) 式的后一个结论.

对离散型随机变量 X，设其概率分布如 (2.2.1) 式所示. 于是, 由概率的可加性, 得

$$F(x)=P\{X\leqslant x\}=\sum_{x_k\leqslant x}P\{X=x_k\},$$

即

$$F(x)=\sum_{x_k\leqslant x}p_k, \tag{2.3.20}$$

这里的和式是对所有满足 $x_k\leqslant x$ 的 k 求和. 分布函数 $F(x)$ 在 $x=x_k(k=1,2,\cdots)$ 处有跳跃值 p_k.

例 2.3.5 求例 2.2.1 中随机变量 X 的分布函数.

解 已求得 X 的概率分布为 $P\{X=0\}=0.04$, $P\{X=1\}=0.32$, $P\{X=2\}=0.64$, 则 X 的分布函数

$$F(x)=\begin{cases}0, & x<0,\\ 0.04, & 0\leqslant x<1,\\ 0.36, & 1\leqslant x<2,\\ 1, & 2\leqslant x.\end{cases}$$

对连续型随机变量 X，设其概率密度函数为 $f(x)$, 则由 (2.3.1) 式有

$$F(x)=P\{X\leqslant x\}=\int_{-\infty}^{x}f(t)\mathrm{d}t, \tag{2.3.21}$$

并且由 (2.3.3) 式和 (2.3.18) 式可推出，在 $f(x)$ 的连续点 x 处，有

$$f(x)=\lim_{\Delta x\to 0}\frac{F(x+\Delta x)-F(x)}{\Delta x}=F'(x). \tag{2.3.22}$$

例 2.3.6　设 $X\sim U[a,b]$, 求其分布函数 $F(x)$.

解　当 $x<a$ 时, $f(x)=0$, 由 (2.3.21) 式知 $F(x)=0$; 当 $a\leqslant x<b$ 时, $f(x)=1/(b-a)$,

$$F(x)=\int_{-\infty}^{x}f(t)\mathrm{d}t=\int_{a}^{x}\frac{1}{b-a}\mathrm{d}t=\frac{x-a}{b-a};$$

当 $x\geqslant b$ 时, $f(x)=0$,

$$F(x)=\int_{-\infty}^{x}f(t)\mathrm{d}t=\int_{a}^{b}\frac{1}{b-a}\mathrm{d}t=1.$$

这样,

$$F(x)=\begin{cases}0, & x<a,\\ \dfrac{x-a}{b-a}, & a\leqslant x<b,\\ 1, & b\leqslant x.\end{cases} \tag{2.3.23}$$

类似地, 对服从参数为 λ 的指数分布的随机变量 X, 可求出其分布函数

$$F(x)=\begin{cases}1-\mathrm{e}^{-\lambda x}, & x\geqslant 0,\\ 0, & x<0.\end{cases} \tag{2.3.24}$$

若 $X\sim N(0,1)$, 则 X 的分布函数即为 (2.3.12) 式所定义的 $\Phi(x)$. 前面我们已经讨论了它的重要性质及其应用.

2.4　随机变量函数的分布

在很多实际问题中, 我们常常对某些随机变量的函数 (它当然也是随机变量) 感兴趣. 这是因为在一些试验中, 我们所关心的量往往不能通过直接观测来得到, 而它恰是某个能直接观测到的随机变量的已知函数. 比如, 我们能直接测量到圆轴正截面的直径 D, 而所关心的却是该截面的面积 $A=\pi D^2/4$. 这里, 随机变量 A 是随机变量 D 的函数. 在本节中, 我们将讨论如何由已知的随机变量 X 的分布, 来求 X 的函数 $Y=g(X)$ 的分布. 在这里, $g(\cdot)$ 是一个已知的连续函数.

2.4.1 离散型随机变量函数的分布

设离散型随机变量 X 的概率分布为 $P\{X=x_k\}=p_k$, $k=1,2,\cdots$, $g(\cdot)$ 是一个已知的单值函数. 令 $Y=g(X)$, 则 Y 也是一个离散型随机变量.

例 2.4.1 设随机变量 X 有如下的概率分布:

X	-1	0	1	2
p_k	0.2	0.3	0.1	0.4

求 $Y=(X-1)^2$ 的概率分布.

解 Y 所有可能取的值为 0, 1, 4, 由

$$P\{Y=0\}=P\{X=1\}=0.1,$$
$$P\{Y=1\}=P\{X=0\}+P\{X=2\}=0.7,$$
$$P\{Y=4\}=P\{X=-1\}=0.2,$$

得 Y 的概率分布为

Y	0	1	4
q_i	0.1	0.7	0.2

这个例子阐明了求离散型随机变量函数的分布的一般方法, 归纳起来就是:

记 Y 所有可能取值的集合为 $\{y_i,\ i=1,2,\cdots\}$. 也就是说, 对每个 y_i 来讲, 至少要有一个 x_k 使得 $y_i=g(x_k)$. 对每个 y_i, 将所有满足 $y_i=g(x_k)$ 式子中的 k 对应的 p_k 求和, 并记此和为 q_i, 则 $P\{Y=y_i\}=q_i$, $i=1,2,\cdots$, 就是随机变量 Y 的概率分布.

例 2.4.2 在应用上认为: 单位时间内, 一个地区发生火灾的次数服从泊松分布. 设某城市一个月内发生火灾的次数 $X\sim P(5)$, 试求随机变量 $Y=|X-5|$ 的概率分布.

解 由 X 所有可能取值的集合为 $\{0,1,2,\cdots\}$, 其对应的概率分布为

$$P\{X=k\}=\frac{\mathrm{e}^{-5}5^k}{k!},\quad k=0,1,2,\cdots$$

及 $Y=|X-5|$ 可知, Y 所有可能取值的集合为 $\{0,1,2,\cdots\}$. 且对每个 $i=0,1,2,\cdots$, 当 $0<i\leqslant 5$ 时, 有 $k=5+i$ 和 $k=5-i$ 两个值使得 $|k-5|=i$; 当 $i=0$ 或 $i\geqslant 6$ 时, 只有一个 $k=5+i$ 使得 $|k-5|=i$. 于是, 随机变量 Y 取值为 i 的概率

$$q_i=P\{Y=i\}=\begin{cases}\left[\dfrac{5^{5-i}}{(5-i)!}+\dfrac{5^{5+i}}{(5+i)!}\right]\mathrm{e}^{-5}, & i=1,2,3,4,5,\\[2ex] \dfrac{5^{5+i}}{(5+i)!}\mathrm{e}^{-5}, & i=0,6,7,\cdots.\end{cases}$$

2.4.2 连续型随机变量函数的分布

对于连续型随机变量 X, 求 $Y=g(X)$ 的概率密度函数的基本方法是: 根据分布函数的定义先求 $Y=g(X)$ 的分布函数, 即

$$F_Y(y)=P\{Y\leqslant y\}=P\{g(X)\leqslant y\},$$

然后求上式对 y 的导数, 得到 Y 的概率密度函数 $f_Y(y)=F_Y'(y)$. 下面我们通过一些例子加以说明.

例 2.4.3 设随机变量 $X\sim N(0,1)$, $Y=\mathrm{e}^X$, 求 Y 的概率密度函数.

解 设 $F_Y(y)$ 和 $f_Y(y)$ 分别为随机变量 Y 的分布函数和概率密度函数, 则当 $y\leqslant 0$ 时, 有

$$F_Y(y)=P\{Y\leqslant y\}=P\{\mathrm{e}^X\leqslant y\}=P(\varnothing)=0;$$

当 $y>0$ 时, 因为 $g(x)=\mathrm{e}^x$ 是 x 的严格单调增函数, 所以有

$$\{\mathrm{e}^X\leqslant y\}=\{X\leqslant \ln y\},$$

因而

$$\begin{aligned}F_Y(y)&=P\{Y\leqslant y\}=P\{\mathrm{e}^X\leqslant y\}=P\{X\leqslant \ln y\}\\&=\frac{1}{\sqrt{2\pi}}\int_{-\infty}^{\ln y}\mathrm{e}^{-\frac{x^2}{2}}\mathrm{d}x.\end{aligned}$$

再由 $f_Y(y)=F_Y'(y)$, 得

$$f_Y(y)=\begin{cases}\dfrac{1}{\sqrt{2\pi}\,y}\mathrm{e}^{-\frac{(\ln y)^2}{2}}, & y>0,\\ 0, & y\leqslant 0.\end{cases}$$

通常称上式中的 Y 服从对数正态分布, 它也是一种常用的寿命分布.

注 在对 $F_Y(y)$ 求导数时, 我们使用了如下公式:

$$\frac{\mathrm{d}}{\mathrm{d}y}\left[\int_{a(y)}^{b(y)}f(t)\mathrm{d}t\right]=f[b(y)]\,b'(y)-f[a(y)]\,a'(y). \tag{2.4.1}$$

例 2.4.4 设随机变量 X 有概率密度函数

$$f_X(x)=\begin{cases}|x|, & -1<x<1,\\ 0, & \text{其他},\end{cases}$$

求随机变量 $Y=2X+1$ 的概率密度函数.

解 设 $F_Y(y)$ 和 $f_Y(y)$ 分别为随机变量 Y 的分布函数和概率密度函数, 由

$$\begin{aligned}F_Y(y) &= P\{Y \leqslant y\} = P\{2X+1 \leqslant y\}\\ &= P\left\{X \leqslant \frac{y-1}{2}\right\} = \int_{-\infty}^{\frac{y-1}{2}} f_X(x)\mathrm{d}x,\end{aligned}$$

再由 $f_Y(y) = F_Y'(y)$, 得

$$\begin{aligned}f_Y(y) &= f_X\left(\frac{y-1}{2}\right)\left(\frac{y-1}{2}\right)'\\ &= \begin{cases} \dfrac{|y-1|}{2} \times \dfrac{1}{2}, & -1 < \dfrac{y-1}{2} < 1, \\ 0, & \text{其他}, \end{cases}\\ &= \begin{cases} \dfrac{|y-1|}{4}, & -1 < y < 3, \\ 0, & \text{其他}. \end{cases}\end{aligned}$$

例 2.4.5 设 $X \sim N(\mu, \sigma^2)$, 求随机变量 $Y = \dfrac{X-\mu}{\sigma}$ 的概率密度函数.

解 设 $F_Y(y)$ 和 $f_Y(y)$ 分别为随机变量 Y 的分布函数和概率密度函数, 则对 $-\infty < y < +\infty$,

$$\begin{aligned}F_Y(y) &= P\{Y \leqslant y\} = P\left\{\frac{X-\mu}{\sigma} \leqslant y\right\}\\ &= P\{X \leqslant \mu + \sigma y\} = \int_{-\infty}^{\mu+\sigma y} \frac{1}{\sqrt{2\pi}\,\sigma} \mathrm{e}^{-\frac{(x-\mu)^2}{2\sigma^2}}\mathrm{d}x.\end{aligned}$$

利用公式 (2.4.1), 将上式对 y 求导, 得

$$f_Y(y) = \frac{1}{\sqrt{2\pi}}\mathrm{e}^{-\frac{y^2}{2}}.$$

这正是标准正态分布 $N(0,1)$ 的概率密度函数, 所以 $Y \sim N(0,1)$. 人们通常称由 $X \sim N(\mu,\sigma^2)$ 到 $Y = \dfrac{X-\mu}{\sigma} \sim N(0,1)$ 的变换为 X 的标准化.

在前面三个例子中, 所涉及的函数 $y = g(x)$ 都是严格单调函数.

对于所有严格单调函数 $y = g(x)$, 下面的定理提供了计算 $Y = g(X)$ 的概率密度函数的简单方法.

定理 2.4.1 若随机变量 X 有概率密度函数 $f_X(x)$, $x \in (-\infty, +\infty)$, $y = g(x)$ 为严格单调函数, 且 $g'(x)$ 对一切 x 都存在, 记 (a, b) 为 $g(x)$ 的值域, 则随机变量 $Y = g(X)$ 的概率密度函数为

$$f_Y(y) = \begin{cases} f_X[h(y)]\,|h'(y)|, & a < y < b, \\ 0, & \text{其他}, \end{cases}$$

这里 $x=h(y)$ 是 $y=g(x)$ 的反函数.

显然, 当 $g(x)$ 为严格单调增函数时, $a=g(-\infty)$, $b=g(+\infty)$; 当 $g(x)$ 为严格单调减函数时, $a=g(+\infty)$, $b=g(-\infty)$.

定理 2.4.1 的证明从略.

注 如果随机变量 X 的概率密度函数在一个有限区间 $[\alpha,\beta]$ 之外取值为零, 我们就只需 $g(x)$ 在 (α,β) 内可导, 并在此区间上严格单调. 当 $g(x)$ 为严格单调增函数时, $a=g(\alpha)$, $b=g(\beta)$; 当 $g(x)$ 为严格单调减函数时, $a=g(\beta)$, $b=g(\alpha)$.

例 2.4.6 设 $X\sim U[0,1]$, 求 $Y=\mathrm{e}^X$ 的概率密度函数.

解 X 的概率密度函数为

$$f_X(x)=\begin{cases}1, & 0\leqslant x\leqslant 1,\\ 0, & \text{其他},\end{cases}$$

$f_X(x)$ 在 $[0,1]$ 之外的函数值为零, $y=\mathrm{e}^x$ 在 $(0,1)$ 内可导, 且在此区间内为严格单调增函数. 于是, $\alpha=0$, $\beta=1$, $y=g(x)=\mathrm{e}^x$ 的反函数为 $x=h(y)=\ln y$. $a=g(\alpha)=\mathrm{e}^0=1$, $b=g(\beta)=\mathrm{e}^1=\mathrm{e}$. $|h'(y)|=1/|y|$. 所以,

$$f_Y(y)=\begin{cases}\dfrac{1}{y}, & 1<y<\mathrm{e},\\ 0, & \text{其他}.\end{cases}$$

当 $g(x)$ 既不是严格单调增函数也不是严格单调减函数时, 情况要略复杂一些. 读者通过下面的例子, 可看到前面例 2.4.3, 例 2.4.4 和例 2.4.5 中所用的方法仍然适用, 即: 先设法求出随机变量 Y 的分布函数 $F_Y(y)=P\{Y\leqslant y\}$, 然后对其求导数, 得到 Y 的概率密度函数 $f_Y(y)$. 这是求连续型随机变量函数的概率密度函数的一般方法.

例 2.4.7 设随机变量 X 有概率密度函数 $f_X(x)$, $x\in(-\infty,\ +\infty)$, 求随机变量 $Y=cX^2$ 的概率密度函数, 这里 $c>0$ 为常数.

解 先求 Y 的分布函数 $F_Y(y)$. 由于 $Y=cX^2\geqslant 0$, 所以, 当 $y\leqslant 0$ 时, $F_Y(y)=0$; 当 $y>0$ 时,

$$\begin{aligned}F_Y(y)&=P\{Y\leqslant y\}=P\{cX^2\leqslant y\}=P\left\{-\sqrt{y/c}\leqslant X\leqslant\sqrt{y/c}\right\}\\&=\int_{-\sqrt{y/c}}^{\sqrt{y/c}}f_X(x)\mathrm{d}x.\end{aligned}$$

再由 $f_Y(y)=F_Y'(y)$, 利用 (2.4.1) 式, 得

$$f_Y(y)=\begin{cases}\dfrac{1}{2\sqrt{cy}}[f_X(\sqrt{y/c})+f_X(-\sqrt{y/c})], & y>0,\\ 0, & y\leqslant 0.\end{cases}\tag{2.4.2}$$

作为本例的一个应用, 我们计算圆的面积 $S=\pi R^2$ 的概率密度函数, 这里 R 为圆的半径的测量值. 由于测量时总带有误差, 所以 R 是一个随机变量. 一般可设 $R\sim N(\mu,\sigma^2)$, 这里 μ 为半径的真值, σ 为测量的精度, R 的概率密度函数为

$$f_R(r)=\frac{1}{\sqrt{2\pi}\,\sigma}\mathrm{e}^{-\frac{(r-\mu)^2}{2\sigma^2}}.$$

在 (2.4.2) 式中, 用 $f_R(r)$ 代替 $f_X(x)$, π 代替 c, 得圆面积 S 的概率密度函数为

$$f_S(s)=\begin{cases}\dfrac{1}{2\pi\sigma\sqrt{2s}}\left(\mathrm{e}^{-\frac{(\sqrt{s/\pi}-\mu)^2}{2\sigma^2}}+\mathrm{e}^{-\frac{(\sqrt{s/\pi}+\mu)^2}{2\sigma^2}}\right), & s>0,\\ 0, & s\leqslant 0.\end{cases}$$

例 2.4.8 设随机变量 $X\sim U[-\pi/2,\pi/2]$, 求 $Y=2\cos X$ 的概率密度函数.

解 先求 Y 的分布函数 $F_Y(y)$. 由于 $Y=2\cos X$, 所以, 当 $y<0$ 时, $F_Y(y)=P\{2\cos X\leqslant y\}=0$; 当 $y\geqslant 2$ 时, $F_Y(y)=P\{2\cos X\leqslant y\}=1$; 当 $0\leqslant y<2$ 时,

$$\begin{aligned}F_Y(y)&=P\{Y\leqslant y\}=P\{2\cos X\leqslant y\}=P\left\{\cos X\leqslant\frac{y}{2}\right\}\\&=P\left\{-\frac{\pi}{2}\leqslant X\leqslant-\arccos\frac{y}{2},\ \text{或}\ \arccos\frac{y}{2}\leqslant X\leqslant\frac{\pi}{2}\right\}\\&=P\left\{-\frac{\pi}{2}\leqslant X\leqslant-\arccos\frac{y}{2}\right\}+P\left\{\arccos\frac{y}{2}\leqslant X\leqslant\frac{\pi}{2}\right\}\quad(\text{由 (2.3.7) 式})\\&=\frac{2}{\pi}\left(\frac{\pi}{2}-\arccos\frac{y}{2}\right)=1-\frac{2}{\pi}\arccos\frac{y}{2}.\end{aligned}$$

再由 $f_Y(y)=F'_Y(y)$, 得 Y 的概率密度函数

$$f_Y(y)=\begin{cases}\dfrac{2}{\pi\sqrt{4-y^2}}, & 0\leqslant y<2,\\ 0, & \text{其他}.\end{cases}$$

最后, 我们指出，连续型随机变量的函数 $Y=g(X)$ 不一定是连续型的. 如果它是离散型的, 那么我们只能根据分布律的定义来计算 Y 的概率分布.

例 2.4.9 某台机床加工一种零件, 假定加工后零件的长度 X(单位: 毫米) 服从正态分布 $N(52.5,0.1^2)$, 当零件长度在质量规格限 52.5 ± 0.3 范围内时, 零件为合格品, 售出后可获利润 a 元; 否则为不合格品, 损失为 b 元 (视利润 $-b$ 元). 若用 $Y=g(X)$ 表示零件的利润, 则

$$Y=g(X)=\begin{cases}a, & 52.2\leqslant X\leqslant 52.8,\\ -b, & \text{其他}.\end{cases}$$

这时, Y 可能取的值为 a 和 $-b$,

$$P\{Y=a\}=P\{52.2 \leqslant X \leqslant 52.8\}=P\left\{-3 \leqslant \frac{X-52.5}{0.1} \leqslant 3\right\}$$
$$=\Phi(3)-\Phi(-3)=2\Phi(3)-1=0.9974,$$
$$P\{Y=-b\}=1-P\{Y=a\}=0.0026.$$

习　题　2

2.1 掷一颗匀称的骰子两次, 以 X 表示前后两次出现的点数之和, 求 X 的概率分布, 并验证其满足 (2.2.2) 式.

2.2 设离散型随机变量 X 的概率分布为

$$P\{X=k\}=a\mathrm{e}^{-k},\quad k=1,2,\cdots,$$

试确定常数 a.

2.3 甲、乙两人投篮时, 命中率分别为 0.7 和 0.4, 今甲、乙各投篮两次, 求下列事件的概率:

(1) 两人投中的次数相同;　　(2) 甲比乙投中的次数多.

2.4 设离散型随机变量 X 的概率分布为

$$P\{X=k\}=\frac{k}{15},\quad k=1,2,3,4,5,$$

求 (1) $P\{1 \leqslant X \leqslant 3\}$;　(2) $P\{0.5<X<2.5\}$.

2.5 设离散型随机变量 X 的概率分布为

$$P\{X=k\}=\frac{1}{2^k},\quad k=1,2,\cdots,$$

求 (1) $P\{X=2,4,6,\cdots\}$;　(2) $P\{X \geqslant 3\}$.

2.6 设事件 A 在每次试验中发生的概率均为 0.4, 当 A 发生 3 次或 3 次以上时, 指示灯发出信号, 求下列事件的概率:

(1) 进行 4 次独立试验, 指示灯发出信号;　　(2) 进行 5 次独立试验, 指示灯发出信号.

2.7 某城市在长度为 t (单位: 小时) 的时间间隔内发生火灾的次数 X 服从参数为 $0.5t$ 的泊松分布, 且与时间间隔的起点无关, 求下列事件的概率:

(1) 某天中午 12 时至下午 15 时未发生火灾;

(2) 某天中午 12 时至下午 16 时至少发生两次火灾.

2.8 为保证设备的正常运行, 必须配备一定数量的设备维修人员. 现有同类设备 180 台, 且各台设备工作相互独立, 任一时刻发生故障的概率都是 0.01. 假设一台设备的故障由一人进行修理, 问至少应配备多少名修理人员, 才能保证设备发生故障后能得到及时修理的概率不小于 0.99?

2.9 某种元件的寿命 X(单位: 小时) 的概率密度函数为

$$f(x)=\begin{cases}\dfrac{1000}{x^2}, & x \geqslant 1000,\\ 0, & x<1000,\end{cases}$$

求 5 个元件在使用 1500 小时后, 恰有 2 个元件失效的概率.

2.10 设某地区每天的用电量 X(单位: 百万千瓦 · 时) 是一连续型随机变量, 概率密度函数为

$$f(x)=\begin{cases} 12x(1-x)^2, & 0<x<1, \\ 0, & \text{其他}. \end{cases}$$

假设该地区每天的供电量仅有 80 万千瓦 · 时, 求该地区每天供电量不足的概率. 若每天的供电量上升到 90 万千瓦 · 时, 每天供电量不足的概率是多少?

2.11 设随机变量 $K\sim U(-2,4)$, 求方程 $x^2+2Kx+2K+3=0$ 有实根的概率.

2.12 某型号的飞机雷达发射管的寿命 X(单位: 小时) 服从参数为 0.005 的指数分布, 求下列事件的概率:

(1) 发射管寿命不超过 100 小时;

(2) 发射管的寿命超过 300 小时;

(3) 一只发射管的寿命不超过 100 小时, 另一只发射管的寿命在 100 至 300 小时之间.

2.13 设每人每次打电话的时间 (单位: 分钟) 服从参数为 0.5 的指数分布. 求 282 人次所打的电话中, 有两次或两次以上超过 10 分钟的概率.

2.14 某高校女生的收缩压 X(单位: 毫米汞柱) 服从 $N(110,12^2)$, 求该校某名女生:

(1) 收缩压不超过 105 的概率;

(2) 收缩压在 100 至 120 之间的概率.

2.15 公共汽车门的高度是按成年男性与车门碰头的机会不超过 0.01 设计的, 设成年男性的身高 X(单位: 厘米) 服从正态分布 $N(170,\ 6^2)$, 问车门的最低高度应为多少?

2.16 20 件同类型的产品中有 2 件次品, 其余为正品. 今从这 20 件产品中任意抽取 4 次, 每次只取一件, 取后不放回. 以 X 表示 4 次共取出次品的件数, 求 X 的概率分布与分布函数.

2.17 袋中有同型号小球 5 只, 编号分别为 $1,2,3,4,5$. 今在袋中任取小球 3 只, 以 X 表示取出的 3 只中的最小号码, 求随机变量 X 的概率分布和分布函数.

2.18 设连续型随机变量 X 的分布函数为

$$F(x)=\begin{cases} 0, & x<1, \\ \ln x, & 1\leqslant x<\mathrm{e}, \\ 1, & x\geqslant \mathrm{e}, \end{cases}$$

(1) 求 $P\{X<2\}$, $P\{0<X<3\}$, $P\{2<X\leqslant 2.5\}$;

(2) 求 X 的概率密度函数 $f(x)$.

2.19 设连续型随机变量 X 的分布函数为

$$F(x)=\begin{cases} a+b\mathrm{e}^{-\frac{x^2}{2}}, & x\geqslant 0, \\ 0, & x<0, \end{cases}$$

(1) 求常数 a 和 b;　　(2) 求 X 的概率密度函数;　　(3) 求 $P\{\sqrt{\ln 4}<X<\sqrt{\ln 16}\}$.

2.20 设随机变量 X 的概率分布为

X	0	$\dfrac{\pi}{2}$	π	$\dfrac{3\pi}{2}$
p_k	0.3	0.2	0.4	0.1

求随机变量 Y 的概率分布:

(1) $Y=(2X-\pi)^2$;　　(2) $Y=\cos(2X-\pi)$.

2.21 设随机变量 X 的分布函数为

$$F(x)=\begin{cases}0, & x<-1,\\ 0.3, & -1\leqslant x<1,\\ 0.8, & 1\leqslant x<2,\\ 1, & x\geqslant 2,\end{cases}$$

(1) 求 X 的概率分布;　　(2) 求 $Y=|X|$ 的概率分布.

2.22 设随机变量 $X\sim N(0,1)$, 求下列随机变量 Y 的概率密度函数:

(1) $Y=2X-1$;　　(2) $Y=\mathrm{e}^{-X}$;　　(3) $Y=X^2$.

2.23 设随机变量 $X\sim U(0,\pi)$, 求下列随机变量 Y 的概率密度函数:

(1) $Y=2\ln X$;　　(2) $Y=\cos X$;　　(3) $Y=\sin X$.

第3章　随 机 向 量

在很多随机现象中, 只用一个随机变量来描述往往是不够的, 而要涉及多个随机变量. 例如打靶时, 炮弹弹着点的位置需要由它的横坐标和纵坐标来确定, 这就涉及两个随机变量: 横坐标 X 和纵坐标 Y. 又如炼钢, 对炼出的每炉钢, 都需要考虑含碳量、含硫量和硬度这些基本指标, 这就涉及三个随机变量: 含碳量 X、含硫量 Y 和硬度 Z; 如果还需要考虑其他指标, 则应引入更多的随机变量. 应该指出, 对同一随机试验所涉及的这些随机变量之间是有联系的, 因而要把它们作为一个整体看待和研究.

一般地, 对某一个随机试验涉及的 n 个随机变量 $X_1, X_2, \cdots, X_n$, 记为 $(X_1, X_2, \cdots, X_n)$, 称为 n 维随机向量或 n 维随机变量. 例如炮弹弹着点的位置 (X, Y) 是二维随机向量, 每炉钢的基本指标 (X, Y, Z) 是三维随机向量.

在本章中, 我们主要讨论二维随机向量. 从二维随机向量到 n 维随机向量的推广是直接的、形式上的, 并无实质性困难, 将放在本章最后一节.

3.1　二维随机向量及其分布函数

如上所述, 二维随机向量 (X, Y) 中的两个随机变量 X 和 Y 是有联系的, 它们是定义在同一样本空间上的两个随机变量.

设随机试验 E 的样本空间为 Ω, X 和 Y 是定义在 Ω 上的随机变量, 由它们构成的向量 (X, Y), 称为二维随机向量.

二维随机向量 (X, Y) 的性质不仅与 X 的性质及 Y 的性质有关, 而且还依赖于这两个随机变量的相互关系, 因此, 仅仅逐个研究 X 和 Y 的性质是不够的, 必须把 (X, Y) 作为一个整体加以研究.

首先引入 (X, Y) 的分布函数的概念.

定义 3.1.1　设 (X, Y) 是二维随机向量，对于任意实数 x，y，称二元函数

$$F(x, y) = P\{X \leqslant x,\ Y \leqslant y\} \tag{3.1.1}$$

为 (X, Y) 的分布函数.

分布函数 $F(x, y)$ 表示事件 $\{X \leqslant x\}$ 和事件 $\{Y \leqslant y\}$ 同时发生的概率. 如果把 (X, Y) 看成平面上随机点的坐标, 则分布函数 $F(x, y)$ 在 (x_0, y_0) 处的函数值 $F(x_0, y_0)$ 就是随机点 (X, Y) 落在平面上的以点 (x_0, y_0) 为顶点而位于该点左下方的无限矩形区域内的概率, 见图 3.1.

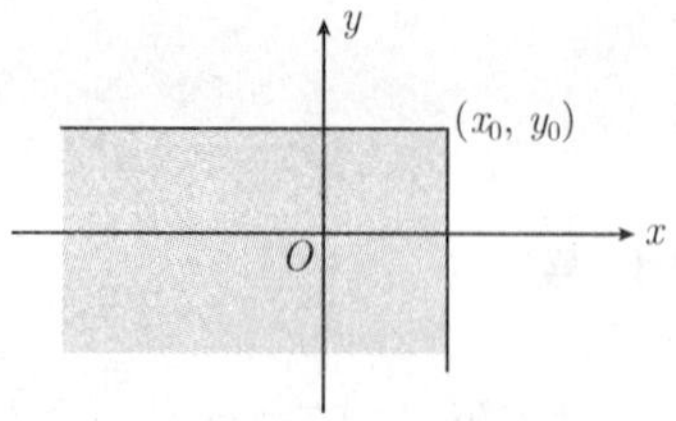

图 3.1　$F(x_0, y_0)$ 的意义

由上面的几何解释，容易得到随机点 (X,Y) 落在矩形区域 $\{(x,y): x_1 < x \leqslant x_2, y_1 < y \leqslant y_2\}$ 内的概率

$$\begin{aligned} &P\{x_1 < X \leqslant x_2,\ y_1 < Y \leqslant y_2\} \\ =&F(x_2, y_2) - F(x_2, y_1) \\ &-F(x_1, y_2) + F(x_1, y_1). \end{aligned} \tag{3.1.2}$$

分布函数 $F(x,y)$ 具有以下三条基本性质:

1. $F(x,y)$ 是变量 x, y 的不减函数, 即对于任意固定的 y, 当 $x_1 < x_2$ 时, $F(x_1,y) \leqslant F(x_2,y)$; 对于任意固定的 x, 当 $y_1 < y_2$ 时, $F(x,y_1) \leqslant F(x,y_2)$.

这里仅对固定 y 时的情况加以证明. 事实上, 由 (3.1.1) 式可得

$$\begin{aligned} F(x_2,y) - F(x_1,y) &= P\{X \leqslant x_2,\ Y \leqslant y\} - P\{X \leqslant x_1,\ Y \leqslant y\} \\ &= P\{x_1 < X \leqslant x_2, Y \leqslant y\} \\ &\geqslant 0. \end{aligned}$$

2. $0 \leqslant F(x,y) \leqslant 1,\ -\infty < x < +\infty,\ -\infty < y < +\infty$.

这是显然的, 因为分布函数值是概率.

3. 对于固定的 y,

$$F(-\infty, y) = \lim_{x \to -\infty} F(x,y) = 0.$$

对于固定的 x,

$$F(x, -\infty) = \lim_{y \to -\infty} F(x,y) = 0.$$

还有

$$F(-\infty,-\infty) = \lim_{x,\, y \to -\infty} F(x,y) = 0,\quad F(+\infty,+\infty) = \lim_{x,\, y \to +\infty} F(x,y) = 1.$$

上面四个式子的意义可以从几何上加以说明. 若在图 3.1 中将无穷矩形的右边界向左无限移动 (即令 $x \to -\infty$), 则随机点 (X,Y) 落在这个矩形内这一事件趋于不可能事件, 其概率趋于零, 即有 $F(-\infty, y) = 0$. 又如当 $x \to +\infty$, $y \to +\infty$ 时, 图 3.1 中的无穷矩形扩展到全平面, 随机点 (X,Y) 落在这个矩形内这一事件趋于必然事件, 其概率趋于 1, 即有 $F(+\infty,+\infty) = 1$.

二维随机向量也分为离散型和连续型, 下面分别讨论它们.

3.2　二维离散型随机向量

如果二维随机向量 (X,Y) 的每个分量都是离散型随机变量, 则称 (X,Y) 是二维离散型随机向量. 因为离散型随机变量只能取有限或可列无限个值, 因此二维离散型随机向量 (X,Y) 所有可能取的值也是有限个或可列无限个.

定义 3.2.1 设二维离散型随机向量 (X,Y) 所有可能取的值为 (x_i,y_j), $i=1,2,\cdots$, $j=1,2,\cdots$, 记

$$P\{X=x_i,\ Y=y_j\}=p_{ij},\quad i=1,2,\cdots,\ j=1,2,\cdots,\tag{3.2.1}$$

称 (3.2.1) 式为二维离散型随机向量 (X,Y) 的概率分布或分布律.

概率分布也可以用表格表示, 见表 3.1.

表 3.1 (X,Y) 的概率分布表

$X \backslash Y$	y_1	y_2	$\cdots$	y_j	$\cdots$
x_1	p_{11}	p_{12}	$\cdots$	p_{1j}	$\cdots$
x_2	p_{21}	p_{22}	$\cdots$	p_{2j}	$\cdots$
$\vdots$	$\vdots$	$\vdots$		$\vdots$	
x_i	p_{i1}	p_{i2}	$\cdots$	p_{ij}	$\cdots$
$\vdots$	$\vdots$	$\vdots$		$\vdots$	

显然 p_{ij} 满足以下两个条件:

$$p_{ij}\geqslant 0,\quad i=1,2,\cdots,\ j=1,2,\cdots;\tag{3.2.2}$$

$$\sum_i\sum_j p_{ij}=1.\tag{3.2.3}$$

二维离散型随机向量 (X,Y) 的分布函数与概率分布之间具有关系式

$$F(x,y)=\sum_{x_i\leqslant x}\ \sum_{y_j\leqslant y}p_{ij},\tag{3.2.4}$$

其中和式对一切满足 $x_i\leqslant x$, $y_j\leqslant y$ 的 i 和 j 求和.

例 3.2.1 设有 10 件产品, 其中 7 件正品, 3 件次品. 现从中任取两次, 每次取一件产品, 取后不放回, 令

$$X=\begin{cases}1, & \text{第一次取到的产品是次品},\\ 0, & \text{第一次取到的产品是正品},\end{cases}$$

$$Y=\begin{cases}1, & \text{第二次取到的产品是次品},\\ 0, & \text{第二次取到的产品是正品}.\end{cases}$$

求二维随机向量 (X,Y) 的概率分布.

解 (X,Y) 所有可能取的值为: $(0,0)$, $(0,1)$, $(1,0)$, $(1,1)$.

首先求 $P\{X=0,\ Y=0\}$, 即第一次取到正品、第二次也取到正品的概率, 这是古典概型, 易得

$$P\{X=0,\ Y=0\}=\frac{7\times 6}{10\times 9}=\frac{7}{15}.$$

同理可分别求得

$$P\{X=0,\ Y=1\}=\frac{7}{30},$$
$$P\{X=1,\ Y=0\}=\frac{7}{30},$$
$$P\{X=1,\ Y=1\}=\frac{1}{15}.$$

(X,Y) 的概率分布可用表格表示, 见表 3.2.

表 3.2　概率分布表

X \ Y	0	1
0	$\frac{7}{15}$	$\frac{7}{30}$
1	$\frac{7}{30}$	$\frac{1}{15}$

例 3.2.2　为了进行吸烟与肺癌关系的研究, 随机调查了 23000 个 40 岁以上的人, 其结果列在表 3.3 中. 表中的数字“3”表示既吸烟又患了肺癌的人数,“4597”表示吸烟但未患肺癌的人数等.

表 3.3　例 3.2.2 的数据表

吸烟 \ 肺癌	患	未患	合计
吸	3	4597	4600
不吸	1	18399	18400
合计	4	22996	23000

进一步研究这个问题的方便方法是引进二维随机向量 (X,Y), 记

$$X=\begin{cases}1, & \text{被调查者不吸烟,}\\ 0, & \text{被调查者吸烟,}\end{cases}\qquad Y=\begin{cases}1, & \text{被调查者未患肺癌,}\\ 0, & \text{被调查者患肺癌.}\end{cases}$$

从表 3.3 的每一种情况出现的次数计算出它们出现的频率, 就产生了二维随机向量 (X,Y) 的概率分布:

$$P\{X=0,\ Y=0\}=0.00013,\quad P\{X=0,\ Y=1\}=0.19987,$$
$$P\{X=1,\ Y=0\}=0.00004,\quad P\{X=1,\ Y=1\}=0.79996.$$

概率分布表见表 3.4. 可以看出, 既吸烟又患肺癌的概率是 0.00013, 而不吸烟患肺癌的概率是 0.00004 等.

表 3.4 概率分布表

X \ Y	0	1
0	0.00013	0.19987
1	0.00004	0.79996

3.3 二维连续型随机向量

3.3.1 二维连续型随机向量

定义 3.3.1 对于二维随机向量 (X,Y), $F(x,y)$ 为其分布函数, 若存在非负函数 $f(x,y)$, 使得对任意实数 x,y, 总有

$$F(x,y)=\int_{-\infty}^{y}\int_{-\infty}^{x}f(u,v)\mathrm{d}u\mathrm{d}v, \tag{3.3.1}$$

则称 (X,Y) 是二维连续型随机向量, 称 $f(x,y)$ 为二维连续型随机向量 (X,Y) 的概率密度函数, 简称为概率密度.

$f(x,y)$ 具有以下四条性质:

1. $f(x,y)\geqslant 0,\ -\infty<x<+\infty,\ -\infty<y<+\infty;$ (3.3.2)

2. $\displaystyle\int_{-\infty}^{+\infty}\int_{-\infty}^{+\infty}f(x,y)\mathrm{d}x\mathrm{d}y=1;$ (3.3.3)

3. 若 $f(x,y)$ 在点 (x,y) 处连续, 则有

$$\frac{\partial^2 F(x,y)}{\partial x\partial y}=f(x,y); \tag{3.3.4}$$

4. 设 D 是平面上的任意区域, 则点 (X,Y) 落在 D 内的概率

$$P\{(X,Y)\in D\}=\iint_D f(x,y)\mathrm{d}x\mathrm{d}y. \tag{3.3.5}$$

上述性质 1 至性质 3 是容易证明的. 对于性质 4, 其证明需要用到较多的数学知识, 这里不再介绍. 然而性质 4 是个非常重要的结论, 它将二维连续型随机向量 (X,Y) 在平面区域 D 内取值的概率问题转化为一个二重积分的计算. 从二重积分的几何意义可知, 该概率在数值上等于以 D 为底, 以曲面 $z=f(x,y)$ 为顶面的曲顶柱体的体积.

例 3.3.1 设 (X,Y) 的概率密度函数为

$$f(x,y)=\frac{A}{\pi^2(16+x^2)(25+y^2)},\quad -\infty<x<+\infty,\ -\infty<y<+\infty,$$

其中 A 是常数.

(1) 求常数 A;

(2) 求 (X,Y) 的分布函数;

(3) 计算 $P\{0<X<4,\ 0<Y<5\}$.

解 (1) 由 (3.3.3) 式知

$$\int_{-\infty}^{+\infty}\int_{-\infty}^{+\infty}\frac{A}{\pi^2(16+x^2)(25+y^2)}\mathrm{d}x\mathrm{d}y=1,$$

上式等价于

$$\frac{A}{\pi^2}\left(\int_{-\infty}^{+\infty}\frac{\mathrm{d}x}{16+x^2}\right)\left(\int_{-\infty}^{+\infty}\frac{\mathrm{d}y}{25+y^2}\right)=1.$$

因为

$$\int_{-\infty}^{+\infty}\frac{\mathrm{d}x}{16+x^2}=\frac{\pi}{4},\qquad \int_{-\infty}^{+\infty}\frac{\mathrm{d}y}{25+y^2}=\frac{\pi}{5},$$

从而得到 $A=20$.

(2) 由 (3.3.1) 式,

$$\begin{aligned}F(x,y)&=\int_{-\infty}^{y}\int_{-\infty}^{x}\frac{20}{\pi^2(16+u^2)(25+v^2)}\mathrm{d}u\mathrm{d}v\\&=\frac{20}{\pi^2}\left(\int_{-\infty}^{x}\frac{\mathrm{d}u}{16+u^2}\right)\left(\int_{-\infty}^{y}\frac{\mathrm{d}v}{25+v^2}\right)\\&=\left(\frac{1}{\pi}\arctan\frac{x}{4}+\frac{1}{2}\right)\left(\frac{1}{\pi}\arctan\frac{y}{5}+\frac{1}{2}\right).\end{aligned}$$

(3) 将 (X,Y) 看作是平面上随机点的坐标, 则 $\{0<X<4,\ 0<Y<5\}=\{(X,Y)\in D\}$, 这里 $D=\{(x,y):\ 0<x<4,\ 0<y<5\}$. 由 (3.3.5) 式得到

$$P\{0<X<4,\ 0<Y<5\}=\int_{0}^{5}\int_{0}^{4}\frac{20}{\pi^2(16+x^2)(25+y^2)}\mathrm{d}x\mathrm{d}y=\frac{1}{16}.$$

3.3.2 均匀分布

均匀分布是一种常见的分布.

定义 3.3.2 设 D 是平面上的有界区域, 其面积为 d, 若二维随机向量 (X,Y) 的概率密度函数为

$$f(x,y)=\begin{cases}\dfrac{1}{d}, & (x,y)\in D,\\ 0, & \text{其他},\end{cases}\tag{3.3.6}$$

则称 (X,Y) 服从 D 上的均匀分布.

容易验证, 上述 $f(x,y)$ 满足 (3.3.3) 式.

和第 2 章中随机变量服从的均匀分布相类似, 服从 D 上均匀分布的 (X,Y) 落在 D 中某一区域 A 内的概率 $P\{(X,Y)\in A\}$ 与 A 的面积成正比, 而与 A 的位置和形状无关.

在应用上经常用到的平面上的有界区域多为矩形区域、圆域 (包括单位圆域) 和三角形区域等.

例 3.3.2 设 (X,Y) 服从圆域 $D=\{(x,y):x^2+y^2\leqslant 4\}$ 上的均匀分布, 计算 $P\{(X,Y)\in A\}$, 这里 A 是图 3.2 中阴影部分的区域.

解 圆域 D 的面积 $d=4\pi$, 因此 (X,Y) 的概率函数密度为

$$f(x,y)=\begin{cases}\dfrac{1}{4\pi}, & x^2+y^2\leqslant 4,\\ 0, & x^2+y^2>4.\end{cases}$$

区域 A 是 $x=0$, $y=0$ 和 $x+y=1$ 三条直线所围成的三角形区域, 并且包含在圆域 D 之内, 于是由 (3.3.5) 式可得

$$P\{(X,Y)\in A\}=\iint_A \frac{1}{4\pi}\mathrm{d}x\mathrm{d}y=\frac{1}{8\pi}.$$

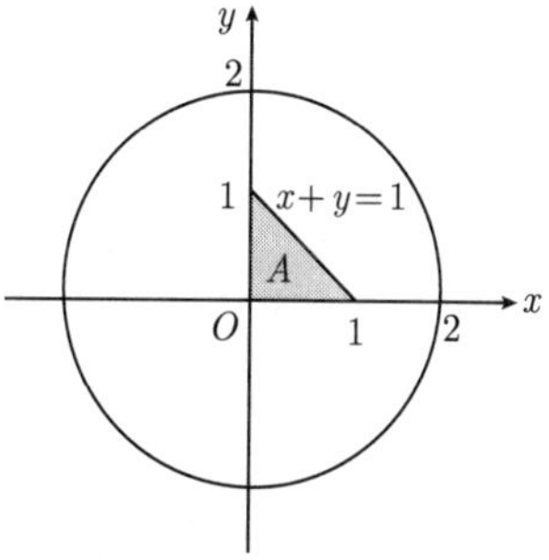

图 3.2 圆域 D 和区域 A

本例的结论可以推广到一般情形. 设 (X,Y) 具有均匀分布 (3.3.6) 式, 现求 (X,Y) 落在区域 A 内的概率. 如果 A 被包含在 D 内的区域的面积为 S, 那么

$$P\{(X,Y)\in A\}=\frac{S}{d}.$$

对于例 3.3.2, A 就是三角形区域, 它完全落在 D 内, 其面积为 $1/2$, 于是最后的结论就很明显了.

3.3.3 二维正态分布

二维正态分布是一种重要的分布.

定义 3.3.3 设二维随机向量 (X,Y) 的概率密度函数为

$$f(x,y)=\frac{1}{2\pi\sigma_1\sigma_2\sqrt{1-\rho^2}}\mathrm{e}^{-\frac{1}{2(1-\rho^2)}\left[\frac{(x-\mu_1)^2}{\sigma_1^2}-2\rho\frac{(x-\mu_1)(y-\mu_2)}{\sigma_1\sigma_2}+\frac{(y-\mu_2)^2}{\sigma_2^2}\right]},\tag{3.3.7}$$

$$-\infty<x<+\infty,\ -\infty<y<+\infty,$$

式中 μ_1, μ_2 为实数; $\sigma_1>0$, $\sigma_2>0$; $|\rho|<1$, 则称 (X,Y) 服从参数为 μ_1, μ_2, σ_1, σ_2, ρ 的二维正态分布, 记作 $(X,Y)\sim N(\mu_1,\mu_2,\sigma_1^2,\sigma_2^2,\rho)$, 同时称 (X,Y) 是二维正态随机向量.

$z = f(x, y)$ 在三维空间中的图形, 好像是一个椭圆切面的钟倒扣在 Oxy 平面上, 其中心在 (μ_1, μ_2) 处, 见图 3.3.

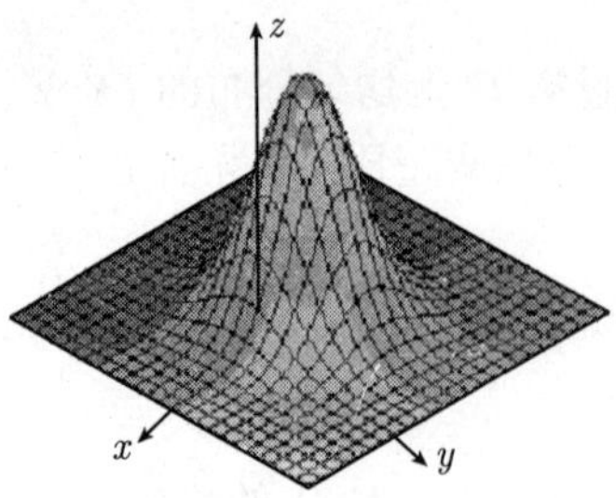

图 3.3 二维正态分布概率密度函数的图形

下面证明二维正态分布的概率密度函数 $f(x, y)$ 满足 (3.3.3) 式. 作积分变量代换

$$u_1 = \frac{x - \mu_1}{\sigma_1}, \quad u_2 = \frac{y - \mu_2}{\sigma_2}.$$

于是

$$\begin{aligned}\int_{-\infty}^{+\infty}\int_{-\infty}^{+\infty} f(x,y)\mathrm{d}x\mathrm{d}y &= \frac{1}{2\pi\sqrt{1-\rho^2}}\int_{-\infty}^{+\infty}\int_{-\infty}^{+\infty} \mathrm{e}^{-\frac{u_1^2 - 2\rho u_1 u_2 + u_2^2}{2(1-\rho^2)}}\mathrm{d}u_1\mathrm{d}u_2 \\ &= \frac{1}{2\pi\sqrt{1-\rho^2}}\int_{-\infty}^{+\infty}\int_{-\infty}^{+\infty} \mathrm{e}^{-\frac{1}{2}\left[\frac{(u_1-\rho u_2)^2}{1-\rho^2}+u_2^2\right]}\mathrm{d}u_1\mathrm{d}u_2,\end{aligned}$$

在上式最后一步, 我们对指数部分做了配方运算. 再作变量代换

$$t_1 = \frac{u_1 - \rho u_2}{\sqrt{1-\rho^2}}, \quad t_2 = u_2,$$

其雅可比 (Jacobi) 行列式为

$$\begin{vmatrix} \dfrac{\partial t_1}{\partial u_1} & \dfrac{\partial t_1}{\partial u_2} \\ \dfrac{\partial t_2}{\partial u_1} & \dfrac{\partial t_2}{\partial u_2} \end{vmatrix} = \begin{vmatrix} \dfrac{1}{\sqrt{1-\rho^2}} & \dfrac{-\rho}{\sqrt{1-\rho^2}} \\ 0 & 1 \end{vmatrix} = \frac{1}{\sqrt{1-\rho^2}}.$$

原来的积分就化成

$$\left(\frac{1}{\sqrt{2\pi}}\int_{-\infty}^{+\infty}\mathrm{e}^{-\frac{t_1^2}{2}}\mathrm{d}t_1\right) \times \left(\frac{1}{\sqrt{2\pi}}\int_{-\infty}^{+\infty}\mathrm{e}^{-\frac{t_2^2}{2}}\mathrm{d}t_2\right),$$

这是两个标准正态分布的概率密度函数的积分的乘积, 等于 1. 于是 $f(x, y)$ 满足 (3.3.3) 式.

3.4 边 缘 分 布

3.4.1 边缘分布函数

二维随机向量 (X, Y) 作为一个整体, 具有分布函数 $F(x, y)$, 其分量 X 和 Y 都是随机变量, 也有自己的分布函数, 将它们分别记为 $F_X(x)$ 和 $F_Y(y)$, 依次称为 X 和 Y 的边缘分布函数, 而将 $F(x, y)$ 称为 X 和 Y 的联合分布函数. 这里需要注意的是, X 和 Y 的边缘分布函数, 本质上就是一维随机变量 X 和 Y 的分布函数. 我们现在之所以称其为边缘分布是相对于它们的联合分布而言的. 同样地, 联合分布函数 $F(x,y)$ 就是二维随机向量 (X,Y) 的分布函数, 之所以称其为联合分布是相对其分量 X 或 Y 的分布而言的.

边缘分布函数 $F_X(x)$ 和 $F_Y(y)$ 都可以由 $F(x,y)$ 确定:

$$F_X(x)=P\{X\leqslant x\}=P\{X\leqslant x,\ Y<+\infty\}=F(x,+\infty), \tag{3.4.1}$$

$$F_Y(y)=P\{Y\leqslant y\}=P\{X<+\infty,\ Y\leqslant y\}=F(+\infty,y). \tag{3.4.2}$$

3.4.2 二维离散型随机向量的边缘概率分布

设 (X,Y) 是二维离散型随机向量, 其概率分布为

$$P\{X=x_i,\ Y=y_j\}=p_{ij},\quad i=1,2,\cdots,\ j=1,2,\cdots,$$

由 (3.4.1) 和 (3.2.4) 式可得

$$F_X(x)=F(x,+\infty)=\sum_{x_i\leqslant x}\ \sum_{y_j<+\infty}p_{ij}=\sum_{x_i\leqslant x}\sum_{j}p_{ij},$$

与 (2.3.20) 式相比较, 得到

$$P\{X=x_i\}=\sum_{j}p_{ij},\quad i=1,2,\cdots.$$

同理可得

$$P\{Y=y_j\}=\sum_{i}p_{ij},\quad j=1,2,\cdots.$$

记

$$p_{i\cdot}=P\{X=x_i\}=\sum_{j}p_{ij},\quad i=1,2,\cdots, \tag{3.4.3}$$

$$p_{\cdot j}=P\{Y=y_j\}=\sum_{i}p_{ij},\quad j=1,2,\cdots, \tag{3.4.4}$$

分别称 $p_{i\cdot},\ i=1,2,\cdots$ 和 $p_{\cdot j},\ j=1,2,\cdots$ 为 X 和 Y 的边缘概率分布.

例 3.4.1 求例 3.2.1 中 (X,Y) 的分量 X 和 Y 的边缘概率分布.

解 X 所有可能取的值为 0 和 1,分别记为 x_1 和 x_2; Y 所有可能取的值也是 0 和 1, 分别记为 y_1 和 y_2. 于是 $p_{11}=\dfrac{7}{15}$, $p_{12}=\dfrac{7}{30}$, $p_{21}=\dfrac{7}{30}$, $p_{22}=\dfrac{1}{15}$. 由 (3.4.3) 式得到 X 的边缘概率分布

$$P\{X=0\}=p_{1\cdot}=p_{11}+p_{12}=\frac{7}{15}+\frac{7}{30}=\frac{7}{10},$$

$$P\{X=1\}=p_{2\cdot}=p_{21}+p_{22}=\frac{7}{30}+\frac{1}{15}=\frac{3}{10}.$$

由 (3.4.4) 式得到 Y 的边缘概率分布

$$P\{Y=0\}=p_{\cdot 1}=p_{11}+p_{21}=\frac{7}{15}+\frac{7}{30}=\frac{7}{10},$$

$$P\{Y=1\}=p_{\cdot 2}=p_{12}+p_{22}=\frac{7}{30}+\frac{1}{15}=\frac{3}{10}.$$

注意到 $p_{1\cdot}$ 和 $p_{2\cdot}$ 分别是表 3.2 中第一行和第二行的数之和; $p_{\cdot 1}$ 和 $p_{\cdot 2}$ 分别是表中第一列和第二列的数之和. 分别将 $p_{i\cdot}$ 和 $p_{\cdot j}$ 填在表 3.2 的最右边和最下边, 得到表 3.5. 由于 $p_{i\cdot}$ 和 $p_{\cdot j}$ 位于这张表的边缘，于是就得了“边缘概率分布”之名.

表 3.5　边缘概率分布表

X \ Y	0	1	$p_{i\cdot}$
0	$\frac{7}{15}$	$\frac{7}{30}$	$\frac{7}{10}$
1	$\frac{7}{30}$	$\frac{1}{15}$	$\frac{3}{10}$
$p_{\cdot j}$	$\frac{7}{10}$	$\frac{3}{10}$	

例 3.4.2　对例 3.2.2 中的二维随机向量 (X,Y), 求 X 和 Y 的边缘概率分布.

解　由 (3.4.3) 式, 得到

$$\begin{aligned}P\{X=0\}&=P\{X=0,\ Y=0\}+P\{X=0,\ Y=1\}\\&=0.00013+0.19987=0.20000,\\P\{X=1\}&=P\{X=1,\ Y=0\}+P\{X=1,\ Y=1\}\\&=0.00004+0.79996=0.80000,\end{aligned}$$

这就是 X 的边缘概率分布. 由此可知, 随机抽取一个人, 他是吸烟者的概率为 0.2, 是不吸烟者的概率为 0.8.

同样地, 由 (3.4.4) 式, 得到

$$\begin{aligned}P\{Y=0\}&=P\{X=0,\ Y=0\}+P\{X=1,\ Y=0\}\\&=0.00013+0.00004=0.00017,\\P\{Y=1\}&=P\{X=0,\ Y=1\}+P\{X=1,\ Y=1\}\\&=0.19987+0.79996=0.99983,\end{aligned}$$

这就是 Y 的边缘概率分布. 由此可知, 随机抽取一个人, 他患肺癌的概率为 0.00017, 不患肺癌的概率为 0.99983.

将上述结果列在表 3.6 中.

表 3.6 边缘概率分布表

X \ Y	0	1	$p_{i\cdot}$
0	0.00013	0.19987	0.20000
1	0.00004	0.79996	0.80000
$p_{\cdot j}$	0.00017	0.99983	

3.4.3 二维连续型随机向量的边缘概率密度

设 (X,Y) 是二维连续型随机向量, 其概率密度函数为 $f(x,y)$, 由 (3.4.1) 和 (3.3.1) 式可得

$$F_X(x)=F(x,+\infty)=\int_{-\infty}^{+\infty}\int_{-\infty}^{x}f(u,v)\mathrm{d}u\mathrm{d}v=\int_{-\infty}^{x}\left[\int_{-\infty}^{+\infty}f(u,v)\mathrm{d}v\right]\mathrm{d}u.$$

记

$$f_X(u)=\int_{-\infty}^{+\infty}f(u,v)\mathrm{d}v,$$

则有

$$F_X(x)=\int_{-\infty}^{x}f_X(u)\mathrm{d}u.$$

由 (2.3.21) 式可知, X 是一个连续型随机变量, 其概率密度函数为

$$f_X(x)=\int_{-\infty}^{+\infty}f(x,y)\mathrm{d}y. \tag{3.4.5}$$

同理可知, Y 也是连续型随机变量, 其概率密度函数为

$$f_Y(y)=\int_{-\infty}^{+\infty}f(x,y)\mathrm{d}x. \tag{3.4.6}$$

分别称 $f_X(x)$ 和 $f_Y(y)$ 为 X 和 Y 的边缘概率密度函数, 简称为边缘概率密度.

容易得到, 对于服从矩形区域 $D=\{(x,y): a\leqslant x\leqslant b,\ c\leqslant y\leqslant d\}$ 上均匀分布的 (X,Y), 两个边缘概率密度分别为

$$f_X(x)=\begin{cases}\dfrac{1}{b-a}, & a\leqslant x\leqslant b,\\ 0, & \text{其他},\end{cases}\qquad f_Y(y)=\begin{cases}\dfrac{1}{d-c}, & c\leqslant y\leqslant d,\\ 0, & \text{其他}.\end{cases}$$

这表明 X 和 Y 都是服从均匀分布的随机变量. 但对于其他区域上的均匀分布, 不一定有上述结论.

例 3.4.3 设 (X,Y) 服从单位圆域 $D=\{(x,y): x^2+y^2\leqslant 1\}$ 上的均匀分布, 求 X 和 Y 的边缘概率密度.

解

$$f(x,y)=\begin{cases}\dfrac{1}{\pi}, & x^2+y^2\leqslant 1,\\ 0, & 其他,\end{cases}$$

应用 (3.4.5) 式计算 $f_X(x)$. 当 $x<-1$ 或 $x>1$ 时, $f(x,y)=0$, 从而 $f_X(x)=0$; 当 $-1\leqslant x\leqslant 1$ 时,

$$f_X(x)=\int_{-\infty}^{+\infty}f(x,y)\mathrm{d}y=\int_{-\sqrt{1-x^2}}^{\sqrt{1-x^2}}\frac{1}{\pi}\mathrm{d}y=\frac{2}{\pi}\sqrt{1-x^2}.$$

于是, 我们得到 X 的边缘概率密度

$$f_X(x)=\begin{cases}\dfrac{2}{\pi}\sqrt{1-x^2}, & -1\leqslant x\leqslant 1,\\ 0, & 其他.\end{cases}$$

由 X 和 Y 在问题中地位的对称性，将上式中的 x 改成 y，就得到 Y 的边缘概率密度

$$f_Y(y)=\begin{cases}\dfrac{2}{\pi}\sqrt{1-y^2}, & -1\leqslant y\leqslant 1,\\ 0, & 其他.\end{cases}$$

例 3.4.4 设随机向量 (X,Y) 服从二维正态分布 $N(\mu_1,\mu_2,\sigma_1^2,\sigma_2^2,\rho)$, 求其分量 X 和 Y 的边缘概率密度.

解 使用 (3.4.5) 式 $f_X(x)=\displaystyle\int_{-\infty}^{+\infty}f(x,y)\mathrm{d}y$, 其中 $f(x,y)$ 见 (3.3.7) 式. 作变量代换

$$t=\frac{1}{\sqrt{1-\rho^2}}\Big(\frac{y-\mu_2}{\sigma_2}-\rho\frac{x-\mu_1}{\sigma_1}\Big),$$

则

$$f_X(x)=\frac{1}{2\pi\sigma_1}\mathrm{e}^{-\frac{(x-\mu_1)^2}{2\sigma_1^2}}\int_{-\infty}^{+\infty}\mathrm{e}^{-\frac{t^2}{2}}\mathrm{d}t=\frac{1}{\sqrt{2\pi}\sigma_1}\mathrm{e}^{-\frac{(x-\mu_1)^2}{2\sigma_1^2}},\quad -\infty<x<+\infty,$$

表明 $X\sim N(\mu_1,\sigma_1^2)$.

同理可得

$$f_Y(y)=\frac{1}{\sqrt{2\pi}\sigma_2}\mathrm{e}^{-\frac{(y-\mu_2)^2}{2\sigma_2^2}},\quad -\infty<y<+\infty,$$

表明 $Y\sim N(\mu_2,\sigma_2^2)$.

这样, 二维正态随机向量 (X,Y) 的两个分量都服从正态分布, 并且与参数 ρ 无关. 所以, 对于确定的 $\mu_1,\mu_2,\sigma_1,\sigma_2$, 当取不同的 ρ 时, 对应了不同的二维正态分布, 但其中的分量 X 或 Y 却服从相同的正态分布. 对这个现象的解释是: 边缘概率密度只考虑了单个分量的情况, 而未涉及 X 和 Y 之间的关系, X 和 Y 之间的关系这个信息

是包含在 (X,Y) 的概率密度函数之内的. 在下一章将指出, 参数 ρ 正好刻画了 X 和 Y 之间关系的密切程度.

因此, 仅由 X 和 Y 的边缘概率密度 (或边缘概率分布) 一般不能确定 (X,Y) 的概率密度函数 (或概率分布).

3.5 条 件 分 布

3.5.1 条件分布的概念

在第 1 章, 曾经介绍了条件概率的概念, 这是对随机事件而言的. 在本节中, 我们将讨论随机变量的条件分布. 设有两个随机变量 X 和 Y, 在给定了 Y 取某个值或某些值的条件下, X 的分布称为 X 的条件分布. 类似地, 我们可以定义 Y 的条件分布.

例如, 考虑一大群人, 从其中随机挑选一个人, 分别用 X 和 Y 记此人的体重和身高, 则 X 和 Y 都是随机变量, 它们都有自己的分布. 现在如果限制 Y 取值从 1.5 米到 1.6 米, 即 $1.5 \leqslant Y \leqslant 1.6$, 在这个限制下求 X 的条件分布, 就意味着要从这一大群人中把身高从 1.5 米到 1.6 米之间的那些人都挑出来, 然后在挑出的人群中求其体重的分布. 容易想到, 这个分布与不设这个限制的分布会很不一样，因为我们的条件是把身高限制在比较低的人群中, 在条件分布中体重取小值的概率会显著增加. 类似地可以考虑限制 X 取某些值时, 在这个限制下求 Y 的条件分布.

从上述例子可以看出条件分布这个概念的重要性. 弄清了 X 的条件分布随着 Y 值而变化的情况, 就能了解身高对体重的影响. 由于在许多问题中有关的变量往往是相互影响的, 这使得条件分布成为研究变量之间相依关系的一个有力工具. 它在概率论与数理统计的许多分支中有着重要的应用.

3.5.2 离散型随机变量的条件概率分布

这种情况是第 1 章中的条件概率概念在另外一种形式下的运用.

设 (X,Y) 是二维离散型随机向量, 概率分布为

$$P\{X=x_i,\ Y=y_j\}=p_{ij},\quad i=1,2,\cdots,\ j=1,2,\cdots,$$

(X,Y) 的分量 X 和 Y 的边缘概率分布分别为

$$p_{i\cdot}=P\{X=x_i\}=\sum_j p_{ij},\quad i=1,2,\cdots,$$

$$p_{\cdot j}=P\{Y=y_j\}=\sum_i p_{ij},\quad j=1,2,\cdots.$$

设 $p_{i\cdot}>0,\ p_{\cdot j}>0,\ i,j=1,2,\cdots$. 现考虑在事件 $\{Y=y_j\}$ 发生的条件下 X 的条件分布, 即在 $\{Y=y_j\}$ 发生的条件下, 对 $i=1,2,\cdots$, 求事件 $\{X=x_i\}$ 发生的概率

$$P\{X=x_i|Y=y_j\},\quad i=1,2,\cdots.$$

由条件概率的定义,

$$P\{X = x_i | Y = y_j\} = \frac{P\{X = x_i,\ Y = y_j\}}{P\{Y = y_j\}} = \frac{p_{ij}}{p_{\cdot j}},\quad i = 1, 2, \cdots.$$

容易看出, 上述条件概率具有概率分布的两条性质:

1. $P\{X = x_i | Y = y_j\} \geqslant 0,\ i = 1, 2, \cdots$;

2. $\sum\limits_i P\{X = x_i | Y = y_j\} = 1$.

从而 $P\{X = x_i | Y = y_j\},\ i = 1, 2, \cdots$ 可以作为概率分布. 类似地, 可以讨论

$$P\{Y = y_j | X = x_i\},\ j = 1, 2, \cdots.$$

定义 3.5.1　设二维离散型随机向量 (X, Y) 的概率分布为 $P\{X = x_i,\ Y = y_j\} = p_{ij},\ i, j = 1, 2, \cdots$, X 和 Y 的边缘概率分布分别为 $P\{X = x_i\} = p_{i\cdot},\ i = 1, 2, \cdots$ 和 $P\{Y = y_j\} = p_{\cdot j},\ j = 1, 2, \cdots$. 对于固定的 j, 若 $p_{\cdot j} > 0$, 则称

$$P\{X = x_i | Y = y_j\} = \frac{p_{ij}}{p_{\cdot j}},\quad i = 1, 2, \cdots \tag{3.5.1}$$

为在 $Y = y_j$ 条件下随机变量 X 的条件概率分布. 对于固定的 i, 若 $p_{i\cdot} > 0$, 则称

$$P\{Y = y_j | X = x_i\} = \frac{p_{ij}}{p_{i\cdot}},\quad j = 1, 2, \cdots \tag{3.5.2}$$

为在 $X = x_i$ 条件下随机变量 Y 的条件概率分布.

例 3.5.1　求例 3.2.1 中 Y 的条件概率分布.

解　在例 3.2.1 中已求出 (X, Y) 的概率分布, 在例 3.4.1 中已求出 X 的边缘概率分布; 这样由 (3.5.2) 式可得 Y 的条件概率分布如下:

在 $X = 0$ 的条件下,

$$P\{Y = 0 | X = 0\} = \frac{\frac{7}{15}}{\frac{7}{10}} = \frac{2}{3},\quad P\{Y = 1 | X = 0\} = \frac{\frac{7}{30}}{\frac{7}{10}} = \frac{1}{3};$$

在 $X = 1$ 的条件下,

$$P\{Y = 0 | X = 1\} = \frac{\frac{7}{30}}{\frac{3}{10}} = \frac{7}{9},\quad P\{Y = 1 | X = 1\} = \frac{\frac{1}{15}}{\frac{3}{10}} = \frac{2}{9}.$$

例 3.5.2　求例 3.2.2 中被调查者吸烟条件下得肺癌的概率和不吸烟条件下得肺癌的概率.

解　使用例 3.2.2 中的符号, 现求 $P\{Y = 0 | X = 0\}$ 和 $P\{Y = 0 | X = 1\}$. 由 (3.5.2) 式可得

$$P\{Y = 0 | X = 0\} = \frac{0.00013}{0.2} = 0.00065,\quad P\{Y = 0 | X = 1\} = \frac{0.00004}{0.8} = 0.00005,$$

其中 X 的边缘概率分布在例 3.4.2 中已求出.

可以看出吸烟条件下得肺癌的概率是不吸烟条件下得肺癌的概率的 13 倍.

3.5.3 连续型随机变量的条件概率密度

设 (X,Y) 是二维连续型随机向量. 由于对任意 x,y, $P\{X=x\}=0$, $P\{Y=y\}=0$, 因此不能够像离散型那样引入条件分布, 这时要使用极限的方法来处理.

给定 y, 设对于任意固定的正数 ε, 概率 $P\{y-\varepsilon<Y\leqslant y+\varepsilon\}>0$, 于是对于任意的 x,

$$P\{X\leqslant x|y-\varepsilon<Y\leqslant y+\varepsilon\}=\frac{P\{X\leqslant x,\ y-\varepsilon<Y\leqslant y+\varepsilon\}}{P\{y-\varepsilon<Y\leqslant y+\varepsilon\}},$$

这是在条件 $y-\varepsilon<Y\leqslant y+\varepsilon$ 下 X 的条件分布函数.

定义 3.5.2 给定 y, 设对于任意固定 $\varepsilon>0$, $P\{y-\varepsilon<Y\leqslant y+\varepsilon\}>0$, 且若对于任意实数 x, 极限

$$\lim_{\varepsilon\to 0^+}P\{X\leqslant x|y-\varepsilon<Y\leqslant y+\varepsilon\}=\lim_{\varepsilon\to 0^+}\frac{P\{X\leqslant x,\ y-\varepsilon<Y\leqslant y+\varepsilon\}}{P\{y-\varepsilon<Y\leqslant y+\varepsilon\}}\tag{3.5.3}$$

存在, 则称此极限为在条件 $Y=y$ 下 X 的条件分布函数, 记为 $P\{X\leqslant x|Y=y\}$ 或 $F_{X|Y}(x|y)$. 若存在 $f_{X|Y}(x|y)\geqslant 0$, 使得

$$F_{X|Y}(x|y)=\int_{-\infty}^{x}f_{X|Y}(u|y)\mathrm{d}u,\tag{3.5.4}$$

则称 $f_{X|Y}(x|y)$ 为在条件 $Y=y$ 下 X 的条件概率密度函数, 简称为条件概率密度.

定理 3.5.1 设二维连续型随机向量 (X,Y) 的概率密度函数为 $f(x,y)$, Y 的边缘概率密度为 $f_Y(y)$. 若 $f(x,y)$ 在点 (x,y) 处连续, $f_Y(y)$ 在 y 处连续, 且 $f_Y(y)>0$, 则

$$f_{X|Y}(x|y)=\frac{f(x,y)}{f_Y(y)}.\tag{3.5.5}$$

证 设 (X,Y) 的分布函数为 $F(x,y)$, Y 的边缘分布函数为 $F_Y(y)$, 由 (3.5.3) 式,

$$\begin{aligned}F_{X|Y}(x|y)&=\lim_{\varepsilon\to 0^+}\frac{P\{X\leqslant x,\ y-\varepsilon<Y\leqslant y+\varepsilon\}}{P\{y-\varepsilon<Y\leqslant y+\varepsilon\}}\\&=\lim_{\varepsilon\to 0^+}\frac{F(x,y+\varepsilon)-F(x,y-\varepsilon)}{F_Y(y+\varepsilon)-F_Y(y-\varepsilon)}\\&=\frac{\lim\limits_{\varepsilon\to 0^+}[F(x,y+\varepsilon)-F(x,y-\varepsilon)]/2\varepsilon}{\lim\limits_{\varepsilon\to 0^+}[F_Y(y+\varepsilon)-F_Y(y-\varepsilon)]/2\varepsilon}\\&=\frac{\partial F(x,y)/\partial y}{\mathrm{d}F_Y(y)/\mathrm{d}y}=\frac{\displaystyle\int_{-\infty}^{x}f(u,y)\mathrm{d}u}{f_Y(y)}=\int_{-\infty}^{x}\frac{f(u,y)}{f_Y(y)}\mathrm{d}u,\end{aligned}$$

从而

$$f_{X|Y}(x|y)=\frac{f(x,y)}{f_Y(y)}.$$

定理证毕.

类似地可以定义 $F_{Y|X}(y|x)$ 和 $f_{Y|X}(y|x)$, 并可证明当 $f(x,y)$ 在点 (x,y) 处连续, $f_X(x)$ 在 x 处连续, 且 $f_X(x)>0$ 时,

$$f_{Y|X}(y|x)=\frac{f(x,y)}{f_X(x)}. \tag{3.5.6}$$

例 3.5.3　设二维随机向量 (X,Y) 服从单位圆域 $D=\{(x,y): x^2+y^2\leqslant 1\}$ 上的均匀分布, 求条件概率密度.

解　(X,Y) 的概率密度函数为

$$f(x,y)=\begin{cases}\dfrac{1}{\pi}, & x^2+y^2\leqslant 1,\\ 0, & \text{其他}.\end{cases}$$

由例 3.4.3 得知,

$$f_X(x)=\begin{cases}\dfrac{2}{\pi}\sqrt{1-x^2}, & -1\leqslant x\leqslant 1,\\ 0, & \text{其他},\end{cases}\qquad f_Y(y)=\begin{cases}\dfrac{2}{\pi}\sqrt{1-y^2}, & -1\leqslant y\leqslant 1,\\ 0, & \text{其他}.\end{cases}$$

于是, 当 $-1<y<1$ 时, $f_Y(y)>0$. 由 (3.5.5) 式,

$$f_{X|Y}(x|y)=\begin{cases}\dfrac{1}{2\sqrt{1-y^2}}, & -\sqrt{1-y^2}\leqslant x\leqslant\sqrt{1-y^2},\\ 0, & \text{其他}.\end{cases}$$

这里条件“$-\sqrt{1-y^2}\leqslant x\leqslant\sqrt{1-y^2}$”是由 $f(x,y)=1/\pi$ 的条件“$x^2+y^2\leqslant 1$”而来的, 因为现在给定了 $y(-1<y<1)$, 于是仅当 x 满足 $x^2+y^2\leqslant 1$, 等价地, $-\sqrt{1-y^2}\leqslant x\leqslant\sqrt{1-y^2}$ 时, 才能保证 $f(x,y)=1/\pi$ 成立.

同理, 当 $-1<x<1$ 时, $f_X(x)>0$. 由 (3.5.6) 式,

$$f_{Y|X}(y|x)=\begin{cases}\dfrac{1}{2\sqrt{1-x^2}}, & -\sqrt{1-x^2}\leqslant y\leqslant\sqrt{1-x^2},\\ 0, & \text{其他}.\end{cases}$$

特别地, 当 $y=0$ 时, X 的条件概率密度为

$$f_{X|Y}(x|0)=\begin{cases}\dfrac{1}{2}, & -1\leqslant x\leqslant 1,\\ 0, & \text{其他}.\end{cases}$$

这是 $[-1,1]$ 上的均匀分布.

例 3.5.4 设二维正态随机向量 $(X,Y)\sim N(\mu_1,\mu_2,\sigma_1^2,\sigma_2^2,\rho)$, 求条件概率密度 $f_{Y|X}(y|x)$.

解 $f(x,y)$ 如 (3.3.7) 式所示,

$$f_X(x)=\frac{1}{\sqrt{2\pi}\,\sigma_1}\mathrm{e}^{-\frac{(x-\mu_1)^2}{2\sigma_1^2}},\quad -\infty<x<+\infty,$$

由 (3.5.6) 式得到, 对 $-\infty<x<+\infty$,

$$\begin{aligned}f_{Y|X}(y|x)&=\frac{1}{\sqrt{2\pi}\,\sigma_2\sqrt{1-\rho^2}}\mathrm{e}^{-\frac{1}{2(1-\rho^2)}\left[\frac{(x-\mu_1)^2}{\sigma_1^2}-2\rho\frac{(x-\mu_1)(y-\mu_2)}{\sigma_1\sigma_2}+\frac{(y-\mu_2)^2}{\sigma_2^2}\right]+\frac{(x-\mu_1)^2}{2\sigma_1^2}}\\&=\frac{1}{\sqrt{2\pi}\,\sigma_2\sqrt{1-\rho^2}}\mathrm{e}^{-\frac{\{y-[\mu_2+\rho\sigma_1^{-1}\sigma_2(x-\mu_1)]\}^2}{2(1-\rho^2)\sigma_2^2}},\quad -\infty<y<+\infty,\end{aligned}$$

表明 $f_{Y|X}(y|x)$ 是正态分布 $N(\mu_2+\rho\sigma_1^{-1}\sigma_2(x-\mu_1),(1-\rho^2)\sigma_2^2)$ 的概率密度函数.

例 3.5.5 设二维随机向量 (X,Y) 的概率密度函数为

$$f(x,y)=\begin{cases}\dfrac{21}{4}x^2y, & x^2\leqslant y\leqslant 1,\\ 0, & \text{其他}.\end{cases}$$

求条件概率密度和条件概率 $P\left\{Y>\dfrac{3}{4}\middle|X=\dfrac{1}{2}\right\}$.

解 由 (3.4.5) 和 (3.4.6) 式可分别求得 X 和 Y 的边缘概率密度为

$$f_X(x)=\begin{cases}\dfrac{21}{8}x^2(1-x^4), & -1\leqslant x\leqslant 1,\\ 0, & \text{其他},\end{cases}\qquad f_Y(y)=\begin{cases}\dfrac{7}{2}y^{\frac{5}{2}}, & 0\leqslant y\leqslant 1,\\ 0, & \text{其他}.\end{cases}$$

从而条件概率密度 $f_{X|Y}(x|y)$: 对 $0<y\leqslant 1$,

$$f_{X|Y}(x|y)=\frac{f(x,y)}{f_Y(y)}=\begin{cases}\dfrac{3}{2}x^2y^{-\frac{3}{2}}, & -\sqrt{y}\leqslant x\leqslant\sqrt{y},\\ 0, & \text{其他}.\end{cases}$$

条件概率密度 $f_{Y|X}(y|x)$: 对 $-1<x<1$,

$$f_{Y|X}(y|x)=\frac{f(x,y)}{f_X(x)}=\begin{cases}\dfrac{2y}{1-x^4}, & x^2\leqslant y\leqslant 1,\\ 0, & \text{其他}.\end{cases}$$

特别地, 对 $x=\dfrac{1}{2}$, 有

$$f_{Y|X}\left(y\middle|\frac{1}{2}\right)=\begin{cases}\dfrac{32}{15}y, & \dfrac{1}{4}\leqslant y\leqslant 1,\\ 0, & \text{其他}.\end{cases}$$

从而

$$P\left\{Y>\frac{3}{4}\middle|X=\frac{1}{2}\right\}=\int_{\frac{3}{4}}^{+\infty} f_{Y|X}\left(y\middle|\frac{1}{2}\right)\mathrm{d}y=\int_{\frac{3}{4}}^{1}\frac{32}{15}y\mathrm{d}y=\frac{7}{15}.$$

例 3.5.6 设店主在每日开门营业时, 放在柜台上的货物量为 Y, 当日销售量为 X, 假定一天中不再往柜台上补充货物, 于是 $X\leqslant Y$. 根据历史资料, (X,Y) 的概率密度函数为

$$f(x,y)=\begin{cases}\dfrac{1}{200}, & 0\leqslant x\leqslant y,\ 0\leqslant y\leqslant 20,\\ 0, & \text{其他}.\end{cases}$$

即 (X,Y) 服从直角三角形区域 OAB 上的均匀分布, 见图 3.4.

(1) 求给定 $Y=y$ 条件下, X 的条件概率密度;

(2) 假定某日开门时, $Y=10$ 件, 求这天顾客买走 $X\leqslant 5$ 件的概率. 如果 $Y=20$ 件呢?

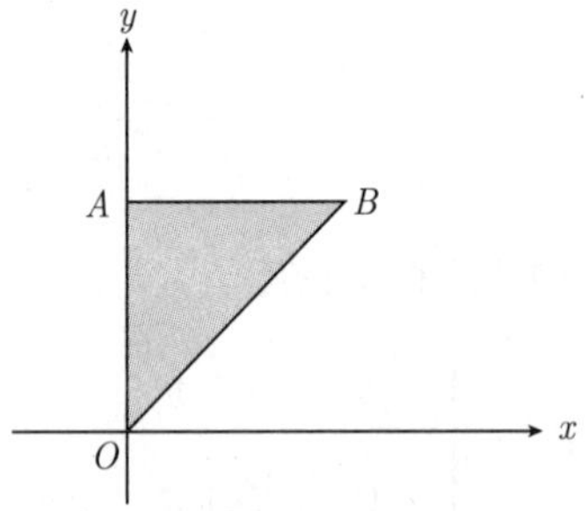

图 3.4 三角形区域 OAB

解 (1) Y 的边缘概率密度为

$$f_Y(y)=\begin{cases}\displaystyle\int_0^y \frac{1}{200}\mathrm{d}x=\frac{y}{200}, & 0\leqslant y\leqslant 20,\\ 0, & \text{其他}.\end{cases}$$

应用 (3.5.5) 式, 当 $0<y\leqslant 20$ 时,

$$f_{X|Y}(x|y)=\frac{f(x,y)}{f_Y(y)}=\begin{cases}\dfrac{1}{y}, & 0\leqslant x\leqslant y,\\ 0, & \text{其他}.\end{cases}$$

这个结果表明, 对给定的 $0<y\leqslant 20$, X 的条件分布是 $[0,y]$ 上的均匀分布.

(2) 因为

$$f_{X|Y}(x|10)=\begin{cases}\dfrac{1}{10}, & 0\leqslant x\leqslant 10,\\ 0, & \text{其他},\end{cases}$$

所求概率

$$P\{X\leqslant 5|Y=10\}=\int_{-\infty}^{5} f_{X|Y}(x|10)\mathrm{d}x=\int_0^5\frac{1}{10}\mathrm{d}x=\frac{1}{2},$$

即开门营业时有 10 件货物, 当日卖出不超过 5 件的概率为 $\dfrac{1}{2}$.

又因为

$$f_{X|Y}(x|20)=\begin{cases}\dfrac{1}{20}, & 0\leqslant x\leqslant 20,\\ 0, & \text{其他},\end{cases}$$

于是

$$P\{X \leqslant 5|Y=20\} = \int_{-\infty}^{5} f_{X|Y}(x|20)\mathrm{d}x = \int_{0}^{5} \frac{1}{20}\mathrm{d}x = \frac{1}{4},$$

即开门营业时有 20 件货物，当日卖出不超过 5 件的概率为 $\frac{1}{4}$. 这表明货物销售量与现有货物数量的关系很密切.

3.6 随机变量的独立性

第 1 章中, 我们讨论了随机事件的相互独立性, 现在, 利用两个事件相互独立的概念引出两个随机变量相互独立的概念.

定义 3.6.1 设二维随机向量 (X,Y) 的分布函数为 $F(x,y)$, X 和 Y 的边缘分布函数分别为 $F_X(x)$ 和 $F_Y(y)$. 若对任意的实数 x,y 有

$$F(x,y) = F_X(x)F_Y(y), \tag{3.6.1}$$

则称随机变量 X 与 Y 相互独立.

由分布函数的定义, (3.6.1) 式可以写为

$$P\{X \leqslant x,\ Y \leqslant y\} = P\{X \leqslant x\}P\{Y \leqslant y\}. \tag{3.6.2}$$

因此, 随机变量 X 与 Y 相互独立是指对任意实数 x,y, 随机事件 $\{X \leqslant x\}$ 与 $\{Y \leqslant y\}$ 相互独立.

随机变量的相互独立是概率统计中一个十分重要的概念.

设 (X,Y) 是二维离散型随机向量, 其所有可能取的值为 (x_i,y_j), $i=1,2,\cdots$, $j=1,2,\cdots$, 则 X 与 Y 相互独立的条件可以写为

$$P\{X=x_i,\ Y=y_j\} = P\{X=x_i\}P\{Y=y_j\},\ \ i=1,2,\cdots,\ j=1,2,\cdots, \tag{3.6.3}$$

或

$$p_{ij} = p_{i\cdot}p_{\cdot j},\ \ i=1,2,\cdots,\ j=1,2,\cdots. \tag{3.6.4}$$

设 (X,Y) 是二维连续型随机向量, 则 X 与 Y 相互独立的条件可以写为: 对任意的实数 x,y, 有

$$f(x,y) = f_X(x)f_Y(y). \tag{3.6.5}$$

下面只对连续型情况加以说明.

若 X 与 Y 相互独立, 则对任意的实数 x,y, 有 $F(x,y)=F_X(x)F_Y(y)$, 两边对 x,y 求导, 得

$$f(x,y) = \frac{\partial^2 F(x,y)}{\partial x \partial y} = F'_X(x)F'_Y(y) = f_X(x)f_Y(y).$$

反之, 若对任意的实数 $x, y,\ f(x,y)=f_X(x)f_Y(y)$, 则

$$\begin{aligned}F(x,y)&=\int_{-\infty}^{y}\int_{-\infty}^{x}f(u,v)\mathrm{d}u\mathrm{d}v=\int_{-\infty}^{y}\int_{-\infty}^{x}f_X(u)f_Y(v)\mathrm{d}u\mathrm{d}v\\&=\left(\int_{-\infty}^{x}f_X(u)\mathrm{d}u\right)\left(\int_{-\infty}^{y}f_Y(v)\mathrm{d}v\right)\\&=F_X(x)F_Y(y),\end{aligned}$$

表明 X 与 Y 相互独立.

顺便指出, (3.6.5) 式可以用来定义二维连续型随机向量 (X,Y) 中的分量 X 与 Y 相互独立. 这样定义有两点好处:

(1) 其形式关于 X,Y 对称.

(2) 可以直接推广到任意多个随机变量的情况.

例 3.6.1　考察例 3.2.2(即吸烟与得肺癌关系的研究) 中随机变量的独立性.

解　由例 3.4.2 得 $P\{X=0\}=0.2,\ P\{Y=0\}=0.00017$, 而 $P\{X=0,\ Y=0\}=0.00013$, 显然 $P\{X=0,\ Y=0\}\neq P\{X=0\}P\{Y=0\}$, 从而 X 与 Y 不相互独立.

例 3.6.2　考察例 3.4.3 中随机变量的独立性.

解　根据在例 3.4.3 中得到的 $f(x,y)$, $f_X(x)$ 和 $f_Y(y)$ 的表达式, 显然 $f(x,y)\neq f_X(x)f_Y(y)$, 从而 X 与 Y 不相互独立.

顺便指出, 若 (X,Y) 服从矩形区域 $D=\{(x,y): a\leqslant x\leqslant b,\ c\leqslant y\leqslant d\}$ 上的均匀分布, 则 X 与 Y 相互独立.

例 3.6.3　设 $(X,Y)\sim N(\mu_1,\mu_2,\sigma_1^2,\sigma_2^2,\rho)$, 则 X 与 Y 相互独立的充分必要条件是 $\rho=0$.

证　充分性. 设 $\rho=0$, 由 (3.3.7) 式得到

$$f(x,y)=\frac{1}{2\pi\sigma_1\sigma_2}\mathrm{e}^{-\frac{1}{2}\left[\frac{(x-\mu_1)^2}{\sigma_1^2}+\frac{(y-\mu_2)^2}{\sigma_2^2}\right]}=f_X(x)f_Y(y),$$

从而 X 与 Y 相互独立.

必要性. 设 X 与 Y 相互独立, 则对任意 $x,y,\ f(x,y)=f_X(x)f_Y(y)$. 特别取 $x=\mu_1,\ y=\mu_2$, 得到 $f(\mu_1,\mu_2)=f_X(\mu_1)f_Y(\mu_2)$, 即

$$\frac{1}{2\pi\sigma_1\sigma_2\sqrt{1-\rho^2}}=\frac{1}{\sqrt{2\pi}\,\sigma_1}\cdot\frac{1}{\sqrt{2\pi}\,\sigma_2},$$

于是 $\sqrt{1-\rho^2}=1,\ \rho=0$.

最后需要指出的是, 与随机事件的独立性一样, 在实际问题中, 随机变量的独立性往往不是从其数学定义验证出来的, 相反, 常是从随机变量产生的实际背景判断它们的独立性, 然后再使用独立性定义中所给出的性质和结论.

3.7 随机向量函数的分布

在第 2 章中, 讨论了一个随机变量函数的分布问题, 现在我们讨论两个随机变量函数的分布问题. 对二维随机向量 (X,Y), 其两个分量 X 和 Y 的函数 $Z=g(X,Y)$ 是一个随机变量, 现由 (X,Y) 的分布导出 Z 的分布.

例如考虑一大群人, 令 X 和 Y 分别表示一个人的年龄和体重, Z 表示该人的血压, 并且已知 Z 与 X,Y 的函数关系 $Z=g(X,Y)$, 则可以通过 (X,Y) 的分布确定 Z 的分布.

这里我们仅对二维连续型随机向量 (X,Y) 的情形加以讨论, 并且只对两种特殊的函数关系解决分布问题, 这两种函数关系是

1. $Z=X+Y$;
2. $Z=\max\{X,Y\}$ 和 $Z=\min\{X,Y\}$, 其中 X 与 Y 相互独立.

这是两种在实际应用中有较大用途的函数关系, 下面举的例子可以说明这一点.

3.7.1 $Z=X+Y$ 的分布

设二维连续型随机向量 (X,Y) 的概率密度函数为 $f(x,y)$, 求 $Z=X+Y$ 的概率密度函数 $f_Z(z)$.

设 Z 的分布函数为 $F_Z(z)$, 区域 $D=\{(x,y):\ x+y\leqslant z\}$, 于是 (参见图 3.5)

$$F_Z(z)=P\{X+Y\leqslant z\}=\iint_D f(x,y)\mathrm{d}x\mathrm{d}y$$
$$=\int_{-\infty}^{+\infty}\left[\int_{-\infty}^{z-x} f(x,y)\mathrm{d}y\right]\mathrm{d}x.$$

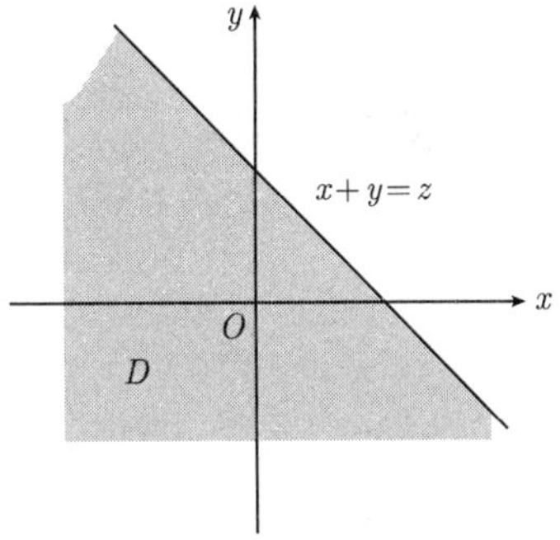

图 3.5 积分区域 D

在积分 $\int_{-\infty}^{z-x} f(x,\ y)\mathrm{d}y$ 中, 作变量代换, 令 $u=y+x$,

$$\int_{-\infty}^{z-x} f(x,y)\mathrm{d}y=\int_{-\infty}^{z} f(x,u-x)\mathrm{d}u.$$

于是,

$$F_Z(z)=\int_{-\infty}^{+\infty}\left[\int_{-\infty}^{z} f(x,u-x)\mathrm{d}u\right]\mathrm{d}x=\int_{-\infty}^{z}\left[\int_{-\infty}^{+\infty} f(x,u-x)\mathrm{d}x\right]\mathrm{d}u,$$

从而根据 (2.3.21) 式我们有

$$f_Z(z)=\int_{-\infty}^{+\infty} f(x,z-x)\mathrm{d}x. \tag{3.7.1}$$

由于 X 和 Y 地位的对称性, 又有

$$f_Z(z) = \int_{-\infty}^{+\infty} f(z-y, y)\mathrm{d}y. \tag{3.7.2}$$

特别当 X 与 Y 相互独立时, 设 X 和 Y 的边缘概率密度分别为 $f_X(x)$ 和 $f_Y(y)$, 则 (3.7.1) 和 (3.7.2) 式可分别写为

$$f_Z(z) = \int_{-\infty}^{+\infty} f_X(x) f_Y(z-x)\mathrm{d}x, \tag{3.7.3}$$

$$f_Z(z) = \int_{-\infty}^{+\infty} f_X(z-y) f_Y(y)\mathrm{d}y. \tag{3.7.4}$$

例 3.7.1　设 X 与 Y 相互独立, 均服从标准正态分布, 求 $Z = X + Y$ 的概率密度函数.

解　根据 (3.7.3) 式, 对 $-\infty < z < +\infty$,

$$f_Z(z) = \int_{-\infty}^{+\infty} \frac{1}{\sqrt{2\pi}}\mathrm{e}^{-\frac{x^2}{2}} \frac{1}{\sqrt{2\pi}}\mathrm{e}^{-\frac{(z-x)^2}{2}}\mathrm{d}x = \frac{1}{2\pi}\int_{-\infty}^{+\infty} \mathrm{e}^{-\frac{x^2+(z-x)^2}{2}}\mathrm{d}x,$$

因为

$$\frac{x^2+(z-x)^2}{2} = \left(x - \frac{z}{2}\right)^2 + \frac{z^2}{4},$$

于是

$$f_Z(z) = \frac{1}{2\pi}\mathrm{e}^{-\frac{z^2}{4}}\int_{-\infty}^{+\infty} \mathrm{e}^{-(x-\frac{z}{2})^2}\mathrm{d}x.$$

作变量代换, 令 $t = \sqrt{2}\left(x - \dfrac{z}{2}\right)$,

$$\begin{aligned} f_Z(z) &= \frac{1}{2\pi}\mathrm{e}^{-\frac{z^2}{4}}\int_{-\infty}^{+\infty} \frac{1}{\sqrt{2}}\mathrm{e}^{-\frac{t^2}{2}}\mathrm{d}t \\ &= \frac{1}{2\sqrt{\pi}}\mathrm{e}^{-\frac{z^2}{4}}\int_{-\infty}^{+\infty} \frac{1}{\sqrt{2\pi}}\mathrm{e}^{-\frac{t^2}{2}}\mathrm{d}t \\ &= \frac{1}{2\sqrt{\pi}}\mathrm{e}^{-\frac{z^2}{4}}, \end{aligned}$$

这表明 $Z \sim N(0, 2)$.

进一步可以证明, 设 $X \sim N(\mu_1, \sigma_1^2)$, $Y \sim N(\mu_2, \sigma_2^2)$, 且 X 与 Y 相互独立, 则 $Z = X + Y \sim N(\mu_1 + \mu_2, \sigma_1^2 + \sigma_2^2)$.

例 3.7.2　设某种商品一周的需要量是一个随机变量, 其概率密度函数为

$$f(x) = \begin{cases} x\mathrm{e}^{-x}, & x > 0, \\ 0, & x \leqslant 0. \end{cases}$$

如果各周的需要量相互独立，求两周需要量的概率密度函数.

解 分别用 X 和 Y 表示第一周、第二周的需要量, 则

$$f_X(x)=\begin{cases} xe^{-x}, & x>0,\\ 0, & x\leqslant 0,\end{cases}\qquad f_Y(y)=\begin{cases} ye^{-y}, & y>0,\\ 0, & y\leqslant 0.\end{cases}$$

从而两周需要量 $Z=X+Y$, 由 (3.7.3) 式计算 $f_Z(z)$.

当 $z\leqslant 0$ 时, 若 $x>0$, 则 $z-x<0$, $f_Y(z-x)=0$; 若 $x\leqslant 0$, 则 $f_X(x)=0$, 从而 $f_Z(z)=0$.

当 $z>0$ 时, 若 $x\leqslant 0$, 则 $f_X(x)=0$; 若 $z-x\leqslant 0$, 即 $z\leqslant x$, 则 $f_Y(z-x)=0$, 因此

$$\begin{aligned}\int_{-\infty}^{+\infty} f_X(x)f_Y(z-x)\mathrm{d}x &= \int_0^z xe^{-x}(z-x)e^{-(z-x)}\mathrm{d}x\\ &= e^{-z}\int_0^z x(z-x)\mathrm{d}x=\frac{z^3}{6}e^{-z},\end{aligned}$$

从而

$$f_Z(z)=\begin{cases}\dfrac{z^3}{6}e^{-z}, & z>0,\\ 0, & z\leqslant 0.\end{cases}$$

3.7.2 $Z=\max\{X,Y\}$ 和 $Z=\min\{X,Y\}$ 的分布

在实际应用中, 很多问题都归结为求 Z 的分布. 例如, 假设某地区降水量集中在 7、8 两月, 该地区的某条河这两个月的最高洪峰分别为 X 和 Y. 为制定防洪设施的安全标准, 就需要知道 $Z=\max\{X,Y\}$ 的分布. 在高山上架设电线需要研究冬天的最大风力, 假设某地区一年中风力最大的两个月的风力分别为 X 和 Y, 则一年中最大风力 $Z=\max\{X,Y\}$ 的分布就要在设计之前搞清楚. 又如, 在河流航运中我们最担心的是水量太小而停航, 若记 X 和 Y 分别为某条河流一年中流量最小的两个月的流量, 则 $Z=\min\{X,Y\}$ 就是一年中的最小流量, 它的分布是很有指导价值的.

设 X 与 Y 是相互独立的随机变量, 分布函数分别为 $F_X(x)$ 和 $F_Y(y)$, 先求 $Z=\max\{X,Y\}$ 的分布函数 $F_{\max}(z)$. 显然 $\{Z\leqslant z\}$ 等价于 $\{X\leqslant z,\ Y\leqslant z\}$, 因此,

$$P\{Z\leqslant z\}=P\{X\leqslant z,\ Y\leqslant z\}=P\{X\leqslant z\}P\{Y\leqslant z\}=F_X(z)F_Y(z),$$

即

$$F_{\max}(z)=F_X(z)F_Y(z). \tag{3.7.5}$$

对于 $Z=\min\{X,Y\}$, 其分布函数

$$F_{\min}(z)=P\{Z\leqslant z\}=1-P\{Z>z\},$$

而 $\{Z > z\}$ 等价于 $\{X > z,\ Y > z\}$, 于是

$$\begin{aligned} P\{Z > z\} &= P\{X > z,\ Y > z\} \\ &= P\{X > z\}P\{Y > z\} \\ &= [1 - P\{X \leqslant z\}]\,[1 - P\{Y \leqslant z\}] \\ &= [1 - F_X(z)]\,[1 - F_Y(z)], \end{aligned}$$

从而

$$F_{\min}(z) = 1 - [1 - F_X(z)]\,[1 - F_Y(z)]. \tag{3.7.6}$$

特别地, 如果 X 和 Y 具有相同的分布函数 $F(\cdot)$, 这时 (3.7.5) 式和 (3.7.6) 式分别成为

$$F_{\max}(z) = [F(z)]^2, \qquad F_{\min}(z) = 1 - [1 - F(z)]^2.$$

例 3.7.3　设系统 L 由两个相互独立的子系统 L_1, L_2 连接而成, 连接的方式分别为: (1) 串联; (2) 并联; (3) 备用 (开关完全可靠, 子系统 L_2 在储备期内性能无变化, 当 L_1 损坏时, L_2 开始工作), 如图 3.6 所示. 设 L_1, L_2 的寿命分别为 X 和 Y, 其概率密度函数分别为

$$f_X(x) = \begin{cases} \alpha \mathrm{e}^{-\alpha x}, & x > 0, \\ 0, & x \leqslant 0, \end{cases} \qquad f_Y(y) = \begin{cases} \beta \mathrm{e}^{-\beta y}, & y > 0, \\ 0, & y \leqslant 0, \end{cases}$$

其中 $\alpha > 0$, $\beta > 0$, 且 $\alpha \neq \beta$. 分别对以上三种连接方式写出 L 的寿命 Z 的概率密度函数.

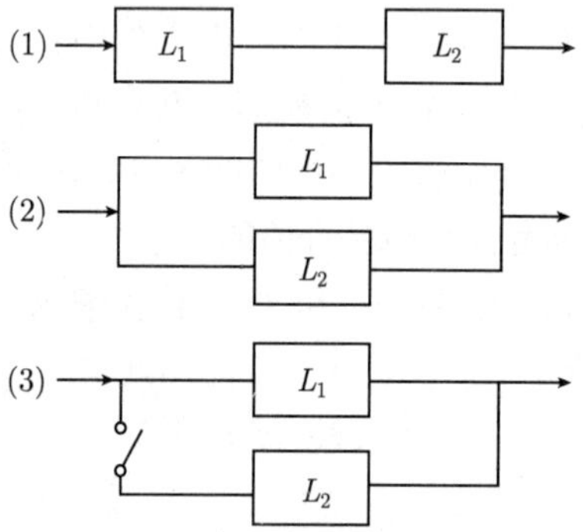

图 3.6　三种连接方式

解　易得 X, Y 的分布函数分别为

$$F_X(x) = \begin{cases} 1 - \mathrm{e}^{-\alpha x}, & x > 0, \\ 0, & x \leqslant 0, \end{cases}$$

$$F_Y(y) = \begin{cases} 1 - \mathrm{e}^{-\beta y}, & y > 0, \\ 0, & y \leqslant 0. \end{cases}$$

(1) 串联时, $Z = \min\{X, Y\}$, 其分布函数

$$F_{\min}(z) = \begin{cases} 1 - \mathrm{e}^{-(\alpha+\beta) z}, & z > 0, \\ 0, & z \leqslant 0, \end{cases}$$

概率密度函数

$$f_{\min}(z) = \begin{cases} (\alpha + \beta)\mathrm{e}^{-(\alpha+\beta) z}, & z > 0, \\ 0, & z \leqslant 0. \end{cases}$$

(2) 并联时, $Z=\max\{X,Y\}$, 其分布函数

$$F_{\max}(z)=\begin{cases}(1-\mathrm{e}^{-\alpha z})(1-\mathrm{e}^{-\beta z}), & z>0,\\ 0, & z\leqslant 0,\end{cases}$$

概率密度函数

$$f_{\max}(z)=\begin{cases}\alpha\mathrm{e}^{-\alpha z}+\beta\mathrm{e}^{-\beta z}-(\alpha+\beta)\mathrm{e}^{-(\alpha+\beta)z}, & z>0,\\ 0, & z\leqslant 0.\end{cases}$$

(3) 备用时, $Z=X+Y$. 由 (3.7.3) 式知, 当 $z\leqslant 0$ 时, $f_Z(z)=0$; 当 $z>0$ 时,

$$f_Z(z)=\int_0^z \alpha\mathrm{e}^{-\alpha x}\beta\mathrm{e}^{-\beta(z-x)}\mathrm{d}x=\frac{\alpha\beta}{\alpha-\beta}(\mathrm{e}^{-\beta z}-\mathrm{e}^{-\alpha z}),$$

从而

$$f_Z(z)=\begin{cases}\dfrac{\alpha\beta}{\alpha-\beta}(\mathrm{e}^{-\beta z}-\mathrm{e}^{-\alpha z}), & z>0,\\ 0, & z\leqslant 0.\end{cases}$$

3.8　n 维随机向量

前面我们系统地讨论了二维随机向量. 在实际问题中, 除了二维随机向量以外, 常常还会遇到 $n(n\geqslant 3)$ 维随机向量, 例如在本章开始所提到的对每炉钢的含碳量、含硫量和硬度这些基本指标的研究, 涉及三个随机变量: 含碳量 X、含硫量 Y 和硬度 Z, 从而形成一个三维随机向量 (X,Y,Z). 又如, 在讨论某商场每年商品销售情况时, 用 X_i 表示该商场第 i 月份商品销售额, $i=1,2,\cdots,12$, 形成了一个 12 维随机向量 $(X_1, X_2,\cdots,X_{12})$. 前面有关二维随机向量的概念和结论不难推广到 n 维随机向量上去.

3.8.1　定义和分布函数

设随机试验 E 的样本空间为 Ω, $X_1,X_2,\cdots,X_n$ 是定义在 Ω 上的 n 个随机变量, 称由它们构成的 n 维向量 $(X_1,X_2,\cdots,X_n)$ 为 n 维随机向量. n 维随机向量 $(X_1,X_2,\cdots,X_n)$ 的性质不仅与每个分量的性质有关, 而且还依赖于它们之间的相互关系.

分布函数仍然是描述 n 维随机向量分布的重要工具. 设 $(X_1,X_2,\cdots,X_n)$ 是 n 维随机向量, 对于任意 n 个实数 $x_1,x_2,\cdots,x_n$, 称 n 元函数

$$F(x_1,x_2,\cdots,x_n)=P\{X_1\leqslant x_1,\ X_2\leqslant x_2,\ \cdots,\ X_n\leqslant x_n\} \tag{3.8.1}$$

为 $(X_1,X_2,\cdots,X_n)$ 的分布函数. $F(x_1,x_2,\cdots,x_n)$ 具有类似于二维随机向量分布函数的性质.

n 维随机向量也分为离散型和连续型, 其中以连续型更为常见.

3.8.2　n 维连续型随机向量

与二维连续型随机向量类似，为了引进 n 维连续型随机向量的概率密度函数，要使用分布函数和 n 重积分.

对 n 维随机向量 $(X_1, X_2, \cdots, X_n)$, 如果存在非负函数 $f(x_1, x_2, \cdots, x_n)$, 使得对于任意实数 $x_1, x_2, \cdots, x_n$ 有

$$F(x_1, x_2, \cdots, x_n) = \int_{-\infty}^{x_n} \cdots \int_{-\infty}^{x_2} \int_{-\infty}^{x_1} f(u_1, u_2, \cdots, u_n) \mathrm{d}u_1 \mathrm{d}u_2 \cdots \mathrm{d}u_n, \qquad (3.8.2)$$

则称 $(X_1, X_2, \cdots, X_n)$ 为 n 维连续型随机向量, 称 $f(x_1, x_2, \cdots, x_n)$ 为 $(X_1, X_2, \cdots, X_n)$ 的概率密度函数, 简称为概率密度.

$f(x_1, x_2, \cdots, x_n)$ 具有类似于二维连续型随机向量概率密度函数的性质.

n 维连续型随机向量 $(X_1, X_2, \cdots, X_n)$ 的边缘分布比二维情况要复杂, 其中常用的是每个分量 X_i 的边缘概率密度 $f_{X_i}(x_i)$, $i = 1, 2, \cdots, n$. 以 X_1 为例, 其边缘概率密度

$$f_{X_1}(x_1) = \underbrace{\int_{-\infty}^{+\infty} \cdots \int_{-\infty}^{+\infty}}_{n-1\text{ 重积分}} f(x_1, x_2, \cdots, x_n) \mathrm{d}x_2 \cdots \mathrm{d}x_n. \qquad (3.8.3)$$

若对任意的实数 $x_1, x_2, \cdots, x_n$, 成立

$$f(x_1, x_2, \cdots, x_n) = f_{X_1}(x_1) f_{X_2}(x_2) \cdots f_{X_n}(x_n), \qquad (3.8.4)$$

则称 $X_1, X_2, \cdots, X_n$ 相互独立.

例 3.8.1　设三维随机向量 (X_1, X_2, X_3) 的概率密度函数

$$f(x_1, x_2, x_3) = \begin{cases} \mathrm{e}^{-(x_1+x_2+x_3)}, & x_1 > 0,\ x_2 > 0,\ x_3 > 0, \\ 0, & \text{其他}, \end{cases}$$

判断 X_1, X_2, X_3 是否相互独立.

解　先求边缘概率密度 $f_{X_i}(x_i)$ $(i = 1, 2, 3)$.

$$f_{X_1}(x_1) = \int_{-\infty}^{+\infty} \int_{-\infty}^{+\infty} f(x_1, x_2, x_3) \mathrm{d}x_2 \mathrm{d}x_3,$$

当 $x_1 \leqslant 0$ 时, $f(x_1, x_2, x_3) = 0$, 于是 $f_{X_1}(x_1) = 0$; 当 $x_1 > 0$ 时,

$$\begin{aligned} f_{X_1}(x_1) &= \int_0^{+\infty} \int_0^{+\infty} \mathrm{e}^{-(x_1+x_2+x_3)} \mathrm{d}x_2 \mathrm{d}x_3 \\ &= \mathrm{e}^{-x_1} \left(\int_0^{+\infty} \mathrm{e}^{-x_2} \mathrm{d}x_2 \right) \left(\int_0^{+\infty} \mathrm{e}^{-x_3} \mathrm{d}x_3 \right) \\ &= \mathrm{e}^{-x_1}. \end{aligned}$$

这样,

$$f_{X_1}(x_1)=\begin{cases}\mathrm{e}^{-x_1}, & x_1>0,\\ 0, & x_1\leqslant 0.\end{cases}$$

同理可得

$$f_{X_i}(x_i)=\begin{cases}\mathrm{e}^{-x_i}, & x_i>0,\\ 0, & x_i\leqslant 0,\end{cases}\qquad i=2,3.$$

这样, 对任意实数 x_1,x_2,x_3 成立

$$f(x_1,x_2,x_3)=f_{X_1}(x_1)f_{X_2}(x_2)f_{X_3}(x_3),$$

从而 X_1,X_2,X_3 相互独立.

3.8.3 n 维随机向量函数的分布

对 n 维连续型随机向量 $(X_1,X_2,\cdots,X_n)$, 设其 n 个分量 $X_1,X_2,\cdots,X_n$ 的函数 $Z=g(X_1,X_2,\cdots,X_n)$, Z 是一个随机变量, 现由 $(X_1,X_2,\cdots,X_n)$ 的分布求 Z 的分布. 下面我们只对两种重要的特殊情况叙述其结果.

1. 设 $X_i\sim N(\mu_i,\sigma_i^2)$, $i=1,2,\cdots,n$, 并且 $X_1,X_2,\cdots,X_n$ 相互独立, 则

$$Z=X_1+X_2+\cdots+X_n\sim N(\mu_1+\mu_2+\cdots+\mu_n,\sigma_1^2+\sigma_2^2+\cdots+\sigma_n^2),\tag{3.8.5}$$

这是两个随机变量之和情况的直接推广.

2. $Z=\max\{X_1,X_2,\cdots,X_n\}$ 和 $Z=\min\{X_1,X_2,\cdots,X_n\}$, $X_1,X_2,\cdots,X_n$ 相互独立.

设 X_i 的分布函数为 $F_{X_i}(x_i)$, $i=1,2,\cdots,n$, 则 $Z=\max\{X_1,X_2,\cdots,X_n\}$ 的分布函数为

$$F_{\max}(z)=F_{X_1}(z)F_{X_2}(z)\cdots F_{X_n}(z);\tag{3.8.6}$$

$Z=\min\{X_1,X_2,\cdots,X_n\}$ 的分布函数为

$$F_{\min}(z)=1-[1-F_{X_1}(z)][1-F_{X_2}(z)]\cdots[1-F_{X_n}(z)].\tag{3.8.7}$$

上述结论的证明可以仿照两个变量的情况进行.

特别地, 如果 $X_1,X_2,\cdots,X_n$ 具有相同的分布函数 $F(\cdot)$, 这时 (3.8.6) 式成为

$$F_{\max}(z)=[F(z)]^n,\tag{3.8.8}$$

(3.8.7) 式成为

$$F_{\min}(z)=1-[1-F(z)]^n.\tag{3.8.9}$$

例 3.8.2 设某种型号的灯泡的寿命 (单位: 小时) 近似地服从 $N(1000,20^2)$ 分布, 现随机地选取四只灯泡, 求其中没有一只灯泡的寿命小于 1020 小时的概率.

解　设 $X \sim N(1000, 400)$, 四只灯泡的寿命分别为 X_1, X_2, X_3, X_4, 则它们相互独立, 且与 X 有相同的分布. 记 $Z = \min\{X_1, X_2, X_3, X_4\}$, 则所求概率为 $P\{Z \geqslant 1020\}$. 由于

$$P\{Z \geqslant 1020\} = 1 - P\{Z < 1020\} = 1 - F_{\min}(1020),$$

由 (3.8.9) 式得到

$$F_{\min}(1020) = 1 - [1 - F(1020)]^4,$$

于是

$$P\{Z \geqslant 1020\} = [1 - F(1020)]^4,$$

这里 $F(x)$ 是 X 的分布函数. 易得

$$F(1020) = P\{X \leqslant 1020\} = \varPhi\left(\frac{1020 - 1000}{20}\right) = \varPhi(1) = 0.8413,$$

因此,

$$P\{Z \geqslant 1020\} = (1 - 0.8413)^4 = 0.00063.$$

习　题　3

3.1 设二维随机向量 (X, Y) 的分布函数为

$$F(x,y) = \begin{cases} 1 - 2^{-x} - 2^{-y} + 2^{-x-y}, & x \geqslant 0,\ y \geqslant 0, \\ 0, & \text{其他}, \end{cases}$$

求 $P\{1 < X \leqslant 2,\ 3 < Y \leqslant 5\}$.

3.2 盒中装有 3 个黑球, 2 个白球. 现从中任取 4 个球, 用 X 表示取到的黑球的个数, 用 Y 表示取到的白球的个数, 求 (X, Y) 的概率分布.

3.3 将一枚均匀的硬币抛掷 3 次, 用 X 表示在 3 次中出现正面的次数, 用 Y 表示 3 次中出现正面次数与出现反面次数之差的绝对值，求 (X, Y) 的概率分布.

3.4 设二维随机向量 (X, Y) 的概率密度函数为

$$f(x,y) = \begin{cases} a(6 - x - y), & 0 \leqslant x \leqslant 1,\ 0 \leqslant y \leqslant 2, \\ 0, & \text{其他}, \end{cases}$$

(1) 确定常数 a;

(2) 求 $P\{X \leqslant 0.5,\ Y \leqslant 1.5\}$;

(3) 求 $P\{(X, Y) \in D\}$, 这里 D 是由 $x = 0$, $y = 0$ 和 $x + y = 1$ 这 3 条直线所围成的三角形区域.

3.5 设二维随机向量 (X,Y) 的概率密度函数为

$$f(x,y)=\begin{cases}2\mathrm{e}^{-(2x+y)}, & x>0,\ y>0,\\ 0, & 其他,\end{cases}$$

(1) 求分布函数 $F(x,y)$; (2) 求概率 $P\{Y\leqslant X\}$.

3.6 向一个无限平面靶射击, 设命中点 (X,Y) 的概率密度函数为

$$f(x,y)=\frac{1}{\pi(1+x^2+y^2)^2},\quad -\infty<x,y<+\infty,$$

求命中点与靶心 (坐标原点) 的距离不超过 a 的概率.

3.7 设二维随机向量 (X,Y) 的概率分布如下表所示, 求 X 和 Y 的边缘概率分布.

X \ Y	0	2	5
1	0.15	0.25	0.35
3	0.05	0.18	0.02

3.8 设二维随机向量 (X,Y) 的概率密度函数为

$$f(x,y)=\begin{cases}\dfrac{3}{2}xy^2, & 0\leqslant x\leqslant 2,\ 0\leqslant y\leqslant 1,\\ 0, & 其他,\end{cases}$$

求边缘概率密度 $f_X(x)$, $f_Y(y)$.

3.9 设二维随机向量 (X,Y) 的概率密度函数为

$$f(x,y)=\begin{cases}4.8y(2-x), & 0\leqslant x\leqslant 1,\ 0\leqslant y\leqslant x,\\ 0, & 其他,\end{cases}$$

求边缘概率密度 $f_X(x)$, $f_Y(y)$.

3.10 设二维随机向量 (X,Y) 的概率密度函数为

$$f(x,y)=\begin{cases}c, & x^2\leqslant y\leqslant x,\\ 0, & 其他,\end{cases}$$

(1) 确定常数 c 的值; (2) 求边缘概率密度 $f_X(x)$, $f_Y(y)$.

3.11 求习题 3.7 中的条件概率分布.

3.12 设 X 在区间 $(0,1)$ 上随机地取值, 当观察到 $X=x(0<x<1)$ 时, Y 在区间 $(x,1)$ 上随机地取值, 求 Y 的概率密度函数.

3.13 设二维随机向量 (X,Y) 的概率密度函数为

$$f(x,y)=\begin{cases}x^2+\dfrac{xy}{3}, & 0\leqslant x\leqslant 1,\ 0\leqslant y\leqslant 2,\\ 0, & 其他,\end{cases}$$

求条件概率密度 $f_{X|Y}(x|y)$, $f_{Y|X}(y|x)$ 以及 $P\left\{Y<\dfrac{1}{2}\middle|X=\dfrac{1}{2}\right\}$.

3.14 问习题 3.7 中的 X 与 Y 是否相互独立?

3.15 设二维随机向量 (X,Y) 的概率分布如下表所示,

X \ Y	1	2	3
1	$\frac{1}{6}$	$\frac{1}{9}$	$\frac{1}{18}$
2	$\frac{1}{3}$	a	b

问 a,b 取何值时, X 与 Y 相互独立?

3.16 问习题 3.8 和习题 3.9 中的 X 与 Y 是否相互独立?

3.17 设二维随机向量 (X,Y) 的概率密度函数为

$$f(x,y)=\begin{cases} xe^{-x}\dfrac{1}{(1+y)^2}, & x>0,\ y>0,\\ 0, & \text{其他}, \end{cases}$$

问 X 与 Y 是否相互独立?

3.18 设二维随机向量 (X,Y) 的分布函数为

$$F(x,y)=\begin{cases} 1-e^{-x}-e^{-y}+e^{-(x+y)}, & x\geqslant 0,\ y\geqslant 0,\\ 0, & \text{其他}, \end{cases}$$

讨论 X,Y 的独立性.

3.19 设 X 与 Y 是两个相互独立的随机变量, 并且均服从区间 $(0,1)$ 上的均匀分布, 求 $X+Y$ 的概率密度函数.

3.20 设 X 与 Y 是两个相互独立的随机变量, 概率密度函数分别为

$$f_X(x)=\begin{cases} \dfrac{1}{2}e^{-\frac{x}{2}}, & x>0,\\ 0, & x\leqslant 0, \end{cases}\qquad f_Y(y)=\begin{cases} \dfrac{1}{3}e^{-\frac{y}{3}}, & y>0,\\ 0, & y\leqslant 0, \end{cases}$$

求 $X+Y$ 的概率密度函数.

3.21 设二维随机向量 (X,Y) 的概率密度函数为

$$f(x,y)=\begin{cases} 2-x-y, & 0<x<1,\ 0<y<1,\\ 0, & \text{其他}, \end{cases}$$

求 $Z=X+Y$ 的概率密度函数.

3.22 设随机变量 $X\sim U[0,1]$, Y 服从参数为 1 的指数分布, 并且 X 与 Y 相互独立, 求 $\max\{X,Y\}$ 的概率密度函数.

3.23 设随机变量 $X\sim U[0,1]$, $Y\sim U[0,2]$, 并且 X 与 Y 相互独立, 求 $\min\{X,Y\}$ 的概率密度函数.

3.24 设随机变量 $X_1,X_2,\cdots,X_n$ 相互独立, 并且都服从正态分布 $N(\mu,\sigma^2)$, 求 $(X_1,X_2,\cdots,X_n)$ 的概率密度函数.

3.25 对某种电子装置的输出测量了 5 次, 得到观察值 X_1,X_2,X_3,X_4,X_5. 设它们是相互独立的随机变量, 且有相同的概率密度函数

$$f(x)=\begin{cases} \dfrac{x}{4}e^{-\frac{x^2}{8}}, & x\geqslant 0,\\ 0, & x<0, \end{cases}$$

求 $Z=\max\{X_1,X_2,X_3,X_4,X_5\}$ 的分布函数.

3.26 设电子元件的寿命 X(单位: 小时) 的概率密度函数为

$$f(x)=\begin{cases}0.0015\mathrm{e}^{-0.0015x}, & x\geqslant 0,\\ 0, & x<0,\end{cases}$$

今测试 6 个元件, 并记录下它们各自的失效时间. 求

(1) 到 800 小时时没有一个元件失效的概率;

(2) 到 3000 小时时所有元件都失效的概率.

第4章　数字特征

随机变量的分布函数是对随机变量概率性质的完整的刻画，描述了随机变量的统计规律性. 但在实际问题中，有时不容易确定随机变量的分布；有时也并不需要完全知道随机变量的分布，而只需知道它的某些特征就够了，因此不需要求出它的分布函数. 这些特征就是随机变量的数字特征，是由随机变量的分布所决定的常数，刻画了随机变量某一方面的性质.

例如，考察某种大批量生产的元件的寿命，它可以用随机变量来描述. 如果知道了这个随机变量的分布函数，就可以算出元件寿命落在任一指定界限内的元件百分比是多少，这是对元件寿命状况的完整刻画. 如果不知道随机变量的分布函数，而知道元件的平均寿命，虽不能对元件寿命状况提供一个完整的刻画，但却在一个重要方面刻画了元件寿命的状况，这往往也是我们最为关心的一个方面. 类似的情况很多，如评定某地区粮食产量的水平时，经常考虑平均亩产量；对一射手进行技术评定时，经常考察射击命中环数的平均值；检查一批棉花的质量时，所关心的是棉花纤维的平均长度等. 这个重要的数字特征就是数学期望，简称为期望，常常也称为均值.

另一个重要的数字特征用以衡量一个随机变量取值的分散程度. 例如对一射手进行技术评定时，除考察射击命中环数的平均值以外，还要了解命中点是比较分散还是比较集中. 在检查一批棉花的质量时，除关心棉花纤维的平均长度以外，还要考虑纤维的长度与平均长度的偏离情况. 如果两批棉花纤维的平均长度相同，而一批棉花纤维的长度与平均长度接近，另一批棉花则相差较大，显然前者显得整齐，也便于使用，后者显得参差不齐，不便于使用. 描述随机变量取值分散程度的数字特征就是方差.

期望和方差是刻画随机变量性质的两个最重要的数字特征. 对多维随机向量，则还有刻画各分量之间关系的数字特征.

数字特征能够比较容易地估算出来，在理论上和实践上都具有重要的意义.

4.1　期　　望

4.1.1　离散型随机变量的期望

某服装公司生产两种套装：一种是大众装，每件价格 200 元，每月生产 1 万件；另一种是高档装，每件 1800 元，每月生产 100 件. 现在问该公司生产的套装平均价格是多少？

这里有两种算法, 一种是把两种套装的价格作简单平均, 即

$$\frac{200+1800}{2}=1000, \tag{4.1.1}$$

于是得到套装平均价格为 1000 元. 很明显, 这个平均价格太高了, 没有能够反映该公司生产的套装的真实平均价格, 这是因为忽略了每种套装的生产数量. 另一种算法是: 把每种套装的价格乘上生产件数, 然后相加, 得到总价格, 最后除以总件数, 即

$$\begin{aligned}\frac{200\times 10000+1800\times 100}{10100}&=200\times\frac{10000}{10100}+1800\times\frac{100}{10100}\\&=200\times 0.99+1800\times 0.01\\&=216,\end{aligned} \tag{4.1.2}$$

这样得到套装平均价格为 216 元, 这个平均价格客观地反映了该公司所生产的套装的真实情况. 后一种算法考虑了每种套装生产量的多少, 在 (4.1.2) 式中, 对价格 200 元和 1800 元分别乘上了系数 0.99 和 0.01, 这分别是两种套装在总件数中所占的比例. 因此 (4.1.2) 式表示一种加权平均, 它比 (4.1.1) 式的简单平均要合理.

为了进一步阐明问题, 我们引入随机变量. 设随机变量 X 为该公司生产的套装的价格, 任取一件套装, 则

$$X=\begin{cases}200, & \text{取到的是大众装},\\ 1800, & \text{取到的是高档装}.\end{cases}$$

由古典概率知识, 容易算出, 取到的是大众装的概率为

$$P\{X=200\}=\frac{10000}{10100}=0.99,$$

而取到的是高档装的概率为

$$P\{X=1800\}=\frac{100}{10100}=0.01.$$

因此 (4.1.2) 式可以改写为

$$200\times P\{X=200\}+1800\times P\{X=1800\}=216,$$

这是随机变量值的平均值, 它是以其概率为权的加权平均, 在概率论中称为随机变量的数学期望. 现在我们引入如下定义.

定义 4.1.1 设离散型随机变量的概率分布为

$$P\{X=x_i\}=p_i,\quad i=1,2,\cdots,$$

若级数 $\sum\limits_i x_ip_i$ 绝对收敛, 即 $\sum\limits_i |x_i|p_i$ 收敛, 则称 $\sum\limits_i x_ip_i$ 为随机变量 X 的期望, 记为 $E(X)$, 即

$$E(X)=\sum_i x_ip_i. \tag{4.1.3}$$

在 X 取可列无限个值时, 级数 $\sum_i x_i p_i$ 绝对收敛可以保证“级数之值不因级数各项次序的改排而变化”, 这样 $E(X)$ 与 X 取的值的人为排列次序无关.

(4.1.3) 式表明, 期望就是随机变量 X 的取值 x_i 以它们的概率为权的加权平均, 从这个意义上说, 把 $E(X)$ 称为 X 的均值更能反映这个概念的本质. 因此, 在以后的讨论中, 有时我们也称 $E(X)$ 为 X 的均值.

例 4.1.1　有 4 只盒子, 编号为 1, 2, 3, 4. 现有 3 个球, 将球逐个独立地随机放入 4 只盒子中去. 用 X 表示其中至少有一个球的盒子的最小号码, 求 $E(X)$.

解　首先求 X 的概率分布. X 所有可能取的值是 1, 2, 3, 4. $\{X=1\}$ 表示 1 号盒中至少有一个球. 为求 $P\{X=1\}$, 考虑 $\{X=1\}$ 的对立事件: 1 号盒中没有球, 其概率为 $\frac{3^3}{4^3}$, 因此

$$P\{X=1\}=1-\frac{3^3}{4^3}=\frac{4^3-3^3}{4^3}.$$

$\{X=2\}$ 表示 1 号盒中没有球, 而 2 号盒中至少有一个球, 类似地得到

$$P\{X=2\}=\frac{3^3-2^3}{4^3}.$$

同样有

$$P\{X=3\}=\frac{2^3-1^3}{4^3}.$$

最后

$$P\{X=4\}=1-P\{X=1\}-P\{X=2\}-P\{X=3\}=\frac{1}{4^3}.$$

于是

$$E(X)=1\times\frac{4^3-3^3}{4^3}+2\times\frac{3^3-2^3}{4^3}+3\times\frac{2^3-1^3}{4^3}+4\times\frac{1}{4^3}=\frac{25}{16}.$$

下面介绍几种常用离散型随机变量的期望.

1. 两点分布

设 X 服从参数为 p 的两点分布, 即

$$P\{X=1\}=p,\quad P\{X=0\}=1-p,\quad 0<p<1.$$

$$E(X)=1\times p+0\times(1-p)=p. \tag{4.1.4}$$

2. 二项分布

设 $X\sim B(n,p)$, 概率分布为

$$P\{X=k\}=\begin{pmatrix} n\\ k\end{pmatrix}p^k(1-p)^{n-k},\quad k=0,1,2,\cdots,n,\quad 0<p<1.$$

$$
\begin{aligned}
E(X) &= \sum_{k=0}^{n} k \binom{n}{k} p^k (1-p)^{n-k} \\
&= \sum_{k=1}^{n} \frac{n!}{(k-1)!(n-k)!} p^k (1-p)^{n-k} \\
&= np \sum_{k=1}^{n} \frac{(n-1)!}{(k-1)![(n-1)-(k-1)]!} p^{k-1} (1-p)^{(n-1)-(k-1)} \\
&= np \sum_{k=1}^{n} \binom{n-1}{k-1} p^{k-1} (1-p)^{(n-1)-(k-1)},
\end{aligned}
$$

令 $m = k-1$, 则

$$
\begin{aligned}
\sum_{k=1}^{n} \binom{n-1}{k-1} p^{k-1}(1-p)^{(n-1)-(k-1)} &= \sum_{m=0}^{n-1} \binom{n-1}{m} p^m (1-p)^{n-1-m} \\
&= [p+(1-p)]^{n-1} \\
&= 1,
\end{aligned}
$$

从而

$$
E(X) = np. \tag{4.1.5}
$$

二项分布的期望是 np, 直观上也比较容易理解这个结果. 因为 X 是 n 次试验中某事件 A 发生的次数, 它在每次试验时发生的概率为 p, 那么 n 次试验时当然平均发生 np 次了.

例 4.1.2 某种产品的次品率为 0.1. 检验员每天检验 4 次, 每次随机抽取 10 件产品进行检验, 如果发现其中的次品数大于 1, 则应调整设备. 设各件产品是否为次品是相互独立的, 求一天中调整设备次数的期望.

解 用 X 表示 10 件产品中的次品数, 则 $X \sim B(10, 0.1)$. 每次检验后需要调整设备的概率

$$
\begin{aligned}
p &= P\{X>1\} = 1 - P\{X \leqslant 1\} \\
&= 1 - P\{X=0\} - P\{X=1\} \\
&= 1 - 0.9^{10} - 10 \times 0.1 \times 0.9^9 = 0.2639.
\end{aligned}
$$

用 Y 表示一天中调整设备的次数, 则 $Y \sim B(n, p)$, 其中 $n=4$, $p=0.2639$. 所求期望

$$
E(Y) = np = 4 \times 0.2639 = 1.0556.
$$

3. 泊松分布

设 $X \sim P(\lambda)$, 概率分布为

$$
P\{X=k\} = \frac{\lambda^k}{k!} \mathrm{e}^{-\lambda}, \quad k=0,1,2,\cdots, \quad \lambda > 0.
$$

$$E(X)=\sum_{k=0}^{\infty}k\frac{\lambda^k}{k!}\mathrm{e}^{-\lambda}=\lambda\mathrm{e}^{-\lambda}\sum_{k=1}^{\infty}\frac{\lambda^{k-1}}{(k-1)!},$$

令 $m=k-1$, 则

$$\sum_{k=1}^{\infty}\frac{\lambda^{k-1}}{(k-1)!}=\sum_{m=0}^{\infty}\frac{\lambda^m}{m!}=\mathrm{e}^{\lambda},$$

从而

$$E(X)=\lambda. \tag{4.1.6}$$

这表明, 在泊松分布中, 参数 λ 是它的期望.

4.1.2 连续型随机变量的期望

定义 4.1.2 设连续型随机变量 X 的概率密度函数为 $f(x)$, 若积分 $\int_{-\infty}^{+\infty}xf(x)\mathrm{d}x$ 绝对收敛, 则称积分 $\int_{-\infty}^{+\infty}xf(x)\mathrm{d}x$ 的值为随机变量 X 的期望, 记为 $E(X)$, 即

$$E(X)=\int_{-\infty}^{+\infty}xf(x)\mathrm{d}x. \tag{4.1.7}$$

例 4.1.3 设随机变量 X 的概率密度函数为

$$f(x)=\frac{1}{2}\mathrm{e}^{-|x|},\quad -\infty<x<+\infty,$$

求 $E(X)$.

解
$$E(X)=\int_{-\infty}^{+\infty}\frac{1}{2}x\mathrm{e}^{-|x|}\mathrm{d}x=\int_{-\infty}^{0}\frac{1}{2}x\mathrm{e}^{x}\mathrm{d}x+\int_{0}^{+\infty}\frac{1}{2}x\mathrm{e}^{-x}\mathrm{d}x,$$

使用分部积分法, 得到 $E(X)=0$.

下面介绍几种常用连续型随机变量的期望.

1. 均匀分布

设 $X\sim U[a,b]$, 概率密度函数为

$$f(x)=\begin{cases}\dfrac{1}{b-a}, & a\leqslant x\leqslant b,\\ 0, & \text{其他}.\end{cases}$$

$$E(X)=\int_a^b\frac{x}{b-a}\mathrm{d}x=\frac{1}{2}(a+b). \tag{4.1.8}$$

2. 指数分布

设 X 服从参数为 λ 的指数分布, 概率密度函数为

$$f(x)=\begin{cases}\lambda\mathrm{e}^{-\lambda x}, & x\geqslant 0,\\ 0, & x<0,\end{cases}\quad \lambda>0.$$

$$E(X)=\int_0^{+\infty}\lambda x\mathrm{e}^{-\lambda x}\mathrm{d}x=\frac{1}{\lambda}. \tag{4.1.9}$$

例 4.1.4　设某型号电子管的寿命 X 服从指数分布, 其平均寿命为 1000 小时, 计算 $P\{1000<X\leqslant 1200\}$.

解　$E(X)=\dfrac{1}{\lambda}=1000$, $\lambda=\dfrac{1}{1000}$, X 的概率密度函数

$$f(x)=\begin{cases}\dfrac{1}{1000}\mathrm{e}^{-\frac{x}{1000}}, & x\geqslant 0,\\ 0, & x<0.\end{cases}$$

$$\begin{aligned}P\{1000<X\leqslant 1200\}&=\int_{1000}^{1200}f(x)\mathrm{d}x=\int_{1000}^{1200}\frac{1}{1000}\mathrm{e}^{-\frac{x}{1000}}\mathrm{d}x\\&=\mathrm{e}^{-1}-\mathrm{e}^{-1.2}=0.0667.\end{aligned}$$

3. 正态分布

设 $X\sim N(\mu,\sigma^2)$, 概率密度函数为

$$f(x)=\frac{1}{\sqrt{2\pi}\,\sigma}\mathrm{e}^{-\frac{(x-\mu)^2}{2\sigma^2}},\quad -\infty<x<+\infty.$$

$$E(X)=\int_{-\infty}^{+\infty}\frac{x}{\sqrt{2\pi}\,\sigma}\mathrm{e}^{-\frac{(x-\mu)^2}{2\sigma^2}}\mathrm{d}x,$$

作变量代换, 令 $t=\dfrac{x-\mu}{\sigma}$,

$$\int_{-\infty}^{+\infty}\frac{x}{\sqrt{2\pi}\,\sigma}\mathrm{e}^{-\frac{(x-\mu)^2}{2\sigma^2}}\mathrm{d}x=\frac{1}{\sqrt{2\pi}}\int_{-\infty}^{+\infty}(\mu+\sigma t)\mathrm{e}^{-\frac{t^2}{2}}\mathrm{d}t=\mu,$$

从而

$$E(X)=\mu. \tag{4.1.10}$$

这说明, 在正态分布 $N(\mu,\sigma^2)$ 中, 参数 μ 是该分布的期望.

4.1.3　随机变量函数的期望

在实际工作中, 有时我们所面临的问题涉及一个或多个随机变量的函数. 例如, 在一个电子系统中装有三个电子元件, 每个电子元件的使用寿命当然是一个随机变量, 该系统的寿命就是这些随机变量的函数. 如果我们要求电子系统的平均寿命, 就归结为计算随机变量函数的期望.

定理 4.1.1　设 $g(x)$ 是连续函数, Y 是随机变量 X 的函数: $Y=g(X)$.

(1) 设 X 是离散型随机变量, 概率分布为 $P\{X=x_i\}=p_i$, $i=1,2,\cdots$. 若 $\sum\limits_i|g(x_i)|p_i$ 收敛, 则有

$$E(Y)=E[g(X)]=\sum_i g(x_i)p_i\,. \tag{4.1.11}$$

(2) 设 X 是连续型随机变量, 概率密度函数为 $f(x)$, 若积分 $\int_{-\infty}^{+\infty}|g(x)|f(x)\mathrm{d}x$ 收敛, 则有

$$E(Y)=E[g(X)]=\int_{-\infty}^{+\infty}g(x)f(x)\mathrm{d}x. \tag{4.1.12}$$

定理 4.1.1 的证明从略. 但是, 从期望的定义不难解释这个定理结论的正确性. 例如, 对 (4.1.11) 式, 把 $g(X)$ 看成一个新的随机变量, 那么当 X 以概率 p_i 取值 x_i 时, 它以概率 p_i 取值 $g(x_i)$, 因而它的期望当然应该是 $\sum\limits_i g(x_i)p_i$. 对 (4.1.12) 式也一样.

这个定理的重要性在于它提供了计算随机变量 X 的函数 $g(X)$ 的期望的一个简便方法, 不需要先计算 $g(X)$ 的分布, 直接利用 X 的分布. 因为有时候, 求 $g(X)$ 的分布并不是一件容易事.

在这个定理中, 我们给出了求 $g(X)$ 的期望的方法. 但是定理的结论可以容易地推广到两个随机变量函数 $Z=g(X,Y)$ 的情形. 例如, 对离散型情形, 设

$$P\{X=x_i,\ Y=y_j\}=p_{ij},\quad i=1,2,\cdots,\ j=1,2,\cdots,$$

则

$$E(Z)=E[g(X,Y)]=\sum_i\sum_j g(x_i,y_j)p_{ij}, \tag{4.1.13}$$

对连续型情形, 设 $f(x,y)$ 是 (X,Y) 的概率密度函数, 则

$$E(Z)=E[g(X,Y)]=\int_{-\infty}^{+\infty}\int_{-\infty}^{+\infty}g(x,y)f(x,y)\mathrm{d}x\mathrm{d}y. \tag{4.1.14}$$

例 4.1.5 设随机变量 $X\sim N(0,1)$, 求 $E(X^2)$.

解 $f(x)=\dfrac{1}{\sqrt{2\pi}}\mathrm{e}^{-\frac{x^2}{2}},\ -\infty<x<+\infty,$

$$E(X^2)=\int_{-\infty}^{+\infty}x^2\frac{1}{\sqrt{2\pi}}\mathrm{e}^{-\frac{x^2}{2}}\mathrm{d}x=-\frac{1}{\sqrt{2\pi}}\int_{-\infty}^{+\infty}x\mathrm{d}\mathrm{e}^{-\frac{x^2}{2}},$$

分部积分得

$$E(X^2)=\frac{1}{\sqrt{2\pi}}\int_{-\infty}^{+\infty}\mathrm{e}^{-\frac{x^2}{2}}\mathrm{d}x=1.$$

例 4.1.6 设国际市场上对我国某种出口商品的每年需求量是随机变量 X(单位: 吨), 它服从区间 $[2000,4000]$ 上的均匀分布. 每销售出一吨商品, 可为国家赚取外汇 3 万元; 若销售不出, 则每吨商品需贮存费 1 万元. 问应组织多少货源, 才能使国家收益最大?

解 设组织货源 t 吨, 显然应要求 $2000 \leqslant t \leqslant 4000$, 国家收益 Y(单位: 万元) 是 X 的函数 $Y = g(X)$, 表达式为

$$g(X)=\begin{cases} 3t, & X \geqslant t, \\ 4X-t, & X<t. \end{cases}$$

设 X 的概率密度函数为 $f(x)$,

$$f(x)=\begin{cases} \dfrac{1}{2000}, & 2000 \leqslant x \leqslant 4000, \\ 0, & \text{其他}, \end{cases}$$

于是 Y 的期望为

$$\begin{aligned} E(Y) &= \int_{-\infty}^{+\infty} g(x)f(x)\mathrm{d}x = \int_{2000}^{4000} \frac{1}{2000} g(x)\mathrm{d}x \\ &= \frac{1}{2000}\left[\int_{2000}^{t}(4x-t)\mathrm{d}x + \int_{t}^{4000} 3t\mathrm{d}x\right] \\ &= \frac{1}{2000}(-2t^2+14000t-8\times 10^6). \end{aligned}$$

考虑 t 的取值使 $E(Y)$ 达到最大, 易得 $t^* = 3500$, 因此组织 3500 吨商品为好.

例 4.1.7 设二维离散型随机向量 (X, Y) 的概率分布如表 4.1 所示, 求 $Z = X^2 + Y$ 的期望.

解 设 $g(x,y) = x^2 + y$, 则 $g(x,y)$ 的值 $g(1,1) = 2,\ g(1,2) = 3,\ g(2,1) = 5,\ g(2,2) = 6$. 于是

$$\begin{aligned} E(Z) &= 2\times\frac{1}{8} + 3\times\frac{1}{4} + 5\times\frac{1}{2} + 6\times\frac{1}{8} \\ &= \frac{17}{4}. \end{aligned}$$

表 4.1　概率分布

X \ Y	1	2
1	$\frac{1}{8}$	$\frac{1}{4}$
2	$\frac{1}{2}$	$\frac{1}{8}$

例 4.1.8 设随机变量 X 与 Y 相互独立, 概率密度函数分别为

$$f_X(x)=\begin{cases} 4\mathrm{e}^{-4x}, & x\geqslant 0, \\ 0, & x<0, \end{cases} \qquad f_Y(y)=\begin{cases} 2\mathrm{e}^{-2y}, & y\geqslant 0, \\ 0, & y<0, \end{cases}$$

求 $E(XY)$.

解 (X, Y) 的概率密度函数为

$$f(x,y) = f_X(x)f_Y(y) = \begin{cases} 8\mathrm{e}^{-4x-2y}, & x\geqslant 0,\ y\geqslant 0, \\ 0, & \text{其他}. \end{cases}$$

于是

$$E(XY)=\int_0^{+\infty}\int_0^{+\infty}8xy\mathrm{e}^{-4x-2y}\mathrm{d}x\mathrm{d}y$$
$$=8\left(\int_0^{+\infty}x\mathrm{e}^{-4x}\mathrm{d}x\right)\left(\int_0^{+\infty}y\mathrm{e}^{-2y}\mathrm{d}y\right)=\frac{1}{8}.$$

4.1.4 期望的性质

期望具有以下四条重要性质 (设所遇到的随机变量的期望都存在).

1. 设 c 是常数, 则

$$E(c)=c. \tag{4.1.15}$$

证 对常数 c, 看作离散型随机变量, 它只取一个可能值 c, 概率为 1, 因此

$$E(c)=c\times 1=c.$$

2. 设 k 是常数, 则

$$E(kX)=kE(X). \tag{4.1.16}$$

证 $k=0$ 时, 显然成立. $k\neq 0$ 时, 设 X 是离散型随机变量, 概率分布为 $P\{X=x_i\}=p_i,\ i=1,2,\cdots$. 令 $Y=kX$, 使用 (4.1.11) 式，有

$$E(kX)=\sum_i kx_ip_i=k\sum_i x_ip_i=kE(X).$$

设 X 是连续型随机变量, 概率密度函数为 $f(x)$, $Y=kX$, 使用 (4.1.12) 式, 有

$$E(kX)=\int_{-\infty}^{+\infty}kxf(x)\mathrm{d}x=k\int_{-\infty}^{+\infty}xf(x)\mathrm{d}x=kE(X).$$

3. $E(X+Y)=E(X)+E(Y)$. (4.1.17)

证 设二维离散型随机向量 (X,Y) 的概率分布为

$$P\{X=x_i,\ Y=y_j\}=p_{ij},\quad i=1,2,\cdots,\ j=1,2,\cdots,$$

令 $Z=X+Y$, 使用 (4.1.13) 式, 有

$$E(X+Y)=\sum_i\sum_j(x_i+y_j)p_{ij}=\sum_i\sum_j x_ip_{ij}+\sum_i\sum_j y_jp_{ij}$$
$$=E(X)+E(Y).$$

设 (X,Y) 是二维连续型随机向量, 概率密度函数为 $f(x,y)$, 令 $Z=X+Y$, 使用 (4.1.14) 式, 有

$$\begin{aligned}E(X+Y)&=\int_{-\infty}^{+\infty}\int_{-\infty}^{+\infty}(x+y)f(x,y)\mathrm{d}x\mathrm{d}y\\&=\int_{-\infty}^{+\infty}\int_{-\infty}^{+\infty}xf(x,y)\mathrm{d}x\mathrm{d}y+\int_{-\infty}^{+\infty}\int_{-\infty}^{+\infty}yf(x,y)\mathrm{d}x\mathrm{d}y\\&=E(X)+E(Y).\end{aligned}$$

推论 $E(X_1+X_2+\cdots+X_n)=E(X_1)+E(X_2)+\cdots+E(X_n).$ (4.1.18)

4. 设 X 与 Y 相互独立, 则

$$E(XY)=E(X)E(Y). \tag{4.1.19}$$

证 设二维离散型随机向量 (X,Y) 的概率分布为

$$P\{X=x_i,\ Y=y_j\}=p_{ij},\quad i=1,2,\cdots,\ j=1,2,\cdots,$$

X 和 Y 的边缘概率分布分别为 $P\{X=x_i\}=p_{i\cdot}$, $i=1,2,\cdots$ 和 $P\{Y=y_j\}=p_{\cdot j}$, $j=1,2,\cdots$. 由于 X 与 Y 相互独立, 有 $p_{ij}=p_{i\cdot}p_{\cdot j}$, $i=1,2,\cdots$, $j=1,2,\cdots$. 令 $Z=XY$, 使用 (4.1.13) 式, 有

$$\begin{aligned}E(XY)&=\sum_i\sum_j x_iy_jp_{ij}=\sum_i\sum_j x_iy_jp_{i\cdot}p_{\cdot j}\\&=\Big(\sum_i x_ip_{i\cdot}\Big)\Big(\sum_j y_jp_{\cdot j}\Big)=E(X)E(Y).\end{aligned}$$

设二维连续型随机向量 (X,Y) 的概率密度函数为 $f(x,y)$, X 和 Y 的边缘概率密度分别为 $f_X(x)$ 和 $f_Y(y)$. 由于 X 与 Y 相互独立, 有 $f(x,y)=f_X(x)f_Y(y)$. 令 $Z=XY$, 由 (4.1.14) 式, 有

$$\begin{aligned}E(XY)&=\int_{-\infty}^{+\infty}\int_{-\infty}^{+\infty}xyf(x,y)\mathrm{d}x\mathrm{d}y=\int_{-\infty}^{+\infty}\int_{-\infty}^{+\infty}xyf_X(x)f_Y(y)\mathrm{d}x\mathrm{d}y\\&=\left(\int_{-\infty}^{+\infty}xf_X(x)\mathrm{d}x\right)\left(\int_{-\infty}^{+\infty}yf_Y(y)\mathrm{d}y\right)=E(X)E(Y).\end{aligned}$$

推论 设 $X_1,X_2,\cdots,X_n$ 相互独立, 则

$$E(X_1X_2\cdots X_n)=E(X_1)E(X_2)\cdots E(X_n). \tag{4.1.20}$$

例 4.1.9 对例 4.1.8 中的随机变量 X 和 Y, 使用期望的性质求 $E(X+Y)$ 和 $E(XY)$.

解　易知 X 服从参数为 4 的指数分布, Y 服从参数为 2 的指数分布, 因此

$$E(X)=\frac{1}{4},\ E(Y)=\frac{1}{2},$$

$$E(X+Y)=E(X)+E(Y)=\frac{3}{4},\ E(XY)=E(X)E(Y)=\frac{1}{8}.$$

例 4.1.10　将 n 个球放入 M 个盒子中, 设每个球落入各个盒子是等可能的, 求有球的盒子数 X 的期望.

解　引入随机变量

$$X_i=\begin{cases}1, & \text{第}i\text{个盒子中有球},\\ 0, & \text{第}i\text{个盒子中无球},\end{cases}\qquad i=1,2,\cdots,M,$$

则 $X=X_1+X_2+\cdots+X_M$, 于是 $E(X)=E(X_1)+E(X_2)+\cdots+E(X_M)$. 现在问题归结为求 $E(X_i)$.

每个随机变量 X_i 都服从两点分布. 由于每个球落入每个盒子是等可能的, 均为 $\frac{1}{M}$, 则对第 i 个盒子, 一个球不落入这个盒子内的概率为 $1-\frac{1}{M}$, n 个球都不落入这个盒子内的概率为 $\left(1-\frac{1}{M}\right)^n$, 即

$$P\{X_i=0\}=\left(1-\frac{1}{M}\right)^n,\ \ i=1,2,\cdots,M.$$

从而

$$P\{X_i=1\}=1-\left(1-\frac{1}{M}\right)^n,\quad i=1,2,\cdots,M,$$

$$E(X_i)=1-\left(1-\frac{1}{M}\right)^n,\ \ i=1,2,\cdots,M,$$

$$E(X)=M\left[1-\left(1-\frac{1}{M}\right)^n\right].$$

这个例子有丰富的实际背景, 例如, 把 M 个“盒子”看成 M 个“银行自动取款机”, n 个“球”看成 n 个“取款人”. 假定每个人到哪个取款机取款是随机的, 那么 $E(X)$ 就是处于服务状态的取款机的平均个数 (当然, 有的取款机前可能有几个人排队等待取款).

4.2　方　　差

4.2.1　定义

在本章开始, 我们就已经指出, 方差是随机变量的又一重要的数字特征, 它刻画了随机变量取值在其中心位置附近的分散程度, 也就是随机变量取值与平均值的偏离

程度. 设随机变量 X 的期望为 $E(X)$, 偏离量 $X-E(X)$ 本身也是随机的, 为刻画偏离程度的大小, 不能使用 $X-E(X)$ 的期望, 因为其值为零, 即正负偏离彼此抵消了. 为避免正负偏离彼此抵消, 可以使用 $E[|X-E(X)|]$ 作为描述 X 取值分散程度的数字特征, 称之为 X 的平均绝对差. 由于在数学上绝对值的处理很不方便, 因此常用 $[X-E(X)]^2$ 的平均值度量 X 与 $E(X)$ 的偏离程度, 这个平均值就是方差.

定义 4.2.1 设 X 为一随机变量, 如果 $E\{[X-E(X)]^2\}$ 存在, 则称之为 X 的方差, 记为 $\mathrm{Var}(X)$, 即

$$\mathrm{Var}(X)=E\{[X-E(X)]^2\}, \tag{4.2.1}$$

并称 $\sqrt{\mathrm{Var}(X)}$ 为 X 的标准差.

有时也使用 $D(X)$ 表示 X 的方差.

注意到 $\mathrm{Var}(X)$ 是 X 的函数 $[X-E(X)]^2$ 的期望, 取 $g(X)=[X-E(X)]^2$, 利用定理 4.1.1 就可以方便地计算 $\mathrm{Var}(X)$. 例如对离散型随机变量 X, 若其概率分布为 $P\{X=x_i\}=p_i,\ i=1,2,\cdots$, 则有

$$\mathrm{Var}(X)=\sum_i [x_i-E(X)]^2 p_i. \tag{4.2.2}$$

对连续型随机变量 X, 若其概率密度函数为 $f(x)$, 则有

$$\mathrm{Var}(X)=\int_{-\infty}^{+\infty}[x-E(X)]^2 f(x)\mathrm{d}x. \tag{4.2.3}$$

还有一个计算方差的重要公式. 使用期望的几条性质, 有

$$\begin{aligned}E\{[X-E(X)]^2\}&=E\{X^2-2XE(X)+[E(X)]^2\}\\&=E(X^2)-2E(X)E(X)+[E(X)]^2\\&=E(X^2)-[E(X)]^2,\end{aligned}$$

即

$$\mathrm{Var}(X)=E(X^2)-[E(X)]^2. \tag{4.2.4}$$

这是计算方差的常用公式, 它把计算方差归结为计算两个期望 $E(X^2)$ 和 $E(X)$.

例 4.2.1 设离散型随机变量 X 的概率分布是 $P\{X=0\}=0.2,\ P\{X=1\}=0.5,\ P\{X=2\}=0.3$, 求 $\mathrm{Var}(X)$.

解

$$\begin{aligned}E(X)&=0\times0.2+1\times0.5+2\times0.3=1.1,\\E(X^2)&=0^2\times0.2+1^2\times0.5+2^2\times0.3=1.7,\\\mathrm{Var}(X)&=1.7-1.1^2=0.49.\end{aligned}$$

例 4.2.2　设连续型随机变量 X 的概率密度函数为

$$f(x)=\begin{cases} 2x, & 0\leqslant x\leqslant 1,\\ 0, & \text{其他}, \end{cases}$$

求 $\mathrm{Var}(X)$.

解

$$E(X)=\int_0^1 2x^2\mathrm{d}x=\frac{2}{3},\quad E(X^2)=\int_0^1 2x^3\mathrm{d}x=\frac{1}{2},$$

$$\mathrm{Var}(X)=\frac{1}{2}-\left(\frac{2}{3}\right)^2=\frac{1}{18}.$$

例 4.2.3　设 X 为一加油站在一天开始时储存的油量, Y 为一天中卖出的油量, 当然 $Y\leqslant X$. 设 (X,Y) 具有概率密度函数

$$f(x,y)=\begin{cases} 3x, & 0\leqslant y< x\leqslant 1,\\ 0, & \text{其他}, \end{cases}$$

这里 1 表示 1 个容积单位, 求 $E(Y)$ 和 $\mathrm{Var}(Y)$.

解 1　先求 Y 的边缘概率密度

$$f_Y(y)=\begin{cases} \dfrac{3}{2}(1-y^2), & 0\leqslant y\leqslant 1,\\ 0, & \text{其他}. \end{cases}$$

于是

$$E(Y)=\int_0^1 y\times\frac{3}{2}(1-y^2)\mathrm{d}y=\frac{3}{8},\quad E(Y^2)=\int_0^1 y^2\times\frac{3}{2}(1-y^2)\mathrm{d}y=\frac{1}{5},$$

$$\mathrm{Var}(Y)=\frac{1}{5}-\left(\frac{3}{8}\right)^2=0.0594.$$

解 2　使用随机变量函数的期望公式, 直接使用 $f(x,y)$ 计算 $E(Y)$ 和 $\mathrm{Var}(Y)$.

$$E(Y)=\int_{-\infty}^{+\infty}\int_{-\infty}^{+\infty} yf(x,y)\mathrm{d}x\mathrm{d}y=\int_0^1\mathrm{d}x\int_0^x 3xy\mathrm{d}y=\frac{3}{8},$$

$$\begin{aligned}\mathrm{Var}(Y)&=E\{[Y-E(Y)]^2\}=\int_{-\infty}^{+\infty}\int_{-\infty}^{+\infty}\left(y-\frac{3}{8}\right)^2 f(x,y)\mathrm{d}x\mathrm{d}y\\ &=\int_0^1\mathrm{d}x\int_0^x 3x\left(y-\frac{3}{8}\right)^2\mathrm{d}y=0.0594.\end{aligned}$$

4.2.2　方差的性质

方差具有以下三条重要性质 (设所遇到的随机变量的方差均存在).

1. 设 c 为常数, 则

$$\mathrm{Var}(c)=0, \tag{4.2.5}$$

$$\mathrm{Var}(X+c)=\mathrm{Var}(\mathrm{X}). \tag{4.2.6}$$

证　$\mathrm{Var}(c)=E\{[c-E(c)]^2\}=0,$

$$\mathrm{Var}(X+c)=E\{[(X+c)-E(X+c)]^2\}=E\{[X-E(X)]^2\}=\mathrm{Var}(X).$$

(4.2.5) 式表明, 常数的方差等于零. 这个事实直观上容易理解, 因为方差刻画了随机变量取值围绕其均值的波动情况, 作为特殊随机变量的常数, 其波动为零, 自然它的方差就是零.

2. 设 k 为常数, 则

$$\mathrm{Var}(kX)=k^2\mathrm{Var}(X). \tag{4.2.7}$$

证　$\mathrm{Var}(kX)=E\{[kX-E(kX)]^2\}=k^2E\{[X-E(X)]^2\}=k^2\mathrm{Var}(X).$

3. 设 X 与 Y 相互独立, 则

$$\mathrm{Var}(X+Y)=\mathrm{Var}(X)+\mathrm{Var}(Y). \tag{4.2.8}$$

证

$$\begin{aligned}&\mathrm{Var}(X+Y)\\&=E\{[(X+Y)-E(X+Y)]^2\}\\&=E\{[(X-E(X))+(Y-E(Y))]^2\}\\&=E\{[X-E(X)]^2+[Y-E(Y)]^2+2[X-E(X)][Y-E(Y)]\}\\&=\mathrm{Var}(X)+\mathrm{Var}(Y)+2E\{[X-E(X)][Y-E(Y)]\},\end{aligned} \tag{4.2.9}$$

由于 X 与 Y 相互独立, 从而 $X-E(X)$ 与 $Y-E(Y)$ 相互独立, $E\{[X-E(X)]\cdot[Y-E(Y)]\}=0$, 得到 (4.2.8) 式.

推论　设 $X_1,X_2,\cdots,X_n$ 相互独立, 则

$$\mathrm{Var}(X_1+X_2+\cdots+X_n)=\mathrm{Var}(X_1)+\mathrm{Var}(X_2)+\cdots+\mathrm{Var}(X_n). \tag{4.2.10}$$

例 4.2.4　设随机变量 X 的期望和方差分别为 $E(X)$ 和 $\mathrm{Var}(X)$, 且 $\mathrm{Var}(X)>0$, 求 $Y=\dfrac{X-E(X)}{\sqrt{\mathrm{Var}(X)}}$ 的期望和方差.

解　$E(Y)=\dfrac{E[X-E(X)]}{\sqrt{\mathrm{Var}(X)}}=0,\quad \mathrm{Var}(Y)=\dfrac{\mathrm{Var}[X-E(X)]}{\mathrm{Var}(X)}=1.$

这里称 $Y=\dfrac{X-E(X)}{\sqrt{\mathrm{Var}(X)}}$ 为 X 的标准化的随机变量.

4.2.3　几种常用随机变量的方差

1. 两点分布

设 X 服从参数为 p 的两点分布, 由 (4.1.4) 式知 $E(X)=p$, 而

$$E(X^2)=1^2\times p+0^2\times(1-p)=p,$$

从而

$$\mathrm{Var}(X)=p-p^2=p(1-p). \tag{4.2.11}$$

例 4.2.5　一台设备由三个部件构成, 在设备运转中各部件需要调整的概率分别为 0.01, 0.02, 0.03. 设各部件的状态相互独立, 用 X 表示同时需要调整的部件数, 求 $E(X)$ 和 $\mathrm{Var}(X)$.

解　设

$$X_i=\begin{cases}1, & \text{部件}\,i\,\text{需要调整},\\ 0, & \text{部件}\,i\,\text{不需要调整},\end{cases}\qquad i=1,2,3,$$

则 X_1,X_2,X_3 相互独立, 并且 $X=X_1+X_2+X_3$. 显然 $X_1\sim B(1,0.01)$, $X_2\sim B(1,0.02)$, $X_3\sim B(1,0.03)$. 于是

$$\begin{aligned}E(X)&=E(X_1)+E(X_2)+E(X_3)=0.01+0.02+0.03=0.06,\\ \mathrm{Var}(X)&=\mathrm{Var}(X_1)+\mathrm{Var}(X_2)+\mathrm{Var}(X_3)\\ &=0.01\times0.99+0.02\times0.98+0.03\times0.97=0.0586.\end{aligned}$$

2. 二项分布

设 $X\sim B(n,p)$, 在 2.2 节中曾指出, X 可以表示成 n 个相互独立的服从两点分布的随机变量之和:

$$X=X_1+X_2+\cdots+X_n,$$

其中 $X_i\sim B(1,p)$. 由 (4.2.10) 和 (4.2.11) 式可得

$$\mathrm{Var}(X)=\mathrm{Var}(X_1)+\mathrm{Var}(X_2)+\cdots+\mathrm{Var}(X_n)=np(1-p). \tag{4.2.12}$$

这种方法比直接计算 $\mathrm{Var}(X)$ 要简单.

3. 泊松分布

设 $X\sim P(\lambda)$, 由 (4.1.6) 式知 $E(X)=\lambda$, 而

$$E(X^2)=\sum_{k=0}^{\infty}k^2\frac{\lambda^k}{k!}\mathrm{e}^{-\lambda}$$

$$=\sum_{k=1}^{\infty}k\frac{\lambda^k}{(k-1)!}\mathrm{e}^{-\lambda}=\sum_{k=1}^{\infty}[(k-1)+1]\frac{\lambda^k}{(k-1)!}\mathrm{e}^{-\lambda}$$

$$=\sum_{k=2}^{\infty}\frac{\lambda^k}{(k-2)!}\mathrm{e}^{-\lambda}+\sum_{k=1}^{\infty}\frac{\lambda^k}{(k-1)!}\mathrm{e}^{-\lambda}.$$

注意到在计算 $E(X)$ 的过程中, 有 $\sum\limits_{k=1}^{\infty}\frac{\lambda^k}{(k-1)!}\mathrm{e}^{-\lambda}=\lambda$, 而

$$\sum_{k=2}^{\infty}\frac{\lambda^k}{(k-2)!}\mathrm{e}^{-\lambda}=\lambda^2\mathrm{e}^{-\lambda}\sum_{k=2}^{\infty}\frac{\lambda^{k-2}}{(k-2)!}=\lambda^2\mathrm{e}^{-\lambda}\mathrm{e}^{\lambda}=\lambda^2,$$

从而 $E(X^2)=\lambda^2+\lambda$,

$$\mathrm{Var}(X)=\lambda. \tag{4.2.13}$$

结合 (4.1.6) 式, 我们看到, 在泊松分布 $P(\lambda)$ 中, 它的唯一参数 λ 即是期望, 又是方差.

4. **均匀分布**

设 $X\sim U[a,b]$, 由 (4.1.8) 式知 $E(X)=\frac{1}{2}(a+b)$, 而

$$E(X^2)=\int_a^b\frac{x^2}{b-a}\mathrm{d}x=\frac{1}{3}(a^2+ab+b^2),$$

从而

$$\mathrm{Var}(X)=\frac{1}{12}(b-a)^2. \tag{4.2.14}$$

5. **指数分布**

设 X 服从参数为 λ 的指数分布, 由 (4.1.9) 式知 $E(X)=\frac{1}{\lambda}$, 而

$$E(X^2)=\lambda\int_0^{+\infty}x^2\mathrm{e}^{-\lambda x}\mathrm{d}x=\frac{2}{\lambda^2},$$

从而

$$\mathrm{Var}(X)=\frac{1}{\lambda^2}. \tag{4.2.15}$$

6. **正态分布**

设 $X\sim N(\mu,\sigma^2)$, 由 (4.1.10) 式知 $E(X)=\mu$, 而

$$E(X^2)=\frac{1}{\sqrt{2\pi}\,\sigma}\int_{-\infty}^{+\infty}x^2\mathrm{e}^{-\frac{(x-\mu)^2}{2\sigma^2}}\mathrm{d}x,$$

作变量代换 $t=\dfrac{x-\mu}{\sigma}$, 并利用分部积分法, 易得 $E(X^2)=\sigma^2+\mu^2$, 从而

$$\operatorname{Var}(X)=\sigma^2. \tag{4.2.16}$$

到现在, 我们清楚了正态分布 $N(\mu,\sigma^2)$ 的两个参数的意义, 即 μ 是期望, σ^2 是方差. 一个正态分布由这两个参数完全确定.

由例 4.2.4 可知, 若 $X\sim N(\mu,\sigma^2)$, 则 $Y=\dfrac{X-\mu}{\sigma}$ 是 X 的标准化的随机变量, 并且由例 2.4.5 知 $Y\sim N(0,1)$.

例 4.2.6　设 $X\sim N(\mu,\sigma^2)$, 计算

(1) $P\{\mu-\sigma<X<\mu+\sigma\}$;

(2) $P\{\mu-2\sigma<X<\mu+2\sigma\}$;

(3) $P\{\mu-3\sigma<X<\mu+3\sigma\}$.

解　(1) 由 (2.3.14) 式, 得到

$$P\{\mu-\sigma<X<\mu+\sigma\}=\Phi(1)-\Phi(-1)=2\Phi(1)-1=0.6826;$$

(2) $P\{\mu-2\sigma<X<\mu+2\sigma\}=\Phi(2)-\Phi(-2)=2\Phi(2)-1=0.9544$;

(3) $P\{\mu-3\sigma<X<\mu+3\sigma\}=\Phi(3)-\Phi(-3)=2\Phi(3)-1=0.9974$.

例 4.2.6 的计算结果表明, 服从正态分布 $N(\mu,\sigma^2)$ 的随机变量 X 取值于区间 $(\mu-2\sigma,\ \mu+2\sigma)$ 之内的概率为 95% 以上, 而取值于区间 $(\mu-3\sigma,\ \mu+3\sigma)$ 之外的概率则不到 0.3%, 见图 4.1. 这些结果是现代工业产品质量监控方法的理论基础.

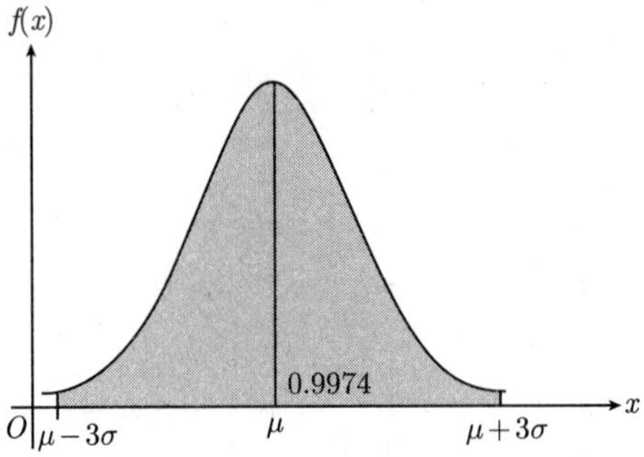

图 4.1　正态分布在 $(\mu-3\sigma,\ \mu+3\sigma)$ 内取值的概率

4.3　协方差与相关系数

对于二维随机向量 (X,Y), 除了它的分量 X 和 Y 的期望和方差以外, 还有一些数字特征, 用以刻画 X 与 Y 之间的相关程度, 其中最主要的就是本节要讨论的协方差和相关系数.

4.3.1 协方差

定义 4.3.1 称 $E\{[X-E(X)][Y-E(Y)]\}$ 为 X 与 Y 的协方差, 记为 $\mathrm{Cov}(X,Y)$, 即

$$\mathrm{Cov}(X,Y)=E\{[X-E(X)][Y-E(Y)]\}. \tag{4.3.1}$$

协方差可以帮助我们了解两个随机变量之间的关系. 若 X 取值比较大时 (如 X 大于其期望 $E(X)$), Y 也取值比较大 (也大于它的期望 $E(Y)$), 这时 $[X-E(X)][Y-E(Y)]>0$; 同时，X 取值比较小时 (如 X 小于 $E(X)$), Y 也取值比较小 (也小于 $E(Y)$), 这时也有 $[X-E(X)][Y-E(Y)]>0$, 这样就有协方差 $\mathrm{Cov}(X,Y)>0$. 可见正的协方差表示两个随机变量倾向于同时取较大值或同时取较小值. 反过来, 若 X 取值比较小时, Y 取值反而比较大, 或当 X 取值比较大时, Y 取值反而较小, 则可能有 $\mathrm{Cov}(X,Y)<0$, 于是负的协方差反映了两个随机变量有相反方向变化的趋势. 这里需要说明的是, 协方差定义为 $[X-E(X)][Y-E(Y)]$ 的期望, 因此, 我们上面说的两个随机变量的变化趋势是在平均意义上而言的.

协方差具有以下四条性质:

1. $\mathrm{Cov}(X,Y)=\mathrm{Cov}(Y,X)$.

这就是说, X 与 Y 的协方差等于 Y 与 X 的协方差, 它与 X,Y 的次序无关.

2. 设 a,b,c,d 是常数, 则

$$\mathrm{Cov}(aX+b,\,cY+d)=ac\mathrm{Cov}(X,Y).$$

3. $\mathrm{Cov}(X_1+X_2,Y)=\mathrm{Cov}(X_1,Y)+\mathrm{Cov}(X_2,Y)$.

4. $\mathrm{Cov}(X,Y)=E(XY)-E(X)E(Y),$ (4.3.2)

当 X 与 Y 相互独立时, $\mathrm{Cov}(X,Y)=0$.

上述性质的证明都很简单.

由 (4.2.9) 式可知, 对任意 X,Y,

$$\mathrm{Var}(X+Y)=\mathrm{Var}(X)+\mathrm{Var}(Y)+2\mathrm{Cov}(X,Y). \tag{4.3.3}$$

关于协方差, 还有以下重要性质.

定理 4.3.1 记 $\mathrm{Var}(X)=\sigma_1^2,\ \mathrm{Var}(Y)=\sigma_2^2$, 则

$$[\mathrm{Cov}(X,Y)]^2\leqslant\sigma_1^2\sigma_2^2, \tag{4.3.4}$$

等号成立当且仅当 X 与 Y 之间有线性关系, 即存在常数 a 和 b, 使 $Y=aX+b$①.

证 对任意实数 t, 有

$$E\{(t[X-E(X)]+[Y-E(Y)])^2\}=t^2\sigma_1^2+2t\mathrm{Cov}(X,Y)+\sigma_2^2\geqslant0,$$

① 严格地讲，应该是存在常数 a 和 b，使得 $Y=aX+b$ 成立的概率等于 1.

将 $t^2\sigma_1^2+2t\mathrm{Cov}(X,Y)+\sigma_2^2$ 视为关于 t 的二次函数, 取值非负, 必有判别式

$$4[\mathrm{Cov}(X,Y)]^2-4\sigma_1^2\sigma_2^2\leqslant 0,$$

即 (4.3.4) 式成立.

现设 (4.3.4) 式等号成立, 则

$$E\{(t[X-E(X)]+[Y-E(Y)])^2\}=(\sigma_1 t\pm\sigma_2)^2,$$

其中 $\pm$ 号视 $\mathrm{Cov}(X,Y)>0$ 或 <0 而定. 不妨设 $\mathrm{Cov}(X,Y)>0$, 则上式右端为 $(\sigma_1 t+\sigma_2)^2$. 当 $t=t_0=-\dfrac{\sigma_2}{\sigma_1}$ $(\sigma_1>0,\ \sigma_2>0)$ 时, 有

$$E\{(t_0[X-E(X)]+[Y-E(Y)])^2\}=0.$$

由于 $(t_0[X-E(X)]+[Y-E(Y)])^2\geqslant 0$, 其期望为零, 则

$$t_0[X-E(X)]+[Y-E(Y)]=0,$$

因此 X 与 Y 之间有线性关系.

反之, 若 X 与 Y 之间有线性关系 $Y=aX+b$, 则 $\sigma_2^2=\mathrm{Var}(Y)=\mathrm{Var}(aX+b)=a^2\sigma_1^2$, $E(Y)=aE(X)+b$, $Y-E(Y)=a[X-E(X)]$,

$$\mathrm{Cov}(X,Y)=E\{a[X-E(X)]^2\}=a\sigma_1^2,$$

$$[\mathrm{Cov}(X,Y)]^2=a^2\sigma_1^4=\sigma_1^2\sigma_2^2.$$

定理证毕.

有了定理 4.3.1 的结论, 我们就可以引进另一个度量随机变量关系的数字特征 —— 相关系数.

4.3.2 相关系数

定义 4.3.2 若 $\mathrm{Var}(X)>0$, $\mathrm{Var}(Y)>0$, 则称 $\dfrac{\mathrm{Cov}(X,Y)}{\sqrt{\mathrm{Var}(X)\mathrm{Var}(Y)}}$ 为 X 与 Y 的相关系数, 记为 ρ_{XY}, 即

$$\rho_{XY}=\frac{\mathrm{Cov}(X,Y)}{\sqrt{\mathrm{Var}(X)\mathrm{Var}(Y)}}. \tag{4.3.5}$$

相关系数 ρ_{XY} 与协方差 $\mathrm{Cov}(X,Y)$ 之间相差一个倍数, 相关系数是标准尺度下的协方差. 协方差依赖于 X 与 Y 的度量单位，如果将 X 与 Y 分别除以各自的标准差 $\sqrt{\mathrm{Var}(X)}$ 和 $\sqrt{\mathrm{Var}(Y)}$ 再求协方差, 就得到相关系数. 这样能更好地反映 X 与 Y 之间的关系, 而不受所用的度量单位的影响.

当 X 与 Y 相互独立时, $\mathrm{Cov}(X,Y)=0$, 于是 $\rho_{XY}=0$. 但是, 当 $\mathrm{Cov}(X,Y)=0$, 即 $\rho_{XY}=0$ 时, 并不能保证 X 与 Y 相互独立.

例 4.3.1 设二维连续型随机向量 (X,Y) 服从单位圆域 $D=\{(x,y):\ x^2+y^2\leqslant 1\}$ 上的均匀分布, 即概率密度函数为

$$f(x,y)=\begin{cases}\dfrac{1}{\pi}, & x^2+y^2\leqslant 1,\\ 0, & x^2+y^2>1,\end{cases}$$

求 ρ_{XY}.

解 先计算 $E(X)$, 由 (4.1.14) 式有

$$E(X)=\iint_D \frac{x}{\pi}\mathrm{d}x\mathrm{d}y=\frac{1}{\pi}\int_{-1}^{1}\left(\int_{-\sqrt{1-y^2}}^{\sqrt{1-y^2}}x\mathrm{d}x\right)\mathrm{d}y=0,$$

上式中括号内的积分的被积函数为奇函数, 于是它在关于原点对称的区间上的积分等于零. 再由 (4.1.14) 式计算

$$\mathrm{Var}(X)=\iint_D \frac{x^2}{\pi}\mathrm{d}x\mathrm{d}y=\frac{1}{\pi}\int_{-1}^{1}\left(\int_{-\sqrt{1-y^2}}^{\sqrt{1-y^2}}x^2\mathrm{d}x\right)\mathrm{d}y=\frac{1}{4}.$$

由 X 与 Y 的对称性, 知 $E(Y)=0,\ \mathrm{Var}(Y)=\dfrac{1}{4}$. 于是

$$\mathrm{Cov}(X,Y)=E(XY)=\iint_D \frac{xy}{\pi}\mathrm{d}x\mathrm{d}y=\frac{1}{\pi}\int_{-1}^{1}\left(\int_{-\sqrt{1-y^2}}^{\sqrt{1-y^2}}xy\mathrm{d}x\right)\mathrm{d}y=0.$$

从而 $\rho_{XY}=0$.

由例 3.6.2 知, X 与 Y 不相互独立. 因此, 由 $\rho_{XY}=0$, 不一定有 X 与 Y 相互独立.

例 4.3.2 设二维随机向量 $(X,Y)\sim N(\mu_1,\mu_2,\sigma_1^2,\sigma_2^2,\rho)$, 求 ρ_{XY}.

解 由例 3.4.4 可知 $E(X)=\mu_1,\ E(Y)=\mu_2,\ \mathrm{Var}(X)=\sigma_1^2,\ \mathrm{Var}(Y)=\sigma_2^2$,

$$\mathrm{Cov}(X,Y)=\int_{-\infty}^{+\infty}\int_{-\infty}^{+\infty}(x-\mu_1)(y-\mu_2)f(x,y)\mathrm{d}x\mathrm{d}y,$$

这里 $f(x,y)$ 是 (X,Y) 的概率密度函数. 类似于等式 $\displaystyle\int_{-\infty}^{+\infty}\int_{-\infty}^{+\infty}f(x,y)\mathrm{d}x\mathrm{d}y=1$ 的证明, 作变量代换, $u_1=\dfrac{x-\mu_1}{\sigma_1},\ u_2=\dfrac{y-\mu_2}{\sigma_2}$, 则

$$\begin{aligned}\mathrm{Cov}(X,Y)&=\frac{\sigma_1\sigma_2}{2\pi\sqrt{1-\rho^2}}\int_{-\infty}^{+\infty}\int_{-\infty}^{+\infty}u_1u_2\mathrm{e}^{-\frac{u_1^2-2\rho u_1u_2+u_2^2}{2(1-\rho^2)}}\mathrm{d}u_1\mathrm{d}u_2\\&=\frac{\sigma_1\sigma_2}{2\pi\sqrt{1-\rho^2}}\int_{-\infty}^{+\infty}\int_{-\infty}^{+\infty}u_1u_2\mathrm{e}^{-\frac{1}{2}\left[\frac{(u_1-\rho u_2)^2}{1-\rho^2}+u_2^2\right]}\mathrm{d}u_1\mathrm{d}u_2,\end{aligned}$$

再作变量代换, $t_1 = \dfrac{u_1 - \rho u_2}{\sqrt{1-\rho^2}}$, $t_2 = u_2$, 则

$$\mathrm{Cov}(X,Y) = \frac{\sigma_1\sigma_2\rho}{2\pi}\int_{-\infty}^{+\infty}\int_{-\infty}^{+\infty} t_2^2 \mathrm{e}^{-\frac{1}{2}(t_1^2+t_2^2)}\mathrm{d}t_1\mathrm{d}t_2 = \sigma_1\sigma_2\rho,$$

于是

$$\rho_{XY} = \rho. \tag{4.3.6}$$

这样, 结合例 3.6.3, 对于二维正态随机向量 (X,Y), X 与 Y 相互独立的充分必要条件是 $\rho_{XY}=0$.

由定理 4.3.1 直接得到相关系数的如下重要性质.

定理 4.3.2

$$|\rho_{XY}| \leqslant 1, \tag{4.3.7}$$

当且仅当 X 与 Y 之间有线性关系时等号成立.

定义 4.3.3　若 X 与 Y 的相关系数 $\rho_{XY}=0$, 则称 X 与 Y 互不相关.

相关系数 ρ_{XY} 刻画了 X 与 Y 之间线性关系的程度. 若 $|\rho_{XY}|=1$, X 与 Y 之间有线性关系 $Y=aX+b$. 还可以从理论上保证, 当 $0<|\rho_{XY}|<1$ 时, 若 $|\rho_{XY}|$ 较大, 表明 X 与 Y 之间线性关系的联系较好, $|\rho_{XY}|$ 越接近于 1, 这种联系越好; 若 $|\rho_{XY}|$ 较小, 表明 X 与 Y 之间线性关系的联系较差, $|\rho_{XY}|$ 越接近于 0, 这种联系越差. 特别, 若 $\rho_{XY}=0$, X 与 Y 之间不存在线性关系.

当 $\rho_{XY}=0$ 时, X 与 Y 互不相关只是指 X 与 Y 之间没有线性关系, 但这时 X 与 Y 之间可能有某种别的函数关系, 因此, 不能保证 X 与 Y 相互独立. 当然, 对二维正态随机向量 (X,Y) 来说, X 与 Y 互不相关同 X 与 Y 相互独立是等价的, 见例 4.3.2 后的说明.

关于 ρ_{XY} 的符号: 当 $\rho_{XY}>0$ 时, 称 X 与 Y 是正相关的; 反之, 当 $\rho_{XY}<0$ 时, 称 X 与 Y 是负相关的. 因为相关系数和协方差具有相同的符号, 因此, 前面关于协方差的符号意义的讨论可以移到这里. 即正相关表示两个随机变量有同时增加或同时减少的变化趋势, 而负相关表示两个随机变量有相反的变化趋势.

4.4　矩与协方差矩阵

4.4.1　矩

矩包括原点矩和中心矩, 它们在数理统计中有重要的应用. 前面介绍的随机变量的期望和方差都是矩的特例.

定义 4.4.1　对随机变量 X, 若 $E(X^k)$ 存在, 则称它为 X 的 k 阶原点矩, 这里 $k=1,2,\cdots$. 若 $E\{[X-E(X)]^k\}$ 存在, 则称它为 X 的 k 阶中心矩. 这里 $k=2,3,\cdots$.

易知 X 的期望 $E(X)$ 是 X 的一阶原点矩, 方差 $\mathrm{Var}(X)$ 是 X 的二阶中心矩. 在数理统计中, 高于四阶的矩应用较少.

4.4.2 协方差矩阵

下面介绍 n 维随机向量 $(X_1, X_1, \cdots, X_n)$ 的协方差矩阵, 先从二维情况讲起.

对二维随机向量 (X_1, X_2), 记

$$\begin{aligned}
c_{11} &= E\{[X_1 - E(X_1)]^2\} = \mathrm{Var}(X_1),\\
c_{12} &= E\{[X_1 - E(X_1)][X_2 - E(X_2)]\} = \mathrm{Cov}(X_1, X_2),\\
c_{21} &= E\{[X_2 - E(X_2)][X_1 - E(X_1)]\} = \mathrm{Cov}(X_2, X_1),\\
c_{22} &= E\{[X_2 - E(X_2)]^2\} = \mathrm{Var}(X_2),
\end{aligned}$$

并排成矩阵 $\begin{pmatrix} c_{11} & c_{12} \\ c_{21} & c_{22} \end{pmatrix}$, 称为 (X_1, X_2) 的协方差矩阵. 一般地有如下定义.

定义 4.4.2 对 n 维随机向量 $(X_1, X_2, \cdots, X_n)$, 记

$$c_{ij} = E\{[X_i - E(X_i)][X_j - E(X_j)]\} = \mathrm{Cov}(X_i, X_j), \quad i, j = 1, 2, \cdots, n,$$

称矩阵

$$C = (c_{ij})_{n\times n} = \begin{pmatrix} c_{11} & c_{12} & \cdots & c_{1n} \\ c_{21} & c_{22} & \cdots & c_{2n} \\ \vdots & \vdots & & \vdots \\ c_{n1} & c_{n2} & \cdots & c_{nn} \end{pmatrix} \tag{4.4.1}$$

为 $(X_1, X_2, \cdots, X_n)$ 的协方差矩阵.

显然, 协方差矩阵是一个对称矩阵.

由于 n 维随机向量的分布在很多情况下不知道, 或是过于复杂而不便使用, 这时可使用其协方差矩阵, 能在一定程度上解决问题.

习 题 4

4.1 甲、乙两台机床生产同一种零件, 在一天内生产的次品数分别记为 X 和 Y. 已知 X, Y 的概率分布如下表所示:

X	0	1	2	3
p	0.4	0.3	0.2	0.1

Y	0	1	2	3
p	0.3	0.5	0.2	0

如果两台机床的产量相同, 问哪台机床生产的零件的质量较好?

4.2 袋中有 5 个球, 编号为 1,2,3,4,5, 现从中任意抽取 3 个球, 用 X 表示取出的 3 个球中的最大编号, 求 $E(X)$.

4.3 设随机变量 X 的概率分布

$$P\{X=k\}=\frac{a^k}{(1+a)^{k+1}}\quad(k=0,1,2,\cdots),$$

其中 $a>0$ 是个常数, 求 $E(X)$.

4.4 某人每次射击命中目标的概率为 p, 现连续向目标射击, 直到第一次命中目标为止, 求射击次数的期望.

4.5 在射击比赛中, 每人射击 4 次, 每次一发子弹. 规定 4 弹全未中得 0 分, 只中 1 弹得 15 分, 中 2 弹得 30 分, 中 3 弹得 55 分, 中 4 弹得 100 分. 某人每次射击的命中率为 0.6, 此人期望能得到多少分.

4.6 设随机变量 X 的概率分布为

$$P\left\{X=(-1)^{k+1}\frac{3^k}{k}\right\}=\frac{2}{3^k},\quad k=1,2,\cdots,$$

说明 X 的期望不存在.

4.7 设从学校乘汽车到火车站的途中有 3 个交通岗, 在各交通岗遇到红灯是相互独立的, 其概率均为 0.4. 求途中遇到红灯次数的期望.

4.8 设随机变量 X 的概率密度函数为

$$f(x)=\begin{cases}x, & 0\leqslant x\leqslant 1,\\ 2-x, & 1<x\leqslant 2,\\ 0, & \text{其他},\end{cases}$$

求 $E(X)$.

4.9 设随机变量 X 的概率密度函数为

$$f(x)=\begin{cases}ax, & 0<x<2,\\ bx+c, & 2\leqslant x\leqslant 4,\\ 0, & \text{其他},\end{cases}$$

又 $E(X)=2$, $P\{1<X<3\}=\dfrac{3}{4}$, 求常数 a,b,c 的值.

4.10 设随机变量 X 的概率密度函数为

$$f(x)=\frac{1}{\pi(1+x^2)},\quad -\infty<x<+\infty,$$

说明 $E(X)$ 不存在.

4.11 某地抽样调查结果表明, 考生的外语成绩 X(百分制) 近似服从正态分布, 平均成绩为 72 分, 96 分以上的考生占考生总数的 2.3%. 求考生外语成绩在 60 分至 84 分之间的概率.

4.12 对习题 4.1 中的随机变量 X, 计算 $E(X^2)$ 和 $E(5X^2+4)$.

4.13 设随机变量 X 的概率密度函数为

$$f(x)=\begin{cases}\mathrm{e}^{-x}, & x>0,\\ 0, & x\leqslant 0,\end{cases}$$

分别求 $Y=2X$ 的期望和 $Y=\mathrm{e}^{-2X}$ 的期望.

4.14 对球的直径做近似测量, 设其值均匀分布在区间 (a,b) 内, 求球体积的均值.

4.15 游客乘电梯从电视塔底层到顶层观光, 电梯于每个整点的第 5 分钟、25 分钟和 55 分钟从底层起运行. 设某一游客在早八点的第 X 分钟到达底层候梯处, 且 $X\sim U[0,60]$, 求该游客等候时间的期望.

4.16 设二维随机向量 (X,Y) 的概率密度函数为

$$f(x,y)=\begin{cases}12y^2, & 0\leqslant y\leqslant x\leqslant 1,\\ 0, & \text{其他},\end{cases}$$

求 $E(X)$, $E(Y)$, $E(XY)$ 和 $E(X^2+Y^2)$.

4.17 设随机变量 X 与 Y 相互独立, 概率密度函数分别为

$$f_X(x)=\begin{cases}2x, & 0\leqslant x\leqslant 1,\\ 0, & \text{其他},\end{cases}\qquad f_Y(y)=\begin{cases}\mathrm{e}^{5-y}, & y>5,\\ 0, & y\leqslant 5,\end{cases}$$

求 $E(XY)$.

4.18 设二维随机向量 (X,Y) 服从圆域 $D=\{(x,y):\ x^2+y^2\leqslant R^2\}$ 上的均匀分布, 求 $E(\sqrt{X^2+Y^2})$.

4.19 设随机变量 X 与 Y 相互独立, 并且均服从 $U(0,\theta)$, 求 $E(\max\{X,Y\})$.

4.20 民航机场的一辆送客汽车每次载 20 名旅客自机场开出, 沿途有 10 个车站. 若到达一个车站时没有旅客下车, 就不停车. 设每名旅客在各个车站下车的概率是等可能的, 求汽车的平均停车次数.

4.21 将一颗均匀的骰子连掷 10 次, 求所得点数之和的期望.

4.22 在习题 4.4 中, 若直到命中目标 n 次为止, 求射击次数的期望.

4.23 求习题 4.1 中随机变量 X,Y 的方差.

4.24 求习题 4.9 中随机变量 X 的方差.

4.25 设二维随机向量 (X,Y) 的概率密度函数为

$$f(x,y)=\begin{cases}\dfrac{1+xy}{4}, & -1<x<1,\ -1<y<1,\\ 0, & \text{其他},\end{cases}$$

求 $\mathrm{Var}(X)$ 和 $\mathrm{Var}(Y)$.

4.26 设随机变量 $X\sim N(0,4)$, $Y\sim U(0,4)$, 并且 X 与 Y 相互独立, 求 $\mathrm{Var}(X+Y)$ 和 $\mathrm{Var}(2X-3Y)$.

4.27 设二维随机向量 (X,Y) 的概率分布如下表:

X \ Y	-1	0	1
0	0.1	0.1	0.1
1	0.3	0.1	0.3

求 $\mathrm{Cov}(X,Y)$.

4.28 设二维正态随机向量 (X,Y) 的概率密度函数为

$$f(x,y)=\frac{1}{2\sqrt{3}\pi}\mathrm{e}^{-\frac{1}{2}\left[\frac{1}{3}(x-4)^2+(y-2)^2\right]},\quad -\infty<x,y<+\infty,$$

问 X 与 Y 是否互不相关?

4.29 设二维随机向量 (X,Y) 的概率密度函数为

$$f(x,y)=\begin{cases}\dfrac{1}{8}(x+y), & 0\leqslant x\leqslant 2,\ 0\leqslant y\leqslant 2,\\ 0, & \text{其他},\end{cases}$$

求 ρ_{XY}.

4.30 设二维随机向量 (X,Y) 的概率密度函数为

$$f(x,y)=\begin{cases}\mathrm{e}^{-(x+y)}, & x>0,\ y>0,\\ 0, & \text{其他},\end{cases}$$

求 $\mathrm{Cov}(X,Y)$ 和 ρ_{XY}.

4.31 设 $\mathrm{Var}(X)=25$, $\mathrm{Var}(Y)=36$, $\rho_{XY}=0.4$, 求 $\mathrm{Var}(X+Y)$ 和 $\mathrm{Var}(X-Y)$.

4.32 设 X 服从 $U(-0.5,0.5)$, $Y=\cos X$, 求 ρ_{XY}.

第5章 极限定理

极限定理是概率论的基本理论之一, 在概率论和数理统计的理论研究和实际应用中都具有重要的意义. 在这一章, 我们将介绍有关随机变量序列的最基本的两类极限定理, 即大数定律和中心极限定理.

注意到, 随机现象的统计规律性是在相同条件下进行大量重复试验时呈现出来的. 例如在第 1 章中, 谈到一个事件发生的频率具有稳定性, 即频率趋于事件的概率. 这里"趋于"是指当试验的次数无限增大时, 频率在某种收敛意义下逼近概率. 这是最早的一个大数定律. 一般的大数定律讨论 n 个随机变量的平均值的稳定性.

另一类基本的极限定理是中心极限定理. 这些定理证明了, 在很一般的条件下, n 个随机变量的和当 $n \to \infty$ 时的极限分布是正态分布. 利用这些结论, 在数理统计中许多复杂随机变量的分布可以用正态分布近似, 而正态分布有许多完美的理论, 从而可以获得简单实用的统计分析.

本章将介绍大数定律和中心极限定理的最简单也是最重要的结论.

5.1 大数定律

5.1.1 切比雪夫不等式

首先介绍一个重要的不等式 —— 切比雪夫 (Chebyshev) 不等式.

定理 5.1.1 设随机变量 X 具有期望 $E(X)=\mu$, 方差 $\mathrm{Var}(X)=\sigma^2$, 则对于任意正数 ε, 有

$$P\{|X-\mu| \geqslant \varepsilon\} \leqslant \frac{\sigma^2}{\varepsilon^2}. \tag{5.1.1}$$

证 只对 X 是连续型随机变量的情况加以证明. 设 X 的概率密度函数为 $f(x)$, 则有

$$\begin{aligned}P\{|X-\mu| \geqslant \varepsilon\} &= \int\limits_{|x-\mu|\geqslant\varepsilon} f(x)\mathrm{d}x \leqslant \int\limits_{|x-\mu|\geqslant\varepsilon} \frac{|x-\mu|^2}{\varepsilon^2} f(x)\mathrm{d}x \\ &\leqslant \frac{1}{\varepsilon^2}\int_{-\infty}^{+\infty}(x-\mu)^2 f(x)\mathrm{d}x = \frac{\sigma^2}{\varepsilon^2}.\end{aligned}$$

定理证毕.

切比雪夫不等式也可以写为

$$P\{|X-\mu|<\varepsilon\} \geqslant 1-\frac{\sigma^2}{\varepsilon^2}. \tag{5.1.2}$$

切比雪夫不等式说明, X 的方差越小, 则事件 $\{|X-\mu|<\varepsilon\}$ 发生的概率就越大, 即 X 取的值越集中于它的期望 μ 附近. 这进一步说明了方差的意义.

用切比雪夫不等式可以在 X 的分布未知的情况下, 估计概率值 $P\{|X-\mu|<\varepsilon\}$ 或 $P\{|X-\mu| \geqslant \varepsilon\}$. 例如,

$$P\{|X-\mu|<3\sigma\} \geqslant 1-\frac{\sigma^2}{9\sigma^2}=0.8889.$$

此外, 切比雪夫不等式作为一个理论工具, 它的应用是普遍的, 在大数定律的证明中将要用到它.

5.1.2 大数定律

首先引入随机变量序列 $X_1, X_2, \cdots, X_n, \cdots$ 相互独立的概念. 如果对于任意 $n>1$, $X_1, X_2, \cdots, X_n$ 相互独立, 则称 $X_1, X_2, \cdots, X_n, \cdots$ 相互独立.

定理 5.1.2 设随机变量 $X_1, X_2, \cdots, X_n, \cdots$ 相互独立, 并且具有相同的期望和方差: $E(X_i)=\mu$, $\operatorname{Var}(X_i)=\sigma^2$, $i=1,2,\cdots$. 作前 n 个随机变量的平均 $Y_n=\dfrac{1}{n}\sum\limits_{i=1}^{n} X_i$, 则对于任意正数 ε, 有

$$\lim_{n \rightarrow \infty} P\{|Y_n-\mu|<\varepsilon\}=1. \tag{5.1.3}$$

证 $$E(Y_n)=\frac{1}{n} \sum_{i=1}^{n} E(X_i)=\mu, \quad \operatorname{Var}(Y_n)=\frac{1}{n^2} \sum_{i=1}^{n} \operatorname{Var}(X_i)=\frac{\sigma^2}{n},$$

使用切比雪夫不等式, 得到

$$P\{|Y_n-\mu|<\varepsilon\} \geqslant 1-\frac{\sigma^2}{n \varepsilon^2},$$

令 $n \rightarrow \infty$, 注意到概率不可能大于 1, 得到 (5.1.3) 式. 定理证毕.

(5.1.3) 式表明, 无论正数 ε 多小, 当 n 充分大时, 事件 $\{Y_n \in(\mu-\varepsilon, \mu+\varepsilon)\}$ 发生的概率可任意接近于 1. 在概率论中, 把 (5.1.3) 式表示的收敛性称为随机变量序列 $Y_1, Y_2, \cdots, Y_n, \cdots$ 依概率收敛于 μ, 记为 $Y_n \xrightarrow{P} \mu$.

定理 5.1.2 表明, 随着 n 的增大, 独立随机变量 $X_1, X_2, \cdots, X_n$ 的平均值 Y_n 依上述方式收敛于它们共同的期望 μ. 如图 5.1 所示, n 越大, 平均值 Y_n 的取值越集中在期望 μ 的附近. 无论区间 $(\mu-\varepsilon, \mu+\varepsilon)$ 多小, 只要 n 足够大, 可以有任意接近于 100% 的可能性保证 Y_n 落入该区间, 即保证 Y_n 与 μ 的偏离不超过 ε.

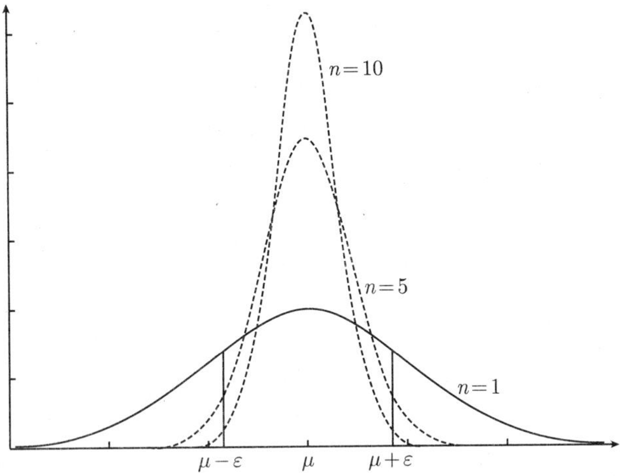

图 5.1 大数定律

图中的曲线分别为 Y_1, Y_5 和 Y_{10} 的概率密度曲线

推论 设 n 次独立重复试验中事件 A 发生的次数为 n_A, 在每次试验中事件 A 发生的概率为 p, 则对于任意正数 ε, 有

$$\lim_{n\to\infty} P\left\{\left|\frac{n_A}{n}-p\right|<\varepsilon\right\}=1. \tag{5.1.4}$$

证 令

$$X_i=\begin{cases}1, & \text{第}\,i\,\text{次试验中事件}\,A\,\text{发生},\\ 0, & \text{第}\,i\,\text{次试验中事件}\,A\,\text{不发生},\end{cases} \qquad i=1,2,\cdots,$$

则 $X_1, X_2, \cdots$ 是相互独立的随机变量序列. 显然 X_i 服从两点分布, 从而

$$E(X_i)=p, \quad \mathrm{Var}(X_i)=p(1-p), \quad i=1,2,\cdots.$$

注意到

$$\frac{1}{n}\sum_{i=1}^{n} X_i=\frac{n_A}{n},$$

由定理 5.1.2 得到 (5.1.4) 式.

这个推论就是最早的一个大数定律, 称为伯努利定理. 该定理表明事件 A 发生的频率 n_A/n 依概率收敛于事件 A 的概率 p, 以严格的数学形式表达了频率的稳定性, 即随着试验次数的增加, 事件发生的频率逐渐稳定于事件的概率. 这个事实为在实际应用中用频率去估计概率提供了一个理论依据.

5.2　中心极限定理

中心极限定理是棣莫弗 (De Moivre) 在 18 世纪首先提出的, 到现在内容已十分丰富. 在这一节里, 我们只介绍其中两个最基本的结论.

定理 5.2.1 (独立同分布的中心极限定理)　设随机变量 $X_1, X_2, \cdots, X_n, \cdots$ 相互独立, 服从同一分布, 并且具有期望和方差: $E(X_i) = \mu$, $\mathrm{Var}(X_i) = \sigma^2 > 0$, $i = 1, 2, \cdots$, 则随机变量

$$Y_n = \frac{\sum\limits_{i=1}^{n} X_i - n\mu}{\sqrt{n}\sigma} \tag{5.2.1}$$

的分布函数 $F_n(x)$ 收敛到标准正态分布 $N(0,1)$ 的分布函数, 即对任意实数 x 满足

$$\lim_{n\to\infty} F_n(x) = \lim_{n\to\infty} P\{Y_n \leqslant x\} = \Phi(x), \tag{5.2.2}$$

其中 $\Phi(x)$ 是标准正态分布 $N(0,1)$ 的分布函数, 即 $\Phi(x) = \displaystyle\int_{-\infty}^{x} \frac{1}{\sqrt{2\pi}} \mathrm{e}^{-\frac{t^2}{2}} \mathrm{d}t$.

定理 5.2.1 的证明从略. 这个定理的证明是 20 世纪 20 年代由林德伯格 (Lindeberg) 和莱维 (Levy) 给出的.

(5.2.2) 式表明, 随机变量序列 $Y_1, Y_2, \cdots, Y_n, \cdots$ 的分布函数序列 $\{F_n(x)\}$ 的极限是 $\Phi(x)$.

注意到 $E\Big(\sum\limits_{i=1}^{n} X_i\Big) = n\mu$, $\mathrm{Var}\Big(\sum\limits_{i=1}^{n} X_i\Big) = n\sigma^2$, (5.2.1) 式可写为

$$Y_n = \frac{\sum\limits_{i=1}^{n} X_i - E\Big(\sum\limits_{i=1}^{n} X_i\Big)}{\sqrt{\mathrm{Var}\Big(\sum\limits_{i=1}^{n} X_i\Big)}}, \tag{5.2.3}$$

从而 Y_n 的期望是 0, 方差是 1, Y_n 是 $\sum\limits_{i=1}^{n} X_i$ 的标准化的随机变量. 由定理 5.2.1, 当 n 很大时, Y_n 近似服从标准正态分布 $N(0,1)$ (如图 5.2 所示), 从而当 n 很大时, $\sum\limits_{i=1}^{n} X_i$ 近似服从正态分布 $N(n\mu,\ n\sigma^2)$. 由于 X_i 的分布在一定程度上可以是任意的, 一般说来, $\sum\limits_{i=1}^{n} X_i$ 的分布难于确切求得, 这时, 只要 n 很大, 就能通过 $\Phi(x)$ 给出 $\sum\limits_{i=1}^{n} X_i$ 的分布函数的近似值. 这是正态分布在概率统计中占有重要地位的一个基本原因.

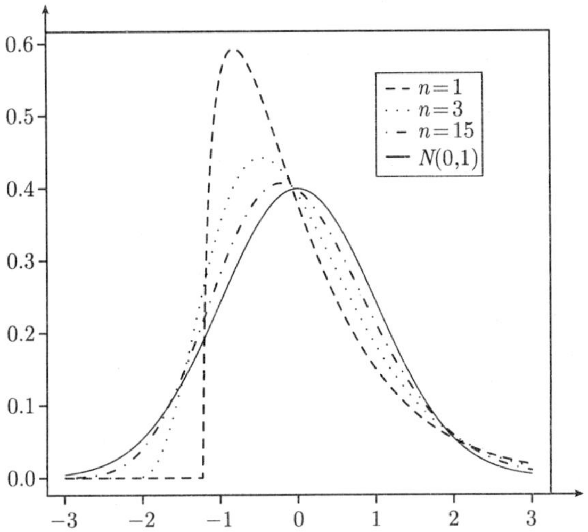

图 5.2 中心极限定理

图中的曲线分别为 Y_1, Y_3, Y_{15} 和 $N(0,1)$ 的概率密度曲线, 其中 $X_1 \sim \chi_3^2$ (见 6.3.1 节)

在实际问题中, 有很多随机现象可以看作是许多因素的独立影响的综合结果, 而每一因素对该现象的影响都很微小, 那么, 描述这种随机现象的随机变量可以看成许多相互独立的起微小作用的因素的总和, 它往往近似服从正态分布. 这就是中心极限定理的客观背景. 例如, 测量误差是由许多观察不到的、可加的微小误差所合成的; 在任一指定时刻, 一个城市的耗电量是大量用户耗电量的总和等, 它们都可以用服从正态分布的随机变量近似地描述.

在数理统计中, 中心极限定理是大样本统计推断的理论基础.

例 5.2.1 设一批产品的强度服从期望为 14, 方差为 4 的分布. 每箱中装有这种产品 100 件, 问:

(1) 每箱产品的平均强度超过 14.5 的概率是多少?

(2) 每箱产品的平均强度超过期望 14 的概率是多少?

解 $n=100$. 设 X_i 是第 i 件产品的强度, $E(X_i)=14$, $\mathrm{Var}(X_i)=4$, $i=1,2,\cdots,100$. 记 $\overline{X}=\dfrac{1}{100}\sum\limits_{i=1}^{100}X_i$, 依定理 5.2.1, 近似地有

$$\frac{\overline{X}-\mu}{\sigma/\sqrt{n}}=\frac{\overline{X}-14}{2/\sqrt{100}}=\frac{\overline{X}-14}{0.2}\sim N(0,1),$$

于是

$$(1)\quad P\{\overline{X}>14.5\}=P\left\{\frac{\overline{X}-14}{0.2}>\frac{14.5-14}{0.2}\right\}=P\left\{\frac{\overline{X}-14}{0.2}>2.5\right\}$$

$$\approx 1-\varPhi(2.5)=0.0062,$$

可见, 100 件产品的平均强度超过 14.5 的概率非常之小.

$$(2)\quad P\{\overline{X}>14\}=P\left\{\frac{\overline{X}-14}{0.2}>0\right\}\approx \varPhi(0)=0.5,$$

于是, 我们可以说, 每箱产品的平均强度超过 14 的概率约为 50%.

例 5.2.2 计算机在进行数字计算时, 遵从四舍五入原则. 为简单计, 现在对小数点后面第一位进行舍入运算, 则舍入误差 X 可以认为服从 $[-0.5,0.5]$ 上的均匀分布. 若独立进行了 100 次数字计算, 求这些计算的平均舍入误差落在区间 $[-\sqrt{3}/20,\sqrt{3}/20]$ 上的概率.

解 $n=100$, 用 X_i 表示第 i 次运算中产生的舍入误差. $X_1,X_2,\cdots,X_{100}$ 相互独立, 都服从 $[-0.5,0.5]$ 上的均匀分布. 这时, $E(X_i)=0$, $\mathrm{Var}(X_i)=1/12$, $i=1,2,\cdots,100$, 从而, 近似地有

$$Y_{100}=\frac{\sum\limits_{i=1}^{100}X_i-100\times 0}{\sqrt{100/12}}=\frac{\sqrt{3}}{5}\sum_{i=1}^{100}X_i\sim N(0,1).$$

于是, 平均误差 $\overline{X}=\dfrac{1}{100}\sum\limits_{i=1}^{100}X_i$ 落在区间 $[-\sqrt{3}/20,\sqrt{3}/20]$ 上的概率为

$$\begin{aligned}P\left\{-\frac{\sqrt{3}}{20}\leqslant\overline{X}\leqslant\frac{\sqrt{3}}{20}\right\}&=P\left\{-\frac{\sqrt{3}}{20}\leqslant\frac{1}{100}\sum_{i=1}^{100}X_i\leqslant\frac{\sqrt{3}}{20}\right\}\\&=P\left\{-3\leqslant\frac{\sqrt{3}}{5}\sum_{i=1}^{100}X_i\leqslant 3\right\}\\&\approx\varPhi(3)-\varPhi(-3)=0.9973.\end{aligned}$$

注意到 $\sqrt{3}/20=0.0866$, 于是, 平均舍入误差 $\overline{X}$ 几乎取值于区间 $[-0.0866,0.0866]$ 之内.

下面介绍定理 5.2.1 的一个重要特例, 是历史上最早的中心极限定理, 由棣莫弗提出, 拉普拉斯 (Laplace) 推广的, 称为棣莫弗–拉普拉斯定理.

定理 5.2.2 (棣莫弗–拉普拉斯定理) 设随机变量 $X_1,X_2,\cdots,X_n,\cdots$, 相互独立, 并且都服从参数为 p 的两点分布, 则对于任意实数 x, 有

$$\lim_{n\to\infty}P\left\{\frac{\sum\limits_{i=1}^{n}X_i-np}{\sqrt{np(1-p)}}\leqslant x\right\}=\varPhi(x).\tag{5.2.4}$$

证 $E(X_i)=p$, $\mathrm{Var}(X_i)=p(1-p)$, $i=1,2,\cdots$. 由 (5.2.2) 式即得定理之结论.

由于 $\sum\limits_{i=1}^{n} X_i \sim B(n,p)$, 从而, 定理 5.2.2 表明, 有关二项分布的概率计算, 当 n 很大时, 可以通过关于 $\Phi(x)$ 的计算来解决. 另外, 当 n 很大时, 二项分布可以用正态分布来近似.

例 5.2.3 某公司有 200 名员工参加一种资格证书考试. 按往年经验该考试通过率为 0.8. 试计算这 200 名员工至少有 150 人考试通过的概率.

解 令

$$X_i = \begin{cases} 1, & \text{第}\, i\, \text{人通过考试}, \\ 0, & \text{第}\, i\, \text{人未通过考试}, \end{cases} \quad i = 1, 2, \cdots, 200.$$

依题设知, $P\{X_i = 1\} = 0.8$, $np = 200 \times 0.8 = 160$, $np(1-p) = 32$. $\sum\limits_{i=1}^{200} X_i$ 是考试通过人数, 因为 X_i 满足定理 5.2.2 的条件, 故依此定理, 近似地有

$$\frac{\sum\limits_{i=1}^{200} X_i - 160}{\sqrt{32}} \sim N(0,1).$$

于是

$$\begin{aligned} P\left\{\sum_{i=1}^{200} X_i \geqslant 150\right\} &= P\left\{\frac{\sum\limits_{i=1}^{200} X_i - 160}{\sqrt{32}} \geqslant \frac{150-160}{\sqrt{32}}\right\} \\ &= P\left\{\frac{\sum\limits_{i=1}^{200} X_i - 160}{\sqrt{32}} \geqslant -1.77\right\} \\ &\approx 1 - \Phi(-1.77) = \Phi(1.77) = 0.9616, \end{aligned}$$

即至少有 150 名员工通过这种资格证书考试的概率为 0.9616.

例 5.2.4 某市保险公司开办一年人身保险业务, 被保险人每年需交付保险费 160 元, 若一年内发生重大人身事故, 其本人或家属可获 2 万元赔金. 已知该市人员一年内发生重大人身事故的概率为 0.005, 现有 5000 人参加此项保险, 问保险公司一年内从此项业务所得到的总收益在 20 万到 40 万元之间的概率是多少?

解 记

$$X_i = \begin{cases} 1, & \text{第}\, i\, \text{个被保险人一年内发生重大人身事故}, \\ 0, & \text{第}\, i\, \text{个被保险人一年内未发生重大人身事故}, \end{cases} \quad i = 1, 2, \cdots, 5000,$$

$P\{X_i = 1\} = 0.005$, $np = 25$. $\sum\limits_{i=1}^{5000} X_i$ 是 5000 个被保险人中一年内发生重大人身事故的人数, 保险公司一年内从此项业务所得到的总收益为 $0.016 \times 5000 - 2 \times \sum\limits_{i=1}^{5000} X_i$(万

元). 于是

$$
\begin{aligned}
&P\left\{20 \leqslant 0.016 \times 5000-2 \sum_{i=1}^{5000} X_i \leqslant 40\right\} \\
=&P\left\{20 \leqslant \sum_{i=1}^{5000} X_i \leqslant 30\right\} \\
=&P\left\{\frac{20-25}{\sqrt{25 \times 0.995}} \leqslant \frac{\sum\limits_{i=1}^{5000} X_i-25}{\sqrt{25 \times 0.995}} \leqslant \frac{30-25}{\sqrt{25 \times 0.995}}\right\} \\
=&P\left\{-1.0025 \leqslant \frac{\sum\limits_{i=1}^{5000} X_i-25}{\sqrt{25 \times 0.995}} \leqslant 1.0025\right\} \\
\approx&\ \Phi(1.0025)-\Phi(-1.0025)=2 \Phi(1.0025)-1=0.6839.
\end{aligned}
$$

习　题　5

5.1 已知正常男性成人每毫升的血液中含白细胞平均数是 7300, 标准差是 700. 使用切比雪夫不等式估计正常男性成人每毫升血液中含白细胞数在 5200 到 9400 之间的概率.

5.2 设随机变量 X 服从参数为 λ 的泊松分布, 使用切比雪夫不等式证明

$$
P\{0<X<2\lambda\} \geqslant \frac{\lambda-1}{\lambda}.
$$

5.3 设由机器包装的每包大米的重量是一个随机变量, 期望是 10 千克, 方差是 0.1 千克 ^{2}. 求 100 袋这种大米的总重量在 990 至 1010 千克之间的概率.

5.4 一加法器同时收到 20 个噪声电压 $V_i,\ i=1,2,\cdots,20$, 设它们是相互独立的随机变量, 并且都服从区间 $[0,10]$ 上的均匀分布. 记 $V=\sum\limits_{i=1}^{20} V_i$, 计算 $P\{V>105\}$ 的近似值.

5.5 一复杂的系统由 100 个相互独立起作用的部件组成, 在整个运行期间每个部件损坏的概率为 0.1, 为了使整个系统起作用, 至少要有 85 个部件正常工作. 求整个系统起作用的概率.

5.6 银行为支付某日即将到期的债券需准备一笔现金. 这批债券共发放了 500 张, 每张债券到期之日需付本息 1000 元. 若持券人 (一人一张) 于债券到期之日到银行领取本息的概率为 0.4, 问银行于该日应至少准备多少现金才能以 99.9% 的把握满足持券人的兑换?

第 6 章　样本与统计量

在前面五章, 我们讲述了概率论中最基本的内容, 概括起来主要是随机变量的概率分布. 概率分布全面地描述了随机变量的统计规律性. 在概率论的许多问题中, 通常假定概率分布是已知的; 然而, 在实际问题中, 随机变量的分布往往是未知的, 或者有未知的成分，而研究的目的恰恰是通过探究这些随机变量的分布规律来认识自然和社会. 比如，要制订服装标准，需要了解一个地区人群身体多个指标的分布情况；再如，由交通事故的规律我们认为某一地区一个月内交通事故的发生次数服从泊松分布 $P(\lambda)$, 希望了解月平均事故次数 λ 以采取应对策略. 前者中分布完全未知，后者中 λ 未知.

为了在实际中处理这些问题, 通常的方法是对随机变量 X 进行多次观测，并利用观测所得到的数据推断 X 的分布规律. 这正是数理统计的任务. 数理统计是以概率论为理论基础, 具有广泛应用的应用数学分支, 是一门分析带有随机影响的数据的学科. 它研究如何有效地收集数据, 并利用一定的统计模型对这些数据进行分析, 提取数据中的有用信息, 形成统计结论, 从而帮助我们认识事物的规律性. 因此, 可以粗略地说，只要有数据, 或者通过观察、调查、试验可以获得数据, 就需要数理统计.

6.1　总体与样本

在统计学中, 将我们研究的问题所涉及的对象的全体称为总体, 而把总体中的每个成员称为个体. 这是一个比较形象的说法. 例如, 我们研究一家工厂的某种产品的次品率, 这种产品的全体就是总体, 而每件产品则是个体. 为了评价厂家产品质量的好坏, 通常的做法是从厂家全部产品中随机地抽取一些样品, 在统计学上称为样本. 但是, 实际上, 我们真正关心的并不是总体或个体的本身, 而是它们的某项数量指标. 因此, 进一步, 我们应该把总体理解为那些研究对象上的某项数量指标的全体, 而把样本理解为样品上的数量指标. 因此, 当我们说到总体和样本时, 既指研究对象, 又指它们的某项数量指标.

例 6.1.1　研究某地区 N 个农户的年收入. 在这里, 总体既指这 N 个农户, 又指他们的年收入的 N 个数字. 如果从这 N 个农户中随机地抽出 n 个农户作为调查对象, 那么, 这 n 个农户及他们年收入的 n 个数字就是样本.

在上面的例子中, 总体是很直观的, 是看得见, 摸得着的. 但是客观情况并不总是这样.

例 6.1.2 用一把尺子测量一个物体的长度. 假定 n 次测量值为 $X_1, X_2, \cdots, X_n$. 显然, 在这个问题中, 我们把测量值 $X_1, X_2, \cdots, X_n$ 看成了样本, 但是, 总体是什么呢? 事实上, 这里没有一个现实存在的个体的集合可以作为总体. 可是, 我们可以这样考虑, 既然 n 个测量值 $X_1, X_2, \cdots, X_n$ 是样本, 那么总体就应该理解为一切所有可能的测量值的全体.

这种类型的总体的例子不胜枚举. 例如: 为研究某种安眠药的药效, 让 n 个病人同时服用此药, 记录下他们各自服药后的睡眠时间比未服药前延长的小时数 $X_1, X_2, \cdots, X_n$. 这些数字就是样本. 总体就是设想让某个地区或某个国家, 甚至全世界所有患失眠症的病人都服用此药, 他们所增加的睡眠时间的小时数的全体, 就是该问题的总体.

对一个总体, 如果我们用 X 表示它的数量指标, 那么 X 的值对不同的个体取不同的值. 因此, 如果我们随机地抽取个体, 则 X 的值也就随着抽取的个体的不同而不同. 所以, X 是一个随机变量. 既然总体是随机变量 X, 自然就有其概率分布. 我们把 X 的分布称为总体的分布. 总体的特征是由总体分布来刻画的. 因此, 我们常把总体和总体分布视为同义语.

例 6.1.3 在例 6.1.1 中, 若农户年收入以万元计, 假定 N 户中收入 X 为 0.5, 0.8, 1.0, 1.2 和 1.5 的农户个数分别为: n_1, n_2, n_3, n_4 和 n_5, 这里 $n_1+n_2+n_3+n_4+n_5 = N$, 则总体 X 的分布为离散型分布, 其概率分布为

X	0.5	0.8	1.0	1.2	1.5
p_i	$\frac{n_1}{N}$	$\frac{n_2}{N}$	$\frac{n_3}{N}$	$\frac{n_4}{N}$	$\frac{n_5}{N}$

例 6.1.4 在例 6.1.2 中, 假定物体的真正长度为 μ(未知). 一般说来测量值 X, 也就是我们的总体, 取 μ 附近值的概率要大一些, 而离 μ 越远的值被取到的概率就越小. 如果测量过程没有系统性误差, 那么 X 取大于 μ 和小于 μ 的概率也会相等. 在这样的情况下, 人们往往认为 X 服从均值为 μ 的正态分布. 假定其方差为 σ^2, 则 σ^2 反映了测量的精度. 于是, 总体 X 的分布为 $N(\mu, \sigma^2)$, 记为 $X \sim N(\mu, \sigma^2)$.

这里有一个问题, 即物体长度的测量值总是在它的真正长度 μ 的附近, 它根本不可能取到负值, 而正态随机变量取值在 $(-\infty, +\infty)$ 上, 那么怎么可以认为测量值服从正态分布呢? 要回答这个问题, 需要用到正态分布的一条性质.

对于正态随机变量 $X \sim N(\mu, \sigma^2)$, 有

$$P\{\mu - 3\sigma < X < \mu + 3\sigma\} > 99.7\%,$$

即 X 落在区间 $(\mu - 3\sigma, \mu + 3\sigma)$ 之外的概率不超过 0.003, 可见这个概率是非常小的. 显然 X 落在 $(\mu - 4\sigma, \mu + 4\sigma)$ 之外的概率也就更小了.

比如, 假定物体长度 $\mu = 10$ 厘米, 标准差约为 0.01 厘米, 则 $\sigma^2 = 0.01^2$, 这时,

$(\mu-3\sigma,\ \mu+3\sigma)=(9.97,\ 10.03)$, 于是, 测量值落在这个区间之外的概率最多只有 0.003, 可以忽略不计. 可见, 用正态分布 $N(10,\ 0.01^2)$ 去描述测量值是适当的.

另外, 正态分布取值范围是无限区间 $(-\infty,\ +\infty)$, 还可以解决规定测量值取值范围上的困难. 如若不然, 我们用一个定义在有限区间 $(a,\ b)$ 的随机变量来描述测量值, 那么 a 和 b 到底取什么值, 测量者事先很难确定. 再退一步, 即便我们能够确定出 a 和 b, 却仍很难找出一个定义在 $(a,\ b)$ 上的非均匀分布能够用来恰当地描述测量值, 与其这样, 还不如干脆就把取值区间放大到 $(-\infty,\ +\infty)$, 并采用正态分布去描述测量值, 这样既简化了问题又不致引起较大的误差.

如果总体所包含的个体数量是有限的, 则称该总体为有限总体, 其分布是离散型的, 如例 6.1.3. 如果总体所包含的个体数量是无限的, 则称该总体为无限总体, 其分布可以是连续型的, 如例 6.1.4, 也可以是离散型的. 在数理统计中, 研究有限总体比较困难, 因为它的分布是离散型的, 其概率分布与总体所含个体数量有关系. 所以, 通常在总体所含个体数量比较大时, 我们就把它近似地视为无限总体, 并且用连续型分布去逼近总体的分布, 这样便于做进一步的统计分析. 例如, 我们研究某大城市年龄从 1 岁到 10 岁之间儿童的身高. 显然, 不管这个城市规模有多大, 在这个年龄段的儿童数量总是有限的. 因此, 这个总体只能是有限总体, 总体分布也只能是离散型分布. 然而, 为了便于处理问题, 我们可以把它近似地看成一个无限总体, 并且通常用正态分布来逼近这个总体的分布. 当城市比较大, 儿童数量比较多时, 这种逼近所带来的误差, 从应用观点来看, 可以忽略不计.

样本的一个重要性质是它的二重性. 假设 $X_1, X_2, \cdots, X_n$ 是从总体 X 中抽取的样本, 在一次具体的观测或试验中, 它们是一批测量值, 是一些已知的数. 这就是说, 样本具有数的属性. 这一点比较容易理解. 但是, 另一方面, 由于在具体的试验或观测中, 受到各种随机因素的影响, 在不同的观测中样本取值可能不同. 因此, 当脱离开特定的具体试验或观测时, 我们并不知道样本 $X_1, X_2, \cdots, X_n$ 的具体取值到底是多少, 因此, 可以把它们看成随机变量. 这时, 样本就具有随机变量的属性. 样本 $X_1, X_2, \cdots, X_n$ 既可被看成数又可被看成随机变量, 这就是所谓的样本二重性. 这里, 需要特别强调的是, 以后凡是我们离开具体的一次观测或试验来谈及样本 $X_1, X_2, \cdots, X_n$ 时, 它们总是被看成随机变量, 关于样本的这个基本的认识对理解后面的内容十分重要.

既然样本 $X_1, X_2, \cdots, X_n$ 被看成随机变量, 自然就需要研究它们的分布. 在前面测量物体长度的例子中, 如果我们是在完全相同的条件下, 独立地测量了 n 次, 把这 n 次测量结果, 即样本记为 $X_1, X_2, \cdots, X_n$, 那么我们完全有理由认为, 这些样本相互独立且有相同的分布, 其分布与总体分布 $N(\mu, \sigma^2)$ 相同. 推广到一般情况, 如果在相同条件下对总体 X 进行 n 次重复的独立观测, 那么就可以认为所获得的样本 $X_1, X_2, \cdots, X_n$ 是相互独立且与 X 同分布的随机变量, 这样的样本称为随机样本或简单样本, 简称为样本. 在统计文献中, 通常称 n 为样本大小, 或样本容量, 或样本数,

而把 $X_1, X_2, \cdots, X_n$ 称为一组样本或一个样本 (这是把 $X_1, X_2, \cdots, X_n$ 看成一个整体). 假设总体 X 具有概率密度函数 $f(x)$, 则由于样本 $X_1, X_2, \cdots, X_n$ 相互独立且与 X 同分布, 于是它们的联合概率密度函数 (即 n 维随机向量 $(X_1, X_2, \cdots, X_n)$ 的概率密度函数) 为

$$g(x_1, x_2, \cdots, x_n) = \prod_{i=1}^{n} f(x_i).$$

例 6.1.5 某公司为制订营销策略, 需要研究一城市居民的收入情况. 假定该城市居民家庭年收入服从正态分布 $N(\mu, \sigma^2)$, 其概率密度函数

$$f(x) = \frac{1}{\sqrt{2\pi}\,\sigma} \mathrm{e}^{-\frac{(x-\mu)^2}{2\sigma^2}}, \quad -\infty < x < +\infty.$$

现在随机调查 n 户居民年收入, 记为 $X_1, X_2, \cdots, X_n$, 这里 $X_1, X_2, \cdots, X_n$ 就是从总体 $N(\mu, \sigma^2)$ 中抽取的样本, 它们是相互独立的, 且与总体 $N(\mu, \sigma^2)$ 有相同分布, 即 $X_i \sim N(\mu, \sigma^2)$, $i = 1, 2, \cdots, n$. 于是 $X_1, X_2, \cdots, X_n$ 的联合概率密度函数为

$$g(x_1, x_2, \cdots, x_n) = \frac{1}{(2\pi)^{n/2}\sigma^n} \mathrm{e}^{-\frac{\sum\limits_{i=1}^{n}(x_i-\mu)^2}{2\sigma^2}}.$$

这个函数概括了样本 $X_1, X_2, \cdots, X_n$ 中所包含的总体 $N(\mu, \sigma^2)$ 的全部信息. 我们知道, 正态分布完全由它的均值 μ 和方差 σ^2 确定, 因此, 联合概率密度函数 $g(x_1, x_2, \cdots, x_n)$ 也概括了样本 $X_1, X_2, \cdots, X_n$ 中所包含的 μ 和 σ^2 的全部信息, 它是我们做进一步统计推断的基础和出发点.

在数理统计中, 总体或者说总体分布是我们研究的目标, 而样本是从总体中随机抽取的一部分个体. 通过对这些个体 (即样本) 进行具体的研究, 我们所得到的统计结论以及对这些结论的统计解释, 都反映或体现着总体的信息, 也就是说, 这些信息是对总体而言的. 因此, 我们总是着眼于总体, 而着手于样本, 用样本去推断总体. 这种由已知推断未知, 用具体推断抽象的思想, 对我们后面的学习和研究是大有裨益的.

6.2 统 计 量

在获得了样本之后, 下一步就要对样本进行统计分析, 也就是对样本进行加工、整理, 从中提取有用信息. 例如, 当把一个长度为 μ 的物体测量了 n 次, 获得样本 X_1, $X_2, \cdots, X_n$ 之后, 往往计算它们的算术平均值 $\overline{X} = \sum\limits_{i=1}^{n} X_i/n$, 用来作为 μ 的估计, 这 $\overline{X}$ 就是对样本 $X_1, X_2, \cdots, X_n$ 进行加工处理后得到的一个量, 在统计学上称为统计量.

通常, 将样本的已知函数称为统计量, 它只依赖于样本, 而不能包含问题中的任何未知量. 因此, 一旦有了样本, 就可以算出统计量. 例如在上面讨论的测量物体长度

的例子中, $\overline{X}$ 就是一个统计量, 但 $\overline{X}-\mu$ 就不是统计量, 因为后者包含了待估计的未知量 μ. 统计量是用来对总体分布参数作估计或检验的, 因此它应该包含了样本中有关参数的尽可能多的信息, 在统计学中, 根据不同的目的构造了许多不同的统计量.

下面是几种常用的重要统计量.

例 6.2.1 (样本均值) 设 $X_1, X_2, \cdots, X_n$ 为一组样本, 则称

$$\overline{X}=\frac{1}{n}\sum_{i=1}^{n}X_i$$

为样本均值. 它的基本作用是估计总体分布的均值和对有关总体分布均值的假设作检验.

如果改变测量的起点和度量单位, 数学上相当于对样本 $X_1, X_2, \cdots, X_n$ 作一个变换

$$Y_i=aX_i+b,\quad i=1,2,\cdots,n,$$

这里 a 和 b 是已知常数, 则新样本 $Y_1, Y_2, \cdots, Y_n$ 的均值 $\overline{Y}=\sum\limits_{i=1}^{n}Y_i/n$ 和 $\overline{X}$ 有如下关系

$$\overline{Y}=a\overline{X}+b. \tag{6.2.1}$$

例 6.2.2 (样本方差) 设 $X_1, X_2, \cdots, X_n$ 为一组样本, 则称

$$S^2=\frac{1}{n-1}\sum_{i=1}^{n}(X_i-\overline{X})^2$$

为样本方差. 它的基本作用是用来估计总体分布的方差 σ^2 和对有关总体分布的均值或方差的假设进行检验. 需要特别说明的是, 在一些统计著作中, 有时把样本方差定义为 $\sum\limits_{i=1}^{n}(X_i-\overline{X})^2/n$. 这种定义的缺点是, 它不具有所谓的无偏性. 而 S^2 具有无偏性. 这一点在后续讨论中将会看到 (参见定理 7.3.1 和习题 6.3).

通常称 S^2 的平方根 S, 即

$$S=\sqrt{\frac{1}{n-1}\sum_{i=1}^{n}(X_i-\overline{X})^2}$$

为样本标准差, 它的基本作用是用来估计总体分布的标准差 σ. 注意, S 与样本具有相同的度量单位, 而 S^2 则不然.

如果 $X_1, X_2, \cdots, X_n$ 为一组样本, $Y_1, Y_2, \cdots, Y_n$ 像例 6.2.1 那样定义. 记 S_X^2 和 S_Y^2 分别为它们的样本方差, 则容易证明如下关系

$$S_Y^2=a^2S_X^2. \tag{6.2.2}$$

另外一类重要统计量是样本矩. 我们分别称

$$A_k = \frac{1}{n}\sum_{i=1}^{n} X_i^k (k=1,2,\cdots) \quad 和 \quad M_k = \frac{1}{n}\sum_{i=1}^{n}(X_i - \overline{X})^k \ (k=2,3,\cdots)$$

为 k 阶样本原点矩和 k 阶样本中心矩. 它们的基本作用是估计总体分布的 k 阶原点矩和 k 阶中心矩.

前面我们已经讲过, 样本具有二重性. 统计量作为样本的函数也具有二重性, 即对一次具体的观测或试验, 它们都是具体的数值. 这时我们会说, 样本均值 $\overline{X} = 1.5$, 或样本方差 $S^2 = 0.4$ 等等. 但是脱离开具体的某次观测或试验, 样本是随机变量, 因此统计量也是随机变量, 也有自己的概率分布, 称为统计量的抽样分布. 这个分布原则上可以从样本的概率分布计算出来. 但是, 一般说来, 统计量的抽样分布的计算是很困难的. 如果总体服从正态分布, 那么像样本均值和样本方差等常见的较简单的统计量的精确抽样分布是容易算出的, 这将在下一节讨论. 对于一般的总体分布, 我们可以借助中心极限定理算出一些统计量的近似分布, 这种近似只有当样本大小很大时才成立, 所以也称为大样本分布. 下面的定理建立了样本均值的大样本分布.

定理 6.2.1　假设 $X_1, X_2, \cdots, X_n$ 为来自均值为 μ、方差为 σ^2 的总体的一组样本, 则当 n 充分大时, 近似地有

$$\overline{X} \sim N\Big(\mu, \frac{\sigma^2}{n}\Big).$$

证　因为 $X_1, X_2, \cdots, X_n$ 是来自均值为 μ、方差为 σ^2 的总体的样本, 是独立同分布的, 且 $E(X_i) = \mu$, $\mathrm{Var}(X_i) = \sigma^2$, $i = 1, 2, \cdots, n$. 根据中心极限定理 (定理 5.2.1), 对于充分大的 n, 近似地有

$$\frac{\sum\limits_{i=1}^{n} X_i - n\mu}{\sqrt{n}\,\sigma} \sim N(0,1),$$

即对充分大的 n, 近似地有

$$\frac{\overline{X} - \mu}{\sigma/\sqrt{n}} \sim N(0,1). \tag{6.2.3}$$

等价地

$$\overline{X} \sim N\Big(\mu, \frac{\sigma^2}{n}\Big),$$

定理证毕.

这个定理表明, 不管总体分布的具体形式如何, 只要它的均值为 μ, 方差为 σ^2, 那么从这个总体抽取的样本的均值 $\overline{X}$ 就近似地服从均值为 μ、方差为 σ^2/n 的正态分布. 这就是说, 对许多总体而言, 可以用正态分布 $N(\mu, \sigma^2/n)$ 作为样本均值的近似分布, 这在实际应用上既方便又有效.

根据上面的定理, 对任意的实数 x, $\overline{X}$ 的分布函数

$$F(x)=P\{\overline{X}\leqslant x\}=P\left\{\frac{\overline{X}-\mu}{\sigma/\sqrt{n}}\leqslant\frac{x-\mu}{\sigma/\sqrt{n}}\right\}\approx\Phi\left(\frac{x-\mu}{\sigma/\sqrt{n}}\right),$$

这里 $\Phi(\cdot)$ 表示标准正态分布 $N(0,1)$ 的分布函数. 这个式子说明, 当 n 很大时, 样本均值 $\overline{X}$ 的分布函数可以近似地通过标准正态分布函数来计算.

另外, 我们利用上面的定理还可以近似地计算 $\overline{X}$ 与均值 μ 的偏差不超过任一给定值的概率. 事实上, 对任意给定的正数 c, 有

$$\begin{aligned}P\{|\overline{X}-\mu|\leqslant c\}&=P\{-c\leqslant\overline{X}-\mu\leqslant c\}\\&=P\left\{\frac{-c}{\sigma/\sqrt{n}}\leqslant\frac{\overline{X}-\mu}{\sigma/\sqrt{n}}\leqslant\frac{c}{\sigma/\sqrt{n}}\right\}\\&\approx\Phi\left(\frac{c}{\sigma/\sqrt{n}}\right)-\Phi\left(\frac{-c}{\sigma/\sqrt{n}}\right)\\&=2\Phi\left(\frac{c}{\sigma/\sqrt{n}}\right)-1.\end{aligned}$$

对给定的 σ^2 和 c, 当样本大小 n 增大时, 上面的概率也随之增加.

在具体计算时, 我们不必套用上面这两个式子, 因为它们都是直接从定理 6.2.1 推出的. 只需直接利用定理的结论. 请看下面的例子.

例 6.2.3 某公司用机器向瓶子里灌装液体洗净剂, 规定每瓶装 μ 毫升. 但实际灌装量总有一定的波动, 假定灌装量的方差 $\sigma^2=1$. 如果每箱装 25 瓶这样的洗净剂, 试问这 25 瓶洗净剂的平均每瓶灌装量与标定值 μ 相差不超过 0.3 毫升的概率是多少?

解 记一箱中 25 瓶洗净剂灌装量为 $X_1,X_2,\cdots,X_{25}$, 它们是来自均值为 μ、方差为 1 的总体的样本. 我们需要计算的是事件 $\{|\overline{X}-\mu|\leqslant 0.3\}$ 的概率. 根据定理 6.2.1 有

$$\begin{aligned}P\{|\overline{X}-\mu|\leqslant 0.3\}&=P\{-0.3\leqslant\overline{X}-\mu\leqslant 0.3\}\\&=P\left\{\frac{-0.3}{\sigma/\sqrt{n}}\leqslant\frac{\overline{X}-\mu}{\sigma/\sqrt{n}}\leqslant\frac{0.3}{\sigma/\sqrt{n}}\right\}\\&\approx\Phi\left(\frac{0.3}{\sigma/\sqrt{n}}\right)-\Phi\left(\frac{-0.3}{\sigma/\sqrt{n}}\right)\\&=2\Phi\left(\frac{0.3}{1/\sqrt{25}}\right)-1=2\Phi(1.5)-1=0.8664.\end{aligned}$$

这就是说, 对于装 25 瓶的一箱而言, 平均每瓶灌装量与标定值之差不超过 0.3 毫升的概率近似地为 86.64%.

如果我们将每箱装 50 瓶, 读者不难验算

$$P\{|\overline{X}-\mu|\leqslant 0.3\}\approx 0.966.$$

可见, 当每箱由 25 瓶增加到 50 瓶时, 能以更大的概率保证厂家和商家都不吃亏.

6.3　正态总体的抽样分布

如果总体的分布为正态分布, 则称该总体为正态总体.

从上节的讨论我们知道, 统计量是对样本进行加工后得到的量, 它被用来对总体分布的参数作估计和检验. 为此, 我们需要求出统计量的分布.

统计量的分布被称为抽样分布. 遗憾的是能够精确地计算出抽样分布且其具有较简单表达式的情形并不多见. 但是, 对于正态总体, 我们可以计算出一些重要统计量的精确抽样分布. 这些精确抽样分布为正态总体参数的估计和检验提供了理论依据.

为了后面的讨论, 我们需要先引进数理统计学中占有重要地位的三大分布: χ^2 分布、t 分布和 F 分布.

6.3.1　χ^2 分布

定义 6.3.1　设 $X_1,X_2,\cdots,X_n$ 为独立同分布的随机变量, 且都服从 $N(0,1)$. 记 $Y=X_1^2+X_2^2+\cdots+X_n^2$. 则称 Y 的分布为自由度为 n 的 χ^2 分布, 记为 $Y\sim\chi_n^2$.

在统计文献中, 常常用 χ_n^2 表示自由度为 n 的 χ^2 分布的随机变量.

显然, 若 $X_1,X_2,\cdots,X_n$ 为来自总体 $N(0,1)$ 的样本, 则统计量 $\sum\limits_{i=1}^n X_i^2\sim\chi_n^2$.

χ^2 分布具有如下重要性质:

1. 可加性. 设 $Y_1\sim\chi_m^2$, $Y_2\sim\chi_n^2$, 且两者相互独立, 则 $Y_1+Y_2\sim\chi_{m+n}^2$.

事实上, 根据 χ^2 分布的定义, 我们可以把 Y_1 和 Y_2 分别表为

$$Y_1=X_1^2+X_2^2+\cdots+X_m^2,\quad Y_2=Z_1^2+Z_2^2+\cdots+Z_n^2,$$

其中 $X_1,X_2,\cdots,X_m$ 和 $Z_1,Z_2,\cdots,Z_n$ 都服从 $N(0,1)$, 且相互独立. 于是

$$Y_1+Y_2=X_1^2+X_2^2+\cdots+X_m^2+Z_1^2+Z_2^2+\cdots+Z_n^2.$$

由定义 6.3.1 知 $Y_1+Y_2\sim\chi_{m+n}^2$.

2. $E(\chi_n^2)=n$, $\mathrm{Var}(\chi_n^2)=2n$, 即 χ^2 分布的均值等于它的自由度, 方差等于其自由度的 2 倍.

这个性质的证明如下. 设 $Y\sim\chi_n^2$, 则 Y 可以表为 $Y=X_1^2+X_2^2+\cdots+X_n^2$, 这里 $X_i\sim N(0,1)$ 且相互独立. 因而 $E(X_i)=0$, $\mathrm{Var}(X_i)=E(X_i^2)=1$. 故

$$E(Y)=E\Big(\sum_{i=1}^n X_i^2\Big)=\sum_{i=1}^n E(X_i^2)=n.$$

这就证明了第一条结论.

另一方面, 利用分部积分法不难验证

$$E(X_i^4)=\frac{1}{\sqrt{2\pi}}\int_{-\infty}^{+\infty}x^4\mathrm{e}^{-\frac{x^2}{2}}\mathrm{d}x=3,\quad i=1,2,\cdots,n.$$

于是

$$\mathrm{Var}(X_i^2)=E(X_i^4)-[E(X_i^2)]^2=3-1=2,\quad i=1,2,\cdots,n.$$

再利用 $X_1,X_2,\cdots,X_n$ 的独立性, 有

$$\mathrm{Var}(Y)=\sum_{i=1}^n\mathrm{Var}(X_i^2)=2n.$$

这就证明了第二条结论.

χ_n^2 分布具有概率密度函数

$$f(x)=\begin{cases}\dfrac{1}{2^{n/2}\Gamma(n/2)}x^{\frac{n}{2}-1}\mathrm{e}^{-\frac{x}{2}}, & x>0,\\ 0, & x\leqslant 0,\end{cases}$$

其中 $\Gamma(\cdot)$ 为伽玛 (gamma) 函数. $f(x)$ 的图形如图 6.1 所示.

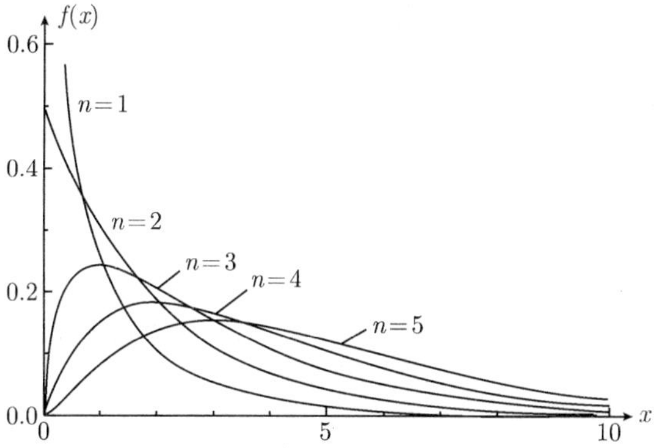

图 6.1 χ_n^2 分布的概率密度函数

对于给定的 α, $0<\alpha<1$, 我们称满足条件

$$P\{\chi_n^2>\chi_n^2(\alpha)\}=\int_{\chi_n^2(\alpha)}^{+\infty}f(x)\mathrm{d}x=\alpha$$

的点 $\chi_n^2(\alpha)$ 为 χ_n^2 分布的上 α 分位点, 如图 6.2 所示. 对不同的 n 和 α, 分位点 $\chi_n^2(\alpha)$ 的值有现成的表格供查用, 见附表 4. 例如, $\alpha=0.05$, $n=20$, $\chi_{20}^2(0.05)=31.41$. 另外, 在许多统计或数学软件包中, 都有专门程序用于计算各种常用分布的分位点.

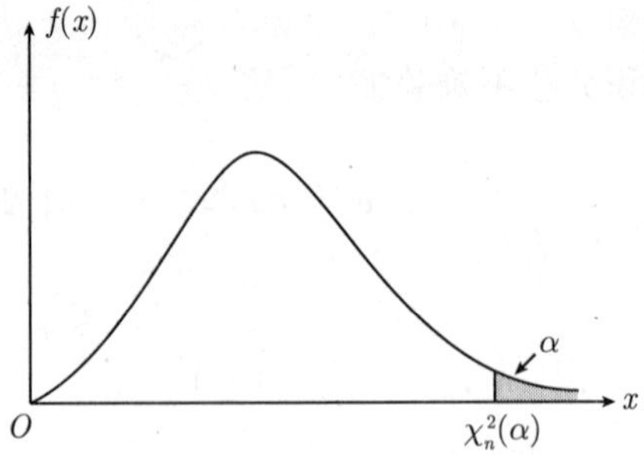

图 6.2　χ_n^2 分布的分位点

6.3.2　t 分布

定义 6.3.2　设随机变量 $X \sim N(0,1)$, $Y \sim \chi_n^2$, 且 X 与 Y 相互独立, 则随机变量

$$T = \frac{X}{\sqrt{Y/n}}$$

的分布称为自由度为 n 的 t 分布, 记为 $T \sim t_n$.

若 $T \sim t_n$, 可以证明它的概率密度函数为

$$f(x)=\frac{\Gamma\left(\frac{n+1}{2}\right)}{\sqrt{n\pi}\Gamma\left(\frac{n}{2}\right)}\left(1+\frac{x^2}{n}\right)^{-\frac{n+1}{2}}, -\infty<x<+\infty,$$

函数图形如图 6.3 所示. 从 $f(x)$ 的表达式不难看出, $f(x)$ 是偶函数, 于是它的图形关于纵轴 $x=0$ 对称. 据此可以推得 $E(T)=0$, 对一切 $n=2,3,\cdots$ 成立.

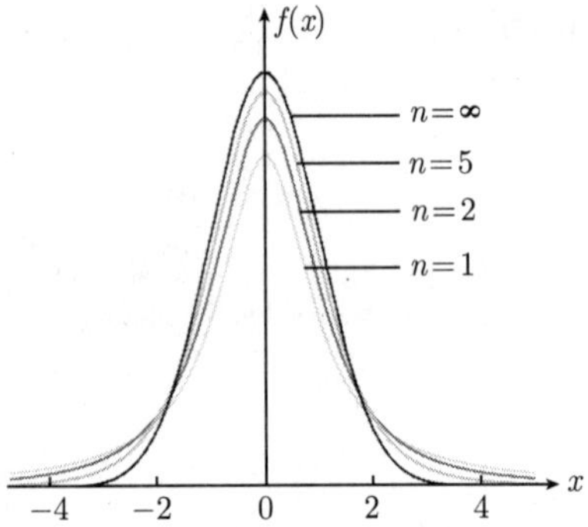

图 6.3　t_n 分布的概率密度函数
($n=\infty$ 表示标准正态分布的概率密度函数)

设 $T \sim t_n$. 对给定的 α, $0<\alpha<1$, 我们称满足条件

$$P\{T > t_n(\alpha)\} = \int_{t_n(\alpha)}^{+\infty} f(x)\mathrm{d}x = \alpha$$

的点 $t_n(\alpha)$ 为 t_n 分布的上 α 分位点. t 分布的分位点的具体数值可以从 t 分布表中查到, 见附表 3.

6.3.3　F 分布

定义 6.3.3　设随机变量 $X \sim \chi_m^2$, $Y \sim \chi_n^2$, 且 X 与 Y 相互独立, 则随机变量

$$F = \frac{X/m}{Y/n}$$

的分布称为自由度为 m 和 n 的 F 分布, 记为 $F \sim F_{m,n}$.

根据定义, 可以证明 $F_{m,n}$ 分布的概率密度函数为

$$f(x)=\begin{cases}\dfrac{\Gamma\left(\dfrac{m+n}{2}\right)}{\Gamma\left(\dfrac{m}{2}\right)\Gamma\left(\dfrac{n}{2}\right)}\left(\dfrac{m}{n}\right)^{\frac{m}{2}}x^{\frac{m}{2}-1}\left(1+\dfrac{m}{n}x\right)^{-\frac{m+n}{2}}, & x>0,\\ 0, & x\leqslant 0,\end{cases}$$

函数图形如图 6.4 所示.

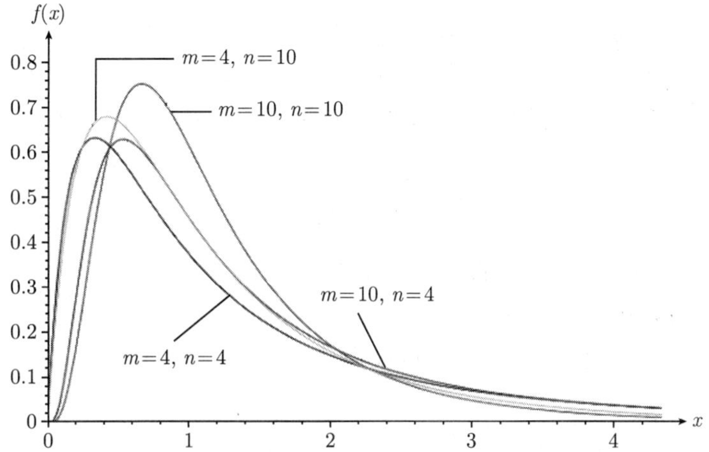

图 6.4　$F_{m,n}$ 分布的概率密度函数

设 $F \sim F_{m,n}$, 对给定的 α, $0<\alpha<1$, 我们称满足条件

$$P\{F>F_{m,n}(\alpha)\}=\int_{F_{m,n}(\alpha)}^{+\infty}f(x)\mathrm{d}x=\alpha$$

的点 $F_{m,n}(\alpha)$ 为 $F_{m,n}$ 分布的上 α 分位点. 它可以从 F 分布表中查到, 见附表 5.

F 分布具有下列重要性质:

1. 设 $X \sim F_{m,n}$, 记 $Y=1/X$, 则 $Y \sim F_{n,m}$.

这个性质可以直接从 F 分布的定义推出. 利用这个性质我们可以得到 F 分布分位点的如下关系

$$F_{m,n}(1-\alpha)=\frac{1}{F_{n,m}(\alpha)}. \tag{6.3.1}$$

这个关系式的证明如下, 若 $X \sim F_{m,n}$, 依据分位点的定义

$$\begin{aligned}1-\alpha&=P\Big\{X>F_{m,n}(1-\alpha)\Big\}=P\left\{\frac{1}{X}<\frac{1}{F_{m,n}(1-\alpha)}\right\}\\&=P\left\{Y<\frac{1}{F_{m,n}(1-\alpha)}\right\}=1-P\left\{Y\geqslant\frac{1}{F_{m,n}(1-\alpha)}\right\}.\end{aligned}$$

等价地

$$P\left\{Y > \frac{1}{F_{m,n}(1-\alpha)}\right\} = \alpha,$$

因为 $Y \sim F_{n,m}$, 再根据分位点的定义, 知 $1/F_{m,n}(1-\alpha)$ 就是 $F_{n,m}(\alpha)$, 即

$$\frac{1}{F_{m,n}(1-\alpha)} = F_{n,m}(\alpha),$$

这就证明了 (6.3.1) 式.

通常在 F 分布表中, 只对 α 比较小的值, 如 $\alpha = 0.1,\ 0.01,\ 0.05,\ 0.025$ 等列出分位点. 但有时我们也需要知道 α 值相对比较大的分位点, 它们在 F 分布表中查不到. 这时我们就可以利用分位点的关系 (6.3.1) 式把它们计算出来. 例如, 对 $m = 12,\ n = 9,\ \alpha = 0.95$, 我们在 F 分布表中查不到 $F_{12,9}(0.95)$. 但由 (6.3.1) 式知

$$F_{12,9}(0.95) = \frac{1}{F_{9,12}(0.05)} = \frac{1}{2.80} = 0.357,$$

这里 $F_{9,12}(0.05) = 2.80$ 是可以从 F 分布表查到的.

2. 设 $X \sim t_n$, 则 $X^2 \sim F_{1,n}$.

证 设 $X \sim t_n$, 根据定义, X 可以表为 $X = \dfrac{Y}{\sqrt{Z/n}}$, 其中 $Y \sim N(0,1),\ Z \sim \chi_n^2$, 且相互独立. 于是

$$X^2 = \frac{Y^2}{Z/n}.$$

注意到 $Y^2 \sim \chi_1^2$, 依据 F 分布的定义知, $X^2 \sim F_{1,n}$.

6.3.4 正态总体的样本均值与样本方差的分布

对正态总体, 关于样本均值和样本方差以及某些重要统计量的抽样分布具有非常完美的理论结果, 它们为讨论参数估计和假设检验奠定了坚实的基础. 我们把这些内容归纳成如下定理.

定理 6.3.1 (基本定理) 设 $X_1, X_2, \cdots, X_n$ 是来自正态总体 $N(\mu, \sigma^2)$ 的样本, 则

(1) $\overline{X} \sim N\left(\mu, \dfrac{\sigma^2}{n}\right)$,

(2) $(n-1)S^2/\sigma^2 \sim \chi_{n-1}^2$,

(3) $\overline{X}$ 与 S^2 相互独立,

(4) $\dfrac{\overline{X}-\mu}{S/\sqrt{n}} \sim t_{n-1}$,

其中 $\overline{X}$ 为样本均值, S^2 为样本方差, 即

$$\overline{X} = \frac{1}{n}\sum_{i=1}^{n} X_i, \quad S^2 = \frac{1}{n-1}\sum_{i=1}^{n}(X_i - \overline{X})^2.$$

定理 6.3.1 的证明超出了课程教学范围, 在此不作证明.

在后面几章的讨论中将多次用到定理 6.3.1, 这里我们先举两个简单例子来说明定理 6.3.1 应用.

例 6.3.1 假设某物体的实际重量为 μ, 但它是未知的. 现在用一架天平去称它, 共称了 n 次, 得到 $X_1, X_2, \cdots, X_n$. 假设每次称量过程彼此独立且没有系统误差, 则可以认为这些测量值都服从正态分布 $N(\mu, \sigma^2)$, 方差 σ^2 反映了天平及测量过程的总精度, 通常我们用样本均值 $\overline{X}$ 去估计 μ, 根据基本定理 6.3.1, $\overline{X} \sim N\left(\mu, \dfrac{\sigma^2}{n}\right)$. 再从正态分布的性质 (见例 4.2.6) 知

$$P\left\{|\overline{X}-\mu| < \frac{3\sigma}{\sqrt{n}}\right\} \geqslant 99.7\%.$$

这就是说, 我们的估计值 $\overline{X}$ 与真值 μ 的偏差小于 $3\sigma/\sqrt{n}$ 的概率不小于 99.7%, 并且随着称量次数 n 的增加, 偏差界限 $3\sigma/\sqrt{n}$ 越来越小. 例如, 若 $\sigma = 0.1$, $n = 10$, 则

$$P\left\{|\overline{X}-\mu| < \frac{3\times 0.1}{\sqrt{10}}\right\} = P\{|\overline{X}-\mu| < 0.09\} \geqslant 99.7\%,$$

于是我们断言, $\overline{X}$ 与物体真正重量 μ 的偏差小于 0.09 的概率至少是 99.7%. 如果将称量次数 n 增加到 100, 则

$$P\left\{|\overline{X}-\mu| < \frac{3\times 0.1}{\sqrt{100}}\right\} = P\{|\overline{X}-\mu| < 0.03\} \geqslant 99.7\%.$$

这时, 以同样的概率成立“ $\overline{X}$ 与物体真正重量 μ 的偏差小于 0.03”.

例 6.3.2 在设计导弹发射装置时, 重要事情之一是研究弹着点偏离目标中心的距离的方差. 对于一类导弹发射装置, 弹着点偏离目标中心的距离服从正态分布 $N(\mu, \sigma^2)$, 这里 $\sigma^2 = 100$ 米 ^{2}. 现在进行了 25 次发射试验, 用 S^2 记这 25 次试验中弹着点偏离目标中心的距离的样本方差. 试求 S^2 超过 50 米 ^{2} 的概率.

解 根据基本定理 $\dfrac{(n-1)S^2}{\sigma^2} \sim \chi^2_{n-1}$, 于是

$$\begin{aligned} P\{S^2 > 50\} &= P\left\{\frac{(n-1)S^2}{\sigma^2} > \frac{(n-1)50}{\sigma^2}\right\} \\ &= P\left\{\chi^2_{24} > \frac{24\times 50}{100}\right\} = P\{\chi^2_{24} > 12\} > 0.975. \end{aligned}$$

习 题 6

6.1 证明 (6.2.1) 和 (6.2.2) 式.

6.2 设 $X_1, X_2, \cdots, X_n$ 为抽自均值为 μ、方差为 σ^2 的总体的样本, $\overline{X}$ 为样本均值. 证明 $E(\overline{X}) = \mu$, $\mathrm{Var}(\overline{X}) = \sigma^2/n$.

6.3 假设 $X_1, X_2, \cdots, X_n$ 为来自均值为 μ、方差为 σ^2 的总体的样本,

$$S^2 = \frac{1}{n-1}\sum_{i=1}^{n}(X_i - \overline{X})^2,$$

证明

(1) $S^2 = \dfrac{1}{n-1}\left[\sum\limits_{i=1}^{n} X_i^2 - n\overline{X}^2\right]$;　　(2) $E(S^2) = \sigma^2$.

6.4 在例 6.2.3 中, 设每箱装 n 瓶洗净剂. 若想要 n 瓶灌装量的平均值与标定值相差不超过 0.3 毫升的概率近似为 95%, 请问 n 至少应该等于多少?

6.5 假设某种类型的电阻器的阻值服从均值 $\mu = 200$ 欧姆, 标准差 $\sigma = 10$ 欧姆的分布, 在一个电子线路中使用了 25 个这样的电阻.

(1) 求这 25 个电阻平均阻值落在 199 到 202 欧姆之间的概率;

(2) 求这 25 个电阻总阻值不超过 5100 欧姆的概率.

6.6 假设某种设备每天停机时间服从均值 $\mu = 4$ 小时、标准差 $\sigma = 0.8$ 小时的分布.

(1) 求一个月 (30 天) 中, 每天平均停机时间在 1 到 5 小时之间的概率;

(2) 求一个月 (30 天) 中, 总的停机时间不超过 115 小时的概率.

6.7 设 $T \sim t_n$, 证明 $E(T) = 0,\ n = 2, 3, \cdots$.

6.8 设总体 $X \sim N(150, 25^2)$, 现在从中抽取样本大小为 25 的样本, 求 $P\{140 < \overline{X} < 147.5\}$.

6.9 设某大城市市民的年收入服从均值 $\mu = 1.5$ 万元、标准差 $\sigma = 0.5$ 万元的正态分布. 现随机调查了 100 个人, 求他们的平均年收入落在下列范围内的概率:

(1) 大于 1.6 万元;

(2) 小于 1.3 万元;

(3) 落在区间 $[1.2, 1.6]$ 内.

6.10 假设总体分布为 $N(12, 2^2)$, 今从中抽取样本 $X_1, X_2, \cdots, X_5$. 求

(1) 样本均值 $\overline{X}$ 大于 13 的概率;

(2) 样本的最小值小于 10 的概率;

(3) 样本的最大值大于 15 的概率.

6.11 设总体 $X \sim N(\mu, \sigma^2)$, 从中抽取样本 $X_1, X_2, \cdots, X_{16}$, S^2 为样本方差, 计算 $P\{S^2/\sigma^2 \leqslant 2.04\}$.

第7章　参数估计

总体是由总体分布来刻画的. 在实际问题中我们根据问题本身的专业知识或以往的经验或适当的统计方法, 有时可以判断总体分布的类型, 但是总体分布的参数还是未知的, 需要通过样本来估计. 例如, 为了研究人们的市场消费行为, 我们要先搞清楚人们的收入状况. 若假设某城市在职职工年收入的对数服从正态分布 $N(\mu,\sigma^2)$, 但参数 μ 和 σ^2 的具体值并不知道, 需要通过样本来估计. 又如, 假定某城市在单位时间(譬如一个月) 内交通事故发生次数服从泊松分布 $P(\lambda)$, 其中的参数 λ 也是未知的, 同样需要从样本来估计. 通过样本来估计总体的参数, 这称为参数估计, 它是统计推断的一种重要形式. 本章我们讨论参数估计的常用方法、估计的优良性以及若干重要总体的参数估计问题.

7.1　矩估计

设有一个总体 X, 为简单计, 我们以 $f(x,\theta_1,\cdots,\theta_k)$ 记其概率密度函数或概率分布. 若总体分布为连续型的, 它就是概率密度函数. 若总体分布为离散型的, 它就是概率分布. $\theta_1,\cdots,\theta_k$ 为总体的 k 个未知参数. 例如, 对正态总体 $N(\mu,\sigma^2)$, 它包含两个未知参数 μ 和 σ^2, 它的概率密度函数为

$$f(x,\mu,\sigma^2)=\frac{1}{\sqrt{2\pi}\sigma}\mathrm{e}^{-\frac{1}{2\sigma^2}(x-\mu)^2},\quad -\infty<x<+\infty.$$

若总体为二项分布 $B(n,p)$, 那么根据二项分布的定义, 我们知道 n 是试验次数, 它是已知的. 因此对二项分布只有一个未知参数 p, 它的概率分布为

$$f(x,p)=\binom{n}{x}p^x(1-p)^{n-x},\quad x=0,1,2,\cdots,n.$$

为了估计总体参数 $\theta_1,\cdots,\theta_k$, 我们就要从总体中抽出样本, 记之为 $X_1,X_2,\cdots,X_n$. 我们已经说过, 这些 X_i 都是独立同分布的, 它们的公共分布就是总体分布 $f(x,\theta_1,\cdots,\theta_k)$. 以 θ_1 的估计为例. 为了估计 θ_1, 需要构造适当的统计量 $\hat{\theta}_1(X_1,X_2,\cdots,X_n)$, 它只依赖于样本. 也就是说, 一旦有了样本 $X_1,X_2,\cdots,X_n$, 我们就可以算出统计量 $\hat{\theta}_1(X_1,X_2,\cdots,X_n)$ 的一个值, 用来作为 θ_1 的估计值. 我们称统计量 $\hat{\theta}_1(X_1,X_2,\cdots,X_n)$ 为 θ_1 的估计, 简记为 $\hat{\theta}_1$. 因为未知参数 θ_1 和估计 $\hat{\theta}_1$ 都是实轴上的点, 所以这样的估计称为点估计.

矩估计是基于直观考虑而提出的, 其方法比较简单. 对总体 X, 它的 m 阶原点矩为

$$\alpha_m = E(X^m) = \int_{-\infty}^{+\infty} x^m f(x, \theta_1, \cdots, \theta_k)\mathrm{d}x.$$

若是离散型分布, 这里的积分号应改为求和号. 而 m 阶样本原点矩为

$$A_m = \frac{1}{n}\sum_{i=1}^{n} X_i^m.$$

一般说来, α_m 是总体参数 $\theta_1, \cdots, \theta_k$ 的函数, 记之为 $\alpha_m(\theta_1, \cdots, \theta_k)$. 因此, 如果令总体的前 k 阶原点矩与同阶样本原点矩相等, 就得到关于 $\theta_1, \cdots, \theta_k$ 的一个方程组

$$\alpha_m(\theta_1, \cdots, \theta_k) = A_m, \quad m = 1, 2, \cdots, k. \tag{7.1.1}$$

解这个方程组, 其解记为

$$\hat{\theta}_i = \hat{\theta}_i(X_1, X_2, \cdots, X_n), \quad i = 1, \cdots, k.$$

它们就可以作为 $\theta_1, \cdots, \theta_k$ 的估计. 这样的估计叫做矩估计.

矩估计的理论背景是: 因为样本 $X_1, X_2, \cdots, X_n$ 是独立同分布的, 于是 $X_1^m, X_2^m, \cdots, X_n^m$ 也是独立同分布的, 因而 $E(X_1^m) = E(X_2^m) = \cdots = E(X_n^m) = \alpha_m$. 按照大数定律, 样本原点矩 A_m 作为 $X_1^m, X_2^m, \cdots, X_n^m$ 的算术平均值依概率收敛到均值 $\alpha_m = E(X_i^m)$, 即

$$A_m = \frac{1}{n}\sum_{i=1}^{n} X_i^m \xrightarrow{P} \alpha_m.$$

于是, 对充分大的 n, 有 $\alpha_m(\theta_1, \cdots, \theta_k) \approx A_m$, 将 "近似等于号" 换成 "等号" 就得到了 (7.1.1).

设总体 X 的均值为 μ, 方差为 σ^2, 于是

$$\begin{cases} \alpha_1 = E(X) = \mu, \\ \alpha_2 = E(X^2) = \mathrm{Var}(X) + [E(X)]^2 = \sigma^2 + \mu^2. \end{cases}$$

对 $m = 1, 2$, 方程组 (7.1.1) 变为

$$\begin{cases} \mu = \bar{X}, \\ \sigma^2 + \mu^2 = \dfrac{1}{n}\displaystyle\sum_{i=1}^{n} X_i^2. \end{cases}$$

解这个方程组, 得到 μ 和 σ^2 的矩估计

$$\hat{\mu} = \bar{X},$$

$$\hat{\sigma}^2 = \frac{1}{n}\sum_{i=1}^{n} X_i^2 - \bar{X}^2 = \frac{1}{n}\sum_{i=1}^{n}(X_i - \bar{X})^2.$$

于是, 我们得到如下结论: 对一切均值为 μ, 方差为 σ^2 的总体, 不管总体的具体分布形式如何, μ 和 σ^2 的矩估计总是

$$\begin{aligned}\hat{\mu} &= \bar{X}, \\ \hat{\sigma}^2 &= \frac{1}{n}\sum_{i=1}^{n}(X_i - \bar{X})^2.\end{aligned} \tag{7.1.2}$$

需要读者特别注意, 方差的矩估计并不等于样本方差 S^2, 而是等于 $\hat{\sigma}^2 = \dfrac{n-1}{n}S^2$.

例 7.1.1 对正态总体 $N(\mu, \sigma^2)$, 因为 μ 和 σ^2 分别为总体均值和方差, 所以, 它们的矩估计为 $\hat{\mu} = \bar{X}, \hat{\sigma}^2 = \sum\limits_{i=1}^{n}(X_i - \bar{X})^2/n$.

例 7.1.2 设 $X_1, X_2, \cdots, X_n$ 为从定义在 $[a, b]$ 上的均匀分布的总体抽取的样本, 试导出 a 和 b 的矩估计.

解 根据 4.1 节和 4.2 节知, 总体 X 有均值 $E(X) = (a+b)/2$ 和方差 $\mathrm{Var}(X) = (b-a)^2/12$, 于是由 (7.1.2) 式得

$$\begin{cases} \dfrac{b+a}{2} = \bar{X}, \\ \dfrac{(b-a)^2}{12} = \dfrac{1}{n}\sum\limits_{i=1}^{n}(X_i - \bar{X})^2. \end{cases}$$

由此方程组解得 a 和 b 的矩估计分别为

$$\begin{aligned}\hat{a} &= \bar{X} - \sqrt{3\hat{\sigma}^2} = \bar{X} - \sqrt{3}\hat{\sigma}, \\ \hat{b} &= \bar{X} + \sqrt{3\hat{\sigma}^2} = \bar{X} + \sqrt{3}\hat{\sigma},\end{aligned}$$

这里 $\hat{\sigma} = (\hat{\sigma}^2)^{1/2} = \left(\dfrac{1}{n}\sum\limits_{i=1}^{n}(X_i - \bar{X})^2\right)^{1/2}$.

例 7.1.3 在对事件 A 进行的 n 次独立重复观测中, 得到记录 $X_1, X_2, \cdots, X_n$, 其中

$$X_i = \begin{cases} 1, & \text{第 } i \text{ 次试验中事件 } A \text{ 发生}, \\ 0, & \text{第 } i \text{ 次试验中事件 } A \text{ 不发生}, \end{cases}$$

试估计事件 A 发生的概率.

解 记事件 A 发生的概率为 p, 定义随机变量

$$X = \begin{cases} 1, & \text{一次试验中事件 } A \text{ 发生}, \\ 0, & \text{一次试验中事件 } A \text{ 不发生}, \end{cases}$$

则 $X \sim B(1, p)$, 并且 $E(X) = p, X_1, X_2, \cdots, X_n$ 为总体 X 的样本. 根据 (7.1.2) 式, p 的矩估计为

$$\hat{p} = \bar{X} = \frac{1}{n}\sum_{i=1}^{n}X_i,$$

注意, 这里 $\sum_{i=1}^{n} X_i$ 是在 n 次试验中事件 A 发生的次数. 因而, $\bar{X}$ 是事件 A 发生的频率. 于是, 我们的结论可叙述为: 频率是概率的矩估计.

例 7.1.4 设总体的分布为泊松分布 $P(\lambda), X_1, X_2, \cdots, X_n$ 为从该总体抽取的样本. 因为 $E(X) = \lambda$, 所以, 据 (7.1.2) 中第一式, λ 的矩估计为 $\hat{\lambda} = \bar{X}$. 另一方面, λ 也是总体的方差, 据 (7.1.2) 中第二式 λ 的矩估计为 $\hat{\lambda} = \hat{\sigma}^2$. 这样, 一个参数 λ 就有了两个不同的矩估计. 在实际应用中, 我们究竟采用哪一个呢? 这除了要考虑在后面我们将要讨论的估计优良性的标准外, 一般选用阶数较低的样本矩. 在本例中, $\bar{X}$ 是一阶样本原点矩, $\hat{\sigma}^2$ 是二阶样本中心矩, 所以, 我们采用 $\bar{X}$ 作为 λ 的矩估计.

下面我们再举一个例子. 人的白细胞在体内每个细胞单位内的数量近似服从泊松分布 $P(\lambda)$. 为了估计 λ 的值, 现在观察了 1008 个细胞单位, 数出了每个细胞单位内的白细胞数, 如表 7.1.

表 7.1 每个细胞单位内的白细胞数

每个细胞单位内的白细胞数	对应的细胞单位个数	每个细胞单位内的白细胞数	对应的细胞单位个数
0	64	7	20
1	171	8	6
2	239	9	3
3	220	10	0
4	155	11	1
5	83	总计	1008
6	46		

于是, 每个细胞单位内的白细胞数的样本均值

$$\bar{X} = \frac{1}{1008}(64 \times 0 + 171 \times 1 + 239 \times 2 + \cdots + 1 \times 11) = 2.82.$$

根据上面的讨论, 我们知道它是 λ 的估计. 另一方面,

$$\begin{aligned}\hat{\sigma}^2 = &\frac{1}{1008}[64 \times (0 - 2.82)^2 + 171 \times (1 - 2.82)^2 + 239 \times (2 - 2.82)^2 \\ &+ \cdots + 1 \times (11 - 2.82)^2] \\ = &2.99.\end{aligned}$$

它和 $\bar{X} = 2.82$ 很相近. 这个事实从另一角度表明, 用泊松分布 $P(\lambda)$ 来近似描述每个细胞单位内的白细胞数有其合理性.

7.2 极大似然估计

设总体的概率密度函数 (或概率分布) 为 $f(x, \theta_1, \cdots, \theta_k), X_1, X_2, \cdots, X_n$ 为从该

总体抽出的样本. 因为 $X_1, X_2, \cdots, X_n$ 相互独立且同分布, 于是, 它们的联合概率密度函数 (或联合概率分布) 为

$$L(x_1, x_2, \cdots, x_n; \theta_1, \cdots, \theta_k) = \prod_{i=1}^{n} f(x_i, \theta_1, \cdots, \theta_k).$$

这里 $\theta_1, \cdots, \theta_k$ 被看作固定但是未知的参数. 反过来, 如果我们把 $x_1, x_2, \cdots, x_n$ 看成固定的, 则 $L(x_1, x_2, \cdots, x_n; \theta_1, \cdots, \theta_k)$ 就是 $\theta_1, \cdots, \theta_k$ 的函数, 这时我们把它称为似然函数.

假定现在我们已经观测到一组样本观测值 $x_1, x_2, \cdots, x_n$, 要去估计未知参数 $\theta_1, \cdots, \theta_k$. 一种直观的想法是, 哪一组参数值使现在的样本观测值 $x_1, x_2, \cdots, x_n$ 出现的可能性最大, 哪一组参数可能就是真正的参数, 我们就要用它作为参数的估计值. 这里, 假定我们已知一组样本观测值 $x_1, x_2, \cdots, x_n$. 如果对参数的两组不同的值 $\theta_1', \cdots, \theta_k'$ 和 $\theta_1'', \cdots, \theta_k''$, 似然函数有如下关系

$$L(x_1, x_2, \cdots, x_n; \theta_1', \cdots, \theta_k') > L(x_1, x_2, \cdots, x_n; \theta_1'', \cdots, \theta_k''),$$

那么, 从 $L(x_1, x_2, \cdots, x_n; \theta_1, \cdots, \theta_k)$ 又是概率密度函数的角度来看, 上式的意义就是参数 $\theta_1', \cdots, \theta_k'$ 使 $x_1, x_2, \cdots, x_n$ 出现的可能性比参数 $\theta_1'', \cdots, \theta_k''$ 使 $x_1, x_2, \cdots, x_n$ 出现的可能性大, 当然参数 $\theta_1', \cdots, \theta_k'$ 比 $\theta_1'', \cdots, \theta_k''$ 更像是真正的参数. 这样的分析就导致了参数估计的一种方法, 即用使似然函数达到最大值的点 $(\theta_1^*, \cdots, \theta_k^*)$, 作为未知参数的估计, 这就是所谓的极大似然估计.

现在我们讨论求极大似然估计的具体方法. 为简单起见, 以下记 $L(\theta) = L(x_1, x_2, \cdots, x_n; \theta_1, \cdots, \theta_k)$. 求 θ 的极大似然估计就归结为求 $L(\theta)$ 的最大值点. 由于对数函数是单调增函数, 所以

$$\ln L(\theta) = \sum_{i=1}^{n} \ln f(x_i; \theta_1, \cdots, \theta_k) \tag{7.2.1}$$

与 $L(\theta)$ 有相同的最大值点. 而在许多情况下, 求 $\ln L(\theta)$ 的最大值点比较简单, 于是, 我们就将求 $L(\theta)$ 的最大值点改为求 $\ln L(\theta)$ 的最大值点. 对 $\ln L(\theta)$ 关于 $\theta_1, \cdots, \theta_k$ 求导数, 并令其等于零, 得到方程组

$$\frac{\partial \ln L(\theta)}{\partial \theta_i} = 0, \quad i = 1, \cdots, k, \tag{7.2.2}$$

称为似然方程组. 解这个方程组, 得到 $\ln L(\theta)$ 的驻点, 如果驻点是唯一的, 又能验证它是一个极大值点, 则它必是 $\ln L(\theta)$, 也就是 $L(\theta)$ 的最大值点, 即为所求的极大似然估计. 许多常用的重要例子多属于这种情况. 然而在一些情况下, 问题比较复杂, 似然方程组的解可能不唯一, 这时就需要进一步判定哪一个是最大值点.

还需要指出, 若函数 $f(x,\theta_1,\cdots,\theta_k)$ 关于 $\theta_1,\cdots,\theta_k$ 的导数不存在时, 我们就无法得到似然方程组 (7.2.2), 这时就必须根据极大似然估计的定义直接去求 $L(\theta)$ 的最大值点.

在一些情况下, 我们需要估计 $g(\theta_1,\cdots,\theta_k)$. 如果 $\theta_1^*,\cdots,\theta_k^*$ 分别是 $\theta_1,\cdots,\theta_k$ 的极大似然估计, 则称 $g(\theta_1^*,\cdots,\theta_k^*)$ 为 $g(\theta_1,\cdots,\theta_k)$ 的极大似然估计.

下面我们举一些例子来说明求极大似然估计的方法.

例 7.2.1 设从正态总体 $N(\mu,\sigma^2)$ 抽出样本 $X_1,X_2,\cdots,X_n$, 这里未知参数为 μ 和 σ^2 (注意我们把 σ^2 看作一个参数). 似然函数为

$$L(\mu,\sigma^2)=\prod_{i=1}^{n}\frac{1}{\sqrt{2\pi}\sigma}\mathrm{e}^{-\frac{(x_i-\mu)^2}{2\sigma^2}}=(2\pi\sigma^2)^{-\frac{n}{2}}\mathrm{e}^{-\frac{1}{2\sigma^2}\sum\limits_{i=1}^{n}(x_i-\mu)^2},$$

它的对数为

$$\ln L(\mu,\sigma^2)=-\frac{n}{2}\ln(2\pi)-\frac{n}{2}\ln(\sigma^2)-\frac{1}{2\sigma^2}\sum_{i=1}^{n}(x_i-\mu)^2,$$

似然方程组为

$$\begin{cases}\dfrac{\partial\ln L(\mu,\sigma^2)}{\partial\mu}=\dfrac{1}{\sigma^2}\displaystyle\sum_{i=1}^{n}(x_i-\mu)=0,\\[2ex]\dfrac{\partial\ln L(\mu,\sigma^2)}{\partial\sigma^2}=-\dfrac{n}{2\sigma^2}+\dfrac{1}{2\sigma^4}\displaystyle\sum_{i=1}^{n}(x_i-\mu)^2=0,\end{cases}$$

由第一式解得

$$\mu^*=\bar{x}=\frac{1}{n}\sum_{i=1}^{n}x_i, \tag{7.2.3}$$

代入第二式得

$$\sigma^{2*}=\frac{1}{n}\sum_{i=1}^{n}(x_i-\bar{x})^2. \tag{7.2.4}$$

似然方程组有唯一解 (μ^*,σ^{2*}), 而且它一定是最大值点, 这是因为当 $|\mu|\to+\infty$ 或 $\sigma^2\to 0$ 或 $+\infty$ 时, 非负函数 $L(\mu,\sigma^2)\to 0$. 于是, μ 和 σ^2 的极大似然估计为

$$\mu^*=\bar{X},\quad \sigma^{2*}=\frac{1}{n}\sum_{i=1}^{n}(X_i-\bar{X})^2. \tag{7.2.5}$$

这里, 我们用大写字母表示所有涉及的样本, 因为极大似然估计 μ^* 和 σ^{2*} 都是统计量, 离开了具体的一次试验或观测, 它们都是随机的.

例 7.2.2 设总体 X 服从参数为 λ 的泊松分布, 它的概率分布为

$$P\{X=x\}=\frac{\mathrm{e}^{-\lambda}\lambda^x}{x!},\quad x=0,1,2,\cdots.$$

有了样本 $X_1, X_2, \cdots, X_n$ 之后, 参数 λ 的似然函数为

$$L(\lambda)=\prod_{i=1}^{n}\frac{\mathrm{e}^{-\lambda}\lambda^{x_i}}{x_i!}=\mathrm{e}^{-n\lambda}\frac{\lambda^{\sum\limits_{i=1}^{n}x_i}}{\prod\limits_{i=1}^{n}(x_i!)},$$

似然方程为

$$\frac{\mathrm{d}\ln L(\lambda)}{\mathrm{d}\lambda}=-n+\frac{1}{\lambda}\sum_{i=1}^{n}x_i=0,$$

解得

$$\lambda^*=\frac{1}{n}\sum_{i=1}^{n}x_i.$$

因为 $\ln L(\lambda)$ 的二阶导数总是负值, 可见, 似然函数在 λ^* 处达到最大值. 所以, $\lambda^*=\bar{X}$ 是 λ 的极大似然估计.

例 7.2.3 在对事件 A 进行的 n 次独立重复观测中, 得到记录 $X_1, X_2, \cdots, X_n$, 其中

$$X_i=\begin{cases}1, & 第\ i\ 次试验中事件\ A\ 发生,\\ 0, & 第\ i\ 次试验中事件\ A\ 不发生,\end{cases}$$

试求事件 A 发生概率 p 的极大似然估计.

解 定义随机变量

$$X=\begin{cases}1, & 一次试验中事件\ A\ 发生,\\ 0, & 一次试验中事件\ A\ 不发生,\end{cases}$$

则 $X\sim B(1,p)$, 它的概率分布为

$$P\{X=x\}=p^x(1-p)^{1-x},\quad x=0,1.$$

现有样本 $X_1, X_2, \cdots, X_n$, 故似然函数为

$$L(p)=\prod_{i=1}^{n}p^{x_i}(1-p)^{1-x_i}=p^{\sum\limits_{i=1}^{n}x_i}(1-p)^{n-\sum\limits_{i=1}^{n}x_i},$$

它的对数为

$$\ln L(p)=\left(\sum_{i=1}^{n}x_i\right)\ln p+\left(n-\sum_{i=1}^{n}x_i\right)\ln(1-p),$$

似然方程为

$$\frac{\mathrm{d}\ln L(p)}{\mathrm{d}p}=\frac{\sum\limits_{i=1}^{n}x_i}{p}-\frac{\left(n-\sum\limits_{i=1}^{n}x_i\right)}{1-p}=0.$$

方程的解为

$$p^* = \bar{x}.$$

注意到 $\sum\limits_{i=1}^{n} x_i \leqslant n$, 很容易验证, $\ln L(p)$ 的二阶导数在 $\bar{x}$ 处取负值, 于是 $\bar{x}$ 是 $\ln L(p)$ 的最大值点. 因而 $\bar{X}$ 是 p 的极大似然估计. 因为 $\bar{X}$ 是事件 A 在 n 次试验中发生的频率, 于是, 我们得到如下结论: 频率是概率的极大似然估计.

结合例 7.1.3, 我们看到, 频率既是概率的矩估计, 又是概率的极大似然估计, 这就为我们在各种具体场合用频率去估计概率提供了理论依据. 例如, 当我们要估计一种产品的合格率 p 时, 就可以随机抽取这种产品 N 件进行检查, 若发现其中有 n 件合格品, 那么 $\hat{p} = n/N$ 就是该产品合格率的矩估计和极大似然估计. 又如, 据记载, 1982 年在北京某家医院出生的 1449 名婴儿中有男婴 754 人. 那么男婴出生率的估计就是 $\hat{p} = 754/1449 = 52.04\%$, 这个数字与从遗传学原理算出的男婴出生率 $22/43 = 51.16\%$ 很接近.

例 7.2.4　设总体 X 的分布为 $[a, b]$ 上的均匀分布, 求 a, b 的极大似然估计.

解　X 的概率密度函数为

$$f(x) = \begin{cases} \dfrac{1}{b-a}, & a \leqslant x \leqslant b, \\ 0, & \text{其他}. \end{cases}$$

对样本 $X_1, X_2, \cdots, X_n$,

$$L(a, b) = \begin{cases} \dfrac{1}{(b-a)^n}, & a \leqslant x_i \leqslant b, i = 1, 2, \cdots, n, \\ 0, & \text{其他}. \end{cases}$$

很显然, $L(a, b)$ 作为 a 和 b 的二元函数是不连续的. 这时我们不能用似然方程组 (7.2.2) 来求极大似然估计, 而必须从极大似然估计的定义出发, 求 $L(a, b)$ 的最大值. 为使 $L(a, b)$ 达到最大, $b - a$ 应该尽量地小, 但 b 又不能小于 $\max\{x_1, x_2, \cdots, x_n\}$, 否则, $L(a, b) = 0$. 类似地, a 不能大过 $\min\{x_1, x_2, \cdots, x_n\}$. 因此, a 和 b 的极大似然估计为

$$a^* = \min\{X_1, X_2, \cdots, X_n\},$$

$$b^* = \max\{X_1, X_2, \cdots, X_n\}.$$

到现在为止, 我们以正态分布、泊松分布、均匀分布的参数以及事件发生的概率的估计为例子讨论了矩估计和极大似然估计. 在我们所举的例子中, 除了均匀分布外, 两种估计都是一致的. 矩估计的优点是只需知道总体的矩, 总体的分布形式不必知道. 而极大似然估计则必须知道总体分布形式, 并且在一般情况下, 似然方程组的求解较复杂, 往往需要在计算机上通过迭代运算才能计算出其近似解.

例 7.2.5 设某城市的在职人员年收入 X 概率密度函数为

$$f(x)=\begin{cases}\dfrac{1}{\sqrt{2\pi}\sigma(x-11.00)}\exp\left(-\dfrac{[\ln(x-11.00)-\mu]^2}{2\sigma^2}\right), & x>11.00,\\ 0, & x\leqslant 11.00,\end{cases}$$

其中 11.00(千元) 为最低工资标准. 随机抽取了 10 名在职人员的年收入, 记录如下 (单位: 千元):

$$\begin{matrix}123.23, & 49.45, & 107.79, & 18.84, & 23.31,\\ 158.05, & 75.19, & 15.28, & 54.59, & 13.51,\end{matrix}$$

试用极大似然估计法估计 μ 和 σ^2.

解 样本大小 $n=10$, 似然函数为

$$L(\mu,\sigma^2)=\begin{cases}\displaystyle\prod_{i=1}^{n}\frac{1}{\sqrt{2\pi}\sigma(x_i-11)}\exp\left[-\frac{[\ln(x_i-11)-\mu]^2}{2\sigma^2}\right], & x_1,x_2,\cdots,x_n>11,\\ 0, & \text{其他}.\end{cases}$$

注意到所有样本观测值都大于 11, 似然函数值为 0 的部分不需要考虑. 故其对数为

$$\ln L(\mu,\sigma^2)=-\frac{n}{2}\ln(2\pi\sigma^2)-\sum_{i=1}^{n}\ln(x_i-11)-\sum_{i=1}^{n}\frac{[\ln(x_i-11)-\mu]^2}{2\sigma^2},$$

似然方程组为

$$\begin{cases}\dfrac{\partial\ln L(\mu,\sigma^2)}{\partial\mu}=\displaystyle\sum_{i=1}^{n}\frac{[\ln(x_i-11)-\mu]}{\sigma^2}=0,\\ \dfrac{\partial\ln L(\mu,\sigma^2)}{\partial\sigma^2}=-\dfrac{n}{2\sigma^2}+\displaystyle\sum_{i=1}^{n}\frac{[\ln(x_i-11)-\mu]^2}{2\sigma^4}=0,\end{cases}$$

由第一式解得

$$\mu^*=\frac{1}{n}\sum_{i=1}^{n}\ln(x_i-11),$$

代入第二式得

$$\sigma^{2*}=\frac{1}{n}\sum_{i=1}^{n}[\ln(x_i-11)-\mu^*]^2.$$

与例 7.2.1 同样可以说明, (μ^*,σ^{2*}) 为 $L(\mu,\sigma^2)$ 的唯一最大值点. 把样本观测值代入上述二式, 得到 μ 和 σ^2 的极大似然估计值分别为 3.28, 1.88.

7.3 估计量的优良性准则

从前面两节的讨论中我们看到, 有时候同一个参数可以有几种不同的估计, 这时就存在采用哪一个估计的问题. 另一方面, 对一个参数, 用矩估计和极大似然估计即使得到同一种估计, 也存在一个衡量这个估计优劣的问题. 本节我们就讨论评价一个估计的标准问题.

7.3.1 无偏性

假设总体分布的参数为 θ, 设 $\hat{\theta}(X_1, X_2, \cdots, X_n)$ 是 θ 的一个估计, 它是一个统计量. 对于不同的样本 $X_1, X_2, \cdots, X_n$, 估计 $\hat{\theta}$ 取不同的值. 如果 $\hat{\theta}(X_1, X_2, \cdots, X_n)$ 的均值等于未知参数 θ, 即

$$E[\hat{\theta}(X_1, X_2, \cdots, X_n)] = \theta, \quad \text{对一切可能的 } \theta \text{ 成立}, \tag{7.3.1}$$

则称 $\hat{\theta}$ 为 θ 的无偏估计. 无偏性的意义是, 用一个估计量 $\hat{\theta}(X_1, X_2, \cdots, X_n)$ 去估计未知参数 θ, 有时候可能偏高, 有时候可能偏低, 但是平均来说它等于未知参数 θ.

在 (7.3.1) 式中, "一切可能的 θ" 是指每个具体参数估计问题中, 参数 θ 取值范围内的一切可能的值. 例如, 若 θ 是正态总体 $N(\mu, \sigma^2)$ 的均值 μ, 那么, 它的一切可能取值范围是 $(-\infty, +\infty)$. 若 θ 为方差 σ^2, 则它的取值范围是 $(0, +\infty)$. 我们之所以要求 (7.3.1) 式对一切可能的 θ 都成立, 是因为在参数估计问题中, 我们并不知道参数的真值. 所以, 当我们要求一个估计量具有无偏性时, 自然要求它在参数的一切可能取值范围内处处都是无偏的.

例 7.3.1 设 $X_1, X_2, \cdots, X_n$ 为抽自均值为 μ 的总体的样本, 考虑 μ 的估计量

$$\begin{aligned}
\hat{\mu}_1 &= X_1, \\
\hat{\mu}_2 &= \frac{X_1 + X_2}{2}, \\
\hat{\mu}_3 &= \frac{X_1 + X_2 + X_{n-1} + X_n}{4} \quad (\text{假设} n \geqslant 4).
\end{aligned}$$

因为 $E(X_i) = \mu$, 容易验证, $E(\hat{\mu}_i) = \mu, i = 1, 2, 3$, 所以 $\hat{\mu}_1, \hat{\mu}_2$ 和 $\hat{\mu}_3$ 都是 μ 的无偏估计. 但是

$$\hat{\mu}_4 = 2X_1,$$

$$\hat{\mu}_5 = \frac{X_1 + X_2}{3}$$

都不是 μ 的无偏估计.

定理 7.3.1 设总体均值为 μ, 方差为 $\sigma^2, X_1, X_2, \cdots, X_n$ 为来自该总体的样本, 则

(1) $E(\bar{X})=\mu$,

(2) $E(S^2)=\sigma^2$,

这里 $S^2=\sum\limits_{i=1}^{n}(X_i-\bar{X})^2/(n-1)$ 为样本方差, 即样本均值与样本方差分别为总体均值和总体方差的无偏估计.

证 (1) 因为 $X_1,X_2,\cdots,X_n$ 是同分布的, 于是 $E(X_i)=\mu$, 故有

$$E(\bar{X})=\frac{1}{n}\sum_{i=1}^{n}E(X_i)=\frac{1}{n}\cdot n\mu=\mu.$$

(2) 因为

$$\sum_{i=1}^{n}(X_i-\bar{X})^2=\sum_{i=1}^{n}X_i^2-2\left(\sum_{i=1}^{n}X_i\right)\bar{X}+n\bar{X}^2=\sum_{i=1}^{n}X_i^2-n\bar{X}^2,$$

注意到

$$E(X_i^2)=\mathrm{Var}(X_i)+[E(X_i)]^2=\sigma^2+\mu^2,$$

$$E(\bar{X}^2)=\mathrm{Var}(\bar{X})+[E(\bar{X})]^2=\frac{\sigma^2}{n}+\mu^2,$$

于是

$$\begin{aligned}E(S^2)&=\frac{1}{n-1}\left[E\left(\sum_{i=1}^{n}X_i^2\right)-nE(\bar{X}^2)\right]\\&=\frac{1}{n-1}\left[(n\sigma^2+n\mu^2)-n\left(\frac{\sigma^2}{n}+\mu^2\right)\right]=\sigma^2.\end{aligned}$$

定理证毕.

在前两节中, 我们曾经用矩估计和极大似然估计求得正态分布参数 σ^2 的估计, 两者是相同的, 皆为

$$\hat{\sigma}^2=\frac{1}{n}\sum_{i=1}^{n}(X_i-\bar{X})^2.$$

很明显, 它不是 σ^2 的无偏估计. 这就是我们为什么把 $\hat{\sigma}^2$ 的分母 n 修正为 $n-1$ 获得样本方差 S^2 的理由.

若 $\hat{\theta}$ 为 θ 的一个估计, $g(\theta)$ 为 θ 的一个实值函数, 通常我们总是用 $g(\hat{\theta})$ 去估计 $g(\theta)$. 但是, 需要注意的是, 即便 $E(\hat{\theta})=\theta$, 也不一定有 $E[g(\hat{\theta})]=g(\theta)$. 也就是说, 由 $\hat{\theta}$ 是 θ 的无偏估计, 不能断言 $g(\hat{\theta})$ 是 $g(\theta)$ 的无偏估计.

例 7.3.2 样本标准差 S 不是总体标准差 σ 的无偏估计.

事实上, 由于 $\sigma^2=E(S^2)=\mathrm{Var}(S)+[E(S)]^2$, 并且注意到任何随机变量的方差都是非负的, 故有 $[E(S)]^2\leqslant\sigma^2$. 下面说明等号不能对于任何 $\sigma^2\geqslant 0$ 都成立.

用反证法. 若等号总成立, 则必有 $\mathrm{Var}(S)=0$. 另一方面, 我们容易得到, 如果对于非负随机变量 $\xi, E(\xi)=0$, 则 $\xi=0$ (读者不妨以离散型随机变量为例来证明这个结论). 由于 $\mathrm{Var}(S)=E\{[S-E(S)]^2\}=0, S=E(S)$. 这表明 S 为常数, 从而 S^2 为常数. 但由于 $E(S^2)=\sigma^2$, 从而 $S^2=\sigma^2$ 对于任何 $\sigma^2 \geqslant 0$ 成立, 这显然是不可能的.

由 $[E(S)]^2 \leqslant \sigma^2$ 得到

$$E(S) \leqslant \sigma. \tag{7.3.2}$$

这表明用样本标准差去估计总体标准差, 平均来说是偏低的.

7.3.2　均方误差准则

用估计量 $\hat{\theta}$ 去估计 θ, 其误差为 $\hat{\theta}-\theta$, 它随样本 $X_1, X_2, \cdots, X_n$ 的值而定, 也是随机的, 即 $\hat{\theta}-\theta$ 是随机变量. 我们对它求均值, 为了防止求均值时正误差和负误差相互抵消, 我们先将其平方再求均值, 并将其称为均方误差, 记为 $\mathrm{MSE}(\hat{\theta})$, 即

$$\mathrm{MSE}(\hat{\theta})=E[(\hat{\theta}-\theta)^2].$$

这个量越小, 表示用 $\hat{\theta}$ 去估计 θ 时平均误差就越小, 因而也就越优. 均方误差能够分解成两部分

$$\mathrm{MSE}(\hat{\theta})=\mathrm{Var}(\hat{\theta})+[E(\hat{\theta})-\theta]^2, \tag{7.3.3}$$

这个式子的证明是很容易的. 事实上

$$\begin{aligned}
\mathrm{MSE}(\hat{\theta}) &= E[(\hat{\theta}-\theta)^2]=E\{[\hat{\theta}-E(\hat{\theta})+E(\hat{\theta})-\theta]^2\} \\
&= E\{[\hat{\theta}-E(\hat{\theta})]^2\}+2E\{[\hat{\theta}-E(\hat{\theta})][E(\hat{\theta})-\theta]\}+[E(\hat{\theta})-\theta]^2 \\
&= \mathrm{Var}(\hat{\theta})+[E(\hat{\theta})-\theta]^2.
\end{aligned}$$

(7.3.3) 式表明, 均方误差由两部分构成. 第一部分是估计量 $\hat{\theta}$ 的方差, 第二部分是估计量的偏差 $E(\hat{\theta})-\theta$ 的平方. 如果一个估计量是无偏的, 那么这第二部分就是零, 这时

$$\mathrm{MSE}(\hat{\theta})=\mathrm{Var}(\hat{\theta}). \tag{7.3.4}$$

这就是说, 如果限定在无偏估计里, 则均方误差准则就变成了方差准则. 这时两个估计中哪一个估计的方差小, 哪一个估计就比较优.

例 7.3.3　设 $X_1, X_2, \cdots, X_n$ 抽自均值为 μ 的总体, 考虑 μ 的如下两个估计

$$\begin{aligned}
&\hat{\mu}=\bar{X}, \\
&\hat{\mu}_{(-i)}=\sum_{j \neq i} X_j \Big/ (n-1),
\end{aligned}$$

这里 $\hat{\mu}_{(-i)}$ 表示去掉第 i 个样本 X_i 后, 对其余 $n-1$ 个样本所求的样本均值. 显然, $\hat{\mu}$ 和 $\hat{\mu}_{(-i)}$ 都是 μ 的无偏估计, 但是, 因为 $X_1, X_2, \cdots, X_n$ 都是独立同分布的, 且 $\mathrm{Var}(X_i)=\sigma^2$, 于是

$$\mathrm{Var}(\hat{\mu}) = \frac{1}{n^2}\sum_{i=1}^{n}\mathrm{Var}(X_i) = \frac{\sigma^2}{n},$$

$$\mathrm{Var}(\hat{\mu}_{(-i)}) = \frac{\sigma^2}{n-1}.$$

可见, $\hat{\mu} = \bar{X}$ 比 $\hat{\mu}_{(-i)}$ 有较小的方差, 因而 $\bar{X}$ 优于 $\hat{\mu}_{(-i)}$. 这表明, 当我们用样本均值去估计总体均值时, 使用全体样本总比不使用全体样本要好.

7.4　正态总体的区间估计 (一)

在日常生活中, 当我们估计一个未知量的时候, 通常采用两种方法. 一种方法是用一个数, 也就是用实轴上的一个点去估计, 我们称它为点估计. 前面讨论的矩估计和极大似然估计都属于这种情况. 另一种方法是采用一个区间去估计未知量, 例如, 估计某人的身高在 170 厘米到 180 厘米之间; 明天北京的最高气温在 $30\sim 32^\circ$C 等等. 这类估计称为区间估计.

不难看出, 区间估计的长度度量了该区间估计的精度. 区间估计的长度愈长, 它的精度也就愈低. 例如: 估计某人的身高. 甲估计他是在 170~180 厘米, 而乙估计他是在 150~190 厘米, 显然, 甲的区间估计较乙的短, 因而精度较高. 但是, 这个区间短, 包含该人真正身高的可能性即概率就小. 我们把这个概率称为区间估计的可靠度. 那么, 乙的区间估计的长度长, 精度差, 但可靠度比甲的大. 由此可见, 在区间估计中, 精度 (用区间估计的长度来度量) 和可靠度 (用估计的区间包含未知量的概率来度量) 是相互矛盾着的. 在实际问题中, 我们总是在保证可靠度的条件下, 尽可能地提高精度. 下面我们来讨论如何构造未知参数的区间估计.

在统计文献中, 将可靠度称为 “置信系数”. 区间估计也常常称为 “置信区间”.

定义 7.4.1　设 $X_1, X_2, \cdots, X_n$ 为从总体中抽出的样本, θ 为总体中未知参数. 记 $\hat{\theta}_1 = \hat{\theta}_1(X_1, X_2, \cdots, X_n), \hat{\theta}_2 = \hat{\theta}_2(X_1, X_2, \cdots, X_n)$ 为两个统计量, 对给定的 $\alpha(0 < \alpha < 1)$, 若

$$P\{\theta \in [\hat{\theta}_1, \hat{\theta}_2]\} \geqslant 1 - \alpha, \tag{7.4.1}$$

则称区间 $[\hat{\theta}_1, \hat{\theta}_2]$ 为 θ 的置信系数为 $1-\alpha$ 的置信区间.

需要特别强调的是, 置信区间 $[\hat{\theta}_1, \hat{\theta}_2]$ 是一个随机区间, 对给定的一组样本 $X_1, X_2, \cdots, X_n$, 这个区间可能包含未知参数 θ, 也可能不包含. 但 (7.4.1) 式表明, 对置信系数 $1-\alpha$ 的置信区间, 它包含未知参数的概率至少是 $1-\alpha$. 一般在应用上, 取 $\alpha = 0.05$ 的最多, 这时置信系数 $1-\alpha = 0.95$, 那么置信区间包含未知参数的概率至少是 95%. 当然也可以取 $\alpha = 0.01, 0.10$ 等等.

在求置信区间时, α 或置信系数 $1-\alpha$ 是事先给定的, 所以按照上面的讨论, 在 (7.4.1) 式中可以首先考虑取等号, 这样可以使得置信区间在保证置信系数的前提下尽

量短些. 对于离散型总体, 有时等号不能成立, 则需要用不等号来确定置信区间.

现在我们来讨论正态总体参数的区间估计.

设 $X_1, X_2, \cdots, X_n$ 为来自正态总体 $N(\mu, \sigma^2)$ 的样本, σ^2 已知, 求均值 μ 的置信系数为 $1-\alpha$ 的置信区间. 根据基本定理 (见定理 6.3.1), $\bar{X} \sim N\left(\mu, \dfrac{\sigma^2}{n}\right)$, 于是

$$\frac{\bar{X}-\mu}{\sigma/\sqrt{n}} \sim N(0,1). \tag{7.4.2}$$

记 $\varPhi(x)$ 为 $N(0,1)$ 的分布函数, Z_α 为其上 α 分位点, 即 $\varPhi(Z_\alpha) = 1-\alpha$. 于是

$$P\left\{\left|\frac{\bar{X}-\mu}{\sigma/\sqrt{n}}\right| \leqslant Z_{\alpha/2}\right\} = 1-\alpha, \tag{7.4.3}$$

等价地

$$P\left\{\bar{X} - \frac{\sigma}{\sqrt{n}} Z_{\alpha/2} \leqslant \mu \leqslant \bar{X} + \frac{\sigma}{\sqrt{n}} Z_{\alpha/2}\right\} = 1-\alpha.$$

这样, 我们就得到了 μ 的置信系数为 $1-\alpha$ 的置信区间

$$\left[\bar{X} - \frac{\sigma}{\sqrt{n}} Z_{\alpha/2}, \bar{X} + \frac{\sigma}{\sqrt{n}} Z_{\alpha/2}\right]. \tag{7.4.4}$$

这个区间估计的长度为 $2\sigma Z_{\alpha/2}/\sqrt{n}$, 它刻画了此区间估计的精度. 从这个例子可以看出:

(1) 置信系数越大, α 就越小, 因而 $Z_{\alpha/2}$ 就越大, 这时区间估计的长度越长, 精度就越小.

(2) 样本大小 n 越大, 区间估计的长度越短, 因而精度也就越高. 这是在情理中的事, 样本个数增加, 就意味着从样本中获得的关于 μ 的信息增加了, 自然应该构造出比较短的区间估计.

例 7.4.1 某工厂生产的零件长度 X 被认为服从 $N(\mu, 0.04)$, 现从该产品中随机抽取 6 个, 其长度的测量值 (单位: 毫米) 如下:

$$14.6, \quad 15.1, \quad 14.9, \quad 14.8, \quad 15.2, \quad 15.1.$$

试求该零件长度的置信系数为 0.95 的置信区间.

解 $\alpha = 0.05, n = 6, Z_{\alpha/2} = Z_{0.025} = 1.96, \sigma^2 = 0.04$, 因而

$$\frac{\sigma}{\sqrt{n}} Z_{\alpha/2} = \frac{\sqrt{0.04}}{\sqrt{6}} 1.96 = 0.16,$$

$$\bar{X} = 14.95.$$

$$\left[\bar{X} - \frac{\sigma}{\sqrt{n}} Z_{\alpha/2}, \bar{X} + \frac{\sigma}{\sqrt{n}} Z_{\alpha/2}\right] = [14.79, 15.11],$$

所以, 我们得到该零件长度的置信系数为 0.95 的置信区间为 [14.79, 15.11].

现在我们对 "区间 [14.79, 15.11] 包含 μ 的置信系数为 0.95" 这句话作一些解释. 因为现在的区间 [14.79, 15.11] 是固定的, 不再是随机区间, 它要么包含 μ, 要么不包含 μ, 两者必居其一, 因此, 从字面上看置信系数已没有实际意义. 这里的置信系数 0.95 是指, 如果我们把上述抽样多次重复, 构造出很多个这样的区间, 它们包含 μ 的频率大约是 95%. 因此, 置信系数实际上是对构造置信区间的这种方法的可靠程度的整体评价.

上面讨论的是方差 σ^2 已知的情形. 但在应用上, σ^2 往往是未知的, 它是通过样本方差

$$S^2 = \frac{1}{n-1}\sum_{i=1}^{n}(X_i - \bar{X})^2$$

来估计的, 这时, 依据基本定理 (定理 6.3.1), 我们有

$$\frac{\bar{X}-\mu}{S/\sqrt{n}} \sim t_{n-1}, \tag{7.4.5}$$

和 (7.4.2) 式相比, 我们是用 S 代替了 σ, 用 t_{n-1} 代替了 $N(0,1)$, 于是, 不难得到 μ 的置信系数为 $1-\alpha$ 的置信区间为

$$\left[\bar{X} - \frac{S}{\sqrt{n}}t_{n-1}\left(\frac{\alpha}{2}\right), \bar{X} + \frac{S}{\sqrt{n}}t_{n-1}\left(\frac{\alpha}{2}\right)\right], \tag{7.4.6}$$

这里 $t_{n-1}(\alpha)$ 表示自由度为 $n-1$ 的 t 分布的上 α 分位点.

例 7.4.2 一家粮油公司大米包装生产线封装的袋米重量服从 $N(\mu, \sigma^2)$. 从生产线抽取 10 袋大米, 测得各袋大米的重量 (单位: 千克) 如下:

$$10.1, 10.0, 9.8, 10.5, 9.7, 10.1, 9.9, 10.2, 10.3, 9.9.$$

求该生产线封装的平均袋米重量 μ 的置信系数为 0.95 的置信区间.

解 $\alpha = 0.05, n = 10, t_9(0.025) = 2.2622, \bar{X} = 10.05$,

$$S^2 = \frac{1}{n-1}\sum_{i=1}^{n}(X_i - \bar{X})^2 = \frac{1}{n-1}\left[\sum_{i=1}^{n}X_i^2 - \frac{1}{n}\left(\sum_{i=1}^{n}X_i\right)^2\right]$$

$$= \frac{1}{9}\left[1010.55 - \frac{1}{10}\times 10100.25\right] = \frac{0.525}{9} = 0.0583,$$

故 $S = 0.24$.

将这些数据代入 (7.4.6) 式得到 μ 的置信系数为 0.95 的置信区间为 [9.87, 10.22].

通过上面的例子, 我们可以把构造未知参数 θ 的置信区间的方法归纳如下.

(1) 寻找样本 $X_1, X_2, \cdots, X_n$ 和未知参数 θ 的一个函数 $g(X_1, X_2, \cdots, X_n; \theta)$, 其分布完全已知, 且这个分布与参数 θ 无关 (如: (7.4.2) 式的 $(\bar{X}-\mu)/(\sigma/\sqrt{n})$ 和 (7.4.5)

式的 $(\bar{X}-\mu)/(S/\sqrt{n})$ 就是这样的一个函数 $g(X_1,X_2,\cdots,X_n;\mu)$, 它们的分布分别为 $N(0,1)$ 和 t_{n-1}, 与参数 μ 无关).

(2) 对给定的置信系数 $1-\alpha$, 根据 $g(X_1,X_2,\cdots,X_n;\theta)$ 的分布函数, 确定出 a 和 b 使

$$P\{a\leqslant g(X_1,X_2,\cdots,X_n;\theta)\leqslant b\}\geqslant 1-\alpha.$$

(3) 解不等式 $a\leqslant g(X_1,X_2,\cdots,X_n;\theta)\leqslant b$, 得到 $\hat{\theta}_1\leqslant\theta\leqslant\hat{\theta}_2$, 此即为 θ 的置信系数为 $1-\alpha$ 的置信区间.

现在我们按照上述步骤来构造正态总体 $N(\mu,\sigma^2)$ 中 σ^2 的置信区间.

(1) 由基本定理 (定理 6.3.1) 知

$$\frac{(n-1)S^2}{\sigma^2}\sim\chi^2_{n-1}.$$

这里 $\dfrac{(n-1)S^2}{\sigma^2}$ 就是我们要寻找的函数 $g(X_1,X_2,\cdots,X_n;\sigma^2)$, 且它的分布 χ^2_{n-1} 与 σ^2 无关.

(2) 对给定的 $1-\alpha$, 我们取

$$a=\chi^2_{n-1}\left(1-\frac{\alpha}{2}\right),\quad b=\chi^2_{n-1}\left(\frac{\alpha}{2}\right),$$

它们是 χ^2_{n-1} 分布的两个分位点, 如图 7.1 所示. 则有

$$P\left\{\chi^2_{n-1}\left(1-\frac{\alpha}{2}\right)\leqslant\frac{(n-1)S^2}{\sigma^2}\leqslant\chi^2_{n-1}\left(\frac{\alpha}{2}\right)\right\}=1-\alpha.$$

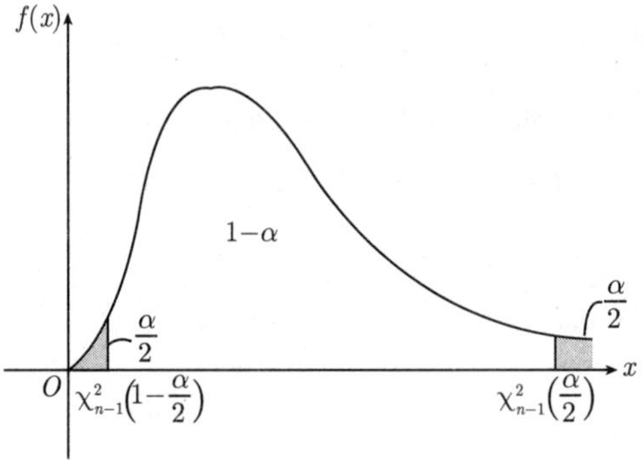

图 7.1 χ^2_{n-1} 分布的分位点

(3) 由 $\chi^2_{n-1}\left(1-\dfrac{\alpha}{2}\right)\leqslant\dfrac{(n-1)S^2}{\sigma^2}\leqslant\chi^2_{n-1}\left(\dfrac{\alpha}{2}\right)$ 解得

$$\hat{\theta}_1=\frac{(n-1)S^2}{\chi^2_{n-1}\left(\frac{\alpha}{2}\right)},\quad \hat{\theta}_2=\frac{(n-1)S^2}{\chi^2_{n-1}\left(1-\frac{\alpha}{2}\right)},$$

故 σ^2 的置信系数为 $1-\alpha$ 的置信区间为

$$\left[\frac{(n-1)S^2}{\chi^2_{n-1}\left(\frac{\alpha}{2}\right)}, \frac{(n-1)S^2}{\chi^2_{n-1}\left(1-\frac{\alpha}{2}\right)}\right]. \tag{7.4.7}$$

例 7.4.3(续例 7.4.2) 求 σ^2 的置信系数为 0.95 的置信区间.

解 $\alpha=0.05, n=10, \chi^2_{n-1}\left(\dfrac{\alpha}{2}\right)=\chi^2_9(0.025)=19.023,$

$$\chi^2_{n-1}\left(1-\frac{\alpha}{2}\right)=\chi^2_9(0.975)=2.70,$$

$$S^2=0.0583.$$

代入 (7.4.7) 式得, σ^2 的置信系数为 0.95 的置信区间为 [0.028, 0.194].

7.5 正态总体的区间估计 (二)

两个正态总体的区间估计问题, 在实际应用中经常会遇到. 例如, 如果要考察一项新技术对提高产品的某项质量指标的作用, 我们把实施新技术前产品的质量指标看成一个正态总体 $N(\mu_1,\sigma_1^2)$, 而把实施新技术后产品质量指标看成另一个正态总体 $N(\mu_2,\sigma_2^2)$. 于是, 评价此新技术的效果问题, 就归结为研究两个正态总体均值之差 $\mu_1-\mu_2$ 的问题. 又如, 当我们要比较甲、乙两厂生产某种药物的治疗效果时, 可以把两个厂的药效分别看成服从正态分布的两个总体, 那么, 两厂药效的差异, 也就是两个正态总体均值的差异. 从而, 评价两厂生产的药物的效果, 就归结为研究对应的两个正态总体的均值之差. 类似的例子可以举出很多, 说明两个正态总体的区间估计问题, 有很广泛的实际意义. 本节我们讨论如何构造两个正态总体均值之差的区间估计.

设 $X_1,X_2,\cdots,X_m$ 是抽自正态总体 $N(\mu_1,\sigma_1^2)$ 的样本, $Y_1,Y_2,\cdots,Y_n$ 是抽自正态总体 $N(\mu_2,\sigma_2^2)$ 的样本, 两样本相互独立, 记 $\bar{X}$ 和 $\bar{Y}$ 分别为它们的样本均值, 样本方差分别为

$$S_1^2=\frac{1}{m-1}\sum_{i=1}^{m}(X_i-\bar{X})^2,$$

$$S_2^2=\frac{1}{n-1}\sum_{i=1}^{n}(Y_i-\bar{Y})^2.$$

定理 7.5.1 (1)
$$\bar{X}-\bar{Y}\sim N\left(\mu_1-\mu_2, \frac{\sigma_1^2}{m}+\frac{\sigma_2^2}{n}\right), \tag{7.5.1}$$

或

$$\frac{(\bar{X}-\bar{Y})-(\mu_1-\mu_2)}{\sqrt{\frac{\sigma_1^2}{m}+\frac{\sigma_2^2}{n}}}\sim N(0,1). \tag{7.5.2}$$

(2) 设 $\sigma_1^2=\sigma_2^2=\sigma^2$, 则

$$\frac{(\bar{X}-\bar{Y})-(\mu_1-\mu_2)}{S\sqrt{\frac{1}{m}+\frac{1}{n}}}\sim t_{m+n-2}, \tag{7.5.3}$$

这里

$$S^2=\frac{(m-1)S_1^2+(n-1)S_2^2}{m+n-2}=\frac{m-1}{m+n-2}S_1^2+\frac{n-1}{m+n-2}S_2^2 \tag{7.5.4}$$

是 S_1^2 和 S_2^2 的加权平均.

证 (1) 由基本定理 (见定理 6.3.1) 知

$$\bar{X}\sim N\left(\mu_1,\frac{\sigma_1^2}{m}\right),\quad \bar{Y}\sim N\left(\mu_2,\frac{\sigma_2^2}{n}\right).$$

因为来自两个不同总体的样本总是相互独立的, 于是 $\bar{X}$ 与 $\bar{Y}$ 也是相互独立的, 因而 (7.5.1) 式成立.

(2) 当 $\sigma_1^2=\sigma_2^2=\sigma^2$ 时, S_1^2 和 S_2^2 都是 σ^2 的估计, 由基本定理得

$$\frac{(m-1)S_1^2}{\sigma^2}\sim\chi_{m-1}^2,\quad \frac{(n-1)S_2^2}{\sigma^2}\sim\chi_{n-1}^2,$$

且相互独立, 根据 χ^2 分布的可加性, 我们有

$$\frac{(m-1)S_1^2+(n-1)S_2^2}{\sigma^2}\sim\chi_{m+n-2}^2. \tag{7.5.5}$$

另一方面, 当 $\sigma_1^2=\sigma_2^2=\sigma^2$ 时, (7.5.2) 式变为

$$\frac{(\bar{X}-\bar{Y})-(\mu_1-\mu_2)}{\sigma\sqrt{\frac{1}{m}+\frac{1}{n}}}\sim N(0,1), \tag{7.5.6}$$

由 (7.5.5) 式和 (7.5.6) 式以及 t 分布的定义, 便得到 (7.5.3) 式, 定理证毕.

利用这个定理, 我们可以得到 $\mu_1-\mu_2$ 的置信系数为 $1-\alpha$ 的置信区间.

(1) 当 σ_1^2 和 σ_2^2 皆已知时, 由 (7.5.2) 式得

$$P\left\{\left|\frac{(\bar{X}-\bar{Y})-(\mu_1-\mu_2)}{\sqrt{\frac{\sigma_1^2}{m}+\frac{\sigma_2^2}{n}}}\right|\leqslant Z_{\alpha/2}\right\}=1-\alpha,$$

于是所求的置信区间为

$$\left[\bar{X}-\bar{Y}\pm Z_{\alpha/2}\sqrt{\frac{\sigma_1^2}{m}+\frac{\sigma_2^2}{n}}\right]. \tag{7.5.7}$$

(2) 当 σ_1^2 和 σ_2^2 未知但 $\sigma_1^2=\sigma_2^2=\sigma^2$ 时, 由 (7.5.3) 式得

$$P\left\{\left|\frac{(\bar{X}-\bar{Y})-(\mu_1-\mu_2)}{S\sqrt{\frac{1}{m}+\frac{1}{n}}}\right|\leqslant t_{m+n-2}\left(\frac{\alpha}{2}\right)\right\}=1-\alpha,$$

于是所求的置信区间为

$$\left[\bar{X}-\bar{Y}\pm t_{m+n-2}\left(\frac{\alpha}{2}\right)S\sqrt{\frac{1}{m}+\frac{1}{n}}\right]. \tag{7.5.8}$$

例 7.5.1 欲比较甲、乙两种棉花品种的优劣. 现假设用它们纺出的棉纱强度分别服从 $N(\mu_1, 2.18^2)$ 和 $N(\mu_2, 1.76^2)$, 试验者从这两种棉纱中分别抽取样本 $X_1, X_2, \cdots, X_{200}$ 和 $Y_1, Y_2, \cdots, Y_{100}$, 其均值 $\bar{X}=5.32, \bar{Y}=5.76$. 试给出 $\mu_1-\mu_2$ 的置信系数为 0.95 的置信区间.

解 由 $\sigma_1^2=2.18^2, \sigma_2^2=1.76^2, m=200, n=100, Z_{\alpha/2}=Z_{0.025}=1.96$, 代入 (7.5.7) 式得到所求置信区间为 $[-0.899, 0.019]$.

例 7.5.2 某公司利用两条自动化流水线灌装矿泉水. 现从生产线上随机抽取样本 $X_1, X_2, \cdots, X_{12}$ 和 $Y_1, Y_2, \cdots, Y_{17}$, 它们是每瓶矿泉水的体积 (单位: 毫升). 算得样本均值 $\bar{X}=501.1$ 和 $\bar{Y}=499.7$, 样本方差 $S_1^2=2.4, S_2^2=4.7$. 假设这两条流水线所装的矿泉水的体积都服从正态分布, 分别为 $N(\mu_1, \sigma^2)$ 和 $N(\mu_2, \sigma^2)$. 给定置信系数 0.95, 试求 $\mu_1-\mu_2$ 的置信区间.

解 由 (7.5.4) 式算出

$$S^2=\frac{(m-1)S_1^2+(n-1)S_2^2}{m+n-2}=\frac{11\times 2.4+16\times 4.7}{12+17-2}=3.763,$$

于是 $S=1.94$, 查 t 分布表 $t_{m+n-2}\left(\frac{\alpha}{2}\right)=t_{27}(0.025)=2.0518$, 由 (7.5.8) 式算得所求置信区间为 $[-0.101, 2.901]$.

在这两个例子中, $\mu_1-\mu_2$ 的置信区间包含了零, 也就是说, μ_1 可能大于 μ_2, 也可能小于 μ_2, 这时我们就认为 μ_1 与 μ_2 并没有显著差异.

7.6 非正态总体的区间估计

前面两节我们讨论了正态总体参数的区间估计. 但是在实际应用中, 我们有时不能判断手中的数据是否服从正态分布或者有足够理由认为它们不服从正态分布, 这时, 只要样本大小 n 比较大, 总体均值 μ 的置信区间仍可用正态总体情形的公式 (7.4.4), 所不同的是这时的置信区间是近似的. 这是求一般总体均值置信区间的一种简单有效的方法, 其理论依据是中心极限定理, 它要求样本大小 n 比较大, 因此, 这个方法称为大样本方法.

设总体均值为 μ, 方差为 $\sigma^2, X_1, X_2, \cdots, X_n$ 为来自该总体的样本. 因为这些 X_i 是独立同分布的, 根据中心极限定理, 对充分大的 n, 下式近似成立

$$\frac{\sum\limits_{i=1}^{n}X_i-n\mu}{\sqrt{n}\sigma}\sim N(0,1), \tag{7.6.1}$$

因而, 近似地有

$$P\left\{\left|\frac{\bar{X}-\mu}{\sigma/\sqrt{n}}\right|\leqslant Z_{\alpha/2}\right\}=1-\alpha.$$

于是我们得到 μ 的置信系数约为 $1-\alpha$ 的置信区间

$$[\bar{X}-Z_{\alpha/2}\sigma/\sqrt{n},\bar{X}+Z_{\alpha/2}\sigma/\sqrt{n}], \tag{7.6.2}$$

形式上, 这个置信区间和 (7.4.4) 式完全一样, 所不同的是这里的置信系数是近似的. 若 σ 未知, 用 σ 的一个估计, 例如 S, 来代替得

$$[\bar{X}-Z_{\alpha/2}S/\sqrt{n},\bar{X}+Z_{\alpha/2}S/\sqrt{n}], \tag{7.6.3}$$

只要 n 很大, (7.6.3) 式所提供的置信区间在应用上还是令人满意的. 那么 n 究竟应该是多大呢? 很明显, 对相同的 n, (7.6.3) 式所给出置信区间的近似程度随总体分布与正态分布接近程度而变化, 因此, 从理论上很难给出 n 的一个界限, 但许多应用实践表明, 当 $n\geqslant 30$ 时, 近似程度还是可以接受的.

例 7.6.1　某公司欲估计自己生产的电池寿命. 现从其产品中随机抽取 50 只电池做寿命试验. 这些电池的寿命的平均值 $\bar{X}=2.266$ (单位: 100 小时), $S=1.935$. 求该公司生产的电池平均寿命的置信系数为 0.95 的置信区间.

解　查正态分布表得 $Z_{\alpha/2}=Z_{0.025}=1.96$, 由 (7.6.3) 式得到

$$\left[2.266\pm 1.96\times\frac{1.935}{\sqrt{50}}\right],$$

经简单计算上式化为 [1.730,2.802]. 于是, 我们有如下近似结论: 该公司电池的平均寿命的置信系数约为 0.95 的置信区间为 [1.730, 2.802].

为了进一步说明前面引进的大样本方法, 下面讨论二项分布和泊松分布的参数的区间估计.

7.6.1　二项分布

假设事件 A 在一次试验中发生的概率为 p, 现在做了 n 次试验. 以 Y_n 记事件 A 发生的次数, 则 $Y_n\sim B(n,p)$, 依中心极限定理, 对充分大的 n, 近似地有

$$\frac{Y_n-np}{\sqrt{np(1-p)}}\sim N(0,1). \tag{7.6.4}$$

(7.6.4) 式是 (7.6.1) 式的一种特殊情形. 读者从 5.2 节可以明白这一点. 事实上, 若记

$$X_i=\begin{cases}1, & A\text{ 在第 }i\text{ 次试验中发生},\\ 0, & A\text{ 在第 }i\text{ 次试验中不发生},\end{cases}$$

这些 $X_i(i=1,2,\cdots,n)$ 独立同分布, $E(X_i)=p, \mathrm{Var}(X_i)=p(1-p)$, 且 $Y_n=\sum\limits_{i=1}^{n}X_i$. 将这些量代入 (7.6.1) 式就得到 (7.6.4) 式. 对现在情形 (7.6.3) 式变为

$$[\hat{p}-Z_{\alpha/2}\sqrt{\hat{p}(1-\hat{p})/n},\ \hat{p}+Z_{\alpha/2}\sqrt{\hat{p}(1-\hat{p})/n}], \tag{7.6.5}$$

这里 $\hat{p}=Y_n/n=\sum\limits_{i=1}^{n}X_i/n$. 这就是二项分布参数 p 的置信系数约为 $1-\alpha$ 的置信区间.

例 7.6.2 商品检验部门随机抽查了某公司生产的产品 100 件, 发现其中合格产品 84 件, 试求该产品合格率的置信系数为 0.95 的置信区间.

解 $n=100, Y_n=84, \hat{p}=Y_n/n=0.84, Z_{\alpha/2}=Z_{0.025}=1.96$, (7.6.5) 式变为

$$\left[0.84\pm1.96\sqrt{\frac{0.84(1-0.84)}{100}}\right]=[0.77,0.91],$$

即该产品合格率的置信系数约为 0.95 的置信区间为 [0.77, 0.91].

例 7.6.3 在环境保护问题中, 饮水质量研究占有重要地位, 其中一项工作是检查在饮水中是否存在各种类型的微生物. 假设在随机抽取的 100 份一定容积的水样品中有 20 份样品含有某种微生物. 试求同样容积的这种水含有这种微生物的概率 p 的置信区间, 置信系数为 0.90.

解 $n=100, Y_n=20, \hat{p}=0.20, Z_{\alpha/2}=Z_{0.05}=1.645$, 应用 (7.6.5) 式得

$$\left[0.20\pm1.645\sqrt{\frac{0.2\times(1-0.2)}{100}}\right]=[0.134,0.266],$$

即 [0.134, 0.266] 是概率 p 的置信系数约为 0.90 的置信区间.

7.6.2 泊松分布

设 $X_1,X_2,\cdots,X_n$ 为抽自具有泊松分布 $P(\lambda)$ 的总体的样本, 因为 $E(X_i)=\lambda, \mathrm{Var}(X_i)=\lambda$, 应用 (7.6.3) 式, 并用 $\bar{X}$ 去估计 λ, 得到参数 λ 的置信系数约为 $1-\alpha$ 的置信区间

$$[\bar{X}-Z_{\alpha/2}\sqrt{\bar{X}/n},\ \ \bar{X}+Z_{\alpha/2}\sqrt{\bar{X}/n}]. \tag{7.6.6}$$

例 7.6.4 公共汽车站在一单位时间内 (如半小时或 1 小时或一天等) 到达的乘客数服从泊松分布 $P(\lambda)$, 对不同的车站, 所不同的仅仅是参数 λ 的取值不同. 现对一城市某一公共汽车站进行了 100 个单位时间的调查. 这里单位时间是 20 分钟. 计算得到每 20 分钟内来到该车站的乘客数平均值 $\bar{X}=15.2$ 人. 试求参数 λ 的置信系数为 0.95 的置信区间.

解 $n=100, \alpha=0.05, Z_{\alpha/2}=Z_{0.025}=1.96, \bar{X}=15.2$, 应用 (7.6.6) 式得

$$[\bar{X}\pm Z_{\alpha/2}\sqrt{\bar{X}/n}]=[15.2\pm1.96\sqrt{15.2/100}]=[14.44,15.96],$$

即 [14.44, 15.96] 为参数 λ 的置信系数约为 0.95 的置信区间.

习 题 7

7.1 设 $X_1, X_2, \cdots, X_n$ 为抽自二项分布 $B(m,p)$ 的样本, 试求 p 的矩估计和极大似然估计.

注: 这个问题的实际背景是很丰富的. 例如, 生物医学方面的学者要研究某种物质致癌性质, 往往用小白鼠做试验. 假定把 50 只小白鼠随机地分成 10 组, 每组 5 只. 对每只小白鼠注射该物质, 经过一段时间后, 观察每组小白鼠患癌的个数, 得到 $X_1, X_2, \cdots, X_{10}$, 则 $X_i \sim B(5,p), i = 1,2,\cdots,10$. 这里 p 就是这种物质致癌的概率.

7.2 设总体为指数分布, 其概率密度函数为

$$f(x) = \begin{cases} \lambda \mathrm{e}^{-\lambda x}, & x \geqslant 0, \\ 0, & x < 0. \end{cases}$$

求参数 λ 的矩估计和极大似然估计.

7.3 设总体为 $[0,\theta]$ 上的均匀分布, 求参数 θ 的矩估计和极大似然估计.

7.4 设总体为 $[\theta, 2\theta]$ 上的均匀分布, 求参数 θ 的矩估计和极大似然估计.

7.5 假设 $X_1, X_2, \cdots, X_n$ 为来自正态总体 $N(\mu, \sigma^2)$ 的样本, 其中 μ 已知, 求 σ^2 的极大似然估计.

7.6 设总体的概率密度函数为

$$f(x) = \begin{cases} \dfrac{1}{\theta} \mathrm{e}^{-\frac{x}{\theta}}, & x \geqslant 0, \\ 0, & \text{其他} \end{cases}$$

(这是指数分布的另一种形式). 从该总体中抽出样本 X_1, X_2, X_3, 考虑 θ 的如下四种估计

$$\begin{aligned} \hat{\theta}_1 &= X_1, \\ \hat{\theta}_2 &= (X_1 + X_2)/2, \\ \hat{\theta}_3 &= (X_1 + 2X_2)/3, \\ \hat{\theta}_4 &= \bar{X}, \end{aligned}$$

(1) 这四个估计中, 哪些是 θ 的无偏估计?

(2) 试比较这些估计的方差.

7.7 一个电子线路上电压表的读数 X 服从 $[\theta, \theta+1]$ 上的均匀分布, 其中 θ 是该线路上电压的真值, 但它是未知的, 假设 $X_1, X_2, \cdots, X_n$ 是此电压表上读数的一组样本,

(1) 证明样本均值 $\bar{X}$ 不是 θ 的无偏估计.

(2) 求 θ 的矩估计, 证明它是 θ 的无偏估计.

7.8 设 $\hat{\theta}_1$ 和 $\hat{\theta}_2$ 都是 θ 的无偏估计, 且 $\mathrm{Var}(\hat{\theta}_1) = \sigma_1^2, \mathrm{Var}(\hat{\theta}_2) = \sigma_2^2$, 构造一个新无偏估计

$$\hat{\theta} = c\hat{\theta}_1 + (1-c)\hat{\theta}_2, \quad 0 \leqslant c \leqslant 1.$$

如果 $\hat{\theta}_1$ 与 $\hat{\theta}_2$ 相互独立, 确定 c 使得 $\mathrm{Var}(\hat{\theta})$ 达到最小.

7.9 从工厂产品库中随机抽取 16 只零件, 测得它们的长度 (单位: 厘米) 为

$$2.14,\ 2.10,\ 2.13,\ 2.15,\ 2.13,\ 2.12,\ 2.13,\ 2.10,$$
$$2.15,\ 2.12,\ 2.14,\ 2.10,\ 2.13,\ 2.11,\ 2.14,\ 2.11.$$

假设零件长度分布为 $N(\mu,\sigma^2)$, 试分如下两种情况求 μ 的置信系数为 0.90 的置信区间: (1) $\sigma^2=0.01^2$, (2) σ^2 未知.

7.10 要比较两个汉字录入软件 A 和 B 的性能, 考虑它们对于录入速度的影响. 确定一篇文档, 随机挑选 10 名有 3 年工作经验但都没有使用过 A 和 B 的女性打字员, 并请她们抽取使用 A 和 B 的顺序, 使得 5 人先用 A, 另 5 人先用 B, 然后交换, 记录下她们录入文档所用的时间 (单位: 分钟) 如下:

A: 12.4, 7.6, 10.7, 13.1, 11.2, 8.5, 10.9, 10.3, 11.2, 8.4;

B: 12.9, 10.9, 11.2, 10.8, 12.2, 11.6, 10.7, 10.5, 13.1, 11.6.

假设使用两种软件的录入时间分别服从正态分布 $N(\mu_1,1.6^2)$ 和 $N(\mu_2,1.2^2)$. 求 $\mu_1-\mu_2$ 的置信系数为 0.90 的置信区间. (请读者思考: 为什么要抽取 5 人先用 A, 另 5 人先用 B?)

7.11 甲、乙两组生产同种导线, 现从甲组生产的导线中随机抽取 4 根, 从乙组生产的导线中随机抽取 5 根, 它们的电阻值 (单位: 欧姆) 分别为

甲组: 0.143, 0.142, 0.143, 0.137;

乙组: 0.140, 0.142, 0.136, 0.138, 0.140.

假设两组电阻值分别服从正态分布 $N(\mu_1,\sigma^2)$ 和 $N(\mu_2,\sigma^2)$, 其中 σ^2 未知. 试求 $\mu_1-\mu_2$ 的置信系数为 0.95 的置信区间.

7.12 某市随机抽取 1000 个家庭, 调查知道其中有 228 家拥有小汽车. 试据此数据求该市拥有小汽车家庭比例 p 的置信区间. 取置信系数为 0.95.

7.13 根据实际经验可以认为, 任一地区单位时间内 (如一天或一个月或一年) 火灾发生次数服从泊松分布 $P(\lambda)$, 若以月为单位, 从公安局记录得知, 某城市过去 120 个月 (即 10 年) 火灾发生月平均次数为 7.5 次. 试求该城市火灾月平均次数 λ 的置信系数为 0.95 的置信区间.

第8章　假设检验

统计推断的另一种重要形式是假设检验. 概括起来讲, 所谓假设检验就是根据样本中的信息来检验总体的分布参数或分布形式具有指定的特征. 例如, 对于一个正态总体, 我们通过样本来推断该总体的均值是否等于给定值 μ_0, 就是一个最简单最重要的假设检验问题.

本章分为 5 节, 在 8.1 节中将首先引进假设检验中的一些重要的基本概念. 在实用中, 正态总体是最重要的研究对象. 于是, 在 8.2 节和 8.3 节中, 我们将详细讨论正态总体均值和方差的检验. 在实际应用中, 我们往往并不是一开始就能确定总体的分布形式. 比如, 在连续型分布的情形, 时常对总体是正态分布, 还是指数分布或者是其他分布并无完全把握, 这就要通过样本来检验总体的具体分布形式. 8.4 节要讨论的拟合优度检验就是用来解决这个问题的. 最后一节把拟合优度检验应用于列联表. 列联表在社会调查、生物医学中具有广泛的应用.

8.1　基本概念

我们通过一个例子, 来引进假设检验中的一些重要概念.

例 8.1.1　某工厂生产 10 欧姆的电阻. 根据以往生产的电阻实际情况, 可以认为其电阻值服从正态分布, 标准差 $\sigma = 0.1$. 现在随机抽取 10 个电阻, 测得它们的电阻值为

$$9.9, 10.1, 10.2, 9.7, 9.9, 9.9, 10.0, 10.5, 10.1, 10.2.$$

问, 从这些样本我们能否认为该厂生产的电阻的平均阻值为 10 欧姆?

记 X 为该厂生产的电阻的测量值. 根据假设, $X \sim N(\mu, \sigma^2)$, 这里 $\sigma = 0.1$. 我们想通过样本推断的是: 总体均值 μ 是不是等于 10 欧姆. 这个问题, 在统计学上可以做如下表述.

我们有一个假设

$$H_0 : \mu = 10.$$

现在要通过样本去检验这个假设是否成立. 这个假设的对立面是 $H_1 : \mu \neq 10$. 把它们合写在一起, 就是

$$H_0 : \mu = 10 \leftrightarrow H_1 : \mu \neq 10. \tag{8.1.1}$$

在数理统计中, 我们把 “$H_0 : \mu = 10$” 称为 “原假设” 或 “零假设”(这里 “零假设” 是从英文 “null hypothesis” 一词而来), 而把 “$H_1 : \mu \neq 10$” 称为 “对立假设” 或 “备择假

设".

我们知道, 样本均值 $\bar{X}$ 是总体均值 μ 的一个良好估计. 因此, 如果 $\mu = 10$, 也就是说原假设成立, 那么 $|\bar{X} - 10|$ 应该比较小. 反过来, 若原假设不成立, 则它就应该比较大. 因此, $|\bar{X} - 10|$ 的大小可以用来检验原假设是否成立. 直观上合理的检验是当 $|\bar{X} - 10| < c$ 时, 我们就接受原假设 H_0, 而当 $|\bar{X} - 10| \geqslant c$ 时, 我们就拒绝原假设 H_0. 这里的问题是, 我们如何确定 c 呢?

根据基本定理 (见定理 6.3.1): $\bar{X} \sim N\left(\mu, \dfrac{\sigma^2}{n}\right)$, 即

$$\frac{\bar{X} - \mu}{\sigma/\sqrt{n}} \sim N(0, 1).$$

对现在的情形: $n = 10, \sigma^2 = 0.1^2$, 于是, 当原假设成立时

$$\frac{\bar{X} - \mu}{\sigma/\sqrt{n}} = \frac{\bar{X} - 10}{0.1/\sqrt{10}} \sim N(0, 1), \tag{8.1.2}$$

对给定的 $\alpha, 0 < \alpha < 1$, 根据分位点的定义有

$$P\left\{\left|\frac{\bar{X} - 10}{0.1/\sqrt{10}}\right| \geqslant Z_{\alpha/2}\right\} = \alpha, \tag{8.1.3}$$

即

$$P\{|\bar{X} - 10| \geqslant (0.1/\sqrt{10})Z_{\alpha/2}\} = \alpha.$$

这样, 我们就得到了 c 的值: $c = \dfrac{0.1}{\sqrt{10}} Z_{\alpha/2}$. 这样确定 c 值的理由, 涉及检验的显著性水平, 我们将在后面的讨论中作进一步说明.

由此我们得到如下检验:

(1) 若

$$|\bar{X} - 10| \geqslant \frac{0.1}{\sqrt{10}} Z_{\alpha/2} = 0.032 Z_{\alpha/2}, \tag{8.1.4}$$

则认为样本均值 $\bar{X}$ 与总体均值的假设值 10 相距太大, 所以应该拒绝原假设;

(2) 若

$$|\bar{X} - 10| < 0.032 Z_{\alpha/2}, \tag{8.1.5}$$

我们就认为样本均值与总体均值的假设值 10 比较接近, 于是, 应该接受原假设.

我们把 (8.1.2) 式中的 $(\bar{X} - 10)/(0.1/\sqrt{10})$ 称为检验统计量, 而把 (8.1.4) 式所定义的区域

$$|\bar{X} - 10| \geqslant 0.032 Z_{\alpha/2}$$

称为该检验的拒绝域.

当我们检验一个假设 H_0 时, 有可能犯以下两类错误之一. 第一, H_0 是正确的, 但被我们拒绝了, 这就犯了 "弃真" 的错误, 即抛弃了正确假设. 第二, H_0 是不正确的, 但被我们接受了, 这就犯了 "采伪" 的错误, 即采用了伪假设. 因为检验统计量总是随机的, 所以, 我们总是以一定的概率犯以上两类错误. 应用上, 一般是采用限制犯第一类错误 (即弃真) 概率的方法, 即事先给定一个 $\alpha \in (0,1)$, 使得 $P\{$犯第一类错误$\} \leqslant \alpha$. 我们称 α 为假设检验的显著性水平, 简称水平. 至于犯第二类错误的概率的计算超出了本书的范围, 因此不作讨论.

引进了显著性水平的概念之后, 我们回过头来解释确定 c 值的方法的理由. 假定原假设 H_0 正确, 由 (8.1.3) 式知, 这时事件 $\{|\bar{X}-10| \geqslant 0.032Z_{\alpha/2}\}$ 发生的概率为 α, 也就是说, 我们是以概率 α 拒绝原假设的, 因此, 这时犯第一类错误的概率是 α. 换句话说, 该检验的显著性水平为 α. 于是我们所用的确定 c 值的方法, 保证了所构造的检验具有给定的显著性水平 α.

再回到前面的例子, 原假设 $H_0: \mu = 10$ 的拒绝域为 $|\bar{X}-10| \geqslant 0.032Z_{\alpha/2}$. 由 (8.1.3) 式知, 当原假设成立时, 样本落在拒绝域的概率为 α. 于是由 (8.1.4) 式和 (8.1.5) 式给出的检验犯第一类错误的概率为 α, 即该检验的显著性水平为 α.

由此可见, 对于给定的 α, 要求出显著性水平为 α 的检验, 关键在于找出拒绝域, 使得当原假设 H_0 正确时, $P\{$样本落入拒绝域$\} \leqslant \alpha$. 此时, 所求的水平为 α 的检验为: 当样本落入拒绝域时, 拒绝原假设 H_0; 否则, 接受原假设 H_0. 在上面的例子中, 用来确定拒绝域的 (8.1.3) 式中用了等号, 方便可行, 这是由于在 H_0 下检验统计量的分布为连续型分布, 并且完全已知. 但有时需要用不等号, 比如当原假设由不等式给出时, 在原假设下检验统计量的分布不完全已知, 我们只能用不等式对于犯第一类错误的概率作出估计 (见习题 8.3); 或在总体分布为离散型而样本大小 n 又较小的情形, 也需要用不等式保证检验的显著性水平, 这里不讨论这个细节.

一般我们把显著性水平限定在一个比较小的值, 通常 $\alpha = 0.05$ 或 0.01. 在上面的例子中, 若 $\alpha = 0.05$, 则 $Z_{\alpha/2} = Z_{0.025} = 1.96$, 所以, 原假设 $H_0: \mu = 10$ 的拒绝域为

$$|\bar{X}-10| \geqslant 0.063.$$

经计算得 $\bar{X} = 10.05, |\bar{X}-10| = 0.05 < 0.063$, 所以, 我们接受原假设 $\mu = 10$, 即认为该厂生产的电阻值的均值为 10 欧姆.

假设检验中还有一个与显著性水平密切相关的概念, 即检验的 p 值. 在上述例子中, 拒绝域可以用检验统计量 $U = (\bar{X}-10)/(0.1/\sqrt{10})$ 表示为 $|U| \geqslant Z_{\alpha/2}, Z_{\alpha/2}$ 是拒绝域的边界, 称为检验的临界值. 犯第一类错误的概率可以表示为 $P\{|U| \geqslant$ 临界值$\}$. 在得到样本观测值以后, 代入检验统计量得到值 u, 然后在 $P\{|U| \geqslant$ 临界值$\}$中以 $|u|$ 替换临界值计算概率, 所得到的值称为这个检验的 p 值. 它表明, 为了从现有样本观测值得到拒绝 H_0 的决定, 显著性水平至少要取这么大. 显然, 当 p 值

大于显著性水平 α 时, 我们接受原假设, 否则拒绝原假设. 例如, 当 $\bar{X}=10.05$ 时, $u=(10.05-10)/(0.1/\sqrt{10})=1.5811$, 检验的 p 值为 $P\{|U|\geqslant 1.5811\}=0.1138>0.05$, 所以接受原假设 H_0. p 值是目前统计软件中广泛采用的一个概念; 在统计软件中, 一般并不给出检验的拒绝域或临界值, 都是给出检验的 p 值. 于是可以根据 p 值作出拒绝或接受原假设 H_0 的决定. p 值的计算方法超出本书范围, 在下面的例子中, 只给出公式而不讨论计算过程.

8.2 正态总体均值的检验

在实际应用中, 许多量都可以近似地用正态总体去刻画, 因此, 关于正态总体均值的检验会经常遇到. 下面我们就此问题, 分几种情况来讨论.

8.2.1 单个正态总体 $N(\mu,\sigma^2)$ 均值 μ 的检验

我们讨论几种常用的原假设和对立假设的情况.

1. $H_0:\mu=\mu_0\leftrightarrow H_1:\mu\neq\mu_0$

假设 σ^2 已知, 根据上节的讨论, 我们取检验统计量

$$\frac{\bar{X}-\mu_0}{\sigma/\sqrt{n}}\sim N(0,1).$$

对给定的显著性水平 α, 拒绝域可取为

$$\left|\frac{\bar{X}-\mu_0}{\sigma/\sqrt{n}}\right|\geqslant Z_{\alpha/2},$$

即

$$|\bar{X}-\mu_0|\geqslant\frac{\sigma}{\sqrt{n}}Z_{\alpha/2}. \tag{8.2.1}$$

在应用上, σ^2 未知是常见的, 此时和前面不同的是, 我们需要用样本方差 $S^2=\sum\limits_{i=1}^{n}(X_i-\bar{X})^2/(n-1)$ 来代替 σ^2, 据基本定理 (见定理 6.3.1) 有

$$\frac{\bar{X}-\mu_0}{S/\sqrt{n}}\sim t_{n-1}.$$

对给定的显著性水平 α, 拒绝域为

$$\left|\frac{\bar{X}-\mu_0}{S/\sqrt{n}}\right|\geqslant t_{n-1}\left(\frac{\alpha}{2}\right),$$

即

$$|\bar{X}-\mu_0|\geqslant\frac{S}{\sqrt{n}}t_{n-1}\left(\frac{\alpha}{2}\right). \tag{8.2.2}$$

比较 (8.2.1) 式和 (8.2.2) 式, 我们不难看出, 从 σ^2 已知到未知, 只需要将 $\sigma Z_{\alpha/2}$ 用 $St_{n-1}\left(\dfrac{\alpha}{2}\right)$ 来代替, 所得到的检验为: 若

$$|\bar{X}-\mu_0| \geqslant \frac{S}{\sqrt{n}} t_{n-1}\left(\frac{\alpha}{2}\right),$$

则拒绝原假设 $H_0: \mu=\mu_0$; 否则我们接受 H_0. 文献中常称这个检验为 t 检验.

原假设 $H_0: \mu=\mu_0$ 的拒绝域 (8.2.1) 式和 (8.2.2) 式在直观上是很合理的. 因为样本均值 $\bar{X}$ 是总体均值 μ 的估计. 当 H_0 成立时, $|\bar{X}-\mu_0|$ 应该比较小. 如果它比较大时, 我们就有理由拒绝原假设. (8.2.1) 式中的 $\dfrac{\sigma}{\sqrt{n}} Z_{\alpha/2}$ 和 (8.2.2) 式中 $\dfrac{S}{\sqrt{n}} t_{n-1}\left(\dfrac{\alpha}{2}\right)$ 保证了所得的检验具有显著性水平 α.

例 8.2.1(续例 8.1.1)　在例 8.1.1 中, 假设 σ^2 未知, 计算得 $S^2=0.05$. 给定显著性水平 $\alpha=0.05$, 则 $t_{n-1}\left(\dfrac{\alpha}{2}\right)=t_9(0.025)=2.2622$. 于是, 拒绝域为

$$|\bar{X}-\mu_0| \geqslant 2.2622 \times \frac{S}{\sqrt{n}}.$$

而 $|\bar{X}-\mu_0|=|10.05-10|=0.05<2.2622 \times \dfrac{S}{\sqrt{n}}=2.2622 \times \dfrac{\sqrt{0.05}}{\sqrt{10}}=0.160$, 所以, 在方差未知的情形, 我们仍然是接受原假设 $\mu=10$. 可以算得, 该检验的 p 值为

$$P\left\{\left|\frac{\bar{X}-\mu_0}{S/\sqrt{n}}\right| \geqslant \left|\frac{10.05-10}{\sqrt{0.05}/\sqrt{10}}\right|\right\}=P\{|T_{n-1}| \geqslant 0.7071\}=0.4974,$$

其中 T_{n-1} 为服从 t_{n-1} 分布的随机变量.

2. $H_0: \mu=\mu_0 \leftrightarrow H_1: \mu>\mu_0$

这种形式的假设检验问题, 也很有实用意义. 例如, 工厂生产的产品的某项指标平均值为 μ_0. 采用了新技术或新配方后, 被认为产品质量提高了, 该指标的平均值 μ 应该随之上升. 我们的问题就是检验 $\mu=\mu_0$, 即新技术或新配方对提高产品质量无效果, 还是 $H_1: \mu>\mu_0$, 即新技术或新配方确实有效, 提高了产品质量.

假设 $X_1, X_2, \cdots, X_n$ 来自正态总体 $N(\mu, \sigma^2)$, 方差 σ^2 未知. 由于 $\bar{X}$ 是 μ 的估计, 因此, 当 $\bar{X}-\mu_0$ 较大时, 我们有理由认为原假设 $H_0: \mu=\mu_0$ 不成立, 而对立假设 $H_1: \mu>\mu_0$ 成立. 对给定的显著性水平 α, 我们知道当原假设成立时, $\dfrac{\bar{X}-\mu_0}{S/\sqrt{n}} \sim t_{n-1}$, 于是拒绝域应为

$$\frac{\bar{X}-\mu_0}{S/\sqrt{n}} \geqslant t_{n-1}(\alpha), \tag{8.2.3}$$

即

$$\bar{X}-\mu_0 \geqslant \frac{S}{\sqrt{n}} t_{n-1}(\alpha). \tag{8.2.4}$$

所以, 我们所求的检验是, 当 (8.2.4) 式成立时, 拒绝原假设, 否则就接受原假设. 因为, 当原假设成立时,

$$P\left\{\frac{\bar{X}-\mu_0}{S/\sqrt{n}} \geqslant t_{n-1}(\alpha)\right\}=\alpha,$$

于是我们的检验的显著性水平为 α.

例 8.2.2 某厂生产一种工业用绳, 其质量指标是绳子所承受的最大拉力. 假定该指标服从正态分布. 原来该厂生产的这种绳子平均最大拉力 $\mu_0=15$ 千克. 现在采用了一种新的原材料, 厂方称这种原材料提高了绳子的质量, 也就是说绳子所承受的最大拉力比 15 千克大了. 为了检验该厂的结论是否真实, 从其新产品中随机抽取 50 件, 测得它们承受的最大拉力的平均值为 15.8 千克, 样本标准差 $S=0.5$ 千克. 取显著性水平 $\alpha=0.01$, 问从这些样本看, 我们能否接受厂方的结论, 即新原材料确实提高了绳子的质量?

解 问题归结为检验如下假设

$$H_0: \mu=15 \leftrightarrow H_1: \mu>15.$$

此处 $n=50, \alpha=0.01, S=0.5$. 注意到, 在 t 分布表中, 往往没有 $n-1=49$ 对应的分位点, 但因为 α 很小时 t 分位点关于自由度 n 有单调性: $t_n(\alpha)<t_{n-1}(\alpha)$ 知 $t_{49}(0.01)<t_{45}(0.01)$, 所以,

$$\frac{S}{\sqrt{n}} t_{n-1}(\alpha)=\frac{0.5}{\sqrt{50}} t_{49}(0.01)<\frac{0.5}{\sqrt{50}} t_{45}(0.01)=0.171.$$

但 $\bar{X}-\mu_0=15.8-15=0.8>0.171$, 于是我们拒绝原假设, 认为新的原材料确实提高了绳子所能承受的最大拉力. 检验的 p 值为

$$P\left\{T_{n-1} \geqslant \frac{15.8-15}{0.5/\sqrt{50}}\right\}=P\{T_{49} \geqslant 11.3137\}=1.4433 \times 10^{-15}.$$

请注意这里 p 值的计算公式与拒绝域之间的对应.

8.2.2 两个正态总体 $N(\mu_1, \sigma_1^2)$ 和 $N(\mu_2, \sigma_2^2)$ 均值的比较

在应用上, 我们经常会遇到两个正态总体均值的比较问题. 譬如, 欲比较甲、乙两厂生产的某种产品的质量. 我们把两厂生产的产品的质量指标分别看成两个正态总体, 比较它们的产品质量指标的问题, 就变为比较这两个正态总体均值的问题. 又如, 欲考察一项新技术对提高产品质量是否有效, 则把新技术实施前后生产的产品质量指标分别看成一个正态总体, 这时, 我们所考察的问题, 就归结为检验这两个正态总体的均值是否相等的问题.

设 $X_1, X_2, \cdots, X_m$ 和 $Y_1, Y_2, \cdots, Y_n$ 分别为来自正态总体 $N(\mu_1, \sigma_1^2)$ 和 $N(\mu_2, \sigma_2^2)$ 的样本. 我们要检验假设

$$H_0: \mu_1=\mu_2 \leftrightarrow H_1: \mu_1 \neq \mu_2.$$

首先假设 σ_1^2 和 σ_2^2 皆已知. 以 $\bar{X}$ 和 $\bar{Y}$ 分别记它们的样本均值, 根据定理 7.5.1 知

$$\frac{(\bar{X}-\bar{Y})-(\mu_1-\mu_2)}{\sqrt{\frac{\sigma_1^2}{m}+\frac{\sigma_2^2}{n}}} \sim N(0,1).$$

当 H_0 成立时

$$\frac{\bar{X}-\bar{Y}}{\sqrt{\frac{\sigma_1^2}{m}+\frac{\sigma_2^2}{n}}} \sim N(0,1). \tag{8.2.5}$$

现在取上式左端为检验统计量. 于是, 显著性水平为 α 的检验的拒绝域为

$$\frac{|\bar{X}-\bar{Y}|}{\sqrt{\frac{\sigma_1^2}{m}+\frac{\sigma_2^2}{n}}} \geqslant Z_{\alpha/2},$$

即

$$|\bar{X}-\bar{Y}| \geqslant Z_{\alpha/2}\sqrt{\frac{\sigma_1^2}{m}+\frac{\sigma_2^2}{n}}. \tag{8.2.6}$$

当 (8.2.6) 式成立时, 我们拒绝原假设, 否则就接受原假设. 拒绝域 (8.2.6) 式的直观意义是很明显的. 因为 $\bar{X}$ 和 $\bar{Y}$ 分别是 μ_1 和 μ_2 的估计, 因此 $\bar{X}-\bar{Y}$ 作为 $\mu_1-\mu_2$ 的估计, 自然当 $|\bar{X}-\bar{Y}|$ 比较大时, 原假设 $\mu_1=\mu_2$ 就不像是正确的, 因此就应该拒绝它.

当 σ_1^2 和 σ_2^2 都未知时, 我们假设 $\sigma_1^2=\sigma_2^2=\sigma^2$, 即 σ^2 是两个正态总体的公共的、但未知的方差. 记

$$S_1^2=\frac{1}{m-1}\sum_{i=1}^{m}(X_i-\bar{X})^2, \quad S_2^2=\frac{1}{n-1}\sum_{i=1}^{n}(Y_i-\bar{Y})^2$$

分别为两个正态总体的样本方差. 用

$$S^2=\frac{(m-1)S_1^2+(n-1)S_2^2}{m+n-2} \tag{8.2.7}$$

作为 σ^2 的估计. 根据定理 7.5.1 知

$$\frac{(\bar{X}-\bar{Y})-(\mu_1-\mu_2)}{S\sqrt{\frac{1}{m}+\frac{1}{n}}} \sim t_{m+n-2}. \tag{8.2.8}$$

因此, 当 H_0 成立时,

$$\frac{\bar{X}-\bar{Y}}{S\sqrt{\frac{1}{m}+\frac{1}{n}}} \sim t_{m+n-2},$$

即

$$\sqrt{\frac{mn}{m+n}}\frac{\bar{X}-\bar{Y}}{S} \sim t_{m+n-2}. \tag{8.2.9}$$

取左端为检验统计量, 则显著性水平为 α 的检验的拒绝域为

$$\sqrt{\frac{mn}{m+n}}\frac{|\bar{X}-\bar{Y}|}{S} \geqslant t_{m+n-2}\left(\frac{\alpha}{2}\right),$$

即

$$|\bar{X}-\bar{Y}| \geqslant \sqrt{\frac{m+n}{mn}} S t_{m+n-2}\left(\frac{\alpha}{2}\right). \tag{8.2.10}$$

当 (8.2.10) 式成立时, 拒绝 H_0, 否则就接受 H_0. 这个检验称为两样本 t 检验. 拒绝域 (8.2.10) 式的直观意义类似于 (8.2.6) 式.

需要说明的是, 在上面的讨论中, 我们假定了两个正态总体的方差相等. 当然, 这是一个迫不得已而强加上去的条件. 因为, 如果放弃这个假设, (8.2.8) 式就不再成立, 我们也就无法使用简单易行的 t 检验. 在实用中, 只要我们有理由认为 σ_1^2 和 σ_2^2 相差不是太大, (8.2.8) 式就近似成立, 于是, 相应的检验 (8.2.10) 式还是可行的.

例 8.2.3 假设有 A、B 两种药, 试验者欲比较服用 2 小时后它们在患者血液中的含量是否一样. 为此, 按照某种规则挑选具有可比性的 14 名患者, 并随机指定其中 8 人服用药品 A, 另外 6 人服用药品 B, 记录他们在服用 2 小时后血液中药的浓度 (用适当的单位), 数据如下：

$$\text{A：} 1.23, 1.42, 1.41, 1.62, 1.55, 1.51, 1.60, 1.76;$$

$$\text{B：} 1.76, 1.41, 1.87, 1.49, 1.67, 1.81.$$

假定这两组观测值服从具有公共方差的正态分布, 试在显著性水平 $\alpha = 0.10$ 下, 检验患者血液中这两种药的浓度是否有显著不同?

解 记药品 A 和 B 的样本均值分别为 $\bar{X}$ 和 $\bar{Y}$, 则 $\bar{X} = 1.51, \bar{Y} = 1.66$. 它们的样本方差分别为 $S_1^2 = 0.03, S_2^2 = 0.034$, 且由 (8.2.7) 式算得 $S = 0.18$. 又 $t_{m+n-2}\left(\dfrac{\alpha}{2}\right) = t_{8+6-2}(0.05) = t_{12}(0.05) = 1.7823$, 故

$$\begin{aligned}|\bar{X}-\bar{Y}| = 0.15 &< \sqrt{\frac{m+n}{mn}} S t_{m+n-2}\left(\frac{\alpha}{2}\right)\\ &= \sqrt{\frac{8+6}{8\times 6}} \times 0.18 \times 1.7823 = 0.17.\end{aligned}$$

于是, 我们接受原假设. 即认为患者血液中这两种药浓度无显著差异. 检验的 p 值为

$$P\left\{|T_{m+n-2}| \geqslant \sqrt{\frac{8\times 6}{8+6}}\left|\frac{1.51-1.66}{0.18}\right|\right\} = P\{|T_{12}| \geqslant 1.5430\} = 0.1488.$$

前面我们说明了拒绝域 (8.2.6) 式和 (8.2.10) 式的直观意义. 它们都是用 $|\bar{X}-\bar{Y}|$ 的大小来判断原假设 $\mu_1 = \mu_2$ 是否成立. 当原假设成立时, $|\bar{X}-\bar{Y}|$ 应该跟零比较接近. 所以当 $|\bar{X}-\bar{Y}|$ 大于某个数 c 时, 我们就有理由认为原假设不成立而予以拒绝. 基于这样的直观分析, 我们可以处理如下更一般的假设检验问题.

(1) $H_0' : \mu_1 - \mu_2 \geqslant 0 \leftrightarrow H_1' : \mu_1 - \mu_2 < 0$;

(2) $H_0'' : \mu_1 - \mu_2 \leqslant 0 \leftrightarrow H_1'' : \mu_1 - \mu_2 > 0$.

对问题 (1) 而言, 一个适当的检验应当是, 当 $\bar{X} - \bar{Y} \leqslant c$ 时, 拒绝原假设 H_0', 否则就接受 H_0'.

若 σ_1^2 和 σ_2^2 已知, 根据 (8.2.5) 式, 对给定的显著性水平 α, 当

$$\frac{\bar{X} - \bar{Y}}{\sqrt{\frac{\sigma_1^2}{m} + \frac{\sigma_2^2}{n}}} \leqslant -Z_\alpha$$

时, 拒绝 H_0', 否则就接受 H_0'. 于是 H_0' 的拒绝域为

$$\bar{X} - \bar{Y} \leqslant -Z_\alpha \sqrt{\frac{\sigma_1^2}{m} + \frac{\sigma_2^2}{n}}. \tag{8.2.11}$$

完全类似的方法, 可以得到 H_0'' 的拒绝域为

$$\bar{X} - \bar{Y} \geqslant Z_\alpha \sqrt{\frac{\sigma_1^2}{m} + \frac{\sigma_2^2}{n}}. \tag{8.2.12}$$

当假定 σ_1^2 和 σ_2^2 未知但 $\sigma_1^2 = \sigma_2^2$ 时, 类似于从 (8.2.5) 式到 (8.2.9) 式的过程, 可知 H_0' 和 H_0'' 的拒绝域分别为

$$\bar{X} - \bar{Y} \leqslant -\sqrt{\frac{m+n}{mn}} St_{m+n-2}(\alpha) \tag{8.2.13}$$

和

$$\bar{X} - \bar{Y} \geqslant \sqrt{\frac{m+n}{mn}} St_{m+n-2}(\alpha). \tag{8.2.14}$$

8.2.3 成对数据的 t 检验

在上节讨论的用于两个正态总体均值的比较检验中, 我们实际上是假设了来自这两个正态总体的样本是相互独立的. 但是, 在实际中, 有时候情况不是这样. 可能这两个正态总体的样本是来自同一个总体上的重复测量, 它们是成对出现的且是相关的. 例如, 为了考察一种降血压药的效果, 测试了 n 个高血压病人服药前后的血压分别为 $X_1, X_2, \cdots, X_n$ 和 $Y_1, Y_2, \cdots, Y_n$. 这里 (X_i, Y_i) 是第 i 个病人服药前和服药后的血压. 它们是有关系的, 不会相互独立. 另一方面, $X_1, X_2, \cdots, X_n$ 是 n 个不同病人的血压, 由于各人体质诸方面的条件不同, 这 n 个观测值也不能看成来自同一个正态总体的样本. $Y_1, Y_2, \cdots, Y_n$ 也一样. 这样的数据称为成对数据. 对这样的数据在 8.2.2 节中所讨论的检验方法就不适用. 但是, 因为 X_i 和 Y_i 是在同一个人身上观测到的血压, 所以, $X_i - Y_i$ 就消除了人的体质诸方面的条件差异, 仅剩下降血压药的效果. 从而我们可以把 $d_i = X_i - Y_i, i = 1, 2, \cdots, n$ 看成来自正态总体 $N(\mu, \sigma^2)$ 的样本, 其中 μ 就是降血压药的平均效果. 降血压药是否有效, 就归结为检验如下假设

$$H_0 : \mu = 0 \leftrightarrow H_1 : \mu \neq 0.$$

因为 $d_1, d_2, \cdots, d_n$ 为来自正态总体 $N(\mu, \sigma^2)$ 的样本, 于是问题就变成了 8.2.1 节中 $\mu_0 = 0$ 的特殊情形, 若记

$$\bar{d} = \sum_{i=1}^{n} d_i/n,$$

$$S_d^2 = \sum_{i=1}^{n}(d_i - \bar{d})^2/(n-1),$$

那么根据 (8.2.2) 式, 我们就得到原假设 H_0 的显著性水平为 α 的检验的拒绝域为

$$|\bar{d}| \geqslant \frac{S_d}{\sqrt{n}} t_{n-1}\left(\frac{\alpha}{2}\right).$$

这个检验通常称为成对 t 检验.

例 8.2.4 为了检验 A、B 两种测定铁矿石含铁量的方法是否有明显差异, 现用这两种方法测定了取自 12 个不同铁矿的矿石标本的含铁量 (%), 结果列于表 8.1. 问这两种测定方法是否有显著差异? 取 $\alpha = 0.05$.

表 8.1 铁矿石含铁量 (%)

标本号	方法 A	方法 B	d_i
1	38.25	38.27	−0.02
2	31.68	31.71	−0.03
3	26.24	26.22	+0.02
4	41.29	41.33	−0.04
5	44.81	44.80	+0.01
6	46.37	46.39	−0.02
7	35.42	35.46	−0.04
8	38.41	38.39	+0.02
9	42.68	42.72	−0.04
10	46.71	46.76	−0.05
11	29.20	29.18	+0.02
12	30.76	30.79	−0.03

解 将方法 A 和方法 B 的测定值分别记为 $X_1, X_2, \cdots, X_{12}$ 和 $Y_1, Y_2, \cdots, Y_{12}$. 由于这 12 个标本来自不同铁矿, 因此, $X_1, X_2, \cdots, X_{12}$ 不能看成来自同一个总体的样本, $Y_1, Y_2, \cdots, Y_{12}$ 也一样. 故需用成对 t 检验. 记

$$d_i = X_i - Y_i, \quad i = 1, 2, \cdots, 12,$$

则 $\bar{d} = -0.0167, S_d^2 = 0.0007$. 查表得 $t_{n-1}\left(\frac{\alpha}{2}\right) = t_{11}(0.025) = 2.201$. 因为

$$\frac{S_d}{\sqrt{n}} t_{n-1}\left(\frac{\alpha}{2}\right) = \frac{\sqrt{0.0007}}{\sqrt{12}} \times 2.201 = 0.0168 > |\bar{d}| = 0.0167,$$

所以我们接受原假设, 即认为两种测定方法无显著性差异. 检验的 p 值为

$$p = P\left\{|T_{n-1}| \geqslant \frac{0.0167}{\sqrt{0.0007/\sqrt{12}}}\right\} = 0.0513.$$

8.3 正态总体方差的检验

本节讨论关于正态总体方差的检验, 分为一个正态总体方差的 χ^2 检验和两个正态总体方差比的 F 检验. 相对于正态总体均值的检验, 方差检验的重要性要逊色得多, 但也有一些应用, 例如, 机器所加工出的产品的尺寸服从正态分布. 这个正态分布的方差刻画了生产过程的稳定性. 方差越大, 表示整个生产过程综合误差越大. 因此, 我们需要知道方差是否超过了一个预定界限. 方差比的 F 检验主要用于上节讨论的两样本 t 检验中, 关于两正态总体方差相等的假设是否合理.

8.3.1 单个正态总体方差的 χ^2 检验

设 $X_1, X_2, \cdots, X_n$ 为来自正态总体 $N(\mu, \sigma^2)$ 的样本, μ 和 σ^2 皆未知. 给定显著性水平 α, 且设 σ_0^2 为给定的常数, 我们要检验

$$H_0: \sigma^2 = \sigma_0^2 \leftrightarrow H_1: \sigma^2 \neq \sigma_0^2.$$

我们知道样本方差 $S^2 = \dfrac{1}{n-1}\sum\limits_{i=1}^{n}(X_i - \bar{X})^2$ 是 σ^2 的一个无偏估计, 于是, 当原假设成立时, S^2 和 σ_0^2 应该比较接近, 即比值 S^2/σ_0^2 应比较接近于 1. 因此, 这个比值过大或过小都是我们拒绝原假设的理由. 根据基本定理 (定理 6.3.1), 在原假设下

$$\frac{(n-1)S^2}{\sigma_0^2} \sim \chi_{n-1}^2, \tag{8.3.1}$$

取左端为检验统计量, 一个直观上合理的检验是当

$$\frac{(n-1)S^2}{\sigma_0^2} \leqslant c_1 \quad \text{或} \quad \frac{(n-1)S^2}{\sigma_0^2} \geqslant c_2$$

时, 拒绝原假设. 这里 c_1 和 c_2 由显著性水平 α 来确定. 为简单计, 可取

$$c_1 = \chi_{n-1}^2\left(1 - \frac{\alpha}{2}\right), \quad c_2 = \chi_{n-1}^2\left(\frac{\alpha}{2}\right).$$

于是, 检验的拒绝域为

$$\frac{(n-1)S^2}{\sigma_0^2} \leqslant \chi_{n-1}^2\left(1 - \frac{\alpha}{2}\right) \quad \text{或} \quad \frac{(n-1)S^2}{\sigma_0^2} \geqslant \chi_{n-1}^2\left(\frac{\alpha}{2}\right). \tag{8.3.2}$$

如果我们要检验假设

$$H_0': \sigma^2 \leqslant \sigma_0^2 \leftrightarrow H_1': \sigma^2 > \sigma_0^2,$$

那么, 当原假设成立时, $\sigma^2/\sigma_0^2 \leqslant 1$, 因此, S^2/σ_0^2 也倾向于比较小, 根据 (8.3.1) 式, 一个直观上合理的检验应当是, 当

$$\frac{(n-1)S^2}{\sigma_0^2} \geqslant c$$

时, 拒绝原假设. 于是对给定的显著性水平 α, 检验的拒绝域为

$$\frac{(n-1)S^2}{\sigma_0^2} \geqslant \chi^2_{n-1}(\alpha). \tag{8.3.3}$$

上面这两个检验都用到了 χ^2 分布, 文献中把这类检验通称为 χ^2 检验.

例 8.3.1 某公司生产的发动机部件的直径服从正态分布. 该公司称它的标准差 $\sigma = 0.048$ 厘米, 现随机抽取 5 个部件, 测得它们的直径为 1.32, 1.55, 1.36, 1.40, 1.44. 取 $\alpha = 0.05$. 问: (1) 我们能够认为该公司生产的发动机部件的直径的标准差确实为 $\sigma = 0.048$ 厘米吗? (2) 我们能否认为 $\sigma^2 \leqslant 0.048^2$?

解 (1) 本题要求在水平 $\alpha = 0.05$ 下检验假设

$$H_0: \sigma^2 = 0.048^2 \leftrightarrow H_1: \sigma^2 \neq 0.048^2,$$

这里 $n = 5, \chi^2_{n-1}\left(\dfrac{\alpha}{2}\right) = \chi^2_4(0.025) = 11.143, \chi^2_{n-1}\left(1-\dfrac{\alpha}{2}\right) = \chi^2_4(0.975) = 0.484$. 另一方面, 计算得 $S^2 = 0.00778$. 因为

$$\frac{(n-1)S^2}{\sigma_0^2} = \frac{(5-1)\times 0.00778}{0.048^2} = 13.51 > 11.143,$$

由 (8.3.2) 式知, 我们应该拒绝 H_0, 即认为发动机部件的直径标准差不是 0.048 厘米. 检验的 p 值为 $2P\{Y \geqslant 13.51\} = 0.0181$, 其中 $Y \sim \chi^2_4$.

(2) 本题要求在水平 $\alpha = 0.05$ 下检验假设

$$H_0': \sigma^2 \leqslant 0.048^2 \leftrightarrow H_1': \sigma^2 > 0.048^2.$$

查表知 $\chi^2_{n-1}(\alpha) = \chi^2_4(0.05) = 9.488$. 因为

$$\frac{(n-1)S^2}{\sigma_0^2} = 13.51 > 9.488,$$

于是, 由 (8.3.3) 式知, 我们应该拒绝原假设, 即认为发动机原部件的直径标准差超过了 0.048. p 值为 $P\{Y \geqslant 13.51\} = 0.0090$. 注意, 这里 p 值与 (1) 中不同, 因为在 (8.3.2) 式中拒绝域是双侧的, 而 (8.3.3) 式中的拒绝域是单侧的.

8.3.2　两个正态总体方差比的 F 检验

设有两个正态总体 $N(\mu_1,\sigma_1^2)$ 和 $N(\mu_2,\sigma_2^2)$, 我们欲检验

$$H_0:\sigma_1^2=\sigma_2^2 \leftrightarrow H_1:\sigma_1^2\neq\sigma_2^2.$$

现在从这两个总体中分别抽取样本 $X_1,X_2,\cdots,X_m$ 和 $Y_1,Y_2,\cdots,Y_n$, 它们是相互独立的. 分别以 S_1^2 和 S_2^2 记它们的样本方差. 直观上, S_1^2/S_2^2 是 σ_1^2/σ_2^2 的一个估计, 当原假设成立时, 后者等于 1, 作为它们的估计, S_1^2/S_2^2 也应与 1 相差不远. 因此, 一个直观上合理的拒绝域应为

$$\frac{S_1^2}{S_2^2}\leqslant c_1 \quad 或 \quad \frac{S_1^2}{S_2^2}\geqslant c_2, \tag{8.3.4}$$

c_1 和 c_2 应根据显著性水平 α 和 S_1^2/S_2^2 的分布来确定. 由基本定理 (定理 6.3.1) 知

$$\frac{(m-1)S_1^2}{\sigma_1^2}\sim\chi_{m-1}^2,\quad \frac{(n-1)S_2^2}{\sigma_2^2}\sim\chi_{n-1}^2,$$

它们相互独立, 于是

$$\frac{S_1^2/\sigma_1^2}{S_2^2/\sigma_2^2}\sim F_{m-1,n-1},$$

因而, 当原假设成立时, 从 $\sigma_1^2=\sigma_2^2$ 可知

$$S_1^2/S_2^2\sim F_{m-1,n-1}.$$

据此, 我们可以选择显著性水平 α 下的拒绝域为

$$\frac{S_1^2}{S_2^2}\leqslant F_{m-1,n-1}\left(1-\frac{\alpha}{2}\right) \quad 或 \quad \frac{S_1^2}{S_2^2}\geqslant F_{m-1,n-1}\left(\frac{\alpha}{2}\right). \tag{8.3.5}$$

通过类似的讨论, 读者不难导出检验问题

$$H_0':\sigma_1^2\leqslant\sigma_2^2 \leftrightarrow H_1':\sigma_1^2>\sigma_2^2$$

显著性水平为 α 的检验的拒绝域为

$$\frac{S_1^2}{S_2^2}\geqslant F_{m-1,n-1}(\alpha). \tag{8.3.6}$$

上面这两个检验都用到了 F 分布, 文献中把它们以及类似的检验通称为 F 检验.

例 8.3.2　甲、乙两厂生产同一种电阻, 现从甲乙两厂的产品中分别随机抽取 12 个和 10 个样品, 测得它们的电阻值后, 计算出样本方差分别为 $S_1^2=1.40, S_2^2=4.38$. 假设电阻值服从正态分布, 在显著性水平 $\alpha=0.10$ 下, 我们是否可以认为两厂生产的电阻阻值的方差:

(1) $\sigma_1^2=\sigma_2^2$; (2) $\sigma_1^2\leqslant\sigma_2^2$.

解 (1) 该问题即检验假设:

$$H_0:\sigma_1^2=\sigma_2^2\leftrightarrow H_1:\sigma_1^2\neq\sigma_2^2.$$

因为 $m=12$, $n=10$, 从 (8.3.5) 式知, 我们需要计算 $F_{11,9}(0.95)$, 但一般 F 分布表中查不到这个值. 利用 F 分布的性质 (见 (6.3.1) 式) 有

$$F_{11,9}(0.95)=\frac{1}{F_{9,11}(0.05)}=\frac{1}{2.9}=0.34,$$

而

$$\frac{S_1^2}{S_2^2}=\frac{1.40}{4.38}=0.32<0.34=F_{11,9}(0.95),$$

因此 (8.3.5) 的第一个不等式成立, 所以, 我们拒绝原假设, 即认为两厂生产的电阻阻值的方差不同.

(2) 我们需要查 $F_{m-1,n-1}(\alpha)=F_{11,9}(0.10)$ 的值, 但是在普通的 F 分布表中, 查不到这个值. 于是我们用 $F_{10,9}(0.10)$ 和 $F_{12,9}(0.10)$ 的平均值作为它的近似, 故有

$$\begin{aligned}F_{11,9}(0.10)&=\frac{1}{2}[F_{10,9}(0.10)+F_{12,9}(0.10)]\\&=\frac{1}{2}(2.42+2.38)=2.40.\end{aligned}$$

但是, $S_1^2/S_2^2=0.34<2.40$, 于是, 我们接受原假设, 即认为甲厂生产的电阻阻值的方差 (即波动性) 较小.

读者不妨自己写出这两个检验的 p 值的计算公式.

8.4 拟合优度检验

在前面的讨论中, 我们总是假定总体分布形式是已知的. 例如, 我们常说 X_1, $X_2,\cdots,X_n$ 为来自正态总体 $N(\mu,\sigma^2)$ 的样本. 在这里有一个重要问题, 就是总体到底是不是正态分布 $N(\mu,\sigma^2)$, 有时并不是很显然的, 这就需要通过一定的检验. 本节所要讨论的拟合优度检验, 就是为了这一目的而设计的. 一言以蔽之, 拟合优度检验, 就是检验观测到的一批数据是否服从某一特定的分布.

设 $F(x)$ 为一已知分布, 现有样本 $X_1,X_2,\cdots,X_n$, 但我们并不知道样本 X_1, $X_2,\cdots,X_n$ 的总体分布是什么. 现在试图检验

$$H_0:\ 样本\ X_1,X_2,\cdots,X_n\ 的总体分布为\ F(x). \tag{8.4.1}$$

对立假设就是这些样本的总体分布不是 $F(x)$. 如果 $F(x)$ 带未知参数 $\theta=(\theta_1,\cdots,\theta_r)'$, 则应记为 $F(x,\theta)$, 不妨设该分布是连续型的.

构造拟合优度检验的思想和步骤如下:

(1) 把 $(-\infty,+\infty)$ 分割为 k 个区间

$$-\infty = a_0 < a_1 < a_2 < \cdots < a_{k-1} < a_k = +\infty,$$

记

$$I_1 = (a_0, a_1], \quad I_2 = (a_1, a_2], \cdots, I_k = (a_{k-1}, a_k).$$

(2) 计算每个区间上的实际频数.

设 $X_1, X_2, \cdots, X_n$ 中有 f_i 个落在区间 I_i 上, 称 f_i 为实际频数.

(3) 计算每个区间上的理论频数.

如果总体的分布为 $F(x,\theta)$, 那么在区间 I_i 上, 有理论概率

$$p_i(\theta) = F(a_i,\theta) - F(a_{i-1},\theta), \quad i = 1, 2, \cdots, k. \tag{8.4.2}$$

现在样本大小为 n, 它们落在区间 I_i 上的应该有 $np_i(\theta)$ 个, 这里 $np_i(\theta)$ 称为理论频数. 如果 θ 是未知的, 用 θ^* 代入 (8.4.2) 式得到 $p_i(\theta^*)$, 这时理论频数为 $np_i(\theta^*)$, 其中 θ^* 为

$$L(\theta) = n! \prod_{i=1}^{k} [p_i(\theta)]^{f_i} / f_i!$$

的最大值点. 在常见的情形, θ^* 也可以用普通的极大似然估计近似代替.

(4) 计算理论频数与实际频数的偏差平方和

$$\chi^2 = \sum_{i=1}^{k} \frac{[f_i - np_i(\theta^*)]^2}{np_i(\theta^*)}, \tag{8.4.3}$$

这里对每一项用 $np_i(\theta^*)$ 去除, 其作用是缩小理论频数 $np_i(\theta^*)$ 比较大的那些项在和式中的影响力.

很明显, $np_i(\theta^*)$ 是从分布 $F(x,\theta)$ 算出来的区间 I_i 上的频数, 而 f_i 是样本中落在 I_i 上的实际频数. 它们差异的大小就度量了这些样本与分布 $F(x,\theta)$ 拟合的程度. 统计量 χ^2 称为皮尔逊 (Pearson) 的拟合优度 χ^2 统计量, 简称为 χ^2 统计量. 可以证明, 若 H_0 成立, 则当样本大小 $n \to \infty$ 时,

$$\chi^2 \to \chi^2_{k-r-1}, \tag{8.4.4}$$

即 χ^2 统计量的分布收敛到自由度为 $k-r-1$ 的 χ^2 分布, 这里 k 是划分的区间的个数, r 是被估计的参数的个数.

(5) 假设 H_0 的显著性水平为 α 的检验拒绝域为

$$\chi^2 \geqslant \chi^2_{k-r-1}(\alpha), \tag{8.4.5}$$

这个检验称为 χ^2 检验.

注 1 因为 (8.4.4) 式是样本大小 $n\to\infty$ 时 χ^2 统计量的极限分布, 所以在应用上要求 n 比较大, 一般经验上认为 $n\geqslant 50$, 并且每个 $np_i(\theta^*)$ 最好不小于 5. 如果 $(-\infty,+\infty)$ 的初始划分不满足后一个条件时, 则需将相邻区间合并, 以满足这个要求.

注 2 χ^2 统计量可以直观地写为

$$\chi^2=\sum_{i=1}^{k}\frac{(\text{实际频数}-\text{理论频数})^2}{\text{理论频数}}.$$

下面我们通过几个例子来说明 χ^2 统计量的应用.

例 8.4.1 为检验棉纱的拉力强度 (单位: 千克) X 服从正态分布, 从一批棉纱中随机抽取 300 条进行拉力试验, 结果列在表 8.2 中, 我们的问题是检验假设

$$H_0:\text{拉力强度 } X\sim N(\mu,\sigma^2)\quad(\alpha=0.01).$$

(1) 将样本观测值 X_i 分成 13 组, 这相当于 $a_0=-\infty, a_1=0.64, a_2=0.78,\cdots,a_{12}=2.18, a_{13}=+\infty$. 但是这样分组后, 前两组和最后两组的 $np_i(\theta^*)$ 比较小, 于是我们把它们合并成为一个组 (见表 8.3).

表 8.2 棉纱拉力数据

i	x	f_i	i	x	f_i
1	0.5~0.64	1	8	1.48~1.62	53
2	0.64~0.78	2	9	1.62~1.76	25
3	0.78 ~0.92	9	10	1.76~1.90	19
4	0.92 ~1.06	25	11	1.90~2.04	16
5	1.06~1.20	37	12	2.04~2.18	3
6	1.20~1.34	53	13	2.18~2.38	1
7	1.34~1.48	56			

表 8.3 棉纱拉力数据的分组

区间序号	区间	f_i	$p_i(\theta^*)$	$np_i(\theta^*)$	$f_i-np_i(\theta^*)$
1	$\leqslant 0.78$ 或 >2.04	7	0.0156	4.68	2.32
2	0.78~0.92	9	0.0223	6.69	2.31
3	0.92~1.06	25	0.0584	17.52	7.48
4	1.06~1.20	37	0.1205	36.15	0.85
5	1.20~1.34	53	0.1846	55.38	−2.38
6	1.34~1.48	56	0.2128	63.84	−7.84
7	1.48~1.62	53	0.1846	55.38	−2.38
8	1.62~1.76	25	0.1205	36.15	−11.15
9	1.76~1.90	19	0.0584	17.52	1.48
10	1.90~2.04	16	0.0223	6.69	9.31

(2) 计算 $X_1, X_2, \cdots, X_{300}$ 中落在每个区间上的实际频数如表 8.3 所列.

(3) 计算每个区间上的理论频数. 这里 $F(x,\theta)$ 就是正态分布 $N(\mu,\sigma^2)$ 的分布函数, 含有两个未知参数 μ 和 σ^2, 分别用它们的极大似然估计 $\mu^* = \bar{X}$ 和 $\sigma^{2*} = \sum\limits_{i=1}^{n}(X_i - \bar{X})^2/n$ 来代替. 关于 $\bar{X}$ 的计算作如下说明. 因为表 8.2 中每个区间都很狭窄, 我们可以认为每个区间内 X_i 都取这个区间的中点, 然后将每个区间的中点值乘以该区间的样本数, 将这些值相加再除以样本大小就得到样本均值 $\bar{X}$, 具体计算结果: $\mu^* = 1.41, \sigma^{2*} = 0.26^2$. 对于服从 $N(1.41, 0.26^2)$ 的随机变量 Y, 计算它在上面每个区间上取值的概率 $p(\theta^*)$, 例如,

$$
\begin{aligned}
p_1(\theta^*) &= P\{Y \leqslant 0.78\} + P\{Y > 2.04\} \\
&= P\left\{\frac{Y-1.41}{0.26} \leqslant -2.42\right\} + P\left\{\frac{Y-1.41}{0.26} > 2.42\right\} \\
&= 0.0156, \\
p_2(\theta^*) &= P\{0.78 < Y \leqslant 0.92\} \\
&= P\{-2.42 < \frac{Y-1.41}{0.26} \leqslant -1.88\} \\
&= 0.0223.
\end{aligned}
$$

(4) 计算统计量的值:

$$
\chi^2 = \sum_{i=1}^{10} \frac{[f_i - np_i(\theta^*)]^2}{np_i(\theta^*)} = 22.07.
$$

因为 $k = 10, r = 2$, 所以, χ^2 的自由度为 $10 - 2 - 1 = 7$, 查表得 $\chi_7^2(0.01) = 18.475 < \chi^2 = 22.07$. 于是, 我们拒绝原假设, 即认为棉纱拉力强度不服从正态分布. 该检验的 p 值为 $P\{\chi_7^2 \geqslant 22.07\} = 0.0025$.

χ^2 检验的一个著名应用例子是孟德尔 (Mendel) 豌豆试验. 奥地利生物学家孟德尔在 1865 年发表的论文, 事实上提出了基因学说, 奠定了现代遗传学的基础. 他的这项伟大发现的过程有力地证明了统计方法在科学研究中的作用. 因此, 我们有必要在这里将这一情况介绍给读者.

孟德尔在关于遗传问题的研究中, 用豌豆做试验. 豌豆有黄、绿两种颜色, 在对它们进行两代杂交之后, 发现一部分杂交豌豆呈黄色, 另一部分呈绿色. 其数目的比例大致是 3:1. 孟德尔把他的试验重复了多次, 每次都得到类似结果. 这只是一个表面上的统计规律, 但它启发孟德尔去发展一种理论, 以解释这种现象. 他大胆地假定存在一种实体, 即现在我们称为 “基因” 的东西, 决定了豌豆的颜色. 这基因有黄绿两个状态, 一共有四种组合:

$$
(\text{黄}, \text{黄}), \quad (\text{黄}, \text{绿}), \quad (\text{绿}, \text{黄}), \quad (\text{绿}, \text{绿}).
$$

孟德尔认为, 前三种配合使豆子呈黄色, 而第四种配合使豆子呈绿色. 从古典概率的观点看, 黄色豆子出现的概率为 3/4, 而绿色豆子出现的概率为 1/4. 这就解释了黄绿颜色豆子之比为什么总是接近 3:1 这个观察结果. 孟德尔这个发现的深远意义是他开辟了遗传学研究的新纪元. 下面的例子就是用 χ^2 检验来检验孟德尔提出黄绿颜色豌豆数目之比为 3:1 的论断.

例 8.4.2 孟德尔豌豆试验中, 发现黄色豌豆为 25 个, 绿色豌豆 11 个, 试在 $\alpha = 0.05$ 下, 检验 3:1 这个比例.

解 定义随机变量 X

$$X = \begin{cases} 1, & \text{豆是黄色}, \\ 0, & \text{豆是绿色}. \end{cases}$$

记 $p_1 = P\{X=0\}, p_2 = P\{X=1\}$, 我们要检验假设

$$H_0 : p_1 = \frac{1}{4}, \quad p_2 = \frac{3}{4}.$$

(1) 将 $(-\infty, +\infty)$ 分成两个区间 $I_1 = \left(-\infty, \dfrac{1}{2}\right], I_2 = \left(\dfrac{1}{2}, +\infty\right)$,

(2) 实际频数为 $f_1 = 11, f_2 = 25$.

(3) 计算每个区间上的理论频数, 这里 $n = 11 + 25 = 36$, 不存在要估计的未知参数, 故 $np_1 = 36 \times \dfrac{1}{4} = 9, np_2 = 36 \times \dfrac{3}{4} = 27$.

(4) $\chi^2 = \dfrac{(11-9)^2}{9} + \dfrac{(25-27)^2}{27} = 0.444 + 0.148 = 0.592.$

查表得 $\chi^2_{k-1}(0.05) = \chi^2_1(0.05) = 3.841 > 0.592$. 所以, 我们接受原假设, 即认为黄绿色豌豆数目之比为 3:1. 该检验的 p 值为 $P\{\chi^2_1 \geqslant 0.592\} = 0.4416$.

例 8.4.3 某医院在一年中住院出生的婴儿共计 1521 人, 其中男孩 802 人, 女孩 719 人. 请问, 我们能否认为男女孩出生率相等?

解 设 X 表示服从两点分布的随机变量, X 取 0, 1 两个值, $X = 1$ 表示生的是男孩, $P\{X=1\} = p, X = 0$ 表示生的是女孩, $P\{X = 0\} = 1 - p$. 我们的问题是检验假设 $H_0 : p = 0.5$.

(1) 将 $(-\infty, +\infty)$ 分成两个区间: $I_1 = \left(-\infty, \dfrac{1}{2}\right], I_2 = \left(\dfrac{1}{2}, +\infty\right)$.

(2) 每个区间上的实际频数: $n_1 = 719, n_2 = 802$.

(3) 计算每个区间上的理论频数. 因为两个区间上的理论概率都是 $p_i = 0.5, i = 1, 2$, 而 $n = 1521$, 于是两个区间上的理论频数都为 $np_i = 760.5, i = 1, 2$.

(4) 计算 χ^2 统计量

$$\chi^2 = \frac{(719-760.5)^2}{760.5} + \frac{(802-760.5)^2}{760.5} = \frac{41.5^2}{760.5} + \frac{41.5^2}{760.5} = 4.529.$$

对现在的情形, $k=2, r=0$, 故若原假设 H_0 成立, $\chi^2 \sim \chi_1^2$. 若取 $\alpha=0.05$, 因 $\chi_1^2(0.05)=3.841<4.529$, 因此我们拒绝原假设, 即认为男女孩出生率有显著差异. 男孩出生率 p 的估计 $\hat{p}=\dfrac{802}{1521}=0.527$, 而女孩出生率 $1-p$ 的估计 $1-\hat{p}=1-0.527=0.473$. 检验的 p 值为 $P\{\chi_1^2 \geqslant 4.529\}=0.0333$.

8.5 独立性检验

许多社会调查数据往往可以总结成一种表格形式. 这种表格在统计学上称为列联表. 例如, 我们调查了 520 个人, 其中 136 人患有高血压, 另外的 384 人血压正常. 另一方面在患高血压的 136 人中, 有 48 人有冠心病, 其余的 88 人无此病. 在无高血压的 384 人中, 有 36 人患有冠心病, 将这些数据列成表 8.4, 我们希望考察高血压和冠心病两者之间是否有关系. 即欲考察列联表中的两个因素是否独立. 我们可以用上节介绍的 χ^2 检验, 来解决这个问题.

表 8.4 2×2 列联表

	患高血压	无高血压	总计
患冠心病	48	36	84
无冠心病	88	348	436
总计	136	384	520

本例中, 我们考察两个因素, 一是"高血压", 它有两个状态, 统计学上称为水平: "患高血压"和"无高血压". 另一个因素是"冠心病", 它也有两个水平: "患冠心病"和"无冠心病". 这种表称为 2×2 列联表. 一般地, 设有 A 和 B 两个因素, 各有 a 和 b 个水平, 问题是要检验 A 与 B 两个因素相互独立. 随机观察了 n 个对象, 其中有 n_{ij} 个对象的因素 A 和 B 分别处在水平 i 和 j. 以

$$n_{i\cdot}=\sum_j n_{ij}, \quad n_{\cdot j}=\sum_i n_{ij} \tag{8.5.1}$$

分别表示表 8.5 中的第 i 行之和与第 j 列之和, 即 $n_{i\cdot}$ 为 n 个对象中其因素 A 在水平 i 的个数, 而 $n_{\cdot j}$ 为 n 个对象中其因素 B 在水平 j 的个数.

如果记

$$\begin{aligned}
p_{ij}&=P\{\text{因素 } A \text{ 和 } B \text{ 分别处在水平 } i \text{ 和 } j\},\\
p_{i\cdot}&=P\{\text{因素 } A \text{ 处在水平 } i\}, \quad i=1,2,\cdots,a,\\
p_{\cdot j}&=P\{\text{因素 } B \text{ 处于水平 } j\}, \quad j=1,2,\cdots,b.
\end{aligned}$$

我们可以把 p_{ij} 理解为对象的因素 A 和 B 分别处在水平 i 和 j 的理论概率, 其余类推. 我们要检验的假设是 A 与 B 相互独立, 它可以表为如下独立性假设

$$H_0: p_{ij}=p_{i\cdot}p_{\cdot j}, \quad i=1,2,\cdots,a, \quad j=1,2,\cdots,b. \tag{8.5.2}$$

表 8.5 $a \times b$ 列联表

B \ A	1	2	$\cdots$	j	$\cdots$	b	行和
1	n_{11}	n_{12}	$\cdots$	n_{1j}	$\cdots$	n_{1b}	$n_{1\cdot}$
2	n_{21}	n_{22}	$\cdots$	n_{2j}	$\cdots$	n_{2b}	$n_{2\cdot}$
$\vdots$	$\vdots$	$\vdots$		$\vdots$		$\vdots$	$\vdots$
i	n_{i1}	n_{i2}	$\cdots$	n_{ij}	$\cdots$	n_{ib}	$n_{i\cdot}$
$\vdots$	$\vdots$	$\vdots$		$\vdots$		$\vdots$	$\vdots$
a	n_{a1}	n_{a2}	$\cdots$	n_{aj}	$\cdots$	n_{ab}	$n_{a\cdot}$
列和	$n_{\cdot 1}$	$n_{\cdot 2}$	$\cdots$	$n_{\cdot j}$	$\cdots$	$n_{\cdot b}$	n

这个检验问题, 可以通过上节的 χ^2 检验来完成. 我们可以把表 8.5 中的 ab 个格子, 看成 ab 个区间, n_{ij} 就是每个格子的实际频数. 根据独立性假设 (8.5.2) 式, $np_{ij} = np_{i\cdot}p_{\cdot j}$ 就是理论频数, 于是在原假设下

$$\chi^2 = \sum_{i=1}^{a}\sum_{j=1}^{b}\frac{(n_{ij}-np_{ij})^2}{np_{ij}} = \sum_{i=1}^{a}\sum_{j=1}^{b}\frac{(n_{ij}-np_{i\cdot}p_{\cdot j})^2}{np_{i\cdot}p_{\cdot j}}, \tag{8.5.3}$$

这就刻画了实际数据与理论假设 H_0 拟合的程度. 当 n 很大时, 这个 χ^2 统计量近似地服从 χ^2 分布. 但这里还有两个问题: $p_{i\cdot}$ 和 $p_{\cdot j}$ 的估计和 χ^2 的自由度的计算.

根据用 "频率估计概率" 的原则, $p_{i\cdot}$ 和 $p_{\cdot j}$ 一个直观上很自然的估计分别是

$$\hat{p}_{i\cdot} = \frac{n_{i\cdot}}{n}, \quad i = 1, 2, \cdots, a, \tag{8.5.4}$$

$$\hat{p}_{\cdot j} = \frac{n_{\cdot j}}{n}, \quad j = 1, 2, \cdots, b. \tag{8.5.5}$$

从形式看, 我们估计了 a 个 $p_{i\cdot}$ 和 b 个 $p_{\cdot j}$, 但是注意到 $\sum\limits_{i=1}^{a} p_{i\cdot} = 1, \sum\limits_{j=1}^{b} p_{\cdot j} = 1$, 所以, 我们实际上估计了 $a+b-2$ 个参数. 于是, χ^2 分布的自由度为

$$ab - (a+b-2) - 1 = (a-1)(b-1).$$

将 (8.5.4) 式和 (8.5.5) 式代入 (8.5.3) 式得

$$\chi^2 = \sum_{i=1}^{a}\sum_{j=1}^{b}\frac{(n_{ij}-n_{i\cdot}n_{\cdot j}/n)^2}{n_{i\cdot}n_{\cdot j}/n} = \sum_{i=1}^{a}\sum_{j=1}^{b}\frac{(nn_{ij}-n_{i\cdot}n_{\cdot j})^2}{nn_{i\cdot}n_{\cdot j}}. \tag{8.5.6}$$

当 n 很大时, 它近似地服从 $\chi^2_{(a-1)(b-1)}$. 于是, 对给定的显著性水平 α, 当 $\chi^2 \geqslant \chi^2_{(a-1)(b-1)}(\alpha)$ 时, 拒绝原假设, 即认为因素 A 与 B 不相互独立.

例 8.5.1 对表 8.4 中的数据, 检验假设: 冠心病与高血压无关系 ($\alpha = 0.05$).

解 因为 $n = 520, n_{11} = 48, n_{12} = 36, n_{21} = 88, n_{22} = 348, n_{1\cdot} = 84, n_{2\cdot} = 436, n_{\cdot 1} = 136, n_{\cdot 2} = 384$, 于是

$$\begin{aligned}\chi^2 =& \frac{(520\times 48-84\times 136)^2}{520\times 84\times 136}+\frac{(520\times 36-84\times 384)^2}{520\times 84\times 384}\\&+\frac{(520\times 88-436\times 136)^2}{520\times 436\times 136}+\frac{(520\times 348-436\times 384)^2}{520\times 436\times 384}\\=&30.84+10.92+5.94+2.10=49.8.\end{aligned}$$

查 χ^2 分布表, $\chi^2_{(a-1)(b-1)}(\alpha)=\chi^2_{(2-1)(2-1)}(0.05)=3.841<\chi^2=49.8$. 因此, 我们拒绝原假设, 即认为冠心病和高血压有密切关系. 检验的 p 值为 $P\{\chi^2_1\geqslant 49.8\}=1.7\times 10^{-12}$.

例 8.5.2 1936 年瑞典在研究家庭小孩个数与其收入关系时, 调查了 25263 个家庭, 其数据总结成 5×4 列联表 (收入单位：千瑞典克朗), 见表 8.6. 我们要来检验的假设是:

H_0 : 每个家庭小孩数的多少与它们的收入无关 ($\alpha=0.005$).

因为 $a=5, b=4$, 所以这是 5×4 列联表, 统计量 χ^2 中有 20 项. 先算 (8.5.6) 式中的对应于 $n_{11}=2161$ 的那项

$$\frac{(25263\times 2161-9558\times 6116)^2}{25263\times 9558\times 6116}=10.11,$$

对应于 $n_{12}=3577$ 的那项为

$$\frac{(25263\times 3577-9558\times 10928)^2}{25263\times 9558\times 10928}=75.17.$$

表 8.6 家庭收入与小孩个数数据

小孩数 \ 收入	0~1	1~2	2~3	3 以上	合计
0	2161	3577	2184	1636	9558
1	2755	5081	2222	1052	11110
2	936	1753	640	306	3635
3	225	419	96	38	778
4	39	98	31	14	182
合计	6116	10928	5173	3046	25263

我们先不继续算下去, χ^2 统计量的值一定大于这两项之和 85.28, 此处自由度为 $(5-1)(4-1)=12$, 查 χ^2 分布表得 $\chi^2_{12}(0.005)=28.299, \chi^2>85.28>\chi^2_{12}(0.005)=28.299$. 因此我们应该拒绝原假设. 这个结果表明, 即使在显著性水平 $\alpha=0.005$ 下, 我们仍认为小孩数与家庭收入有密切关系. 从表上可以看出一个基本趋势, 家庭收入越低, 小孩个数越多.

习 题 8

8.1 某油品公司的桶装润滑油标定重量为 10 千克. 商品检验部门从市场上随机抽取 10 桶, 称得它们的重量 (单位: 千克) 分别是 10.2, 9.7, 10.1, 10.3, 10.1, 9.8, 9.9, 10.4, 10.3, 9.8. 假设每桶油实际重量服从正态分布. 试在显著性水平 $\alpha = 0.01$ 下, 检验该公司的桶装润滑油重量是否确为 10 千克? 试给出检验的 p 值的计算公式.

8.2 假设香烟中尼古丁含量服从正态分布, 现从某牌香烟中随机抽取 20 支, 其尼古丁含量的平均值 $\bar{X} = 18.6$ 毫克, 样本标准差 $S = 2.4$ 毫克. 取显著性水平 $\alpha = 0.01$, 我们能否接受 "该种香烟的尼古丁含量的均值 $\mu = 18$ 毫克" 的断言?

8.3 (1) 考虑正态总体 $N(\mu, \sigma^2)$ 和假设检验问题

$$H_0 : \mu \leqslant \mu_0 \leftrightarrow H_1 : \mu > \mu_0.$$

证明, 当 σ^2 已知时, 则拒绝域为

$$\bar{X} - \mu_0 \geqslant \frac{\sigma}{\sqrt{n}} Z_\alpha$$

的检验的显著性水平为 α. 若 σ^2 未知, 则拒绝域为

$$\bar{X} - \mu_0 \geqslant \frac{S}{\sqrt{n}} t_{n-1}(\alpha)$$

的检验的显著性水平为 α.

(2) 在习题 8.2 中, 对 $\sigma = 2.4$ 毫克和 $S = 2.4$ 毫克两种情况, 我们能否接受 "该牌的香烟尼古丁含量不超过 17.5 毫克" 的断言?

8.4 设某厂生产的产品尺寸服从正态分布 $N(\mu, \sigma^2)$, 规定标准尺寸为 120 毫米. 现从该厂抽得 5 件产品, 测量其尺寸分别为

$$119, 120, 119.2, 119.7, 119.6.$$

试判断产品是否符合规定要求, 即检验假设 $H_0 : \mu = 120 \leftrightarrow H_1 : \mu \neq 120$ (显著性水平 $\alpha = 0.05$).

8.5 设甲、乙两煤矿所产的煤中含煤粉率分别为 $N(\mu_1, 7.5)$ 和 $N(\mu_2, 2.6)$. 为检验这两个煤矿的煤含煤粉率有无明显差异, 从两矿中取样若干份, 测试结果如下:

甲矿 (%): 24.3, 20.8, 23.7, 21.3, 17.4;

乙矿 (%): 18.2, 16.9, 20.2, 16.7.

试在显著性水平 $\alpha = 0.05$ 下, 检验 "含煤粉率无差异" 这个假设, 并给出这个检验的 p 值.

8.6 比较 A、B 两种小麦品种蛋白质含量. 随机抽取 A 种小麦 10 个样品, 测得 $\bar{X} = 14.3, S_1^2 = 1.62$. 随机抽取 B 种小麦 5 个样品, 测得 $\bar{Y} = 11.7, S_2^2 = 0.14$. 假定这两种小麦蛋白质含量都服从正态分布, 且具有相同方差, 试在 $\alpha = 0.01$ 水平下, 检验两种小麦的蛋白质含量有无差异?

8.7 由于存在声音反射的原因, 人们在讲英语时在辅音识别上会遇到麻烦. 有人随机选取了 10 个以英语为母语的人 (记为 A 组) 和 10 个以英语为外国语的人 (记为 B 组), 进行了试验, 下面记录了他们正确反应的比例 (%).

A 组: 93, 85, 89, 81, 88, 88, 89, 85, 85, 87;

B 组: 76, 84, 78, 73, 78, 76, 70, 82, 79, 77.

假定这些数据都来自正态总体, 且具有公共方差, 试在 $\alpha = 0.05$ 下, 检验这两组的反应是否有显著差异?

8.8 某厂生产的瓶装纯净水要求标准差 $\sigma = 0.02$ 升, 现在从超级市场上随机抽取 20 瓶这样的纯净水, 发现它们所装水量的样本标准差 $S = 0.03$ 升. 假定瓶装纯净水装水量服从正态分布, 试问在显著性水平 $\alpha = 0.05$ 下, 我们能否认为它们达到了标准差 $\sigma = 0.02$ 升的要求?

8.9 试写出检验 (8.3.6) 的推导过程.

8.10 试对习题 8.7 的数据, 检验假设

$$H_0 : \sigma_1^2 = \sigma_2^2 \leftrightarrow H_1 : \sigma_1^2 \neq \sigma_2^2.$$

8.11 某种导线要求电阻标准差不超过 0.005 欧姆, 今在生产的一批导线中随机抽取 9 根, 测量后算得 $S = 0.07$ 欧姆. 设电阻测量值服从正态分布, 问在 $\alpha = 0.05$ 下, 能否认为这批导线的电阻值满足原来的要求?

8.12 孟德尔豌豆试验中, 有一次观测到黄色和绿色豆子的数目分别为 70 和 27, 试在显著性水平 $\alpha = 0.05$ 下, 检验 "黄色和绿色豆子的数目为 3:1" 的理论.

8.13 在一个复杂试验中, 孟德尔同时考虑豌豆的颜色和形状, 一共有四种组合: (黄, 圆), (黄, 非圆), (绿, 圆), (绿, 非圆). 按孟德尔理论这四类应有 9:3:3:1 的比例. 在一次观察中, 他发现这四类观测到的数目分别为 315, 101, 108 和 32, 试在 $\alpha = 0.05$ 下, 检验 "9:3:3:1" 这个理论.

8.14 某汽车修理公司想知道每天送来修理的车数是否服从泊松分布. 下表给出了该公司 250 天的送修车数:

送修车数	0	1	2	3	4	5	6	7	8	9	10
送这么多车的天数	2	8	21	31	44	48	39	22	17	13	5

试在 $\alpha = 0.05$ 下, 检验原假设 H_0: 一天内送修车数服从泊松分布 $P(\lambda)$.

8.15 为检验一颗骰子的均匀性, 对这颗骰子投掷 60 次, 观察到出现 $1, 2, \cdots, 6$ 点的次数分别为 7, 6, 12, 14, 5, 16. 试在 $\alpha = 0.05$ 下, 检验原假设: 这颗骰子是均匀的, 即每个点出现的概率均为 1/6.

8.16 某工厂三种配方生产出来的产品质量如下表:

质量状况 \ 配方	1	2	3
合格品	63	47	65
次品	16	7	3

试分别在 $\alpha = 0.05$ 和 $\alpha = 0.01$ 下, 检验原假设: 三种配方生产出的产品质量无明显差异.

第 9 章　回归分析与方差分析

本章讨论两类重要的统计模型 —— 线性回归模型和方差分析模型.

在自然科学、工程技术和经济活动等各种领域, 我们常常要研究一些变量之间的关系. 例如, 人的体重与身高, 钢的强度与其含碳量, 商品的销售量与其价格, 病人心脏移植后的存活时间与其身体健康状况等. 为了解这些关系, 人们往往通过试验、调查等对相关的变量进行观测, 收集有关数据, 并通过对这些数据的分析认识它们之间的关系. 回归分析和方差分析就是进行这些活动的有力工具, 它们分别构成统计学的重要分支.

要有效使用这些工具, 需要注意以下几点. 首先, 要从观测数据分析变量之间的关系, 数据本身要求具有科学性. 这包括: 获得数据的试验 (或调查) 要精心设计, 试验过程要精心操作, 测试仪器要有一定精度等. 其次, 要根据问题的领域知识、试验的设计与操作特性等选择统计分析方法和模型, 并对数据进行统计分析. 第三, 把统计分析的结论与领域知识相结合, 得到科学的结论. 第四, 用适当的方式, 验证所得结论. 这几点也是其他统计分析所应该遵守的.

本章只介绍一元线性回归分析和单因子试验与两因子试验方差分析. 关于试验或调查的设计, 以及回归分析和方差分析的更多内容, 超出了本书的范围, 有兴趣的读者可以参见附录四以及那里给出的参考书.

9.1　一元线性回归模型

变量之间的关系有确定性关系与相关关系之分. 比如, 圆的面积与其半径之间的关系就是确定性的, 由半径可以准确计算出圆的面积. 而在身高和体重之间, 大体来说可以认为身高越高体重越大, 但由身高无法完全决定体重. 这种关系称为相关关系. 回归分析是研究相关关系的有力工具.

考虑两个变量的情形. 我们把其中一个记为 Y, 称为因变量, 把另一个变量记为 X, 称为自变量. 假设它们之间存在着相关关系, 即由给定的 X 可以在一定程度上决定 Y, 但由 X 的值不能准确地确定 Y 的值. 为了研究它们的这种关系, 我们对 (X,Y) 进行了一系列观测, 得到

$$(x_1,y_1),(x_2,y_2),\cdots,(x_n,y_n). \tag{9.1.1}$$

每对 (x_i,y_i) 在直角坐标系中对应一个点, 把它们标在平面直角坐标系中, 称所得到的图为散点图. 如果图中的点像图 9.1 那样呈直线状, 则表明 Y 与 X 之间有线性相关

关系. 这时我们可以用一个线性方程

$$Y = \beta_0 + \beta_1 X + e \tag{9.1.2}$$

来描述它们之间的关系. 因为由 X 不能严格地确定 Y, 我们增加了一个误差项 e, 它表示 Y 的不能由 X 所确定的那一部分. (9.1.2) 式称为理论回归直线 (或称理论回归方程), 其中的常数项 β_0 和斜率 β_1 都是未知的, 需要通过观测数据来估计. 将数据代入 (9.1.2) 式, 得到

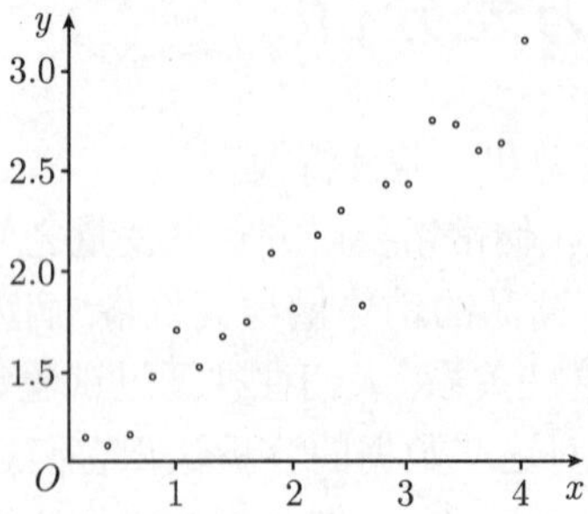

图 9.1 散点图

$$y_i = \beta_0 + \beta_1 x_i + e_i,\ i = 1, 2, \cdots, n, \tag{9.1.3}$$

通常称 (9.1.3) 式为一元线性回归模型, 这里 e_i 为对应于第 i 组数据 (x_i, y_i) 的误差, 既包括可能影响 Y 的其它未加考虑的众多因素, 也包括一些随机因素对 Y 的综合影响. 我们把这些误差视为随机误差, 并假设 $E(e_i) = 0$. 除此以外, 通常还假设 e_i 满足

(1) $\mathrm{Var}(e_i) = \sigma^2,\ i = 1, 2, \cdots, n$;

(2) $\mathrm{Cov}(e_i, e_j) = 0,\ i \neq j$.

这些假设被称为高斯–马尔可夫 (Gauss-Markov) 假设. 这些假设构成了对于试验和观测过程的要求. 第一条表示误差 e_i 是等方差的 (如果 e 表示测量误差, 就意味着对于 Y 的测量要具有相同精度). 而第二条要求不同次的试验或观测误差是互不相关的. 在实际应用中, 这些假设往往是近似成立的, 所以在以后的讨论中, 我们总是假定这些假设成立.

9.1.1 最小二乘估计

最小二乘法是统计学中估计未知参数的一种重要方法. 现在我们用它来求 β_0 和 β_1 的估计. 最小二乘法的基本思想是, 用使误差 $e_i = y_i - (\beta_0 + \beta_1 x_i)$ 的平方和

$$Q(\beta_0, \beta_1) = \sum_{i=1}^{n} e_i^2 = \sum_{i=1}^{n} [y_i - (\beta_0 + \beta_1 x_i)]^2 \tag{9.1.4}$$

达到最小的 $\hat{\beta}_0$ 和 $\hat{\beta}_1$ 作为 β_0 和 β_1 的估计, 并称其为最小二乘估计. 在数学上这归结为求二元函数 $Q(\beta_0, \beta_1)$ 的最小值问题. 根据微积分知识, 将 $Q(\beta_0, \beta_1)$ 关于 β_0 和 β_1 分别求偏导数并令它们等于零, 得到方程组

$$\begin{cases} \dfrac{\partial Q(\beta_0, \beta_1)}{\partial \beta_0} = 0, \\ \dfrac{\partial Q(\beta_0, \beta_1)}{\partial \beta_1} = 0, \end{cases}$$

即

$$\begin{cases} \sum(y_i - \beta_0 - \beta_1 x_i) = 0, \\ \sum(y_i - \beta_0 - \beta_1 x_i)x_i = 0, \end{cases} \tag{9.1.5}$$

称为正则方程组 (为符号简单计, 以后我们常常用“$\sum$”代替“$\sum\limits_{i=1}^{n}$”). 将其化简得到

$$\begin{cases} \beta_0 + \bar{x}\beta_1 = \bar{y}, \\ \beta_0\bar{x} + \dfrac{1}{n}\sum x_i^2\beta_1 = \dfrac{1}{n}\sum x_i y_i, \end{cases}$$

这里

$$\bar{x} = \frac{1}{n}\sum x_i, \quad \bar{y} = \frac{1}{n}\sum y_i.$$

最后解得

$$\hat{\beta}_0 = \bar{y} - \hat{\beta}_1\bar{x},$$
$$\hat{\beta}_1 = \frac{\sum(x_i - \bar{x})(y_i - \bar{y})}{\sum(x_i - \bar{x})^2}, \tag{9.1.6}$$

它们就是所要求的最小二乘估计. 把它们代入 (9.1.2) 式并略去误差项 e 得到

$$\hat{Y} = \hat{\beta}_0 + \hat{\beta}_1 X = \bar{y} + \hat{\beta}_1(X - \bar{x}). \tag{9.1.7}$$

称为经验回归直线 (或经验回归方程), 表示利用数据得到的变量 Y 与 X 之关系的经验结果.

经验回归直线是否真正描述了这两个变量之间客观存在的关系, 还需要拿到实践中去检验. 当然统计学上也有一些辅助检验方法, 这里不深入讨论这些问题.

例 9.1.1 (商品销售问题)　为研究商品价格与销售量之间的关系, 现在收集了某商品在一个地区 25 个时间段内的平均价格 X(单位: 元) 和销售总额 Y(单位: 万元), 列在表 9.1. 它的散点图如图 9.2. 这个散点图大致呈直线状, 显示了随着销售平均价格的上扬, 销售总额有下降趋势. 这建议我们用回归直线

$$Y = \beta_0 + \beta_1 X + e$$

来刻画它们之间的关系. 计算得到

$$\bar{x} = \frac{1}{n}\sum x_i = \frac{1315}{25} = 52.60,$$

$$\bar{y} = \frac{1}{n}\sum y_i = \frac{235.60}{25} = 9.424,$$

表 9.1　商品销售问题数据

数据序号	价格 X/元	销售总额 Y/万元	数据序号	价格 X/元	销售总额 Y/万元
1	35.3	10.98	14	39.1	9.57
2	29.7	11.13	15	46.8	10.94
3	30.8	12.51	16	48.5	9.58
4	58.8	8.40	17	59.3	10.09
5	61.4	9.27	18	70.0	8.11
6	71.3	8.73	19	70.0	6.83
7	74.4	6.36	20	74.5	8.88
8	76.7	8.50	21	72.1	7.68
9	70.7	7.82	22	58.1	8.47
10	57.5	9.14	23	44.6	8.86
11	46.4	8.24	24	33.4	10.36
12	28.9	12.19	25	28.6	11.08
13	28.1	11.88			

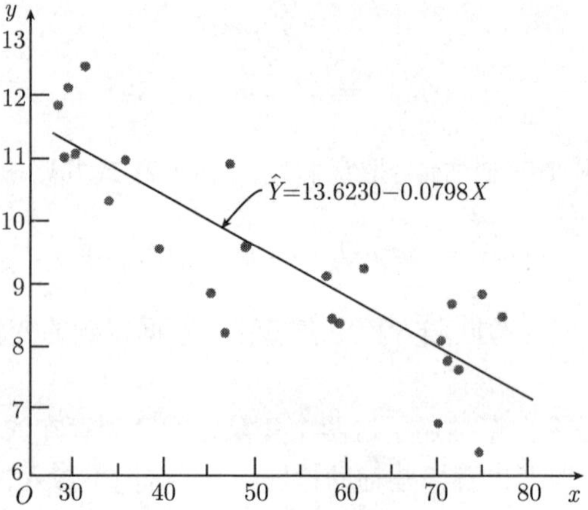

图 9.2　商品销售数据的散点图

应用公式 (9.1.6) 得到

$$\hat{\beta}_1 = \frac{\sum x_i y_i - \left(\sum x_i\right)\left(\sum y_i\right)/n}{\sum x_i^2 - \left(\sum x_i\right)^2/n} = -0.0798,$$

$$\hat{\beta}_0 = \bar{y} - \hat{\beta}_1 \bar{x} = 13.6230.$$

于是经验回归直线为

$$\hat{Y} = \hat{\beta}_0 + \hat{\beta}_1 X = 13.6230 - 0.0798X.$$

这条直线也画在图 9.2 中. 从这个经验回归直线我们可以做出如下粗略的解释：

(1) 当该商品价格为 X 元时, 每个时间段销售总额平均为 $13.6230 - 0.0798X$ (万元).

(2) 商品价格每增加 1 元, 平均说来销售总额就要减少 0.0798×1(万元)$=798$(元).

9.1.2 最小二乘估计的性质

最小二乘估计之所以被广泛地应用是因为它具有许多优良性. 下面的定理概括了一元线性回归中参数最小二乘估计 $\hat{\beta}_0$ 和 $\hat{\beta}_1$ 的一些重要性质.

定理 9.1.1 对于一元线性回归模型 (9.1.3),

(1) $E(\hat{\beta}_0)=\beta_0, E(\hat{\beta}_1)=\beta_1$, 即 $\hat{\beta}_0$ 和 $\hat{\beta}_1$ 分别是 β_0 和 β_1 的无偏估计;

(2) 如果进一步假设 $e_i\sim N(0,\sigma^2)(i=1,2,\cdots,n)$, 则

$$\hat{\beta}_0\sim N\left(\beta_0,\left(\frac{1}{n}+\frac{\bar{x}^2}{S_{xx}}\right)\sigma^2\right),$$

$$\hat{\beta}_1\sim N\left(\beta_1,\frac{1}{S_{xx}}\sigma^2\right),$$

这里 $S_{xx}=\sum(x_i-\bar{x})^2$.

证 (1) 首先把 $\hat{\beta}_1$ 改写为如下形式

$$\hat{\beta}_1=\frac{1}{S_{xx}}\sum(x_i-\bar{x})y_i, \tag{9.1.8}$$

因为 $E(e_i)=0$, 于是 $E(y_i)=\beta_0+\beta_1 x_i$, 因而

$$\begin{aligned}E(\hat{\beta}_1)=&\frac{1}{S_{xx}}\sum(x_i-\bar{x})E(y_i)\\=&\frac{1}{S_{xx}}\sum(x_i-\bar{x})(\beta_0+\beta_1x_i)=\beta_1.\end{aligned}$$

这就证明了 $\hat{\beta}_1$ 的无偏性.

又因为

$$E(\bar{y})=\frac{1}{n}\sum E(y_i)=\frac{1}{n}\sum(\beta_0+\beta_1x_i)=\beta_0+\beta_1\bar{x},$$

从 (9.1.6) 的第一式, 有

$$E(\hat{\beta}_0)=E(\bar{y})-E(\hat{\beta}_1)\cdot\bar{x}=(\beta_0+\beta_1\bar{x})-\beta_1\bar{x}=\beta_0,$$

这就证明了 (1).

(2) 根据高斯–马尔可夫假设, 不同的 e_i 和 e_j 是互不相关的. 现在又假定它们服从正态分布, 于是 $e_1,e_2,\cdots,e_n$ 就是相互独立的正态随机变量, 因而 $y_1,y_2,\cdots,y_n$ 也是相互独立的正态随机变量. (9.1.8) 式表明, $\hat{\beta}_1$ 是 $y_1,y_2,\cdots,y_n$ 的线性组合, 因而它也是正态随机变量, 其方差为

$$\mathrm{Var}(\hat{\beta}_1)=\frac{1}{S_{xx}^2}\sum(x_i-\bar{x})^2\mathrm{Var}(y_i)=\frac{\sum(x_i-\bar{x})^2}{S_{xx}^2}\sigma^2=\frac{\sigma^2}{S_{xx}}.$$

再结合 (1) 已证的 $E(\hat{\beta}_1) = \beta_1$, 就完成了 $\hat{\beta}_1 \sim N\left(\beta_1, \dfrac{\sigma^2}{S_{xx}}\right)$ 的证明.

由 (9.1.6) 式和 (9.1.8) 式, $\hat{\beta}_0$ 可改写为

$$\hat{\beta}_0 = \sum\left(\frac{1}{n} - \frac{x_i - \bar{x}}{S_{xx}}\bar{x}\right) y_i, \tag{9.1.9}$$

由此与上面类似可得, $\hat{\beta}_0 \sim N\left(\beta_0, \left(\dfrac{1}{n} + \dfrac{\bar{x}^2}{S_{xx}}\right)\sigma^2\right)$. 定理证毕.

在一元线性回归模型 (9.1.3) 中, 误差 e_i 的方差 σ^2 称为误差方差, 它也是一个重要参数. 当我们有了最小二乘估计 $\hat{\beta}_0$ 和 $\hat{\beta}_1$ 之后就可以构造 σ^2 的估计.

因为 $e_i = y_i - (\beta_0 + \beta_1 x_i)$, 用 $\hat{\beta}_0$ 和 $\hat{\beta}_1$ 代替其中的 β_0 和 β_1, 就得到 e_i 的一个估计, 记为 $\hat{e}_i$, 即

$$\hat{e}_i = y_i - (\hat{\beta}_0 + \hat{\beta}_1 x_i), \quad i = 1, 2, \cdots, n,$$

称为残差. 残差的用处之一是用来考察模型假设条件, 如高斯–马尔可夫假设以及误差正态性假设的正确性. 这一方面的内容可以概括在“回归诊断”的标题之下, 它超出了本书的范围 (见文献 [1]). 残差 $\hat{e}_i$ 的另一个用处是构造 σ^2 的估计, 具体地说, σ^2 的常用的估计是

$$\hat{\sigma}^2 = \sum \hat{e}_i^2/(n-2). \tag{9.1.10}$$

我们不加证明地叙述如下事实.

定理 9.1.2 (1) $\hat{\sigma}^2$ 是 σ^2 的无偏估计.

(2) $(n-2)\hat{\sigma}^2/\sigma^2 \sim \chi^2_{n-2}$, 并且 $\hat{\sigma}^2$ 与 $\hat{\beta}_0, \hat{\beta}_1$ 相互独立.

这个定理的证明可以在文献 [1] 中找到. 本定理的结论为下面的显著性检验奠定了理论基础.

9.1.3 回归方程的显著性检验

对任何两个变量 X 和 Y, 不管它们之间是否真正存在相关关系, 只要我们对它们进行了 n 次观测, 得到数据 $(x_i, y_i), i = 1, 2, \cdots, n$ 之后, 就可以利用 (9.1.6) 式计算出最小二乘估计 $\hat{\beta}_0$ 和 $\hat{\beta}_1$, 从而得到经验回归直线: $\hat{Y} = \hat{\beta}_0 + \hat{\beta}_1 X$. 那么, 我们要问, 这个经验回归直线真正描述了 Y 与 X 之间客观存在的关系吗? 从根本上讲, 这个问题要通过实践来回答, 也就是说, 从所研究的问题实际背景的角度来考察这个经验回归直线所描述的变量之间关系的合理性. 但是, 我们也有一些辅助性的统计方法来帮助回答这个问题, 这就是下面要讨论的回归方程的显著性检验.

对于一元线性回归模型, 回归方程的显著性检验就是要检验假设:

$$H_0: \quad \beta_1 = 0 \leftrightarrow H_1: \quad \beta_1 \neq 0. \tag{9.1.11}$$

当原假设成立时, 理论回归直线 (9.1.2) 的斜率等于零, 这表明因变量 Y 与自变量 X 之间并无线性相关关系可言.

从定理 9.1.1 和定理 9.1.2 知,

$$\hat{\beta}_1 \sim N\left(\beta_1, \frac{1}{S_{xx}}\sigma^2\right),$$

$$(n-2)\hat{\sigma}^2/\sigma^2 \sim \chi^2_{n-2},$$

且两者相互独立. 于是当原假设成立时,

$$T = \frac{\hat{\beta}_1}{\hat{\sigma}/\sqrt{S_{xx}}} \sim t_{n-2},$$

这个 T 就是检验 H_0 的 t 检验统计量. 对给定的显著性水平 α, 如果

$$|T| = \left|\frac{\hat{\beta}_1}{\hat{\sigma}/\sqrt{S_{xx}}}\right| \geqslant t_{n-2}\left(\frac{\alpha}{2}\right),$$

则拒绝原假设, 而接受 $\beta_1 \neq 0$; 否则我们就接受原假设. 这就是所谓的 t 检验法. 注意到 t 分布和 F 分布的关系: $t_n^2 = F_{1,n}$(见 6.4 节), 则有

$$F = \frac{\hat{\beta}_1^2}{\hat{\sigma}^2/S_{xx}} \sim F_{1,n-2}, \tag{9.1.12}$$

这个 F 就是检验 H_0 的 F 检验统计量. 很明显, 上面的 t 检验法则等价于如下的 F 检验法则: 当 $F \geqslant F_{1,n-2}(\alpha)$ 时, 拒绝原假设, 不然就接受原假设. 如果检验的结论是拒绝原假设, 即接受 $\beta_1 \neq 0$, 通常就说回归方程通过了显著性检验, 这说明 X 对 Y 有一定影响. 但是如果检验的结论是接受原假设 $\beta_1 = 0$, 在应用上这可能是多种原因引起的. 一种是 X 对 Y 的影响确实不大, 但也可能是由于还有对 Y 有重要影响的自变量没有被考虑或整个系统误差太大等.

因变量 Y 与自变量 X 之间的相关关系的程度也可以用一个量来刻画. 常用的是所谓的判定系数或确定系数 R^2, 其定义如下

$$R^2 = \frac{\sum(\hat{y}_i - \bar{y})^2}{\sum(y_i - \bar{y})^2}, \tag{9.1.13}$$

这里 $\hat{y}_i = \hat{\beta}_0 + \hat{\beta}_1 x_i$, 称为在 x_i 处因变量 Y 的拟合值. (9.1.13) 式的分母是因变量 Y 的 n 次观测值 y_i 的变动平方和, 分子是 n 个拟合值 $\hat{y}_i$ 关于 $\bar{y}$ 的偏差平方和, 这两项的商表示了经验回归直线所能解释的因变量 Y 的变动部分在 Y 的总变动量中的比例. R^2 越大表明经验回归直线所能解释的因变量的变动部分愈大, 则 Y 与 X 的线性相关关系也就越大. 事实上, 我们可以证明, R 就是 Y 与 X 的相关系数 (见文献 [2]).

通常, R^2 的分子又被称为回归平方和, 记为 $SS_{回}$, 即

$$SS_{回}=\sum(\hat{y}_i-\bar{y})^2,$$

规定它的自由度为 1, 而把 R^2 的分母称为总平方和, 记为 $SS_{总}$, 即

$$SS_{总}=\sum(y_i-\bar{y})^2,$$

规定它的自由度为 $n-1$. 这样我们就有关系式

$$R^2=\frac{SS_{回}}{SS_{总}}. \tag{9.1.14}$$

可以验证

$$\sum\hat{e}_i^2=SS_{总}-SS_{回},$$

并把 $\sum\hat{e}_i^2$ 称为误差平方和, 记为 $SS_{误}$, 它的自由度为 $SS_{总}$ 与 $SS_{回}$ 的自由度之差, 即为 $n-2$. 这样我们就得到了平方和的分解式

$$SS_{总}=SS_{回}+SS_{误}.$$

进一步, 假设 $H_0:\beta_1=0$ 的 F 检验统计量 (9.1.12) 可表示为

$$F=\frac{SS_{回}}{SS_{误}/(n-2)}. \tag{9.1.15}$$

通常将计算 F 检验统计量的一些结果列成一张表, 如表 9.2, 称为方差分析表. 在这个表中, 还引进了均方, 它们等于各平方和除以各自的自由度. 例如, 把误差平方和 $SS_{误}$ 除以它的自由度 $n-2$, 称为误差平方和的均方, 记为 $MS_{误}$. 这样 (9.1.15) 式所定义的 F 检验统计量就被表成 $F=MS_{回}/MS_{误}$. 需要说明的是, 在一些计算机软件中, 方差分析表的最后一列给出的不是 F 检验统计量的值, 而是检验的 p 值 $P\{F_{1,n-2}\geqslant F\}$, 这里 $F_{1,n-2}$ 表示自由度为 1 和 $n-2$ 的 F 变量, F 是由 (9.1.15) 式计算出的检验统计量的值. 很明显, 对给定的水平 α, 原来的检验法则: 当 $F\geqslant F_{1,n-2}(\alpha)$ 时拒绝原假设等价于当 $P\{F_{1,n-2}\geqslant F\}\leqslant\alpha$ 时拒绝原假设. 于是, 我们不用查 F 表, 只要把这个概率和 α 作比较就可以了.

表 9.2　一元线性回归的方差分析表

方差源	平方和	自由度	均方	F
回归	$SS_{回}$	1	$MS_{回}=SS_{回}/1$	$F=\dfrac{MS_{回}}{MS_{误}}$
误差	$SS_{误}$	$n-2$	$MS_{误}=SS_{误}/(n-2)$	
总和	$SS_{总}$	$n-1$		

例 9.1.2 (商品销售问题 (续)) 对于例 9.1.1 所给的商品销售数据, 现在我们来做回归方程的显著性检验. 各种平方和分别为

$$SS_{总} = \sum (y_i - \bar{y})^2 = \sum y_i^2 - (\sum y_i)^2/n = 63.82,$$
$$SS_{回} = \sum (\hat{y}_i - \bar{y})^2 = 45.59,$$
$$SS_{误} = \sum \hat{e}_i^2 = \sum (y_i - \hat{y}_i)^2 = 18.22.$$

对应的方差分析表如表 9.3. 对给定的水平 $\alpha = 0.05$, 查 F 表得 $F_{1,23}(0.05) = 4.28$. 因 $F = 57.56 > 4.28$, 我们应该拒绝原假设 $H_0 : \beta_1 = 0$, 而接受 $\beta_1 \neq 0$. 这就是说, 我们认为经验回归直线

$$\hat{Y} = 13.6230 - 0.0798X$$

反映了该商品的销售总额 Y 与其价格 X 之间的相关关系.

表 9.3 商品销售问题方差分析表

方差源	平方和	自由度	均方	F
回归	$SS_{回} = 45.59$	1	$MS_{回} = 45.59$	$F = 57.56$
误差	$SS_{误} = 18.22$	23	$MS_{误}$=0.792	
总和	$SS_{总} = 63.82$	24		

另一方面, 我们计算出

$$R^2 = \frac{SS_{回}}{SS_{总}} = \frac{45.59}{63.82} = 0.714,$$

这表明, 在这种商品的销售总额的变化中, 有 71.4% 的变化是由销售总额与价格的线性相关关系引起的.

9.1.4 回归参数的区间估计

记 $\hat{\beta}_0$ 和 $\hat{\beta}_1$ 的标准差 (即方差的平方根) 分别为 $\sigma_{\hat{\beta}_0}$ 和 $\sigma_{\hat{\beta}_1}$, 由定理 9.1.1, 有

$$\sigma_{\hat{\beta}_0} = \sqrt{\frac{1}{n} + \frac{\bar{x}^2}{S_{xx}}}\sigma,$$

$$\sigma_{\hat{\beta}_1} = \frac{\sigma}{\sqrt{S_{xx}}},$$

用 $\hat{\sigma}$ 代替其中的 σ, 得到

$$\hat{\sigma}_{\hat{\beta}_0} = \sqrt{\frac{1}{n} + \frac{\bar{x}^2}{S_{xx}}}\hat{\sigma}, \tag{9.1.16}$$

$$\hat{\sigma}_{\hat{\beta}_1} = \frac{\hat{\sigma}}{\sqrt{S_{xx}}}, \tag{9.1.17}$$

分别称为 $\hat{\beta}_0$ 和 $\hat{\beta}_1$ 的标准误差. 在误差的正态假设下, 由 t 分布的定义及定理 9.1.1、定理 9.1.2 容易证明

$$\frac{\hat{\beta}_0-\beta_0}{\hat{\sigma}_{\hat{\beta}_0}}\sim t_{n-2},$$

$$\frac{\hat{\beta}_1-\beta_1}{\hat{\sigma}_{\hat{\beta}_1}}\sim t_{n-2}.$$

于是, 对给定的 $\alpha, 0<\alpha<1$, 有

$$P\left\{\left|\frac{\hat{\beta}_0-\beta_0}{\hat{\sigma}_{\hat{\beta}_0}}\right|\leqslant t_{n-2}\left(\frac{\alpha}{2}\right)\right\}=1-\alpha.$$

由此得到 β_0 的置信系数为 $1-\alpha$ 的置信区间为

$$\left[\hat{\beta}_0-t_{n-2}\left(\frac{\alpha}{2}\right)\hat{\sigma}_{\hat{\beta}_0},\quad \hat{\beta}_0+t_{n-2}\left(\frac{\alpha}{2}\right)\hat{\sigma}_{\hat{\beta}_0}\right]. \tag{9.1.18}$$

完全同样的道理, β_1 的置信系数为 $1-\alpha$ 的置信区间为

$$\left[\hat{\beta}_1-t_{n-2}\left(\frac{\alpha}{2}\right)\hat{\sigma}_{\hat{\beta}_1},\quad \hat{\beta}_1+t_{n-2}\left(\frac{\alpha}{2}\right)\hat{\sigma}_{\hat{\beta}_1}\right]. \tag{9.1.19}$$

例 9.1.3 (商品销售问题 (续)) 从例 9.1.2 得到

$$\begin{aligned}\hat{\sigma}^2 =& MS_{\text{误}}=0.792,\\ \hat{\sigma} =& 0.89.\end{aligned}$$

另外

$$S_{xx}=\sum(x_i-\bar{x})^2=7154.42.$$

再利用 (9.1.16) 式和 (9.1.17) 式可以算出

$$\hat{\sigma}_{\hat{\beta}_0}=0.58,\quad \hat{\sigma}_{\hat{\beta}_1}=0.01.$$

对 $\alpha=0.05$, 查 t 分布表得 $t_{n-2}\left(\dfrac{\alpha}{2}\right)=t_{23}(0.025)=2.0687$. 最后利用公式 (9.1.18) 和 (9.1.19) 得到 β_0 和 β_1 的置信系数为 0.95 的区间估计分别为 [12.421, 14.821] 和 [−0.1015, −0.0581].

9.1.5 预测问题

当我们经过回归方程的显著性检验以及从所研究问题的实际角度分析, 认为经验回归直线或经验回归方程 $\hat{Y}=\hat{\beta}_0+\hat{\beta}_1X$ 确实能够刻画 Y 与 X 之间的相关关系之后, 就可以对给定的自变量值 $X=x_0$ 所对应的因变量 Y 的值进行预测.

假定在 $X=x_0$ 处理论回归方程 $Y=\beta_0+\beta_1X+e$ 成立. 于是在 $X=x_0$ 处因变量 Y 的对应值 y_0 满足如下关系

$$y_0=\beta_0+\beta_1x_0+e_0,$$

这里 e_0 表示对应的误差, 它与历史数据 $(x_i,y_i),i=1,2,\cdots,n$ 所对应的误差 $e_i,i=1,2,\cdots,n$(见模型 (9.1.3)) 一样, 也满足高斯–马尔可夫假设. 现在要预测 y_0, 注意到 y_0 由两部分组成. 第一部分是它的均值: $E(y_0)=\beta_0+\beta_1x_0$, 这里包含了未知参数 β_0 和 β_1. 很明显, 将最小二乘估计 $\hat\beta_0$ 和 $\hat\beta_1$ 代入就得到它的一个估计 $\hat\beta_0+\hat\beta_1x_0$. 第二部分是误差 e_0, 不言自明, 它的均值 $E(e_0)=0$, 一个自然的估计是 0. 也就是说用它的均值 0 去估计它. 这样我们就得到 y_0 的预测:

$$\hat y_0=\hat\beta_0+\hat\beta_1x_0, \tag{9.1.20}$$

这就是所谓的点预测.

除了点预测之外, 还有一种预测形式称为区间预测. 在讨论区间预测时, 我们要假设误差服从正态分布, 也就是说 $e_1,e_2,\cdots,e_n$ 和 e_0 都服从 $N(0,\sigma^2)$ 且相互独立. 利用 (9.1.8) 式和 (9.1.9) 式我们把点预测表示为

$$\hat y_0=\hat\beta_0+\hat\beta_1x_0=\sum\left(\frac{1}{n}-\frac{(x_i-\bar x)(\bar x-x_0)}{S_{xx}}\right)y_i, \tag{9.1.21}$$

这样, 我们把 $\hat y_0$ 表成了独立正态随机变量 y_i 的线性组合, 因而 $\hat y_0$ 也服从正态分布. 由 $E(\hat\beta_0)=\beta_0$ 和 $E(\hat\beta_1)=\beta_1$ 可推出 $E(\hat y_0)=\beta_0+\beta_1x_0$. 再由 (9.1.21) 式和 y_i 的独立性, 可得到

$$\begin{aligned}\mathrm{Var}(\hat y_0)&=\sum\left(\frac{1}{n}-\frac{(x_i-\bar x)(\bar x-x_0)}{S_{xx}}\right)^2\mathrm{Var}(y_i)\\&=\left(\frac{1}{n}+\frac{(\bar x-x_0)^2}{S_{xx}}\right)\sigma^2.\end{aligned}$$

因此, 点预测 $\hat y_0$ 的分布为

$$\hat y_0\sim N\left(\beta_0+\beta_1x_0,\ \left(\frac{1}{n}+\frac{(\bar x-x_0)^2}{S_{xx}}\right)\sigma^2\right). \tag{9.1.22}$$

借助于这个结果我们可以获得 y_0 的区间预测.

因为 $\hat y_0$ 只依赖于已经观测到的因变量值 $y_1,y_2,\cdots,y_n$, 而 y_0 是在 x_0 处因变量的值, 于是它们是相互独立的. 注意到

$$y_0=\beta_0+\beta_1x_0+e_0\sim N(\beta_0+\beta_1x_0,\sigma^2),$$

结合 (9.1.22) 式知, 预测偏差 $\hat{y}_0 - y_0$ 也服从正态分布, 且有

$$\hat{y}_0 - y_0 \sim N\left(0, \left[1 + \frac{1}{n} + \frac{(\bar{x} - x_0)^2}{S_{xx}}\right]\sigma^2\right). \tag{9.1.23}$$

另一方面, 由定理 9.1.2 知, $\hat{\sigma}^2$ 与 $\hat{\beta}_0, \hat{\beta}_1$ 相互独立, 因而 $\hat{\sigma}^2$ 也与 $\hat{y}_0$ 相互独立. 又因 $\hat{\sigma}^2$ 只依赖于 $y_1, y_2, \cdots, y_n$, 故 $\hat{\sigma}^2$ 也与 y_0 独立. 这样我们就证明了 $\hat{\sigma}^2$ 与 $\hat{y}_0 - y_0$ 相互独立. 从 (9.1.23) 式和 t 分布之定义, 便有

$$\frac{\hat{y}_0 - y_0}{\hat{\sigma}\sqrt{1 + \dfrac{1}{n} + \dfrac{(\bar{x} - x_0)^2}{S_{xx}}}} \sim t_{n-2},$$

因而对给定的 α,

$$P\left\{\frac{|\hat{y}_0 - y_0|}{\hat{\sigma}\sqrt{1 + \dfrac{1}{n} + \dfrac{(\bar{x} - x_0)^2}{S_{xx}}}} \leqslant t_{n-2}\left(\frac{\alpha}{2}\right)\right\} = 1 - \alpha,$$

等价地

$$P\{y_0 \in [\hat{y}_0 - l, \hat{y}_0 + l]\} = 1 - \alpha,$$

这里

$$l = t_{n-2}\left(\frac{\alpha}{2}\right)\hat{\sigma}\sqrt{1 + \frac{1}{n} + \frac{(\bar{x} - x_0)^2}{S_{xx}}}. \tag{9.1.24}$$

于是, y_0 的包含概率为 $1 - \alpha$ 的预测区间为 $[\hat{y}_0 - l, \hat{y}_0 + l]$. 这个预测区间是长度为 $2l$, 中心为点预测 $\hat{y}_0$ 的一个区间. 从 (9.1.24) 式可以看出, 对给定的 n 和 α, S_{xx} 越大或 x_0 越靠近试验中心 $\bar{x}$, 则预测区间的长度就越短, 预测精度也就越高. 注意到 $S_{xx} = \sum(x_i - \bar{x})^2$, 它刻画了试验点 $x_1, x_2, \cdots, x_n$ 彼此散布的程度大小. 因此要想提高预测精度, 就要增大 S_{xx}, 也就是把试验点 $x_1, x_2, \cdots, x_n$ 尽可能地分散开. 另外, 当 $x_0 \bar{\in} [\min\{x_i\}, \max\{x_i\}]$ 时的预测称为外推. 此时, 预测精度较低, 应谨慎从事.

例 9.1.4 (商品销售问题 (续)) 假定我们想要预测把商品价格定在 $x_0 = 28.6$ 元时, 该商品在单位时间段内的销售总额 y_0. 由 (9.1.20) 式得

$$\hat{y}_0 = \hat{\beta}_0 + \hat{\beta}_1 x_0 = 13.6230 - 0.0798 x_0 = 11.34.$$

这就是说, 把该商品价格定在 28.6 元, 单位时间段内销售总额的预测值为 11.34 万元.

在例 9.1.3 中我们已经算出: $S_{xx} = 7154.42, \hat{\sigma} = 0.89$, 另外 $\bar{x} = 52.60$, 对 $\alpha = 0.05, t_{n-2}\left(\dfrac{\alpha}{2}\right) = t_{23}(0.025) = 2.0687$. 将这些值代入 (9.1.24) 式算得 $l = 1.95$. 因此, 对包含概率 $1 - \alpha = 0.95$ 所求预测区间为 [9.39, 13.29]. 即当把价格定在 28.6 元时, 销售总额的包含概率为 0.95 的预测区间是 [9.39,13.29].

9.2 方差分析

方差分析也是用来分析变量之间关系的统计方法. 与回归分析不同的是, (1) 在方差分析中, 自变量一般只取几个 (组) 经过事先挑选的值; (2) 侧重检验自变量对于因变量有无影响.

方差分析与试验相联系. 在方差分析中, 称因变量为响应变量, 自变量为因子. 经常的情况是, 选定因子的一组值代表希望观察的试验条件, 进行试验并观测响应变量的取值. 看下面的例子.

例 9.2.1 为了改良小麦品种, 选择了三个品种 (分别称为品种 1 号, 2 号和 3 号) 进行太空试验, 把它们送上太空, 在由计算机控制的培养室中培育. 每个品种栽培一定株数, 在培养室中生长至成熟期后测量各株的高度 (单位: 英寸).

在这个试验中, 研究人员通过植株的高度作为挑选进一步考察小麦品种的依据, 因而取响应变量为植株的高度; 因子为小麦品种. 为了解因子对响应变量的影响, 在试验中一般把因子控制在不同的状态, 然后测量响应变量的值. 因子的这些不同的状态, 称为因子的水平. 上面的小麦品种有 3 个水平. 由此可见, 在试验中因子是可以控制的, 是独立变化的量, 它可以是定量的变量 (如下面将提到的温度), 也可以是定性的变量 (如小麦品种); 而响应变量是“响应”于因子的水平的, 是因变量.

试验中常有多个因子. 比如, 在上述试验中, 如果还想考虑温度对于植株高度的影响, 在太空仓中设置 4 个不同的培养室, 每个培养室保持不同的温度环境 (分别记为温度 1~ 温度 4), 那么温度就是一个新的因子, 有 4 个水平. 试验中因子的个数取决于问题的性质和试验的环境条件. 在试验中, 所有因子各取定一个水平组成一个处理. 如果同时考虑品种和温度, 则上例中共有 $3\times4=12$ 个处理. 显然, 如果只有一个因子, 处理与该因子的水平一致.

考虑到随机因素的影响 (比如在同一个处理上同品种的种子之间的差异), 往往在一个处理上进行多次重复试验. 比如, 当只考虑品种因子和温度因子时, 处理“(品种 1 号, 温度 1)”上重复观测 5 次意味着把 5 粒品种 1 号的种子在温度 1 条件下培养到成熟期进行测量. 由于在同一个处理上试验条件的一致性, 可以把一个处理上的响应变量作为一个总体, 从而通过重复观测得到该总体的一个随机样本. 所谓方差分析, 就是指通过分离响应变量观测值的变异来源, 来分析因子对于响应变量的影响是否显著.

下面分别考虑单因子试验的方差分析和两因子试验的方差分析.

9.2.1 单因子试验的方差分析

单因子试验是最简单的试验, 只有一个因子, 不妨记为 A. 设因子 A 有 k 个水平, 在第 i 个水平上进行 n_i 次重复试验, 以 y_{ij} 记第 i 水平上第 j 个观测值. 因此, k 水平单因子试验的观测数据有表 9.4 的形式.

表 9.4　试验数据的形式

因子水平	观察值	样本大小
A_1	$y_{11}，y_{12}，\cdots，y_{1n_1}$	n_1
A_2	$y_{21}，y_{22}，\cdots，y_{2n_2}$	n_2
$\vdots$	$\vdots\quad\vdots\qquad\vdots$	$\vdots$
A_k	$y_{k1}，y_{k2}，\cdots，y_{kn_k}$	n_k

假定:

(1) 各个观测相互独立;

(2) $y_{i1}, y_{i2}, \cdots, y_{in_i}$ 有相同分布:$N(\eta_i, \sigma^2)$, $\quad i = 1, 2, \cdots, k$.

条件 (1)(2) 建立了单因子试验的方差分析问题的统计模型. 统计分析的首要问题是检验因子的水平变化对于响应变量平均值是否有显著的影响, 即检验假设

$$H_0 : \eta_1 = \eta_2 = \cdots = \eta_k \leftrightarrow H_1 : \eta_1, \eta_2, \cdots, \eta_k \text{ 不全相等.} \tag{9.2.1}$$

直观上, H_0 成立与否应当在观测值 $\{y_{ij}\}$ 之间的差异上有所表现. 观测值之间的差异有两个可能的来源: 一是随机误差; 二是可能存在的 η_i 之间的差异 (当 H_1 成立时). 如果能够分解观测值之间的这两种可能的变异, 将有利于识别出 H_0 还是 H_1. 为此, 对参数作以下简单变换: 令

$$\mu = \frac{1}{n}\sum_{i=1}^{k} n_i\eta_i, \quad \mu_i = \eta_i - \mu, \quad i = 1, 2, \cdots, k,$$

这里 $n = \sum\limits_{i=1}^{k} n_i$ 为总观测次数. 记 $e_{ij} = y_{ij} - \eta_i = y_{ij} - \mu - \mu_i$, 则由假定 (1)(2) 得到新参数下的统计模型:

$$y_{ij} = \mu + \mu_i + e_{ij},\ i = 1, 2, \cdots, k, j = 1, 2, \cdots, n_i, \tag{9.2.2}$$

$$e_{ij}(i = 1, 2, \cdots, k, j = 1, 2, \cdots, n_i) \text{ 独立同分布} N(0, \sigma^2), \tag{9.2.3}$$

$$\sum_{i=1}^{k} n_i\mu_i = 0, \tag{9.2.4}$$

其中 e_{ij} 称为模型的随机误差项; μ 称为总平均, 可以视为各水平对响应变量产生的共同效应; μ_i 称为因子第 i 水平对响应变量的主效应, 表示相对于总平均 μ 来说该水平对响应值的贡献. (9.2.2)~(9.2.4) 式称为单因子试验的方差分析模型.

于是问题 (9.2.1) 等价于在约束 (9.2.4) 下, 检验假设

$$H_0 : \mu_1 = \mu_2 \cdots = \mu_k = 0 \leftrightarrow H_1 : \mu_1, \mu_2, \cdots, \mu_k \text{不全为零.} \tag{9.2.5}$$

在模型 (9.2.2)~(9.2.4) 下, $\bar{y}_{i\cdot} = \dfrac{1}{n_i}\sum\limits_{j=1}^{n_i} y_{ij}$ 是 η_i 的无偏估计, 从而 $\hat{\mu} = \bar{y}_{\cdot\cdot} = \dfrac{1}{n}\sum\limits_{i=1}^{k} n_i\bar{y}_{i\cdot}$ 是 μ 的无偏估计, $\hat{\mu}_i = \bar{y}_{i\cdot} - \bar{y}_{\cdot\cdot}$ 是 μ_i 的无偏估计. 这些估计满足约束条件. 利用这些量可以把观测值表示为

$$y_{ij} = \bar{y}_{\cdot\cdot} + (\bar{y}_{i\cdot} - \bar{y}_{\cdot\cdot}) + (y_{ij} - \bar{y}_{i\cdot}),$$

这与 (9.2.2) 式相对应: $\hat{\mu} = \bar{y}_{\cdot\cdot}$ 代表了总平均; $\hat{\mu}_i = \bar{y}_{i\cdot} - \bar{y}_{\cdot\cdot}$ 则代表了相对于总平均来说, 由第 i 个水平给响应值带来的影响; 而 $y_{ij} - \bar{y}_{i\cdot}$ 则表现了随机误差的大小. 观测值之间的变异的大小可以用总平方和 $SST = \sum\limits_{i=1}^{k}\sum\limits_{j=1}^{n_i}(y_{ij} - \bar{y}_{\cdot\cdot})^2$ 表示. 记 $SSA = \sum\limits_{i=1}^{k} n_i(\bar{y}_{i\cdot} - \bar{y}_{\cdot\cdot})^2$, $SSE = \sum\limits_{i=1}^{k}\sum\limits_{j=1}^{n_i}(y_{ij} - \bar{y}_{i\cdot})^2$, 容易验证有如下分解:

$$SST = SSA + SSE. \tag{9.2.6}$$

SSA 称为因子平方和, 它表示因子 A 各水平上响应变量之间的差异. SSE 称为误差平方和, 表示由随机观测误差引起的观测值的变异部分.

关于平方和分解与模型参数的估计, 有以下定理.

定理 9.2.1 在模型 (9.2.2)~(9.2.4) 的条件下,

(1) $\mu, \mu_i, i = 1, 2, \cdots, k$ 的极大似然估计分别为 $\hat{\mu}, \hat{\mu}_i, i = 1, 2, \cdots, k$, 且它们均为无偏估计.

(2) SSE 与 SSA 相互独立.

(3) $SSE/\sigma^2 \sim \chi^2_{n-k}$; 当 H_0 成立时, $SSA/\sigma^2 \sim \chi^2_{k-1}$, $SST/\sigma^2 \sim \chi^2_{n-1}$.

由定理 9.2.1, 当 H_0 成立时

$$F = \frac{(n-k)}{(k-1)}\frac{SSA}{SSE} \sim F_{k-1,n-k}. \tag{9.2.7}$$

当 H_0 不成立时, 存在 i, 满足 $E(\bar{y}_{i\cdot} - \bar{y}_{\cdot\cdot}) = \mu_i \neq 0$, SSA 将有偏大的趋势. 由此, 对给定的显著性水平 α, 当 $F \geqslant F_{k-1,n-k}(\alpha)$ 时拒绝 H_0.

实际中进行检验时, 常用如下方差分析表 (表 9.5):

表 9.5 单因子试验的方差分析表

方差源	平方和	自由度	均方	F
因子	SSA	$k-1$	$SSA/(k-1)$	$\dfrac{n-k}{k-1}\dfrac{SSA}{SSE}$
误差	SSE	$n-k$	$SSE/(n-k)$	
总和	SST	$n-1$		

例 9.2.2 考虑例 9.2.1. 假定在试验中只考虑品种这个因子, 每个品种的小麦种植了 5 株. 种子是经过随机挑选的, 培养室内生长环境一致. 经过培育测量结果如表 9.6. 希望考察这三种小麦的平均高度有无差异.

表 9.6 小麦种子的太空试验

小麦品种	小麦高度/英寸						
	1	2	3	4	5	合计	平均
1	17	18	17	16	18	86	17.2
2	21	19	18	19	20	97	19.4
3	18	21	20	21	19	99	19.8
						282	18.8

解 这是一个以小麦品种为惟一因子的单因子试验, 因子水平数为 3. 经计算得到方差分析表如下:

方差源	平方和	自由度	均方	F
因子	19.6	2	9.80	
误差	14.8	12	1.23	7.97
总和	34.4	14		

取 $\alpha = 0.05$, 查表可得 $F_{2,12}(0.05) = 3.89$. 因此, 在显著性水平 0.05 下认为三种小麦植株的平均高度是不同的. 检验的 p 值为 $P\{F_{2,12} \geqslant 7.97\} = 0.0063$.

例 9.2.3 某灯泡厂用四种不同配方制成的灯丝, 分别生产了一批灯泡. 在每批中随机地抽取若干灯泡测其寿命 (单位: 小时), 结果如表 9.7. 取显著性水平 $\alpha = 0.05$, 试问四种灯丝生产的灯泡的平均寿命有无差异?

表 9.7 不同灯丝制成的灯泡的寿命

灯丝	灯泡的寿命									
	1	2	3	4	5	6	7	8	合计	平均
1	1600	1610	1650	1680	1700	1700	1780		11720	1674.3
2	1500	1640	1400	1700	1750				7990	1598.0
3	1640	1550	1600	1620	1640	1600	1740	1800	13190	1648.8
4	1510	1520	1530	1570	1640	1600			9370	1561.7

解 在此试验中, 灯丝的配料方案为因子, 四种不同的配料方法为四个水平. 计算各个平方和, 得到下面的方差分析结果:

方差源	平方和	自由度	均方	F
因子	49212.3	3	16404.1	
误差	166622.3	22	7573.7	2.166
总和	215834.6	25		

查得临界值 $F_{3,22}(0.05) = 3.05$. 因为 $2.166 < 3.05$, 故没有充分证据说明 H_0 不正确, 即在显著性水平 0.05 下认为四种灯泡的平均寿命无显著差异. 检验的 p 值为 $P\{F_{3,22} \geqslant 2.166\} = 0.1208$.

回顾本节的方法我们知道, 通过按照观测值变异的来源对于平方和进行分解, 我们得到了检验统计量. 这种方法叫做方差分析. 事实上, 在 9.1 节曾经用这种方法检验回归方程的显著性.

9.2.2 两因子试验的方差分析

考虑有两个因子 A 和 B 的试验, 因子 A 有 r 个水平 $A_i, i=1,2,\cdots,r$, 因子 B 有 c 个水平 B_j, $j=1,2,\cdots,c$, 因此试验共有 rc 个处理. 为便于安排试验, 通常可以把这 rc 个处理表示成表 9.8.

表 9.8 两因子试验的处理

行号	列号			
	1	2	$\cdots$	c
1	(A_1, B_1)	(A_1, B_2)	$\cdots$	(A_1, B_c)
2	(A_2, B_1)	(A_2, B_2)	$\cdots$	(A_2, B_c)
$\vdots$	$\vdots$	$\vdots$		$\vdots$
r	(A_r, B_1)	(A_r, B_2)	$\cdots$	(A_r, B_c)

由于这个表示形式, 因子 A 和因子 B 又分别称为行因子和列因子. 我们只考虑平衡试验, 即各个处理上重复次数都相同的情形.

设在每个处理上重复观测了 m 次. 以 y_{ijp} 记在 (A_i, B_j) 上的第 p 次观测的响应值, $i=1,2,\cdots,r$; $j=1,2,\cdots,c$; $p=1,2,\cdots,m$. 共有 rcm 个观测值.

假定响应变量遵从模型

$$y_{ijp}=\eta_{ij}+e_{ijp},\ i=1,2,\cdots,r; j=1,2,\cdots,c; p=1,2,\cdots,m, \tag{9.2.8}$$

其中 $\{e_{ijp}\}$ 独立同分布 $N(0,\sigma^2)$, η_{ij} 为处理 (A_i, B_j) 上响应变量的均值. 考虑下列问题:

(1) 行因子各水平对响应值的影响有无显著差别;

(2) 列因子各水平对响应值的影响有无显著差别;

(3) 行列因子间有无交互作用 (具体说明见下面).

与单因子试验的情形类似, 引入以下记号:

$$\begin{aligned}
&n=rcm, &&\mu=\frac{1}{rc}\sum_{i=1}^{r}\sum_{j=1}^{c}\eta_{ij},\\
&\eta_{i.}=\frac{1}{c}\sum_{j=1}^{c}\eta_{ij}, &&\eta_{.j}=\frac{1}{r}\sum_{i=1}^{r}\eta_{ij},\\
&\mu_{i.}=\eta_{i.}-\mu, &&\mu_{.j}=\eta_{.j}-\mu,\\
&\mu_{ij}=\eta_{ij}-\eta_{i.}-\eta_{.j}+\mu=\eta_{ij}-\mu_{i.}-\mu_{.j}-\mu,
\end{aligned}$$

其中 μ 称为总平均, 可以作为比较的参照.

首先看行因子各水平对响应值的影响. 第 i 个水平 A_i 的影响只体现在 $\eta_{i1},\eta_{i2},\cdots,\eta_{ic}$. 通常用这些值的平均值反映行因子第 i 个水平的影响是合适的, 因此, 称 $\mu_{i.}$ 为行因子的第 i 个主效应, 它表示行因子的第 i 个水平所伴随的相对于总平均的响应值变化. 类似地, 称 $\mu_{.j}$ 为列因子的第 j 个主效应, 它表示列因子的第 j 个水平所伴随的相对于总平均的响应值变化.

所谓交互作用是指一个因子对于响应值的影响随另一个因子水平而变化. 换言之, 交互作用就是行列因子的搭配作用, 是行列因子的组合对响应值产生的、除行列因子各自产生的影响以外的附加影响. 当有交互作用时, 行列因素的水平组合对响应值的影响不等于各因素相应水平产生的效应之和. 由主效应的讨论知, 在 η_{ij} 中去掉两个主效应的影响后的剩余部分 $\eta_{ij}-\mu_{i.}-\mu_{.j}$ 相对于总平均的变化, 即 μ_{ij} 表示行因子第 i 水平与列因子第 j 水平的交互效应. 于是模型 (9.2.8) 可以表示为

$$\begin{aligned}&y_{ijp}=\mu+\mu_{i.}+\mu_{.j}+\mu_{ij}+e_{ijp},\ i=1,2,\cdots,r;j=1,2,\cdots,c;p=1,2,\cdots,m,\\&\qquad e_{ijp}\text{独立同分布}N(0,\sigma^2).\end{aligned}\tag{9.2.9}$$

显然, 模型 (9.2.9) 中的参数之间有下列关系:

$$\sum_{i=1}^{r}\mu_{i.}=0,\ \ \sum_{j=1}^{c}\mu_{.j}=0,\ \ \sum_{i=1}^{r}\mu_{ij}=0,\ j=1,2,\cdots,c,\ \ \sum_{j=1}^{c}\mu_{ij}=0,\ i=1,2,\cdots,r.\tag{9.2.10}$$

容易看出, 约束条件 (9.2.10) 中实际上只有 $r+c-1$ 个独立约束.

由以上分析, 问题 (1)~(3) 化为下列三个假设的检验问题:

$$H_{0A}:\mu_{i.}=0,i=1,2,\cdots,r\leftrightarrow H_{1A}:\text{至少有一个 }\mu_{i.}\text{ 不为 }0.\tag{9.2.11}$$

$$H_{0B}:\mu_{.j}=0,j=1,2,\cdots,c\leftrightarrow H_{1B}:\text{至少有一个 }\mu_{.j}\text{ 不为 }0.\tag{9.2.12}$$

$$H_{0AB}:\mu_{ij}=0,i=1,2,\cdots,r;j=1,2,\cdots,c\leftrightarrow H_{1AB}:\text{ 至少有一个 }\mu_{ij}\text{ 不为 }0.\tag{9.2.13}$$

与单因子试验的情形类似, 通过方差分析的方法可以给出问题 (9.2.11)~(9.2.13) 的检验. 令

$$\begin{aligned}&\bar{y}_{...}=\frac{1}{n}\sum_{i=1}^{r}\sum_{j=1}^{c}\sum_{p=1}^{m}y_{ijp},\quad \bar{y}_{ij.}=\frac{1}{m}\sum_{p=1}^{m}y_{ijp},\\&\bar{y}_{i..}=\frac{1}{mc}\sum_{j=1}^{c}\sum_{p=1}^{m}y_{ijp},\qquad \bar{y}_{.j.}=\frac{1}{rm}\sum_{i=1}^{r}\sum_{p=1}^{m}y_{ijp},\end{aligned}\tag{9.2.14}$$

易见 $\hat{\mu}=\bar{y}_{...}$, $\hat{\mu}_{i.}=\bar{y}_{i..}-\bar{y}_{...}$, $\hat{\mu}_{.j}=\bar{y}_{.j.}-\bar{y}_{...}$ 和 $\hat{\mu}_{ij}=\bar{y}_{ij.}-\bar{y}_{i..}-\bar{y}_{.j.}+\bar{y}_{...}$ 分别是 μ, $\mu_{i.}$, $\mu_{.j}$ 和 μ_{ij} 的无偏估计, 这些估计满足约束条件

$$\sum_{i=1}^{r}\hat{\mu}_{i.}=0,\sum_{j=1}^{c}\hat{\mu}_{.j}=0,\sum_{i=1}^{r}\hat{\mu}_{ij}=0,j=1,2,\cdots,c,\sum_{j=1}^{c}\hat{\mu}_{ij}=0,i=1,2,\cdots,r.$$

以 $SST=\sum\limits_{i=1}^{r}\sum\limits_{j=1}^{c}\sum\limits_{p=1}^{m}(y_{ijp}-\bar{y}_{\cdots})^2$ 记响应值的总变差平方和, 则有

$$\begin{aligned}SST=&\sum_{i=1}^{r}\sum_{j=1}^{c}\sum_{p=1}^{m}[(\bar{y}_{i\cdot\cdot}-\bar{y}_{\cdots})+(\bar{y}_{\cdot j\cdot}-\bar{y}_{\cdots})\\&+(\bar{y}_{ij\cdot}-\bar{y}_{i\cdot\cdot}-\bar{y}_{\cdot j\cdot}+\bar{y}_{\cdots})+(y_{ijp}-\bar{y}_{ij\cdot})]^2.\end{aligned}$$

将方括号中各项展开, 并注意到各交叉项之和为 0, 我们得到

$$SST=SSA+SSB+SSAB+SSE, \tag{9.2.15}$$

其中

$$\begin{aligned}SSA&=cm\sum_{i=1}^{r}(\bar{y}_{i\cdot\cdot}-\bar{y}_{\cdots})^2,\\SSB&=rm\sum_{j=1}^{c}(\bar{y}_{\cdot j\cdot}-\bar{y}_{\cdots})^2,\\SSAB&=\sum_{i=1}^{r}\sum_{j=1}^{c}\sum_{p=1}^{m}(\bar{y}_{ij\cdot}-\bar{y}_{i\cdot\cdot}-\bar{y}_{\cdot j\cdot}+\bar{y}_{\cdots})^2\\&=m\sum_{i=1}^{r}\sum_{j=1}^{c}(\bar{y}_{ij\cdot}-\bar{y}_{i\cdot\cdot}-\bar{y}_{\cdot j\cdot}+\bar{y}_{\cdots})^2,\\SSE&=\sum_{i=1}^{r}\sum_{j=1}^{c}\sum_{p=1}^{m}(y_{ijp}-\bar{y}_{ij\cdot})^2.\end{aligned}$$

SSA, SSB, $SSAB$, SSE 分别称为行因子平方和、列因子平方和、交互效应平方和、误差平方和. 可以证明, $SSE/\sigma^2\sim\chi^2_{rc(m-1)}$, $SSE/rc(m-1)$ 是 σ^2 的无偏估计, 并且 SSE 与其他三个平方和独立. 进一步可以证明, (9.2.15) 式右边 4 个平方和相互独立, 且当假设 H_{0AB} 成立时, $SSAB/\sigma^2$ 服从自由度为 $(r-1)(c-1)$ 的 χ^2 分布. 故此时

$$F_{AB}=\frac{n-rc}{(r-1)(c-1)}\frac{SSAB}{SSE}\sim F_{(r-1)(c-1),n-rc}, \tag{9.2.16}$$

同样, 当 H_{0A}, H_{0B} 成立时, $SSA/\sigma^2, SSB/\sigma^2$ 分别服从自由度 $r-1, c-1$ 的 χ^2 分布, 故

$$F_A=\frac{n-rc}{r-1}\frac{SSA}{SSE}\sim F_{r-1,n-rc}, \tag{9.2.17}$$

$$F_B=\frac{n-rc}{c-1}\frac{SSB}{SSE}\sim F_{c-1,n-rc}. \tag{9.2.18}$$

当 H_{0AB} 不成立时, 至少有一个 $\hat{\mu}_{ij}$ 的数学期望不为 0, 从而 $SSAB$ 及 F_{AB} 有偏大的趋势. 对于给定的显著性水平 α, 当 $F_{AB} \geqslant F_{(r-1)(c-1),n-rc}(\alpha)$ 时, 拒绝 H_{0AB}, 认为有显著的交互作用. 类似地, 当 $F_A \geqslant F_{r-1,n-rc}(\alpha)$ 时, 拒绝 H_{0A}, 认为行因子的 r 个水平对响应值的影响有显著差异; 当 $F_B \geqslant F_{c-1,n-rc}(\alpha)$ 时, 拒绝 H_{0B}, 认为列因子的 c 个水平对响应值的影响有显著差异. 三个检验可以归纳为方差分析表 9.9.

表 9.9　两因子试验的方差分析表

方差源	平方和	自由度	均方	F
行因子	SSA	$r-1$	$\dfrac{SS_A}{(r-1)}$	$\dfrac{n-rc}{r-1}\dfrac{SSA}{SSE}$
列因子	SSB	$c-1$	$\dfrac{SS_B}{(c-1)}$	$\dfrac{n-rc}{c-1}\dfrac{SSB}{SSE}$
交互作用	$SSAB$	$(r-1)(c-1)$	$\dfrac{SSAB}{(r-1)(c-1)}$	$\dfrac{n-rc}{(r-1)(c-1)}\dfrac{SSAB}{SSE}$
误差	SSE	$n-rc$	$\dfrac{SSE}{(n-rc)}$	
总和	SST	$n-1$		

例 9.2.4　研究毒素对工人健康的影响, 响应值是工人的肺活量, 这些不同工厂的工人在不同环境中工作. 因子为工厂和毒素, 每个因子有三个水平, 在每种组合下随机取 12 人测其肺活量, 数据如表 9.10. 试检验不同工厂、不同毒素的主效应和交互效应是否显著, 取显著性水平为 0.05.

表 9.10　肺活量数据

工厂	毒素		
	A	B	C
1	4.64,5.92,5.25	3.21,3.17,3.88	3.75,2.50,2.65
	6.17,4.20,5.90	3.50,2.47,4.12	2.84,3.09,2.90
	5.07,4.13,4.07	3.51,3.85,4.22	2.62,2.75,3.10
	5.30,4.37,3.78	3.07,3.62,2.95	1.99,2.42,2.37
2	5.12,6.10,4.85	3.92,3.75,4.01	2.95,3.21,3.15
	4.72,5.36,5.41	4.64,3.63,3.40	3.25,2.30,2.76
	5.31,4.78,5.08	4.01,3.49,3.78	3.01,2.31,2.50
	4.97,5.85,5.26	3.51,3.19,4.04	2.02,2.64,2.27
3	4.64,4.32,4.13	4.95,5.22,5.16	2.95,2.80,3.53
	5.17,3.77,3.85	5.35,4.35,4.89	3.85,2.19,3.32
	4.12,5.07,3.25	5.61,4.98,5.77	2.68,3.35,3.12
	3.49,3.65,4.10	5.23,4.86,5.15	4.11,2.90,2.75

解 由表 9.11 看出, 工厂 1 的平均肺活量为最低 3.70, 其次是工厂 2, 最后是工厂 3. 若 3.70 是属医疗正常的肺活量, 应认为工厂的环境是卫生的, 对健康无明显影响.

表 9.11 按试验单元平均肺活量

工厂	毒素			行平均
	A	B	C	
1	4.90	3.46	2.75	3.70
2	5.23	3.78	2.70	3.90
3	4.13	5.13	3.13	4.13
列平均	4.75	4.12	2.86	3.91

从表又可看出, 毒素 C 对肺活量影响严重. 毒素 A 对三个工厂的工人作用是不同的, 最高和最低的肺活量相差 $5.23 - 4.13 = 1.10$, 而毒素 C 最高和最低的差仅为 $3.13 - 2.70 = 0.43$. 三种毒素对工厂 1 的肺活量影响顺序是 C、B、A, 而对工厂 3 依次是 C、A、B. 综上分析知道, 可能存在交互作用. 方差分析结果见表 9.12.

表 9.12 方差分析表

方差源	平方和	自由度	均方	F
工厂	3.246	2	1.623	6.078
毒素	67.150	2	33.575	125.749
交互作用	24.486	4	6.122	22.942
误差	26.415	99	0.267	
总和	121.297	107		

由方差分析表知, 工厂和毒素间有交互作用. 这时无法排出各种毒素对各工厂工人健康影响一致的顺序. 换句话说, 各毒素对工人健康的影响因厂而异.

习 题 9

9.1 对一元线性回归模型

$$y_i = \beta x_i + e_i, \quad i = 1, 2, \cdots, n,$$

它不包含常数项, 假设误差服从高斯–马尔可夫假设.

(1) 求斜率 β 的最小二乘估计 $\hat{\beta}$.

(2) 若进一步假设误差 $e_i \sim N(0, \sigma^2)$. 试求 $\hat{\beta}$ 的分布.

(3) 导出假设 $H_0 : \beta = 0$ 的检验统计量.

9.2 为了研究合金钢的强度 Y 与含碳量 $X(\%)$ 的关系, 收集了 92 组生产数据 (见表 9.13). 假设这些数据服从一元线性回归模型

$$y_i = \beta_0 + \beta_1 x_i + e_i,\ e_i \sim N(0, \sigma^2), i = 1, 2, \cdots, 92,$$

表 9.13 钢强度试验数据表

序号	$x/(\%)$	$y/(\mathrm{kg/mm^2})$	序号	$x/(\%)$	$y/(\mathrm{kg/mm^2})$	序号	$x/(\%)$	$y/(\mathrm{kg/mm^2})$
1	0.03	40.5	32	0.10	43.5	63	0.13	47.5
2	0.04	41.5	33	0.10	40.5	64	0.13	49.5
3	0.04	38.0	34	0.10	44.0	65	0.14	49.0
4	0.05	42.5	35	0.10	42.5	66	0.14	41.0
5	0.05	40.0	36	0.10	41.5	67	0.14	43.0
6	0.05	41.0	37	0.10	37.0	68	0.14	47.5
7	0.05	40.0	38	0.10	43.0	69	0.15	46.0
8	0.06	43.0	39	0.10	41.5	70	0.15	49.0
9	0.06	43.5	40	0.10	45.0	71	0.15	39.5
10	0.07	39.5	41	0.10	41.0	72	0.15	55.0
11	0.07	43.0	42	0.11	42.5	73	0.16	48.0
12	0.07	42.5	43	0.11	42.0	74	0.16	48.5
13	0.08	42.0	44	0.11	42.0	75	0.16	51.0
14	0.08	42.0	45	0.11	46.0	76	0.16	48.0
15	0.08	42.0	46	0.11	45.5	77	0.17	53.0
16	0.08	41.5	47	0.12	49.0	78	0.18	50.0
17	0.08	42.0	48	0.12	42.5	79	0.20	52.5
18	0.08	41.5	49	0.12	44.0	80	0.20	55.5
19	0.08	42.0	50	0.12	42.0	81	0.20	57.0
20	0.09	42.5	51	0.12	43.0	82	0.21	56.0
21	0.09	39.5	52	0.12	46.5	83	0.21	52.5
22	0.09	43.5	53	0.12	46.5	84	0.21	56.0
23	0.09	39.0	54	0.13	43.0	85	0.23	60.0
24	0.09	42.5	55	0.13	46.0	86	0.24	56.0
25	0.09	42.0	56	0.13	43.0	87	0.24	53.0
26	0.09	43.0	57	0.13	44.5	88	0.24	53.0
27	0.09	43.0	58	0.13	46.5	89	0.25	54.5
28	0.09	44.5	59	0.13	43.0	90	0.26	61.5
29	0.09	43.0	60	0.13	45.5	91	0.29	59.5
30	0.09	45.0	61	0.13	44.5	92	0.32	64.0
31	0.09	45.5	62	0.13	46.0			

这里 e_i 相互独立. 应用计算机统计软件完成下列问题.

(1) 求 β_0 和 β_1 的最小二乘估计, 并写出经验回归方程.

(2) 作回归方程的显著性检验, 列出方差分析表 (取 $\alpha = 0.05$).

(3) 求出 β_0 和 β_1 各自的置信系数为 0.95 的置信区间.

(4) 求含碳量 $x_0 = 0.1$ 时, 钢的强度 y_0 的点预测和包含概率为 0.95 的预测区间.

9.3 随机抽取了 10 个家庭, 调查了它们的家庭月收入 X(单位: 百元) 和月支出 Y(单位: 百元), 记录于表 9.14.

表 9.14 家庭月收入、支出数据表

X/百元	20	15	20	25	16	20	18	19	22	16
Y/百元	18	14	17	20	14	19	17	18	20	13

(1) 在直角坐标系下作 X 与 Y 的散点图, 判断 Y 与 X 是否存在线性相关关系.

(2) 试求 Y 与 X 的一元线性回归方程.

(3) 对所得的回归方程作显著性检验, 列出方差分析表 ($\alpha = 0.05$).

(4) 对家庭月收入 $x_0 = 17$, 求对应 y_0 的点预测和包含概率为 0.95 的区间预测.

9.4 在单因子试验的方差分析中, 令 $z_{ij} = ay_{ij} + b$, $j = 1, 2, \cdots, n_i, i = 1, 2, \cdots, k$, 此处 a, b 为两个常数, 证明用 z_{ij} 计算所得到的平方和 SSA_z, SSE_z 与用 y_{ij} 计算所得到的平方和 SSA_y, SSE_y 之间有下列关系: $SSA_z = a^2 SSA_y$, $SSE_z = a^2 SSE_y$, 从而用 z_{ij} 计算检验统计量 F 的值不变.

这意味着, 在计算检验统计量的值时, 可以通过线性变换使得 z_{ij} 的数值有利于平方和的计算, 从而简化检验统计量的计算. 这个方法对于两因子试验的方差分析可行吗?

9.5 设有 5 种治疗荨麻疹的药物, 要比较它们的疗效. 按照一定规则选定 30 名患者并随机分为 5 组, 每组 6 人, 每组患者指定其中一种治疗药物, 记录从治疗开始到痊愈所需要的天数, 得到如下数据:

药物	治疗所需天数
1	5, 8, 7, 7, 10, 8
2	4, 6, 6, 3, 6, 5
3	7, 4, 6, 6, 5, 3
4	4, 4, 6, 3, 4, 5
5	5, 3, 9, 6, 7, 7

取显著性水平 $\alpha = 0.05$, 问这几种药物的疗效有无差异?

9.6 考察两种轮胎 (A、B) 在两种路面 (乡村公路、高速公路) 下的耐磨情况, 响应变量 y 为单位时间内轮胎减少的重量 (单位: 毫克). 选定试验路面, 每种情况下做 6 次试验, 得到如下数据:

	乡村公路	高速路面
轮胎 A	151, 101, 119, 156, 120, 142	118, 95, 130, 111, 108, 100
轮胎 B	117, 102, 133, 100, 115, 123	115, 112, 130, 97, 126, 100

取显著性水平 $\alpha = 0.05$, 试进行两因子试验方差分析.

9.7 要检查 3 种合金 A、B、C 在 3 种不同温度 1、2、3 下的抗张强度, 试验得到如下数据:

	合金 A	合金 B	合金 C
温度 1	170, 188	211, 192	180, 162
温度 2	190, 183	160, 144	195, 201
温度 3	140, 156	85, 114	185, 179

取显著性水平 $\alpha = 0.05$, 试进行两因子试验方差分析.

习题答案与选解

习题 1

1.1 (1) $\Omega_1=\{5,6,7,\cdots\}$; (2) $\Omega_2=\{2,3,4,\cdots,12\}$;

(3) $\Omega_3=\{0,1,2,\cdots\}$; (4) $\Omega_4=\{(i,j)|\,1\leqslant i<j\leqslant 5\}$;

(5) $\Omega_5=\{(0,0),(0,1),(1,0),(1,1)\}$, 0 表示合格, 1 表示不合格;

(6) $\Omega_6=\{(x,y)\mid T_1\leqslant x<y\leqslant T_2\}$, x 表示最低气温, y 表示最高气温;

(7) $\Omega_7=\{x\mid 0<x<2\}$; (8) $\Omega_8=\{(x,y)\mid x>0,\ y>0,\ x+y=l\}$.

1.2 (1) $AB\overline{C}$; (2) $A(B\cup C)$; (3) $A\cup B\cup C$; (4) $A\overline{B}\,\overline{C}\cup\overline{A}B\overline{C}\cup\overline{A}\,\overline{B}C$; (5) $AB\cup AC\cup BC$;

(6) $\overline{AB\cup AC\cup BC}$ 或 $\overline{A}\,\overline{B}\cup\overline{A}\,\overline{C}\cup\overline{B}\,\overline{C}$; (7) $\overline{ABC}$; (8) $\overline{A}BC\cup A\overline{B}C\cup AB\overline{C}$.

1.3 (1) $AB=\{x\mid 0.8<x\leqslant 1\}$; (2) $A-B=\{x\mid 0.5\leqslant x\leqslant 0.8\}$;

(3) $\overline{A-B}=\{x\mid 0\leqslant x<0.5$ 或 $0.8<x\leqslant 2\}$;

(4) $\overline{A\cup B}=\{x\mid 0\leqslant x<0.5$ 或 $1.6<x\leqslant 2\}$.

1.6 $P(AB)\leqslant P(A)\leqslant P(A\cup B)\leqslant P(A)+P(B)$.

1.7 (1) $P(W\cup E)=0.175$; (2) $P(W-E)=P(W)-P(WE)=0.1$;

(3) $P(\overline{W}\,\overline{E})=P(\overline{W\cup E})=1-P(W\cup E)=0.825$.

1.8 (1) 当 $A\subset B$ 时, $P(AB)$ 取到最大值 0.6;

(2) 当 $A\cup B=\Omega$ 时, $P(AB)$ 取到最小值 0.4.

1.9 $P(A\cup B\cup C)=0.7$.

1.10 (1) 0.3; (2) 0.6; (3) 0.7.

1.11 $\dfrac{3}{8}$, $\dfrac{9}{16}$, $\dfrac{1}{16}$.

1.12 $\dfrac{1}{18}$, $\dfrac{1}{12}$, $\dfrac{1}{9}$.

1.13 (1) $\dfrac{1}{20}$; (2) $\dfrac{1}{12}$.

1.14 (1) $\dfrac{14}{33}$; (2) $\dfrac{1}{11}$; (3) $\dfrac{16}{33}$.

1.15 0.5.

1.16 (1) 0.8; (2) 0.6.

1.17 设 A_i={第 i 次取到正品}, $i=1,2,3$,

(1) $P(\overline{A_3}\mid A_1A_2)=\dfrac{5}{18}$; (2) $P(A_1A_2\overline{A_3})=\dfrac{35}{228}$; (3) $P(\overline{A_3})=\dfrac{1}{4}$.

1.18 设 A_i={从第一箱中取到 i 件次品}, $i=0,1,2$, B={从第二箱中取到次品}, $P(B)=\dfrac{3}{28}$.

1.19 0.4705.

1.20 $\dfrac{102}{151}$.

1.21 $\dfrac{95}{294}$.

1.22 (1) 0.94; (2) $\dfrac{19}{94}$, $\dfrac{27}{94}$, $\dfrac{24}{47}$.

1.23 0.994.

1.24 0.384.

习题 2

2.1 $p_i = P\{X = i\} = \dfrac{6-|i-7|}{36}$, $i = 2, 3, \cdots, 12$.

2.2 $\mathrm{e} - 1$.

2.3 (1) 0.3124; (2) 0.5628.

2.4 (1) 0.4; (2) 0.2.

2.5 (1) $\dfrac{1}{3}$; (2) $\dfrac{1}{4}$.

2.6 (1) 0.1792; (2) 0.31744.

2.7 (1) $\mathrm{e}^{-1.5} = 0.22313$; (2) $1 - 3\mathrm{e}^{-2} = 0.59399$.

2.8 6.

2.9 $\dfrac{80}{243}$.

2.10 0.0272, 0.0037.

2.11 $\dfrac{1}{3}$.

2.12 (1) $1 - \mathrm{e}^{-0.5} = 0.39347$; (2) $\mathrm{e}^{-1.5} = 0.22313$; (3) $(1 - \mathrm{e}^{-0.5})(\mathrm{e}^{-0.5} - \mathrm{e}^{-1.5}) = 0.15086$.

2.13 设 A={一次打电话超过 10 分钟}, 将 282 人次的电话看作 282 次的伯努利试验, 由于事件 A 在每次试验中发生的概率很小 ($\mathrm{e}^{-5} = 0.00674$), 而试验的次数又很大 ($n = 282$), 由二项分布的泊松分布近似计算公式 (2.2.8), 得所求概率的近似值为 $1 - 2.9\mathrm{e}^{-1.9} = 0.56625$.

2.14 (1) 0.3372; (2) 0.5934.

2.15 184 厘米.

2.16

X	0	1	2
p_k	12/19	32/95	3/95

$$F(x) = \begin{cases} 0, & x < 0, \\ 12/19, & 0 \leqslant x < 1, \\ 92/95, & 1 \leqslant x < 2, \\ 1, & x \geqslant 2. \end{cases}$$

2.17 $p_i = P\{X = i\} = \begin{cases} 3/5, & i = 1, \\ 3/10, & i = 2, \\ 1/10, & i = 3; \end{cases}$ $F(x) = \begin{cases} 0, & x < 1, \\ 3/5, & 1 \leqslant x < 2, \\ 9/10, & 2 \leqslant x < 3, \\ 1, & x \geqslant 3. \end{cases}$

2.18 (1) $\ln 2 = 0.69315$, 1, $\ln 1.25 = 0.22314$; (2) $f(x) = \begin{cases} x^{-1}, & 1 \leqslant x \leqslant \mathrm{e}, \\ 0, & \text{其他}. \end{cases}$

2.19 (1) $a = 1$, $b = -1$; (2) $f(x) = \begin{cases} x\mathrm{e}^{-\frac{x^2}{2}}, & x \geqslant 0, \\ 0, & x < 0; \end{cases}$ (3) 0.25.

2.20 (1)

Y	0	π^2	$4\pi^2$
q_i	0.2	0.7	0.1

; (2)

Y	-1	1
q_i	0.7	0.3

.

2.21 (1)

X	-1	1	2
p_i	0.3	0.5	0.2

; (2)

Y	1	2
q_i	0.8	0.2

.

2.22 (1) $f_Y(y)=\dfrac{1}{2\sqrt{2\pi}}e^{-(y+1)^2/8}$, $-\infty<y<+\infty$;

(2) $f_Y(y)=\begin{cases}\dfrac{1}{\sqrt{2\pi}y}e^{-(\ln y)^2/2}, & y>0,\\ 0, & y\leqslant 0;\end{cases}$ (3) $f_Y(y)=\begin{cases}\dfrac{1}{\sqrt{2\pi y}}e^{-y/2}, & y>0,\\ 0, & y\leqslant 0.\end{cases}$

2.23 (1) $f_Y(y)=\begin{cases}\dfrac{1}{2\pi}e^{y/2}, & y\leqslant 2\ln\pi,\\ 0, & y>2\ln\pi;\end{cases}$

(2) $f_Y(y)=\begin{cases}\dfrac{1}{\pi\sqrt{1-y^2}}, & -1<y<1,\\ 0, & \text{其他};\end{cases}$ (3) $f_Y(y)=\begin{cases}\dfrac{2}{\pi\sqrt{1-y^2}}, & 0<y<1,\\ 0, & \text{其他}.\end{cases}$

习题 3

3.1 $\dfrac{3}{128}$.

3.2

X \ Y	1	2
2	0	3/5
3	2/5	0

3.3

X \ Y	1	3
0	0	1/8
1	3/8	0
2	3/8	0
3	0	1/8

3.4 (1) $\dfrac{1}{9}$; (2) $\dfrac{5}{12}$; (3) $\dfrac{8}{27}$.

3.5 (1) $F(x,y)=\begin{cases}(1-e^{-2x})(1-e^{-y}), & x>0,\ y>0,\\ 0, & \text{其他};\end{cases}$ (2) $\dfrac{1}{3}$.

3.6 $\dfrac{a^2}{1+a^2}$.

3.7

X	1	3
p	0.75	0.25

Y	0	2	5
p	0.20	0.43	0.37

3.8 $f_X(x)=\begin{cases}0.5x, & 0\leqslant x\leqslant 2,\\ 0, & \text{其他},\end{cases}$ $f_Y(y)=\begin{cases}3y^2, & 0\leqslant y\leqslant 1,\\ 0, & \text{其他}.\end{cases}$

3.9 $f_X(x)=\begin{cases}2.4x^2(2-x), & 0\leqslant x\leqslant 1,\\ 0, & \text{其他},\end{cases}$ $f_Y(y)=\begin{cases}2.4y(3-4y+y^2), & 0\leqslant y\leqslant 1,\\ 0, & \text{其他}.\end{cases}$

3.10 (1) $\int_{-\infty}^{+\infty}\int_{-\infty}^{+\infty} f(x,y)\mathrm{d}x\mathrm{d}y = c\int_0^1 \mathrm{d}x\int_{x^2}^{x}\mathrm{d}y = \frac{c}{6} = 1$, 因此 $c=6$;

(2) $f_X(x)=\begin{cases} 6(x-x^2), & 0\leqslant x\leqslant 1,\\ 0, & \text{其他}, \end{cases}$ $f_Y(y)=\begin{cases} 6(\sqrt{y}-y), & 0\leqslant y\leqslant 1,\\ 0, & \text{其他}. \end{cases}$

3.11 $P\{X=1\mid Y=0\}=0.75$, $P\{X=3\mid Y=0\}=0.25$,
$P\{X=1\mid Y=2\}=0.581$, $P\{X=3\mid Y=2\}=0.419$,
$P\{X=1\mid Y=5\}=0.946$, $P\{X=3\mid Y=5\}=0.054$,
$P\{Y=0\mid X=1\}=0.2$, $P\{Y=2\mid X=1\}=0.333$,
$P\{Y=5\mid X=1\}=0.467$, $P\{Y=0\mid X=3\}=0.2$,
$P\{Y=2\mid X=3\}=0.72$, $P\{Y=5\mid X=3\}=0.08$.

3.12
$$f_X(x)=\begin{cases} 1, & 0<x<1,\\ 0, & \text{其他}, \end{cases}\qquad f_{Y|X}(y\mid x)=\begin{cases} \dfrac{1}{1-x}, & x<y<1,\\ 0, & \text{其他}, \end{cases}$$

$$f(x,y)=f_{Y|X}(y\mid x)f_X(x)=\begin{cases} \dfrac{1}{1-x}, & 0<x<1,\ x<y<1,\\ 0, & \text{其他}, \end{cases}$$

$$f_Y(y)=\int_{-\infty}^{+\infty} f(x,y)\mathrm{d}x=\int_0^y \frac{\mathrm{d}x}{1-x}=-\ln(1-y),\quad 0<y<1.$$

3.13 $0\leqslant y\leqslant 2$ 时, $f_{X|Y}(x|y)=\begin{cases} \dfrac{6x^2+2xy}{2+y}, & 0\leqslant x\leqslant 1,\\ 0, & \text{其他}, \end{cases}$

$0<x\leqslant 1$ 时, $f_{Y|X}(y|x)=\begin{cases} \dfrac{3x+y}{6x+2}, & 0\leqslant y\leqslant 2,\\ 0, & \text{其他}. \end{cases}$

$P\left\{Y<\frac{1}{2}\middle|X=\frac{1}{2}\right\}=\frac{7}{40}$.

3.14 不相互独立.

3.15 $a=\frac{2}{9}$, $b=\frac{1}{9}$.

3.16 习题 3.8 中的 X 与 Y 相互独立, 习题 3.9 中的 X 与 Y 不相互独立.

3.17 相互独立.

3.18 $F_X(x)=F(x,+\infty)=\begin{cases} 1-\mathrm{e}^{-x}, & x\geqslant 0,\\ 0, & x<0, \end{cases}$ $F_Y(y)=F(+\infty,y)=\begin{cases} 1-\mathrm{e}^{-y}, & y\geqslant 0,\\ 0, & y<0. \end{cases}$

因 $F(x,y)=F_X(x)F_Y(y)$, 故 X 与 Y 相互独立.

3.19 $f_Z(z)=\begin{cases} z, & 0\leqslant z<1,\\ 2-z, & 1\leqslant z<2,\\ 0, & \text{其他}. \end{cases}$

3.20 $f_Z(z)=\begin{cases} e^{-z/3}(1-e^{-z/6}), & z\geqslant 0,\\ 0, & z<0. \end{cases}$

3.21 $f_Z(z)=\begin{cases} z(2-z), & 0\leqslant z<1,\\ (2-z)^2, & 1\leqslant z<2,\\ 0, & \text{其他}. \end{cases}$

3.22 X 和 Y 的分布函数分别为

$$F_X(x)=\begin{cases} 0, & x<0,\\ x, & 0\leqslant x\leqslant 1,\\ 1, & x>1, \end{cases}\qquad F_Y(y)=\begin{cases} 1-e^{-y}, & y\geqslant 0,\\ 0, & y<0, \end{cases}$$

$$F_{\max}(z)=F_X(z)F_Y(z)=\begin{cases} 0, & z<0,\\ z(1-e^{-z}), & 0\leqslant z\leqslant 1,\\ (1-e^{-z}), & z>1, \end{cases}$$

$$f_{\max}(z)=F'_{\max}(z)=\begin{cases} 0, & z<0,\\ 1-e^{-z}(1-z), & 0\leqslant z\leqslant 1,\\ e^{-z}, & z>1. \end{cases}$$

3.23 X 和 Y 的分布函数分别为

$$F_X(x)=\begin{cases} 0, & x<0,\\ x, & 0\leqslant x\leqslant 1,\\ 1, & x>1, \end{cases}\qquad F_Y(y)=\begin{cases} 0, & y<0,\\ 0.5y, & 0\leqslant y\leqslant 2,\\ 1, & y>2. \end{cases}$$

于是

$$F_{\min}(z)=1-[1-F_X(z)][1-F_Y(z)]=\begin{cases} 0, & z<0,\\ 1-(1-z)(1-0.5z), & 0\leqslant z\leqslant 1,\\ 1, & z>1, \end{cases}$$

$$=\begin{cases} 0, & z<0,\\ 0.5z(3-z), & 0\leqslant z\leqslant 1,\\ 1, & z>1, \end{cases}$$

$$f_{\min}(z)=\begin{cases} 1.5-z, & 0<z<1,\\ 0, & \text{其他}. \end{cases}$$

3.24 $f(x_1,x_2,\cdots,x_n)=\prod_{i=1}^{n}f_{X_i}(x_i)=\dfrac{1}{(2\pi)^{\frac{n}{2}}\sigma^n}e^{-\frac{1}{2\sigma^2}\sum\limits_{i=1}^{n}(x_i-\mu)^2}$,

$-\infty<x_i<+\infty,\quad i=1,2,\cdots,n.$

3.25 $F_Z(z)=\begin{cases} (1-e^{-\frac{z^2}{8}})^5, & z\geqslant 0,\\ 0, & z<0. \end{cases}$

3.26 (1) $\mathrm{e}^{-7.2}$; (2) $(1-\mathrm{e}^{-4.5})^6$.

习题 4

4.1 乙机床.

4.2 $P\{X=3\}=0.1,\ P\{X=4\}=0.3,\ P\{X=5\}=0.6,\ E(X)=4.5.$

4.3 $E(X)=\sum\limits_{k=1}^{\infty}k\dfrac{a^k}{(1+a)^{k+1}}=\dfrac{a}{(1+a)^2}\sum\limits_{k=1}^{\infty}k\left(\dfrac{a}{1+a}\right)^{k-1}$. 根据公式

$$\sum_{k=1}^{\infty}kx^{k-1}=\left(\sum_{k=1}^{\infty}x^k\right)'=\left(\frac{x}{1-x}\right)'=\frac{1}{(1-x)^2},\quad |x|<1,$$

得到 $E(X)=\dfrac{a}{(1+a)^2}\cdot\dfrac{1}{\left(1-\dfrac{a}{1+a}\right)^2}=a.$

4.4 $\dfrac{1}{p}$.

4.5 44.64.

4.6 级数 $\sum\limits_{k=1}^{\infty}|x_k|p_k=\sum\limits_{k=1}^{\infty}\left|(-1)^{k+1}\dfrac{3^k}{k}\right|\times\dfrac{2}{3^k}=\sum\limits_{k=1}^{\infty}\dfrac{2}{k}$ 发散, 不符合期望定义的要求, 从而 X 的期望不存在.

4.7 用 X 表示途中遇到红灯的次数, 则 $X\sim B(3,0.4)$, $E(X)=3\times0.4=1.2$.

4.8 1.

4.9 由 $\int_{-\infty}^{+\infty}f(x)\mathrm{d}x=1$ 得到 $2a+6b+2c=1$, 由 $E(X)=2$ 得到 $\dfrac{8}{3}a+\dfrac{56}{3}b+6c=2$, 由 $P\{1<X<3\}=\dfrac{3}{4}$ 得到 $\dfrac{3}{2}a+\dfrac{5}{2}b+c=\dfrac{3}{4}$. 解得 $a=\dfrac{1}{4}$, $b=-\dfrac{1}{4}$, $c=1$.

4.10 积分 $\int_{-\infty}^{+\infty}|x|f(x)\mathrm{d}x=\int_{-\infty}^{+\infty}\dfrac{|x|}{\pi(1+x^2)}\mathrm{d}x=\dfrac{2}{\pi}\int_0^{+\infty}\dfrac{x}{1+x^2}\mathrm{d}x$ 发散, 不符合期望定义的要求, 从而 X 的期望不存在.

4.11 0.6826.

4.12 2, 14.

4.13 2, $\dfrac{1}{3}$.

4.14 $\dfrac{1}{24}\pi(a+b)(a^2+b^2)$.

4.15 用 Y 表示游客的等候时间, 单位为分钟, 则 $Y=g(X)$, 其函数关系为

$$y=g(x)=\begin{cases}5-x, & 0\leqslant x\leqslant 5,\\ 25-x, & 5<x\leqslant 25,\\ 55-x, & 25<x\leqslant 55,\\ 65-x, & 55<x\leqslant 60.\end{cases}$$

使用随机变量函数的期望公式, 可得

$$E(Y)=E[g(X)]=\int_{-\infty}^{+\infty}g(x)f_X(x)\mathrm{d}x=\frac{70}{6}.$$

4.16 $\frac{4}{5}$, $\frac{3}{5}$, $\frac{1}{2}$, $\frac{16}{15}$.

4.17 4.

4.18 $E\left(\sqrt{X^2+Y^2}\right)=\int_{-\infty}^{+\infty}\int_{-\infty}^{+\infty}\sqrt{x^2+y^2}f(x,y)\mathrm{d}x\mathrm{d}y=\iint_{x^2+y^2\leqslant R^2}\frac{1}{\pi R^2}\sqrt{x^2+y^2}\mathrm{d}x\mathrm{d}y$,

使用极坐标: $x=r\cos\theta,\ y=r\sin\theta$,

$$E\left(\sqrt{X^2+Y^2}\right)=\frac{1}{\pi R^2}\int_0^{2\pi}\int_0^R r^2\mathrm{d}r\mathrm{d}\theta=\frac{2R}{3}.$$

4.19 X 和 Y 的分布函数分别为

$$F_X(x)=\begin{cases}0, & x\leqslant 0,\\ \dfrac{x}{\theta}, & 0<x<\theta,\\ 1, & x\geqslant\theta,\end{cases}\qquad F_Y(y)=\begin{cases}0, & y\leqslant 0,\\ \dfrac{y}{\theta}, & 0<y<\theta,\\ 1, & y\geqslant\theta.\end{cases}$$

于是

$$F_{\max}(z)=\begin{cases}0, & z\leqslant 0,\\ \dfrac{z^2}{\theta^2}, & 0<z<\theta,\\ 1, & z\geqslant\theta,\end{cases}\qquad f_{\max}(z)=\begin{cases}\dfrac{2z}{\theta^2}, & 0<z<\theta,\\ 0, & \text{其他}.\end{cases}$$

$$E(\max\{X,Y\})=\int_{-\infty}^{+\infty}zf_{\max}(z)\mathrm{d}z=\frac{2}{3}\theta.$$

4.20 记汽车的停车次数为 X,

$$X_i=\begin{cases}1, & \text{第}\,i\,\text{站有旅客下车},\\ 0, & \text{第}\,i\,\text{站无旅客下车},\end{cases}\qquad i=1,2,\cdots,10,$$

则 $X=X_1+X_2+\cdots+X_{10}$, X_i 均服从两点分布.

$$P\{X_i=0\}=\left(\frac{9}{10}\right)^{20},\quad P\{X_i=1\}=1-\left(\frac{9}{10}\right)^{20},$$

$$E(X_i)=1-\left(\frac{9}{10}\right)^{20},\quad E(X)=10\left[1-\left(\frac{9}{10}\right)^{20}\right]\approx 8.784.$$

4.21 35.

4.22 设 X_k 是从第 $k-1$ 次命中目标到第 k 次命中目标之间的射击次数, 则 X_k 的概率分布为

$$P\{X_k=m\}=p(1-p)^{m-1},\quad m=1,2,\cdots,\ k=1,2,\cdots.$$

于是, 命中目标 n 次时, 射击次数为 $X_1+X_2+\cdots+X_n$, 其期望

$$E(X_1+X_2+\cdots+X_n)=E(X_1)+E(X_2)+\cdots+E(X_n).$$

注意到 $X_1, X_2, \cdots, X_n$ 分布相同, 并且由习题 4.4 知 $E(X_1) = 1/p$, 从而所求期望为 $nE(X_1) = n/p$.

4.23 1, 0.49.

4.24 $\dfrac{2}{3}$.

4.25 $\mathrm{Var}(X) = \mathrm{Var}(Y) = \dfrac{1}{3}$.

4.26 $\dfrac{16}{3}$, 28.

4.27 0.

4.28 $(X, Y) \sim N(4, 2, 3, 1, 0), \rho = 0$, 从而 X 与 Y 互不相关.

4.29 $-\dfrac{1}{11}$.

4.30 先求两个边缘概率密度, $f_X(x) = \mathrm{e}^{-x}\,(x > 0)$, $f_Y(y) = \mathrm{e}^{-y}\,(y > 0)$. 则有 $f(x,y) = f_X(x)f_Y(y)$, 表明 X 与 Y 相互独立, 从而 X 与 Y 互不相关, 即 $\mathrm{Cov}(X,Y) = 0$, $\rho_{XY} = 0$.

4.31 85, 37.

4.32 0.

习题 5

5.1 $\geqslant 0.8889$.

5.3 0.9984.

5.4 0.348.

5.5 0.9525.

5.6 234000 元.

习题 6

6.3 (1) 由 $\overline{X} = \dfrac{1}{n}\sum\limits_{i=1}^{n} X_i$, $S^2 = \dfrac{1}{n-1}\sum\limits_{i=1}^{n}(X_i - \overline{X})^2$ 得

$$(n-1)S^2 = \sum_{i=1}^{n}(X_i^2 - 2\overline{X}X_i + \overline{X}^2) = \sum_{i=1}^{n} X_i^2 - 2\overline{X}(n\overline{X}) + n\overline{X}^2 = \sum_{i=1}^{n} X_i^2 - n\overline{X}^2.$$

所以, $S^2 = \dfrac{1}{n-1}\Big[\sum\limits_{i=1}^{n} X_i^2 - n\overline{X}^2\Big]$;

(2) 对 $i = 1, 2, \cdots, n$, 由 $\mathrm{Var}(X_i) = E(X_i^2) - [E(X_i)]^2$, 得

$$E(X_i^2) = \mathrm{Var}(X_i) + [E(X_i)]^2 = \sigma^2 + \mu^2,$$

同理, 利用习题 6.2 证明的结论, 得 $E(\overline{X}^2)=\dfrac{\sigma^2}{n}+\mu^2$. 利用 (1) 的结论及期望的性质, 得

$$E(S^2)=\frac{1}{n-1}\Big[\sum_{i=1}^{n}E(X_i^2)-nE(\overline{X}^2)\Big]=\frac{1}{n-1}\Big[\sum_{i=1}^{n}(\sigma^2+\mu^2)-n\Big(\frac{\sigma^2}{n}+\mu^2\Big)\Big]=\sigma^2.$$

6.4 43.

6.5 (1) 0.5328; (2) 0.9772.

6.6 (1) 1; (2) 0.127.

6.8 0.2857.

6.9 (1) 0.0228; (2) 0; (3) 0.9772.

6.10 (1) 0.1314; (2) 0.5785; (3) 0.2923.

6.11 0.99.

习题 7

7.1 均为 $\dfrac{\overline{X}}{m}$.

7.2 均为 $\dfrac{1}{\overline{X}}$.

7.3 $2\overline{X}$, $\max\{X_1,X_2,\cdots,X_n\}$.

7.4 $\dfrac{2\overline{X}}{3}$, $\dfrac{1}{2}\max\{X_1,X_2,\cdots,X_n\}$.

7.5 $\dfrac{1}{n}\sum\limits_{i=1}^{n}(X_i-\mu)^2$.

7.6 (1) 都是 θ 的无偏估计; (2) $\mathrm{Var}(\hat{\theta_4})<\mathrm{Var}(\hat{\theta_2})<\mathrm{Var}(\hat{\theta_3})<\mathrm{Var}(\hat{\theta_1})$.

7.7 (1) 由 $E(\overline{X})=\theta+\dfrac{1}{2}\neq\theta$, 知 $\overline{X}$ 不是 θ 的无偏估计;

(2) θ 的矩估计为 $\overline{X}-\dfrac{1}{2}$, 由 $E\Big(\overline{X}-\dfrac{1}{2}\Big)=\theta$, 知它是 θ 的无偏估计.

7.8 $\dfrac{\sigma_2^2}{\sigma_1^2+\sigma_2^2}$.

7.9 (1) [2.121, 2.129]; (2) [2.117, 2.133].

7.10 [−2.16, −0.08]. 如果 10 人同时先用 A, 则由于第一遍录入时已经有些熟悉, 再用 B 录入时所用时间会有所变短, 这叫做学习效应, 此时的比较有失公平.

7.11 [−0.002, 0.006].

7.12 [0.203, 0.255].

7.13 [7.01, 7.99].

习题 8

8.1 是.

8.2 能接受 “该种香烟的尼古丁含量的均值 $\mu=18$ 毫克” 的断言.

8.3 (1) 取显著性水平 $\alpha > 0$, 对正态总体 $N(\mu, \sigma^2)$ 和假设检验问题

$$H_0: \mu \leqslant \mu_0 \leftrightarrow H_1: \mu > \mu_0.$$

因 H_0 中的均值 μ 都比 H_1 中的均值 μ 小, 所以从直观上看, 较合理的检验法则应当是: 若观察值 $\overline{X}$ 与 μ_0 的差 $\overline{X}-\mu_0$ 过分大, 即 $\overline{X}-\mu_0 > c$ 时, 拒绝接受 H_0. 采用与书中类似的讨论, 可推出

$$c = \frac{\sigma}{\sqrt{n}} Z_\alpha,$$

于是, 拒绝域为

$$\overline{X} - \mu_0 \geqslant \frac{\sigma}{\sqrt{n}} Z_\alpha.$$

类似地, 当 σ^2 未知时, 可得上述检验问题的拒绝域为

$$\overline{X} - \mu_0 \geqslant \frac{S}{\sqrt{n}} t_{n-1}(\alpha).$$

(2) 在习题 8.2 中, 对 $\sigma = 2.4$ 毫克和 $S = 2.4$ 毫克两种情况, 均能接受"该品牌的香烟尼古丁含量均值不超过 17.5 毫克"的断言.

8.4 不符合要求.

8.5 有差异, 甲矿含煤粉率高于乙矿含煤粉率.

8.6 否, A 品种小麦蛋白质含量高于 B 品种小麦蛋白质含量.

8.7 有差异, A 组反应的比例高于 B 组反应的比例.

8.8 不符合要求.

8.10 无差异.

8.11 不满足原来的要求.

8.12 接受原假设.

8.13 接受原假设.

8.14 接受原假设.

8.15 接受原假设.

8.16 在 $\alpha = 0.05$ 下拒绝原假设, 在 $\alpha = 0.01$ 下接受原假设.

习题 9

9.1 (1) $\hat{\beta} = \dfrac{\sum x_i y_i}{\sum x_i^2}$; (2) $\hat{\beta} \sim N(\beta, \sigma^2/(\sum x_i^2))$;

(3) $t = \dfrac{\sqrt{n-1}\sum x_i y_i}{\sqrt{(\sum x_i^2)(\sum y_i^2) - (\sum x_i y_i)^2}}$, 当 H_0 为真时, $t \sim t_{n-1}$. 给定显著性水平 α, 当 $t \geqslant t_{n-1}(\alpha/2)$ 时, 拒绝原假设.

9.2 (1) $\hat{\beta}_0 = 34.7728$, $\hat{\beta}_1 = 87.8269$, $\widehat{Y} = 34.7728 + 87.8269X$;

(2)

方差源	平方和	自由度	均方	F
回归	2328.5154	1	2328.5154	342.14
误差	612.5145	90	6.8058	
总计	2941.0299	91	$F_{1,90}(0.05) < 4.00$	

由 $F > F_{1,90}(0.05)$, 知回归方程通过了显著性检验;

(3) [33.4885, 36.0751], [78.5202, 97.1336]; (4) 43.5555,[38.4082, 48.7028].

9.3 (1) 图形略, Y 与 X 存在线性相关关系; (2) $\widehat{Y} = 2.484 + 0.76X$;

(3)

方差源	平方和	自由度	均方	F
回归	47.877	1	47.877	37.8355
误差	10.123	8	1.2654	
总计	58	9	$F_{1,8}(0.05) = 5.32$	

由 $F > F_{1,8}(0.05)$, 知回归方程通过了显著性检验;

(4) 15.404,[12.618,18.190].

9.4 直接计算即知结论. 对于两因子试验的方差分析, 类似的结论也成立.

9.5 $F = 3.90$, 在显著性水平 0.05 下几种药物疗效有显著差异.

9.6 $F_A = 4.566, F_B = 6.494, F_{AB} = 4.981$, 在显著性水平 0.05 下交互效应显著.

9.7 $F_A = 6.314, F_B = 0.597, F_{AB} = 1.123$, 在显著性水平 0.05 下交互效应不显著, 温度因子效应不显著, 但不同合金的抗张强度差异显著.

参 考 文 献

[1] 王松桂, 陈敏, 陈立萍. 线性统计模型. 北京: 高等教育出版社, 1999

[2] 王松桂. 线性模型的理论及应用. 合肥: 安徽教育出版社, 1987

[3] 陈希孺, 王松桂. 近代回归分析 —— 原理方法及应用. 合肥: 安徽教育出版社, 1987

[4] 陈希孺. 概率论与数理统计. 合肥: 中国科学技术大学出版社, 1996

[5] 周纪芗. 回归分析. 上海: 华东师范大学出版社, 1993

[6] 方开泰, 许建伦. 统计分布. 北京: 科学出版社, 1987

[7] Scheaffer R L and Mcclave J T. Probability and Statistics for Engineers. Belmont: Duxbury Press, 1995

[8] Wang S G (王松桂) and Chow S C. Advanced Linear Models. New York: Marcel Dekker Inc., 1994

附录一　重要分布表

附表 1　泊松分布表

设 $X \sim P(\lambda)$, 表中给出概率

$$P\{X \geqslant x\} = \sum_{r=x}^{\infty} \frac{\mathrm{e}^{-r}\lambda^r}{r!}$$

x	$\lambda=0.2$	$\lambda=0.3$	$\lambda=0.4$	$\lambda=0.5$	$\lambda=0.6$
0	1.0000000	1.0000000	1.0000000	1.0000000	1.0000000
1	0.1812692	0.2591818	0.3296800	0.323469	0.451188
2	0.0175231	0.0369363	0.0615519	0.090204	0.121901
3	0.0011485	0.0035995	0.0079263	0.014388	0.023115
4	0.0000568	0.0002658	0.0007763	0.001752	0.003358
5	0.0000023	0.0000158	0.0000612	0.000172	0.000394
6	0.0000001	0.0000008	0.0000040	0.000014	0.000039
7			0.0000002	0.000001	0.000003

x	$\lambda=0.7$	$\lambda=0.8$	$\lambda=0.9$	$\lambda=1.0$	$\lambda=1.2$
0	1.000000	1.000000	1.000000	1.000000	1.000000
1	0.503415	0.550671	0.593430	0.632121	0.698806
2	0.155805	0.191208	0.227518	0.264241	0.337373
3	0.034142	0.047423	0.062857	0.080301	0.120513
4	0.005753	0.009080	0.013459	0.018988	0.033769
5	0.000786	0.001411	0.002344	0.003660	0.007746
6	0.000090	0.000184	0.000343	0.000594	0.001500
7	0.000009	0.000021	0.000043	0.000083	0.000251
8	0.000001	0.000002	0.000005	0.000010	0.000037
9				0.000001	0.000005
10					0.000001

$$P\{X \geqslant x\} = \sum_{r=x}^{\infty} \frac{e^{-r}\lambda^r}{r!}$$

续表

x	$\lambda = 1.4$	$\lambda = 1.6$	$\lambda = 1.8$
0	1.000000	1.000000	1.000000
1	0.753403	0.798103	0.834701
2	0.408167	0.475069	0.537163
3	0.166502	0.216642	0.269379
4	0.053725	0.078813	0.108708
5	0.014253	0.023682	0.036407
6	0.003201	0.006040	0.010378
7	0.000622	0.001336	0.002569
8	0.000107	0.000260	0.000562
9	0.000016	0.000045	0.000110
10	0.000002	0.000007	0.000019
11		0.000001	0.000003

x	$\lambda = 2.5$	$\lambda = 3.0$	$\lambda = 3.5$	$\lambda = 4.0$	$\lambda = 4.5$	$\lambda = 5.0$
0	1.000000	1.000000	1.000000	1.000000	1.000000	1.000000
1	0.917915	0.950213	0.969803	0.981684	0.988891	0.993262
2	0.712703	0.800852	0.864112	0.908422	0.938901	0.959572
3	0.456187	0.576810	0.679153	0.761897	0.826422	0.875348
4	0.242424	0.352768	0.463367	0.566530	0.657704	0.734974
5	0.108822	0.184737	0.274555	0.371163	0.467896	0.559507
6	0.042021	0.083918	0.142386	0.214870	0.297070	0.384039
7	0.014187	0.033509	0.065288	0.110674	0.168949	0.237817
8	0.004247	0.011905	0.026739	0.051134	0.086586	0.133372
9	0.001140	0.003803	0.009874	0.021363	0.040257	0.068094
10	0.000277	0.001102	0.003315	0.008132	0.017093	0.031828
11	0.000062	0.000292	0.001019	0.002840	0.006669	0.013695
12	0.000013	0.000071	0.000289	0.000915	0.002404	0.005453
13	0.000002	0.000016	0.000076	0.000274	0.000805	0.002019
14		0.000003	0.000019	0.000076	0.000252	0.000698
15		0.000001	0.000004	0.000020	0.000074	0.000226
16			0.000001	0.000005	0.000020	0.000069
17				0.000001	0.000005	0.000020
18					0.000001	0.000005
19						0.000001

附表 2　标准正态分布表

$$\Phi(x)=\int_{-\infty}^{x}\frac{1}{\sqrt{2\pi}}\mathrm{e}^{-\frac{u^2}{2}}\,\mathrm{d}u$$

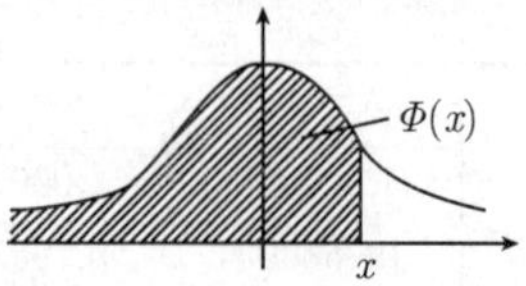

x	0	1	2	3	4	5	6	7	8	9
0.0	0.5000	0.5040	0.5080	0.5120	0.5160	0.5199	0.5239	0.5279	0.5319	0.5359
0.1	0.5398	0.5438	0.5478	0.5517	0.5557	0.5596	0.5636	0.5675	0.5714	0.5753
0.2	0.5793	0.5832	0.5871	0.5910	0.5948	0.5987	0.6026	0.6064	0.6103	0.6141
0.3	0.6179	0.6217	0.6255	0.6293	0.6331	0.6368	0.6406	0.6443	0.6480	0.6517
0.4	0.6554	0.6591	0.6628	0.6664	0.6700	0.6736	0.6772	0.6808	0.6844	0.6879
0.5	0.6915	0.6950	0.6985	0.7019	0.7054	0.7088	0.7123	0.7157	0.7190	0.7224
0.6	0.7257	0.7291	0.7324	0.7357	0.7389	0.7422	0.7454	0.7486	0.7517	0.7549
0.7	0.7580	0.7611	0.7642	0.7673	0.7703	0.7734	0.7764	0.7794	0.7823	0.7852
0.8	0.7881	0.7910	0.7939	0.7967	0.7995	0.8023	0.8051	0.8078	0.8106	0.8133
0.9	0.8159	0.8186	0.8212	0.8238	0.8264	0.8289	0.8315	0.8340	0.8365	0.8389
1.0	0.8413	0.8438	0.8461	0.8485	0.8508	0.8531	0.8554	0.8577	0.8599	0.8621
1.1	0.8643	0.8665	0.8686	0.8708	0.8729	0.8749	0.8770	0.8790	0.8810	0.8830
1.2	0.8849	0.8869	0.8888	0.8907	0.8925	0.8944	0.8962	0.8980	0.8997	0.9015
1.3	0.9032	0.9049	0.9066	0.9082	0.9099	0.9115	0.9131	0.9147	0.9162	0.9177
1.4	0.9192	0.9207	0.9222	0.9236	0.9251	0.9265	0.9278	0.9292	0.9306	0.9319
1.5	0.9332	0.9345	0.9357	0.9370	0.9382	0.9394	0.9406	0.9418	0.9430	0.9441
1.6	0.9452	0.9463	0.9474	0.9484	0.9495	0.9505	0.9515	0.9525	0.9535	0.9545
1.7	0.9554	0.9564	0.9573	0.9582	0.9591	0.9599	0.9608	0.9616	0.9625	0.9633
1.8	0.9641	0.9648	0.9656	0.9664	0.9671	0.9678	0.9686	0.9693	0.9700	0.9706
1.9	0.9713	0.9719	0.9726	0.9732	0.9738	0.9744	0.9750	0.9756	0.9762	0.9767
2.0	0.9772	0.9778	0.9783	0.9788	0.9793	0.9798	0.9803	0.9808	0.9812	0.9817
2.1	0.9821	0.9826	0.9830	0.9834	0.9838	0.9842	0.9846	0.9850	0.9854	0.9857
2.2	0.9861	0.9864	0.9868	0.9871	0.9874	0.9878	0.9881	0.9884	0.9887	0.9890
2.3	0.9893	0.9896	0.9898	0.9901	0.9904	0.9906	0.9909	0.9911	0.9913	0.9916
2.4	0.9918	0.9920	0.9922	0.9925	0.9927	0.9929	0.9931	0.9932	0. 9934	0.9936
2.5	0.9938	0.9940	0.9941	0.9943	0.9945	0.9946	0.9948	0.9949	0.9951	0.9952
2.6	0.9953	0.9955	0.9956	0.9957	0.9959	0.9960	0.9961	0.9962	0.9963	0.9964
2.7	0.9965	0.9966	0.9967	0.9968	0.9969	0.9970	0.9971	0.9972	0.9973	0.9974
2.8	0.9974	0.9975	0.9976	0.9977	0.9977	0.9978	0.9979	0.9979	0.9980	0.9981
2.9	0.9981	0.9982	0.9982	0.9983	0.9984	0.9984	0.9985	0.9985	0.9986	0.9986
3.0	0.9987	0.9990	0.9993	0.9995	0.9997	0.9998	0.9998	0.9999	0.9999	1.0000

注：表中末行为函数值 $\Phi(3.0), \Phi(3.1), \cdots, \Phi(3.9)$.

附表 3　t 分布表

$$P\{T > t_n(\alpha)\} = \alpha$$

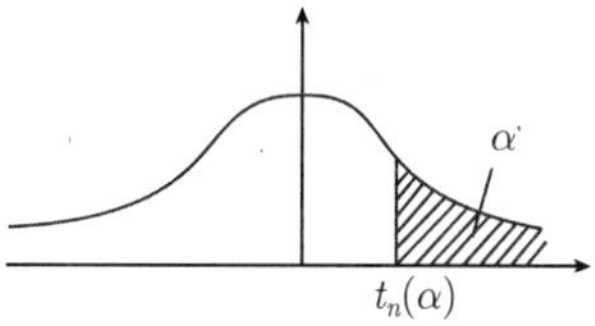

n	α =0.25	0.10	0.05	0.025	0.01	0.005
1	1.0000	3.0777	6.3183	12.7062	31.8207	63.6574
2	0.8165	1.8856	2.9200	4.3027	6.9646	9.9248
3	0.7649	1.6377	2.3534	3.1824	4.5407	5.8409
4	0.7407	1.5332	2.1318	2.7764	3.7469	4.6041
5	0.7267	1.4759	2.0150	2.5706	3.3649	4.0322
6	0.7176	1.4398	1.9432	2.4469	3.1427	3.7074
7	0.7111	1.4149	1.8946	2.3646	2.9980	3.4995
8	0.7064	1.3968	1.8595	2.3060	2.8965	3.3554
9	0.7027	1.3830	1.8331	2.2622	2.8214	3.2498
10	0.6998	1.3722	1.8125	2.2281	2.7638	3.1693
11	0.6974	1.3634	1.7959	2.2010	2.7181	3.1058
12	0.6955	1.3562	1.7823	2.1788	2.6810	3.0545
13	0.6938	1.3502	1.7709	2.1604	2.6503	3.0123
14	0.6924	1.3450	1.7613	2.1448	2.6245	2.9768
15	0.6912	1.3406	1.7531	2.1315	2.6025	2.9467
16	0.6901	1.3368	1.7459	2.1199	2.5835	2.9208
17	0.6892	1.3334	1.7396	2.1098	2.5669	2.8982
18	0.6884	1.3304	1.7341	2.1009	2.5524	2.8784
19	0.6876	1.3277	1.7291	2.0930	2.5395	2.8609
20	0.6870	1.3253	1.7247	2.0860	2.5280	2.8453
21	0.6864	1.3232	1.7207	2.0796	2.5177	2.8314
22	0.6858	1.3212	1.7171	2.0739	2.5083	2.8188
23	0.6853	1.3195	1.7139	2.0687	2.4999	2.8073
24	0.6848	1.3178	1.7109	2.0639	2.4922	2.7969
25	0.6844	1.3163	1.7081	2.0595	2.4851	2.7874
26	0.6840	1.3150	1.7056	2.0555	2.4786	2.7787
27	0.6837	1.3137	1.7033	2.0518	2.4727	2.7707
28	0.6834	1.3125	1.7011	2.0484	2.4671	2.7633
29	0.6830	1.3114	1.6991	2.0452	2.4620	2.7564
30	0.6828	1.3104	1.6973	2.0423	2.4573	2.7500
31	0.6825	1.3095	1.6955	2.0395	2.4528	2.7440
32	0.6822	1.3086	1.6939	2.0369	2.4487	2.7385
33	0.6820	1.3077	1.6924	2.0345	2.4448	2.7333
34	0.6818	1.3070	1.6909	2.0322	2.4411	2.7284
35	0.6816	1.3062	1.6896	2.0301	2.4377	2.7238
36	0.6814	1.3055	1.6883	2.0281	2.4345	2.7195
37	0.6812	1.3049	1.6871	2.0262	2.4314	2.7154
38	0.6810	1.3042	1.6860	2.0244	2.4286	2.7116
39	0.6808	1.3036	1.6849	2.0227	2.4258	2.7079
40	0.6807	1.3031	1.6839	2.0211	2.4233	2.7045
41	0.6805	1.3025	1.6829	2.0195	2.4208	2.7012
42	0.6804	1.3020	1.6820	2.0181	2.4185	2.6981
43	0.6802	1.3016	1.6811	2.0167	2.4163	2.6951
44	0.6801	1.3011	1.6802	2.0154	2.4141	2.6923
45	0.6800	1.3006	1.6794	2.0141	2.4121	2.6896

附表 4　χ^2 分布表

$$P\left\{\chi^2 > \chi_n^2(\alpha)\right\} = \alpha$$

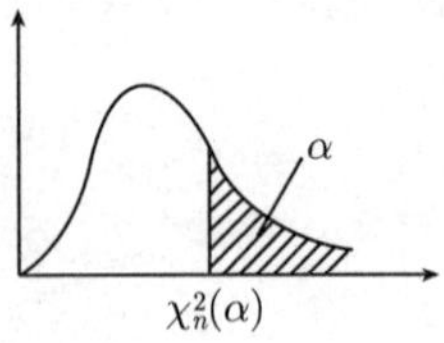

n	α =0.995	0.99	0.975	0.95	0.90	0.75
1	–	–	0.001	0.004	0.016	0.102
2	0.010	0.020	0.051	0.103	0.211	0.575
3	0.072	0.115	0.216	0.352	0.584	1.213
4	0.207	0.297	0.484	0.711	1.064	1.923
5	0.412	0.554	0.831	1.145	1.610	2.675
6	0.676	0.872	1.237	1.635	2.204	3.455
7	0.989	1.239	1.690	2.167	2.833	4.255
8	1.344	1.646	2.180	2.733	3.490	5.071
9	1.735	2.088	2.700	3.325	4.168	5.899
10	2.156	2.558	3.247	3.940	4.865	6.737
11	2.603	3.053	3.816	4.575	5.578	7.584
12	3.074	3.571	4.404	5.226	6.304	8.438
13	3.565	4.107	5.009	5.892	7.042	9.299
14	4.075	4.660	5.629	6.571	7.790	10.165
15	4.601	5.229	6.262	7.261	8.547	11.037
16	5.142	5.812	6.908	7.962	9.312	11.912
17	5.697	6.408	7.564	8.672	10.085	12.792
18	6.265	7.015	8.231	9.390	10.865	13.675
19	6.844	7.633	8.907	10.117	11.651	14.562
20	7.434	8.260	9.591	10.851	12.443	15.452
21	8.034	8.897	10.283	11.591	13.240	16.344
22	8.643	9.542	10.982	12.338	14.042	17.240
23	9.260	10.196	11.689	13.091	14.848	18.137
24	9.886	10.856	12.401	13.848	15.659	19.037
25	10.520	11.524	13.120	14.611	16.473	19.939
26	11.160	12.198	13.844	15.379	17.292	20.843
27	11.808	12.879	14.573	16.151	18.114	21.749
28	12.461	13.565	15.308	16.928	18.939	22.657
29	13.121	14.257	16.047	17.708	19.768	23.567
30	13.787	14.954	16.791	18.493	20.599	24.478
31	14.458	15.655	17.539	19.281	21.434	25.390
32	15.134	16.362	18.291	20.072	22.271	26.304
33	15.815	17.074	19.047	20.867	23.110	27.219
34	16.501	17.789	19.806	21.664	23.952	28.136
35	17.192	18.509	20.569	22.465	24.797	29.054
36	17.887	19.233	21.336	23.269	25.643	29.973
37	18.586	19.960	22.106	24.075	26.492	30.893
38	19.289	20.691	22.878	24.884	27.343	31.815
39	19.996	21.426	23.654	25.695	28.196	32.737
40	20.707	22.164	24.433	26.509	29.051	33.660
41	21.421	22.906	25.215	27.326	29.907	34.585
42	22.138	23.650	25.999	28.144	30.765	35.510
43	22.859	24.398	26.785	28.965	31.625	36.436
44	23.584	25.148	27.575	29.787	32.487	37.363
45	24.311	25.901	28.366	30.612	33.350	38.291

$$P\left\{\chi^2 > \chi_n^2(\alpha)\right\} = \alpha$$

续表

n	α =0.25	0.10	0.05	0.025	0.01	0.005
1	1.323	2.706	3.841	5.024	6.635	7.879
2	2.773	4.605	5.991	7.378	9.210	10.597
3	4.108	6.251	7.815	9.348	11.345	12.838
4	5.385	7.779	9.488	11.143	13.277	14.860
5	6.626	9.236	11.071	12.833	15.086	16.750
6	7.841	10.645	12.592	14.449	16.812	18.548
7	9.037	12.017	14.067	16.013	18.475	20.278
8	10.219	13.362	15.507	17.535	20.090	21.955
9	11.389	14.684	16.919	19.023	21.666	23.589
10	12.549	15.987	18.307	20.483	23.209	25.188
11	13.701	17.275	19.675	21.920	24.725	26.757
12	14.845	18.549	21.026	23.337	26.217	28.299
13	15.984	19.812	22.362	24.736	27.688	29.819
14	17.117	21.064	23.685	26.119	29.141	31.319
15	18.245	22.307	24.996	27.488	30.578	32.801
16	19.369	23.542	26.296	28.845	32.000	34.267
17	20.489	24.769	27.587	30.191	33.409	35.718
18	21.605	25.989	28.869	31.526	34.805	37.156
19	22.718	27.204	30.144	32.852	36.191	38.582
20	23.828	28.412	31.410	34.170	37.566	39.997
21	24.935	29.615	32.671	35.479	38.932	41.401
22	26.039	30.813	33.924	36.781	40.289	42.796
23	27.141	32.007	35.172	38.076	41.638	44.181
24	28.241	33.196	36.415	39.364	42.980	45.559
25	29.339	34.382	37.652	40.646	44.314	46.928
26	30.435	35.563	38.885	41.923	45.642	48.290
27	31.528	36.741	40.113	43.194	46.963	49.645
28	32.620	37.916	41.337	44.461	48.278	50.993
29	33.711	39.087	42.557	45.722	49.588	52.336
30	34.800	40.256	43.773	46.979	50.892	53.672
31	35.887	41.422	44.985	48.232	52.191	55.003
32	36.973	42.585	46.194	49.480	53.486	56.328
33	38.058	43.745	47.400	50.725	54.776	57.648
34	39.141	44.903	48.602	51.966	56.061	58.964
35	40.223	46.059	49.802	53.203	57.342	60.275
36	41.304	47.212	50.998	54.437	58.619	61.581
37	42.383	48.363	52.192	55.668	59.892	62.883
38	43.462	49.513	53.384	56.896	61.162	64.181
39	44.539	50.660	54.572	58.120	62.428	65.476
40	45.616	51.805	55.758	59.342	63.691	66.766
41	46.692	52.949	56.942	60.561	64.950	68.053
42	47.766	54.090	58.124	61.777	66.206	69.336
43	48.840	55.230	59.304	62.990	67.459	70.616
44	49.913	56.369	60.481	64.201	68.710	71.893
45	50.985	57.505	61.656	65.410	69.957	73.166

附表 5　F 分布表

$$P\{F > F_{m,n}(\alpha)\} = \alpha$$

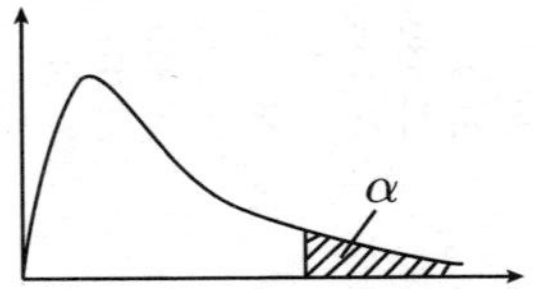

$F_{m,n}(\alpha)$

$$\alpha = 0.10$$

n \ m	1	2	3	4	5	6	7	8	9	10	12	15	20	24	30	40	60	120	∞
1	39.86	49.50	53.59	55.83	57.24	58.20	58.91	59.44	59.86	60.19	60.71	61.22	61.74	62.00	62.26	62.53	62.79	63.06	63.33
2	8.53	9.00	9.16	9.24	9.29	9.33	9.35	9.37	9.38	9.39	9.41	9.42	9.44	9.45	9.46	9.47	9.47	9.48	9.49
3	5.54	5.46	5.39	5.34	5.31	5.28	5.27	5.25	5.24	5.23	5.22	5.20	5.18	5.18	5.17	5.16	5.15	5.14	5.13
4	4.54	4.32	4.19	4.11	4.05	4.01	3.98	3.95	3.94	3.92	3.90	3.87	3.84	3.83	3.82	3.80	3.79	3.78	4.76
5	4.06	3.78	3.62	3.52	3.45	3.40	3.37	3.34	3.32	3.30	3.27	3.24	3.21	3.19	3.17	3.16	3.14	3.12	3.10
6	3.78	3.46	3.29	3.18	3.11	3.05	3.01	2.98	2.96	2.94	2.90	2.87	2.84	2.82	2.80	2.78	2.76	2.47	2.72
7	3.59	3.26	3.07	2.96	2.88	2.83	2.78	2.75	2.72	2.70	2.67	2.63	2.59	2.58	2.56	2.54	2.51	2.49	2.47
8	3.46	3.11	2.92	2.81	2.73	2.67	2.62	2.59	2.56	2.54	2.50	2.46	2.42	2.40	2.38	2.36	2.34	2.32	2.29
9	3.36	3.01	2.81	2.69	2.61	2.55	2.51	2.47	2.44	2.42	2.38	2.34	2.30	2.28	2.25	2.23	2.21	2.18	2.16
10	3.29	2.92	2.73	2.61	2.52	2.46	2.41	2.38	2.35	2.32	2.28	2.24	2.20	2.18	2.16	2.13	2.11	2.08	2.06
11	3.23	2.86	2.66	2.54	2.45	2.39	2.34	2.30	2.27	2.25	2.21	2.17	2.12	2.10	2.08	2.05	2.03	2.00	1.97
12	3.18	2.81	2.61	2.48	2.39	2.33	2.28	2.24	2.21	2.19	2.15	2.10	2.06	2.04	2.01	1.99	1.96	1.93	1.90
13	3.14	2.76	2.56	2.43	2.35	2.28	2.23	2.20	2.16	2.14	2.10	2.05	2.01	1.98	1.96	1.93	1.90	1.88	1.85
14	3.10	2.73	2.52	2.39	2.31	2.24	2.19	2.15	2.12	2.10	2.05	2.01	1.96	1.94	1.91	1.89	1.86	1.83	1.80
15	3.07	2.70	2.49	2.36	2.27	2.21	2.16	2.12	2.09	2.06	2.02	1.97	1.92	1.90	1.87	1.85	1.82	1.79	1.76
16	3.05	2.67	2.46	2.33	2.24	2.18	2.13	2.09	2.06	2.03	1.99	1.94	1.89	1.87	1.84	1.81	1.78	1.75	1.72

续表

$\alpha = 0.10$

n \ m	1	2	3	4	5	6	7	8	9	10	12	15	20	24	30	40	60	120	∞
17	3.03	2.64	2.44	2.31	2.22	2.15	2.10	2.06	2.03	2.00	1.96	1.91	1.86	1.84	1.81	1.78	1.75	1.72	1.69
18	3.01	2.62	2.42	2.29	2.20	2.13	2.08	2.04	2.00	1.98	1.93	1.89	1.84	1.81	1.78	1.75	1.72	1.69	1.66
19	2.99	2.61	2.40	2.27	2.18	2.11	2.06	2.02	1.98	1.96	1.91	1.86	1.81	1.79	1.76	1.73	1.70	1.67	1.63
20	2.97	2.59	2.38	2.25	2.16	2.09	2.04	2.00	1.96	1.94	1.89	1.84	1.79	1.77	1.74	1.71	1.68	1.64	1.61
21	2.96	2.57	2.36	2.23	2.14	2.08	2.02	1.98	1.95	1.92	1.87	1.83	1.78	1.75	1.72	1.69	1.66	1.62	1.59
22	2.95	2.56	2.35	2.22	2.13	2.06	2.01	1.97	1.93	1.90	1.86	1.81	1.76	1.73	1.70	1.67	1.64	1.60	1.57
23	2.94	2.55	2.34	2.21	2.11	2.05	1.99	1.95	1.92	1.89	1.84	1.80	1.74	1.72	1.69	1.66	1.62	1.59	1.55
24	2.93	2.54	2.33	2.19	2.10	2.04	1.98	1.94	1.91	1.88	1.83	1.78	1.73	1.70	1.67	1.64	1.61	1.57	1.53
25	2.92	2.53	2.32	2.18	2.09	2.02	1.97	1.93	1.89	1.87	1.82	1.77	1.72	1.69	1.66	1.63	1.59	1.56	1.52
26	2.91	2.52	2.31	2.17	2.08	2.01	1.96	1.92	1.88	1.86	1.81	1.76	1.71	1.68	1.65	1.61	1.58	1.54	1.50
27	2.90	2.51	2.30	2.17	2.07	2.00	1.95	1.91	1.87	1.85	1.80	1.75	1.70	1.67	1.64	1.60	1.57	1.53	1.49
28	2.89	2.50	2.29	2.16	2.06	2.00	1.94	1.90	1.87	1.84	1.79	1.74	1.69	1.66	1.63	1.59	1.56	1.52	1.48
29	2.89	2.50	2.28	2.15	2.06	1.99	1.93	1.89	1.86	1.83	1.78	1.73	1.68	1.65	1.62	1.58	1.55	1.51	1.47
30	2.88	2.49	2.28	2.14	2.05	1.98	1.93	1.88	1.85	1.82	1.77	1.72	1.67	1.64	1.61	1.57	1.54	1.50	1.46
40	2.84	2.44	2.23	2.09	2.00	1.93	1.87	1.83	1.79	1.76	1.71	1.66	1.61	1.57	1.54	1.51	1.47	1.42	1.38
60	2.79	2.39	2.18	2.04	1.95	1.87	1.82	1.77	1.74	1.71	1.66	1.60	1.54	1.51	1.48	1.44	1.40	1.35	1.29
120	2.75	2.35	2.13	1.99	1.90	1.82	1.77	1.72	1.68	1.65	1.60	1.55	1.48	1.45	1.41	1.37	1.32	1.26	1.19
∞	2.71	2.30	2.08	1.94	1.85	1.77	1.72	1.67	1.63	1.60	1.55	1.49	1.42	1.38	1.34	1.30	1.24	1.17	1.00

$\alpha = 0.05$

n \ m	1	2	3	4	5	6	7	8	9	10	12	15	20	24	30	40	60	120	∞
1	161.4	199.5	215.7	224.6	230.2	234.0	236.8	238.9	240.5	241.9	243.9	245.9	248.0	249.1	250.1	251.1	252.2	253.3	254.3
2	18.51	19.00	19.16	19.25	19.30	19.33	19.35	19.37	19.38	19.40	19.41	19.43	19.45	19.45	19.46	19.47	19.48	19.49	19.50
3	10.13	9.55	9.28	9.12	9.01	8.94	8.89	8.85	8.81	8.79	8.74	8.70	8.66	8.64	8.62	8.59	8.57	8.55	8.53
4	7.71	6.94	6.59	6.39	6.26	6.16	6.09	6.04	6.00	5.96	5.91	5.86	5.80	5.77	5.75	5.72	5.69	5.66	5.63

续表

$\alpha = 0.05$

n \ m	1	2	3	4	5	6	7	8	9	10	12	15	20	24	30	40	60	120	∞
5	6.61	5.79	5.41	5.19	5.05	4.95	4.88	4.82	4.77	4.74	4.68	4.62	4.56	4.53	4.50	4.46	4.43	4.40	4.36
6	5.99	5.14	4.76	4.53	4.39	4.28	4.21	4.15	4.10	4.06	4.00	3.94	3.87	3.84	3.81	3.77	3.74	3.70	3.67
7	5.59	4.74	4.35	4.12	3.97	3.87	3.79	3.73	3.68	3.64	3.57	3.51	3.44	3.41	3.38	3.34	3.30	3.27	3.23
8	5.32	4.46	4.07	3.84	3.69	3.58	3.50	3.44	3.39	3.35	3.28	3.22	3.15	3.12	3.08	3.04	3.01	2.97	2.93
9	5.12	4.26	3.86	3.63	3.48	3.37	3.29	3.23	3.18	3.14	3.07	3.01	2.94	2.90	2.86	2.83	2.79	2.75	2.71
10	4.96	4.10	3.71	3.48	3.33	3.22	3.14	3.07	3.02	2.98	2.91	2.85	2.77	2.74	2.70	2.66	2.62	2.58	2.54
11	4.84	3.98	3.59	3.36	3.20	3.09	3.01	2.95	2.90	2.85	2.79	2.72	2.65	2.61	2.57	2.53	2.49	2.45	2.40
12	4.75	3.89	3.49	3.26	3.11	3.00	2.91	2.85	2.80	2.75	2.69	2.62	2.54	2.51	2.47	2.43	2.38	2.34	2.30
13	4.67	3.81	3.41	3.18	3.03	2.92	2.83	2.77	2.71	2.67	2.60	2.53	2.46	2.42	2.38	2.34	2.30	2.25	2.21
14	4.60	3.74	3.34	3.11	2.96	2.85	2.76	2.70	2.65	2.60	2.53	2.46	2.39	2.35	2.31	2.27	2.22	2.18	2.13
15	4.54	3.68	3.29	3.06	2.90	2.79	2.71	2.64	2.59	2.54	2.48	2.40	2.33	2.29	2.25	2.20	2.16	2.11	2.07
16	4.49	3.63	3.24	3.01	2.85	2.74	2.66	2.59	2.54	2.49	2.42	2.35	2.28	2.24	2.19	2.15	2.11	2.06	2.01
17	4.45	3.59	3.20	2.96	2.81	2.70	2.61	2.55	2.49	2.45	2.38	2.31	2.23	2.19	2.15	2.10	2.06	2.01	1.96
18	4.41	3.55	3.16	2.93	2.77	2.66	2.58	2.51	2.46	2.41	2.34	2.27	2.19	2.15	2.11	2.06	2.02	1.97	1.92
19	4.38	3.52	3.13	2.90	2.74	2.63	2.54	2.48	2.42	2.38	2.31	2.23	2.16	2.11	2.07	2.03	1.98	1.93	1.88
20	4.35	3.49	3.10	2.87	2.71	2.60	2.51	2.45	2.39	2.35	2.28	2.20	2.12	2.08	2.04	1.99	1.95	1.90	1.84
21	4.32	3.47	3.07	2.84	2.68	2.57	2.49	2.42	2.37	2.32	2.25	2.18	2.10	2.05	2.01	1.96	1.92	1.87	1.81
22	4.30	3.44	3.05	2.82	2.66	2.55	2.46	2.40	2.34	2.30	2.23	2.15	2.07	2.03	1.98	1.94	1.89	1.84	1.78
23	4.28	3.42	3.03	2.80	2.64	2.53	2.44	2.37	2.32	2.27	2.20	2.13	2.05	2.01	1.96	1.91	1.86	1.81	1.76
24	4.26	3.40	3.01	2.78	2.62	2.51	2.42	2.36	2.30	2.25	2.18	2.11	2.03	1.98	1.94	1.89	1.84	1.79	1.73

续表

$\alpha = 0.05$

n \ m	1	2	3	4	5	6	7	8	9	10	12	15	20	24	30	40	60	120	∞
25	4.24	3.39	2.99	2.76	2.60	2.49	2.40	2.34	2.28	2.24	2.16	2.09	2.01	1.96	1.92	1.87	1.82	1.77	1.71
26	4.23	3.37	2.98	2.74	2.59	2.47	2.39	2.32	2.27	2.22	2.15	2.07	1.99	1.95	1.90	1.85	1.80	1.75	1.69
27	4.21	3.35	2.96	2.73	2.57	2.46	2.37	2.31	2.25	2.20	2.13	2.06	1.97	1.93	1.88	1.84	1.79	1.73	1.67
28	4.20	3.34	2.95	2.71	2.56	2.45	2.36	2.29	2.24	2.19	2.12	2.04	1.96	1.91	1.87	1.82	1.77	1.71	1.65
29	4.18	3.33	2.93	2.70	2.55	2.43	2.35	2.28	2.22	2.18	2.10	2.03	1.94	1.90	1.85	1.81	1.75	1.70	1.64
30	4.17	3.32	2.92	2.69	2.53	2.42	2.33	2.27	2.21	2.16	2.09	2.01	1.93	1.89	1.84	1.79	1.74	1.68	1.62
40	4.08	3.23	2.84	2.61	2.45	2.34	2.25	2.18	2.12	2.08	2.00	1.92	1.84	1.79	1.74	1.69	1.64	1.58	1.51
60	4.00	3.15	2.76	2.53	2.37	2.25	2.17	2.10	2.04	1.99	1.92	1.84	1.75	1.70	1.65	1.59	1.53	1.47	1.39
120	3.92	3.07	2.68	2.45	2.29	2.17	2.09	2.02	1.96	1.91	1.83	1.75	1.66	1.61	1.55	1.50	1.43	1.35	1.25
∞	3.84	3.00	2.60	2.37	2.21	2.10	2.01	1.94	1.88	1.83	1.75	1.67	1.57	1.52	1.46	1.39	1.32	1.22	1.00

$\alpha = 0.025$

n \ m	1	2	3	4	5	6	7	8	9	10	12	15	20	24	30	40	60	120	∞
1	647.8	799.5	864.2	899.6	921.8	937.1	948.2	956.7	963.3	968.6	976.7	984.9	993.1	997.2	1001	1006	1010	1014	1018
2	38.51	39.00	39.17	39.25	39.30	39.33	39.36	39.37	39.39	39.40	39.41	39.43	39.45	39.46	39.46	39.47	39.48	39.49	39.50
3	17.44	16.04	15.44	15.10	14.88	14.73	14.62	14.54	14.47	14.42	14.34	14.25	14.17	14.12	14.08	14.04	13.99	13.95	13.90
4	12.22	10.65	9.98	9.60	9.36	9.20	9.07	8.98	8.90	8.84	8.75	8.66	8.56	8.51	8.46	8.41	8.36	8.31	8.26
5	10.01	8.43	7.76	7.39	7.15	6.98	6.85	6.76	6.68	6.62	6.52	6.43	6.33	6.28	6.23	6.18	6.12	6.07	6.02
6	8.81	7.26	6.60	6.23	5.99	5.82	5.70	5.60	5.52	5.46	5.37	5.27	5.17	5.12	5.07	5.01	4.96	4.90	4.85
7	8.07	6.54	5.89	5.52	5.29	5.12	4.99	4.90	4.82	4.76	4.67	4.57	4.47	4.42	4.36	4.31	4.25	4.20	4.14
8	7.57	6.06	5.42	5.05	4.82	4.65	4.53	4.43	4.36	4.30	4.20	4.10	4.00	3.95	3.89	3.84	3.78	3.73	3.67
9	7.21	5.71	5.08	4.72	4.48	4.23	4.20	4.10	4.03	3.96	3.87	3.77	3.67	3.61	3.56	3.51	3.45	3.39	3.33
10	6.94	5.46	4.83	4.47	4.24	4.07	3.95	3.85	3.78	3.72	3.62	3.52	3.42	3.37	3.31	3.26	3.20	3.14	3.08
11	6.72	5.26	4.63	4.28	4.04	3.88	3.76	3.66	3.59	3.53	3.43	3.33	3.23	3.17	3.12	3.06	3.00	2.94	2.88
12	6.55	5.10	4.47	4.12	3.89	3.73	3.61	3.51	3.44	3.37	3.28	3.18	3.07	3.02	2.96	2.91	2.85	2.79	2.72

续表

$\alpha = 0.025$

n \ m	1	2	3	4	5	6	7	8	9	10	12	15	20	24	30	40	60	120	∞
13	6.41	4.97	4.35	4.00	3.77	3.60	3.48	3.39	3.31	3.25	3.15	3.05	2.95	2.89	2.84	2.78	2.72	2.66	2.60
14	6.30	4.86	4.24	3.89	3.66	3.50	3.38	3.29	3.21	3.15	3.05	2.95	2.84	2.79	2.73	2.67	2.61	2.55	2.49
15	6.20	4.77	4.15	3.80	3.58	3.41	3.29	3.20	3.12	3.06	2.96	2.86	2.76	2.70	2.64	2.59	2.52	2.46	2.40
16	6.12	4.69	4.08	3.73	3.50	3.34	3.22	3.12	3.05	2.99	2.89	2.79	2.68	2.63	2.57	2.51	2.45	2.38	2.32
17	6.04	4.62	4.01	3.66	3.44	3.28	3.16	3.06	2.98	2.92	2.82	2.72	2.62	2.56	2.50	2.44	2.38	2.32	2.25
18	5.98	4.56	3.95	3.61	3.38	3.22	3.10	3.01	2.93	2.87	2.77	2.67	2.56	2.50	2.44	2.38	2.32	2.26	2.19
19	5.92	4.51	3.90	3.56	3.33	3.17	3.05	2.96	2.88	2.82	2.72	2.62	2.51	2.45	2.39	2.33	2.27	2.20	2.13
20	5.87	4.46	3.86	3.51	3.29	3.13	3.01	2.91	2.84	2.77	2.68	2.57	2.46	2.41	2.35	2.29	2.22	2.16	2.09
21	5.83	4.42	3.82	3.48	3.25	3.09	2.97	2.87	2.80	2.73	2.64	2.53	2.42	2.37	2.31	2.25	2.18	2.11	2.04
22	5.79	4.38	3.78	3.44	3.22	3.05	2.93	2.84	2.76	2.70	2.60	2.50	2.39	2.33	2.27	2.21	2.14	2.08	2.00
23	5.75	4.35	3.75	3.41	3.18	3.02	2.90	2.81	2.73	2.67	2.57	2.47	2.36	2.30	2.24	2.18	2.11	2.04	1.97
24	5.72	4.32	3.72	3.38	3.15	2.99	2.87	2.78	2.70	2.64	2.54	2.44	2.33	2.27	2.21	2.15	2.08	2.01	1.94
25	5.69	4.29	3.69	3.35	3.13	2.97	2.85	2.75	2.68	2.61	2.51	2.41	2.30	2.24	2.18	2.12	2.05	1.98	1.91
26	5.66	4.27	3.67	3.33	3.10	2.94	2.82	2.73	2.65	2.59	2.49	2.39	2.28	2.22	2.16	2.09	2.03	1.95	1.88
27	5.63	4.24	3.65	3.31	3.08	2.92	2.80	2.71	2.63	2.57	2.47	2.36	2.25	2.19	2.13	2.07	2.00	1.93	1.85
28	5.61	4.22	3.63	3.29	3.06	2.90	2.78	2.69	2.61	2.55	2.45	2.34	2.23	2.17	2.11	2.05	1.98	1.91	1.83
29	5.59	4.20	3.61	3.27	3.04	2.88	2.76	2.67	2.59	2.53	2.43	2.32	2.21	2.15	2.09	2.03	1.96	1.89	1.81
30	5.57	4.18	3.59	3.25	3.03	2.87	2.75	2.65	2.57	2.51	2.41	2.31	2.20	2.14	2.07	2.01	1.94	1.87	1.79
40	5.42	4.05	3.46	3.13	2.90	2.74	2.62	2.53	2.45	2.39	2.29	2.18	2.07	2.01	1.94	1.88	1.80	1.72	1.64
60	5.29	3.93	3.34	3.01	2.79	2.63	2.51	2.41	2.33	2.27	2.17	2.06	1.94	1.88	1.82	1.74	1.67	1.58	1.48
120	5.15	3.80	3.23	2.89	2.67	2.52	2.39	2.30	2.22	2.16	2.05	1.94	1.82	1.76	1.69	1.61	1.53	1.43	1.31
∞	5.02	3.69	3.12	2.79	2.57	2.41	2.29	2.19	2.11	2.05	1.94	1.83	1.71	1.64	1.57	1.48	1.39	1.27	1.00

续表

$\alpha = 0.01$

n \ m	1	2	3	4	5	6	7	8	9	10	12	15	20	24	30	40	60	120	∞
1	4052	4999.5	5403	5625	5764	5859	5928	5982	6022	6056	6106	6157	6209	6235	6261	6287	6313	6339	6366
2	98.50	99.00	99.17	99.25	99.30	99.33	99.36	99.37	99.39	99.40	99.42	99.43	99.45	99.46	99.47	99.47	99.48	99.49	99.50
3	34.12	30.82	29.46	28.71	28.24	27.91	27.67	27.49	27.35	27.23	27.05	26.87	26.69	26.60	26.50	26.41	26.32	26.22	26.13
4	21.20	18.00	16.69	15.98	15.52	15.21	14.98	14.80	14.66	14.55	14.37	14.20	14.02	13.93	13.84	13.75	13.65	13.56	13.46
5	16.26	13.27	12.06	11.39	10.97	10.67	10.46	10.29	10.16	10.05	9.89	9.27	9.55	9.47	9.38	9.29	9.20	9.11	9.02
6	13.75	10.92	9.78	9.15	8.75	8.47	8.26	8.10	7.98	7.87	7.72	7.56	7.40	7.31	7.23	7.14	7.06	6.97	6.88
7	12.25	9.55	8.45	7.85	7.46	7.19	6.99	6.84	6.72	6.62	6.47	6.31	6.16	6.07	5.99	5.91	5.82	5.74	5.65
8	11.26	8.65	7.59	7.01	6.63	6.37	6.18	6.03	5.91	5.81	5.67	5.52	5.36	5.28	5.20	5.12	5.03	4.95	4.86
9	10.56	8.02	6.99	6.42	6.06	5.80	5.61	5.47	5.35	5.26	5.11	4.96	4.81	4.73	4.65	4.57	4.48	4.40	4.31
10	10.04	7.56	6.55	5.99	5.64	5.39	5.20	5.06	4.94	4.85	4.71	4.56	4.41	4.33	4.25	4.17	4.08	4.00	3.91
11	9.65	7.21	6.22	5.67	5.32	5.07	4.89	4.74	4.63	4.54	4.40	4.25	4.10	4.02	3.94	3.86	3.78	3.69	3.60
12	9.33	6.93	5.95	5.41	5.06	4.82	4.64	4.50	4.39	4.30	4.16	4.01	3.86	3.78	3.70	3.62	3.54	3.45	3.36
13	9.07	6.70	5.74	5.21	4.86	4.62	4.44	4.30	4.19	4.10	3.96	3.82	3.66	3.59	3.51	3.43	3.34	3.25	3.17
14	8.86	6.51	5.56	5.04	4.69	4.46	4.28	4.14	4.03	3.94	3.80	3.66	3.51	3.43	3.35	3.27	3.18	3.09	3.00
15	8.68	6.36	5.42	4.89	4.56	4.32	4.14	4.00	3.89	3.80	3.67	3.52	3.37	3.29	3.21	3.13	3.05	2.96	2.87
16	8.53	6.23	5.29	4.77	4.44	4.20	4.03	3.89	3.78	3.69	3.55	3.41	3.26	3.18	3.10	3.02	2.93	3.84	2.75
17	8.40	6.11	5.18	4.67	4.34	4.10	3.93	3.79	3.68	3.59	3.46	3.31	3.16	3.08	3.00	2.92	2.83	2.75	2.65
18	8.29	6.01	5.09	4.58	4.25	4.01	3.84	3.71	3.60	3.51	3.37	3.23	3.08	3.00	2.92	2.84	2.75	2.66	2.57
19	8.18	5.93	5.01	4.50	4.17	3.94	3.77	3.63	3.52	3.43	3.30	3.15	3.00	2.92	2.84	2.76	2.67	2.58	2.49
20	8.10	5.85	4.94	4.43	4.10	3.87	3.70	3.56	3.46	3.37	3.23	3.09	2.94	2.86	2.78	2.69	2.61	2.52	2.42

续表

$\alpha = 0.01$

n \ m	1	2	3	4	5	6	7	8	9	10	12	15	20	24	30	40	60	120	∞
21	8.02	5.78	4.87	4.37	4.04	3.81	3.64	3.51	3.40	3.31	3.17	3.03	2.88	2.80	2.72	2.64	2.55	2.46	2.36
22	7.95	5.72	4.82	4.31	3.99	3.76	3.59	3.45	3.35	3.26	3.12	2.98	2.83	2.75	2.67	2.58	2.50	2.40	2.31
23	7.88	5.66	4.76	4.26	3.94	3.71	3.54	3.41	3.30	3.21	3.07	2.93	2.78	2.70	2.62	2.54	2.45	2.35	2.26
24	7.82	5.61	4.72	4.22	3.90	3.67	3.50	3.36	3.26	3.17	3.03	2.89	2.74	2.66	2.58	2.49	2.40	2.31	2.21
25	7.77	5.57	4.68	4.18	3.85	3.63	3.46	3.32	3.22	3.13	2.99	2.85	2.70	2.62	2.54	2.45	2.36	2.27	2.17
26	7.72	5.53	4.64	4.14	3.82	3.59	3.42	3.29	3.18	3.09	2.96	2.81	2.66	2.58	2.50	2.42	2.33	2.23	2.13
27	7.68	5.49	4.60	4.11	3.78	3.56	3.39	3.26	3.15	3.06	2.93	2.78	2.63	2.55	2.47	2.38	2.29	2.20	2.10
28	7.64	5.45	4.57	4.07	3.75	3.53	3.36	3.23	3.12	3.03	2.90	2.75	2.60	2.52	2.44	2.35	2.26	2.17	2.06
29	7.60	5.42	4.54	4.04	3.73	3.50	3.33	3.20	3.09	3.00	2.87	2.73	2.57	2.49	2.41	2.33	2.23	2.14	2.03
30	7.56	5.39	4.51	4.02	3.70	3.47	3.30	3.17	3.07	2.98	2.84	2.70	2.55	2.47	2.39	2.30	2.21	2.11	2.01
40	7.31	5.18	4.31	3.83	3.51	3.29	3.12	2.99	2.89	2.80	2.66	2.52	2.37	2.29	2.20	2.11	2.02	1.92	1.80
60	7.08	4.98	4.13	3.65	3.34	3.12	2.95	2.82	2.72	2.63	2.50	2.35	2.20	2.12	2.03	1.94	1.84	1.73	1.60
120	6.85	4.79	3.95	3.48	3.17	2.96	2.79	2.66	2.56	2.47	2.34	2.19	2.03	1.95	1.86	1.76	1.66	4.53	1.38
∞	6.63	4.61	3.78	3.32	3.02	2.80	2.64	2.51	2.41	2.32	2.18	2.04	1.88	1.79	1.70	1.59	1.47	1.32	1.00

$\alpha = 0.005$

n \ m	1	2	3	4	5	6	7	8	9	10	12	15	20	24	30	40	60	120	∞
1	16211	20000	21615	22500	23056	23437	23715	23925	24091	24224	24426	34630	24836	24940	25044	25148	25253	25359	25465
2	198.5	199.0	199.2	199.2	199.3	199.3	199.4	199.4	199.4	199.4	199.4	199.4	199.4	199.5	199.5	199.5	199.5	199.5	199.5
3	55.55	49.80	47.47	46.19	45.39	44.84	44.43	44.13	43.88	43.69	43.39	43.08	42.78	42.62	42.47	42.31	42.15	41.99	41.83
4	31.33	26.28	24.26	23.15	22.46	21.97	21.62	21.35	21.14	20.97	20.07	20.44	20.17	20.03	19.89	19.75	19.61	19.47	19.32
5	22.78	18.31	16.53	15.56	14.94	14.51	14.20	13.96	13.77	13.62	13.38	13.15	12.90	12.78	12.66	12.53	12.40	12.27	12.14
6	18.63	14.54	12.92	12.03	11.46	11.07	10.79	10.57	10.39	10.25	10.03	9.81	9.59	9.47	9.36	9.24	9.12	9.00	8.88
7	16.24	12.40	10.88	10.05	9.52	9.16	8.89	8.68	8.51	8.38	8.18	7.97	7.75	7.65	7.53	7.42	7.31	7.19	7.08

续表

$\alpha = 0.005$

n \ m	1	2	3	4	5	6	7	8	9	10	12	15	20	24	30	40	60	120	∞
8	14.69	11.04	9.60	8.81	8.30	7.95	7.69	7.50	7.34	7.21	7.01	6.81	6.61	6.50	6.40	6.29	6.18	6.06	5.95
9	13.61	10.11	8.72	7.96	7.47	7.13	6.88	6.69	6.54	6.42	6.23	6.03	5.83	5.73	5.62	5.52	5.41	5.30	5.19
10	12.83	9.43	8.08	7.34	6.87	6.54	6.30	6.12	5.97	5.85	5.66	5.47	5.27	5.17	5.07	4.97	4.86	4.75	4.64
11	12.23	8.91	7.60	6.88	6.42	6.10	5.86	5.68	5.54	5.42	5.24	5.05	4.86	4.76	4.65	4.55	4.44	4.34	4.23
12	11.75	8.51	7.23	6.52	6.07	5.76	5.52	5.35	5.20	5.09	4.91	4.72	4.53	4.43	4.33	4.23	4.12	4.01	3.90
13	11.37	8.19	6.93	6.23	5.79	5.48	5.25	5.08	4.94	4.82	4.64	4.46	4.27	4.17	4.07	3.97	3.87	3.76	3.65
14	11.06	7.92	6.68	6.00	5.56	5.26	5.03	4.86	4.72	4.60	4.43	4.25	4.06	3.96	3.86	3.76	3.66	3.55	3.44
15	10.80	7.70	6.48	5.80	5.37	5.07	4.85	4.67	4.54	4.42	4.25	4.07	3.88	3.79	3.69	3.58	3.48	3.37	3.26
16	10.58	7.51	6.30	5.64	5.21	4.91	4.69	4.52	4.38	4.27	4.10	3.92	3.73	3.64	3.54	3.44	3.33	3.22	3.11
17	10.38	7.35	6.16	5.50	5.07	4.78	4.56	4.39	4.25	4.14	3.97	3.79	3.61	3.51	3.41	3.31	3.21	3.10	2.98
18	10.22	7.21	6.03	5.37	4.96	4.66	4.44	4.28	4.14	4.03	3.86	3.68	3.50	3.40	3.30	3.20	3.10	2.99	2.87
19	10.07	7.09	5.92	5.27	4.85	4.56	4.34	4.18	4.04	3.93	3.76	3.59	3.40	3.31	3.21	3.11	3.00	2.89	2.78
20	9.94	6.99	5.82	5.17	4.76	4.47	4.26	4.09	3.96	3.85	3.68	3.50	3.32	3.22	3.12	3.02	2.92	2.81	2.69
21	9.83	6.89	5.73	5.09	4.68	4.39	4.18	4.01	3.88	3.77	3.60	3.43	3.24	3.15	3.05	2.95	2.84	2.73	2.61
22	9.73	6.81	5.65	5.02	4.61	4.32	4.11	3.94	3.81	3.70	3.54	3.36	3.18	3.08	2.98	2.88	2.77	2.66	2.55
23	9.63	6.73	5.58	4.95	4.54	4.26	4.05	3.88	3.75	3.64	3.47	3.30	3.12	3.02	2.92	2.82	2.71	2.60	2.48
24	9.55	6.66	5.52	4.89	4.49	4.20	3.99	3.83	3.69	3.59	3.42	3.25	3.06	2.97	2.87	2.77	2.66	2.55	2.43
25	9.48	6.60	5.46	4.84	4.43	4.15	3.94	3.78	3.64	3.54	3.37	3.20	3.01	2.92	2.82	2.72	2.61	2.50	2.38
26	9.41	6.54	5.41	4.79	4.38	4.10	3.89	3.73	3.60	3.49	3.33	3.15	2.97	2.87	2.77	2.67	2.56	2.45	2.33
27	9.34	6.49	5.36	4.74	4.34	4.06	3.85	3.69	3.56	3.45	3.28	3.11	2.93	2.83	2.73	2.63	2.52	2.41	2.29
28	9.28	6.44	5.32	4.70	4.30	4.02	3.81	3.65	3.52	3.41	3.25	3.07	2.89	2.79	2.69	2.59	2.48	2.37	2.25

续表

$\alpha = 0.005$

n \ m	1	2	3	4	5	6	7	8	9	10	12	15	20	24	30	40	60	120	∞
29	9.23	6.40	5.28	4.66	4.26	3.98	3.77	3.61	3.48	3.38	3.21	3.04	2.86	2.76	2.66	2.56	2.45	2.33	2.21
30	9.18	6.35	5.24	4.62	4.23	3.95	3.74	3.58	3.45	3.34	3.18	3.01	2.82	3.73	2.63	2.52	2.42	2.30	2.18
40	8.83	6.07	4.98	4.37	3.99	3.71	3.51	3.35	3.22	3.12	2.95	2.78	2.60	2.50	2.40	2.30	2.18	2.06	1.93
60	8.49	5.79	4.73	4.14	3.76	3.49	3.29	3.13	3.01	2.90	2.74	2.57	2.39	2.29	2.19	2.08	1.96	1.83	1.69
120	8.18	5.54	4.50	3.92	3.55	3.28	3.09	2.93	2.81	2.71	2.54	2.37	2.19	2.09	1.98	1.87	1.75	1.61	1.43
∞	7.88	5.30	4.28	3.72	3.35	3.09	2.90	2.74	2.62	2.52	2.36	2.19	2.00	1.90	1.79	1.67	1.53	1.36	1.00
										$\alpha = 0.001$									
1	4053†	5000†	5404†	5625†	5764†	5859†	5929†	5981†	6023†	6056†	6107†	6158†	6209†	6235†	6261†	6287†	6313†	6340†	6366†
2	998.5	999.0	999.2	999.2	999.3	999.3	999.4	999.4	999.4	999.4	999.4	999.4	999.4	999.5	999.5	999.5	999.5	999.5	999.5
3	167.0	148.5	141.1	137.1	134.6	132.8	131.6	130.6	129.9	128.3	129.2	127.4	126.4	125.9	125.4	125.0	124.5	124.0	123.5
4	74.14	61.25	56.18	53.44	51.71	50.53	49.66	49.00	48.47	48.05	47.41	46.76	46.10	45.77	45.43	45.09	44.75	44.40	44.05
5	47.18	37.12	33.20	31.09	27.75	28.84	28.16	27.64	27.24	26.92	26.42	25.91	25.39	25.14	24.87	24.60	24.33	24.06	23.79
6	35.51	27.00	23.70	21.92	20.81	20.03	19.46	19.03	18.69	18.41	17.99	17.56	17.12	16.89	16.67	16.44	16.21	15.99	15.75
7	29.25	21.69	18.77	17.19	16.21	15.52	15.02	14.63	14.33	14.08	13.71	13.32	12.93	12.73	12.53	12.33	12.12	11.91	11.70
8	25.42	18.49	15.83	14.39	13.49	12.86	12.40	12.04	11.77	11.54	11.19	10.84	10.48	10.30	10.11	9.92	9.73	9.53	9.33
9	22.86	16.39	13.90	12.56	11.71	11.13	10.70	10.37	10.11	9.89	9.57	9.24	8.90	8.72	8.55	8.37	8.19	8.00	7.81
10	21.04	14.91	12.55	11.28	10.48	9.92	9.52	9.20	8.96	8.75	8.45	8.13	7.80	7.64	7.47	7.30	7.12	6.94	6.76
11	19.69	13.81	11.56	10.35	9.58	9.05	8.66	8.35	8.12	7.92	7.63	7.32	7.01	6.85	6.68	6.52	6.35	6.17	6.00
12	18.64	12.97	10.80	9.63	8.89	8.38	8.00	7.71	7.48	7.29	7.00	6.71	6.40	6.25	6.09	5.93	5.76	5.59	5.42
13	17.81	12.31	10.21	9.07	8.35	7.86	7.49	7.21	6.98	6.80	6.52	6.23	5.93	5.78	5.63	5.47	5.30	5.14	4.97
14	17.14	11.78	9.73	8.62	7.92	7.43	7.08	6.80	6.58	6.40	6.13	5.85	5.56	5.41	5.25	5.10	4.94	4.77	4.60
15	16.59	11.34	9.34	8.25	7.57	7.09	6.74	6.47	6.26	6.08	5.81	5.54	5.25	5.10	4.95	4.80	4.64	4.47	4.31
16	16.12	10.97	9.00	7.94	7.27	6.81	6.46	6.19	5.98	5.81	5.55	5.27	4.99	4.85	4.70	4.54	4.39	4.23	4.06

续表

$\alpha = 0.001$

n \ m	1	2	3	4	5	6	7	8	9	10	12	15	20	24	30	40	60	120	∞
17	15.72	10.66	8.73	7.68	7.02	7.56	6.22	5.96	5.75	5.58	5.32	5.05	4.78	4.63	4.48	4.33	4.18	4.02	3.85
18	15.38	10.39	8.49	7.46	6.81	6.35	6.02	5.76	5.56	5.39	5.13	4.87	4.59	4.45	4.30	4.15	4.00	3.84	3.67
19	15.08	10.16	8.28	7.26	6.62	6.18	5.85	5.59	5.39	5.22	4.97	4.70	4.43	4.29	4.14	3.99	3.84	3.68	3.51
20	14.82	9.95	8.10	7.10	6.46	6.02	5.69	5.44	5.24	5.08	4.82	4.56	4.29	4.15	4.00	3.86	3.70	3.54	3.38
21	14.59	9.77	7.94	6.95	6.32	5.88	5.56	5.31	5.11	4.95	4.70	4.44	4.17	4.03	3.88	3.74	3.58	3.42	3.26
22	14.38	9.61	7.80	6.81	6.19	5.76	5.44	5.19	4.99	4.83	4.58	4.33	4.06	3.92	3.78	3.63	3.48	3.32	3.15
23	14.19	9.47	7.67	6.69	6.08	5.65	5.33	5.09	4.89	4.73	4.48	4.23	3.96	3.82	3.68	3.53	3.38	3.22	3.05
24	14.03	9.34	7.55	6.59	5.98	5.55	5.23	4.99	4.80	4.64	4.39	4.14	3.87	3.74	3.59	3.45	3.29	3.14	2.97
25	13.88	9.22	7.45	6.49	5.88	5.46	5.15	4.91	4.71	4.56	4.31	4.06	3.79	3.66	3.52	3.37	3.22	3.06	2.89
26	13.74	9.12	7.36	6.41	5.80	5.38	5.07	4.83	4.64	4.48	4.24	3.99	3.72	3.59	3.44	3.30	3.15	2.99	2.82
27	13.61	9.02	7.27	6.33	5.73	5.31	5.00	4.76	4.57	4.41	4.17	3.92	3.66	3.52	3.38	3.23	3.08	2.92	2.75
28	13.50	8.93	7.19	6.25	5.66	5.24	4.93	4.69	4.50	4.35	4.11	3.86	3.60	3.46	3.32	3.18	3.02	2.86	2.69
29	13.39	8.85	7.12	6.19	5.59	5.18	4.87	4.64	4.45	4.29	4.05	3.80	3.54	3.41	3.27	3.12	2.97	2.81	2.64
30	13.29	8.77	7.05	6.12	5.53	5.12	4.82	4.58	4.39	4.24	4.00	3.75	3.49	3.36	3.22	3.07	2.92	2.76	2.59
40	12.61	8.25	6.60	5.70	5.13	4.73	4.44	4.21	4.02	3.87	3.64	3.40	3.15	3.01	2.87	2.73	2.57	2.41	2.23
60	11.97	7.76	6.17	5.31	4.76	4.37	4.09	3.87	3.69	3.54	3.31	3.08	2.83	2.69	2.55	2.41	2.25	2.08	1.89
120	11.38	7.32	5.79	4.95	4.42	4.04	3.77	3.55	3.38	3.24	3.02	2.78	2.53	2.40	2.26	2.11	1.95	1.76	1.54
∞	10.83	6.91	5.42	4.62	4.10	3.74	3.47	3.27	3.10	2.96	2.74	2.51	2.27	2.13	1.99	1.84	1.66	1.45	1.00

† 表示要将此数乘以 100

附录二　常见的重要分布

本附录简单介绍一些在应用上比较重要的概率分布, 其中一些是前面教材中没有讨论过的. 我们的目的是为读者了解和使用这些概率分布提供方便, 对教材中没有出现的那些分布的更详细讨论可参阅文献 [6].

1. 两点分布

定义　若随机变量 X 的概率分布为

$$P\{X=1\}=p,\ \ P\{X=0\}=1-p,$$

其中 $0<p<1$ 为常数, 则称 X 服从参数为 p 的两点分布或 (0-1) 分布, 记为 $X\sim B(1,p)$.

性质　若 $X\sim B(1,p)$, 则 $E(X)=p$, $\operatorname{Var}(X)=p(1-p)$.

任何一个只有两种可能结果的随机现象, 都可以用一个服从两点分布的随机变量来描述. 参数 p 常用 $\widehat{p}=(X_1+X_2+\cdots+X_n)/n$ 来估计, 它是 p 的矩估计和极大似然估计, 其中 $X_1,X_2,\cdots,X_n$ 为抽自 $B(1,p)$ 的简单样本.

2. 二项分布

定义　若随机变量 X 的概率分布为

$$P\{X=k\}=\binom{n}{k}p^k(1-p)^{n-k},\ \ k=0,1,2,\cdots,n,$$

则称随机变量 X 服从参数为 n,p 的二项分布, 记为 $X\sim B(n,p)$.

显然, 参数为 p 的两点分布, 是二项分布 $n=1$ 时的特殊情形.

在 n 次独立试验中, 若每次试验都只有两种可能的结果 : A 或 $\overline{A}$, 且事件 A 在每次试验中发生的概率为常数 p, $0<p<1$, 记 X 为 n 次试验中事件 A 发生的次数, 则 $X\sim B(n,p)$.

性质 1　若 $X\sim B(n,p)$, 则 $E(X)=np$, $\operatorname{Var}(X)=np(1-p)$.

性质 2　若 $X\sim B(n,p)$, 则 X 可以表示成 n 个独立同分布的随机变量 $X_1,X_2,\cdots,X_n$ 之和, 且共同分布为 $B(1,p)$.

性质 3　若 $X_1,X_2,\cdots,X_m$ 相互独立, 且 $X_i\sim B(n_i,p)$, $i=1,2,\cdots,m$, 则

$$X=X_1+X_2+\cdots+X_m\sim B(n,p),$$

其中 $n=n_1+n_2+\cdots+n_m$.

二项分布在实际中有广泛的应用. 例如, 一批产品次品率的估计与检验, 药物疗效的判定, 人寿保险公司保险条例的制订, 生产线上质量的监控与决策等实际问题, 均可用二项分布来描述和处理.

参数 p 常用 $\widehat{p}=\overline{X}/n=(X_1+X_2+\cdots+X_N)/(nN)$ 来估计, 它是 p 的矩估计和极大似然估计, 其中 $X_1,X_2,\cdots,X_N$ 为抽自 $B(n,p)$ 的简单样本.

3. 泊松分布

定义 若随机变量 X 的概率分布为

$$P\{X=k\}=\frac{\lambda^k}{k!}\mathrm{e}^{-\lambda}, \quad k=0,1,2,\cdots,$$

其中 $\lambda>0$ 为常数, 则称随机变量 X 服从参数为 λ 的泊松分布, 记为 $X\sim P(\lambda)$.

性质 1 若 $X\sim P(\lambda)$, 则 $E(X)=\lambda,\ \mathrm{Var}(X)=\lambda$.

性质 2 若 $X_i\sim P(\lambda_i),\ i=1,2,\cdots,m$, 且 $X_1,X_2,\cdots,X_m$ 相互独立, 则

$$X=X_1+X_2+\cdots+X_m\sim P(\lambda),$$

其中 $\lambda=\lambda_1+\lambda_2+\cdots+\lambda_m$.

性质 3 若 X_1,X_2 相互独立, 且 $X_1\sim P(\lambda_1),\ X_2\sim P(\lambda_2)$, 则条件分布 $X_i|(X_1+X_2=n)$ 为二项分布, 且

$$X_i|(X_1+X_2=n)\sim B[n,\lambda_i/(\lambda_1+\lambda_2)], \quad i=1,2.$$

在许多实际问题中, 我们所关心的量都服从或近似地服从泊松分布. 例如, 某医院每天前来就诊的病人数, 某地区一段时间间隔内发生火灾的次数、发生交通事故的次数, 一段时间间隔内某放射性物质放射出的粒子数, 一段时间间隔内容器内部的细菌数, 某地区一年内发生暴雨的次数, 每条床单上的疵点数等都服从或近似地服从某一参数的泊松分布. 所以, 泊松分布是应用面非常广泛而又十分重要的分布.

4. 几何分布

定义 若随机变量 X 的概率分布为

$$P\{X=k\}=p(1-p)^{k-1}, \quad k=1,2,\cdots,$$

其中 $0<p<1$ 为常数, 则称随机变量 X 服从参数为 p 的几何分布, 记为 $X\sim G(p)$.

几何分布是这样一种概率模型: 在一个可进行无穷多次的伯努利试验中, 事件 A 在每次试验中发生的概率均为 p, 将试验一个接一个地独立进行, 设事件 A 第一次发生时已进行了 X 次试验, 则 $X\sim G(p)$.

性质 1 若 $X\sim G(p)$, 则 $E(X)=1/p,\ \mathrm{Var}(X)=(1-p)/p^2$.

性质 2 若 $X\sim G(p)$, m 和 n 为任意两个自然数, 则

$$P\{X>n+m \mid X>n\}=P\{X>m\}.$$

性质 2 称为几何分布的无记忆性, 它的实际意义是: 在进行 n 次伯努利试验而事件 A 未发生的条件下, 再进行 m 次伯努利试验而事件 A 还未发生的概率, 等于直接进行 m 次伯努利试验而事件 A 未发生的概率, 它与在 m 次伯努利试验之前是否进行过 n 次伯努利试验无关. 无记忆性是几何分布的重要特征.

5. 负二项分布

定义 若随机变量 X 的概率分布为

$$P\{X=k\}=\binom{k+r-1}{k}p^r(1-p)^k,\quad k=0,1,2,\cdots,$$

其中 r 为固定的正整数, $0<p<1$ 为常数, 则称随机变量 X 服从参数为 r,p 的负二项分布, 记为 $X\sim NB(r,p)$.

负二项分布又称帕斯卡 (Pascal) 分布, 它是几何分布的直接推广. 同几何分布一样, 负二项分布也可由伯努利试验来定义. 考虑伯努利试验, 设事件 A 在每次试验中出现的概率为 p, 试验进行到 A 第 r 次出现时为止, 记 X 为 A 第 r 次出现前做试验的次数, 则 $X\sim NB(r,p)$. 于是, $X\sim NB(1,p)$ 的充要条件为 $X+1\sim G(p)$.

性质 1 若 $X\sim NB(r,p)$, 则 $E(X)=r(1-p)/p$, $\mathrm{Var}(X)=r(1-p)/p^2$.

性质 2 若 $X_i\sim NB(r_i,p)$, $i=1,2,\cdots,m$, 且 $X_1,X_2,\cdots,X_m$ 相互独立, 则

$$X=X_1+X_2+\cdots+X_m\sim NB(r,p),$$

其中 $r=r_1+r_2+\cdots+r_m$.

性质 3 若 $X\sim NB(r,p)$, 则存在独立同分布的随机变量 $X_1,X_2,\cdots,X_r$, 其共同分布为 $G(p)$, 使得 $X=X_1+X_2+\cdots+X_r-r$.

6. 超几何分布

定义 若随机变量 X 的概率分布为

$$P\{X=k\}=\binom{M}{k}\binom{N-M}{n-k}\Big/\binom{N}{n},$$

其中 $M\leqslant N$, $n\leqslant N$, $\max(0,M+n-N)\leqslant k\leqslant\min(M,n)$, 且 N,M,n 均为正整数, 则称随机变量 X 服从参数为 M,N,n 的超几何分布, 记为 $X\sim H(M,N,n)$.

性质 若 $X\sim H(M,N,n)$, 则

$$E(X)=\frac{nM}{N},\quad \mathrm{Var}(X)=\frac{nM(N-n)(N-M)}{N^2(N-1)}.$$

超几何分布源于产品检验. 设有外观相同的产品 N 件, 其中 M 件为合格品, 其余为不合格品. 若从这 N 件产品中无放回地随机抽出 n 件, 记 X 为抽出产品中合格品的件数, 则 $X\sim H(M,N,n)$.

7. 均匀分布

定义 若随机变量 X 有概率密度函数

$$f(x)=\begin{cases}\dfrac{1}{b-a}, & a\leqslant x\leqslant b,\\ 0, & \text{其他},\end{cases}$$

其中 $a,b(a<b)$ 为常数, 则称 X 服从区间 $[a,b]$ 上的均匀分布, 记为 $X\sim U[a,b]$.

性质 1 若 $X \sim U(a,b)$, 则 $E(X)=(a+b)/2$, $\mathrm{Var}(X)=(b-a)^2/12$.

性质 2 若 $X \sim U(a,b)$, 对任意满足 $a \leqslant c < d \leqslant b$ 的 c 和 d, 有

$$P\{c \leqslant X \leqslant d\}=(d-c)/(b-a).$$

性质 3 若 X 为连续型随机变量, $F(x)$ 为其分布函数. 设 $Y=F(X)$, 则随机变量 $Y \sim U(0,1)$.

8. 正态分布

定义 若随机变量 X 有概率密度函数

$$f(x)=\frac{1}{\sqrt{2\pi}\sigma}\mathrm{e}^{-\frac{(x-\mu)^2}{2\sigma^2}}, \quad -\infty < x < +\infty,$$

其中 $\mu, \sigma(\sigma>0)$ 为常数, 则称 X 服从参数为 μ, σ 的正态分布或高斯分布, 记为 $X \sim N(\mu,\sigma^2)$.

特别地, 称 $X \sim N(0,1)$ 的分布为标准正态分布.

性质 1 若 $X \sim N(\mu,\sigma^2)$, 则对任给的 $k=1,2,\cdots$, 有

$$E[(X-\mu)^{2k-1}]=0, \quad E[(X-\mu)^{2k}]=(2k-1)!!\sigma^{2k}.$$

于是, $E(X)=\mu$, $\mathrm{Var}(X)=\sigma^2$.

性质 2 若 $X_i \sim N(\mu_i,\sigma_i^2)$, $i=1,2,\cdots,n$, 且 $X_1,X_2,\cdots,X_n$ 相互独立, 则对任给的常数 $c_1,c_2,\cdots,c_n,d$, 有

$$\sum_{i=1}^{n} c_i X_i + d \sim N\left(\sum_{i=1}^{n} c_i\mu_i + d,\ \sum_{i=1}^{n} c_i^2\sigma_i^2\right).$$

性质 3 若 $X \sim N(\mu,\sigma^2)$, 则 $Y=(X-\mu)/\sigma \sim N(0,1)$; 反之, 若 $X \sim N(0,1)$, 则 $Y=\sigma X+\mu \sim N(\mu,\sigma^2)$.

性质 4 若 $X_1,X_2,\cdots,X_n$ 独立同分布, 且 $X_1 \sim N(\mu,\sigma^2)$, 则

$$\overline{X}=(X_1+X_2+\cdots+X_n)/n \sim N(\mu,\sigma^2/n).$$

性质 5 若 $X \sim N(\mu,\sigma^2)$, 则对任意的常数 a 与 b, 有

$$\begin{aligned} P\{a<X<b\} &= \Phi[(b-\mu)/\sigma]-\Phi[(a-\mu)/\sigma], \\ P\{X<b\} &= \Phi[(b-\mu)/\sigma], \\ P\{X>a\} &= 1-\Phi[(a-\mu)/\sigma], \end{aligned}$$

其中 $\Phi(\cdot)$ 为标准正态分布 $N(0,1)$ 的分布函数.

性质 6 若 $U_1,U_2 \sim U(0,1)$, 且 U_1,U_2 相互独立. 令

$$X_1=\sqrt{-2\pi\ln U_1}\sin(2\pi U_2), \quad X_2=\sqrt{-2\pi\ln U_1}\cos(2\pi U_2),$$

则 $X_1,X_2 \sim N(0,1)$, 且二者相互独立.

在实际问题中, 许多随机变量都服从或近似地服从正态分布. 例如, 某地区成年男性的身高或体重, 某零件长度或重量的测量误差, 半导体器件中的热噪声电流或电压等都服从正态分布. 正态分布在概率论与数理统计的理论研究与实际应用中起着非常重要的作用.

9. 对数正态分布

定义 若 X 是取正值的随机变量, 且有概率密度函数

$$f(x)=\begin{cases}\dfrac{1}{\sqrt{2\pi}\,\sigma x}\mathrm{e}^{-(\ln x-\mu)^2/(2\sigma^2)}, & x>0,\\ 0, & x\leqslant 0,\end{cases}$$

其中 $\mu,\sigma(\sigma>0)$ 为常数, 则称 X 服从参数为 μ,σ 的对数正态分布, 记为 $X\sim LN(\mu,\sigma^2)$.

可以证明: 若 $X\sim LN(\mu,\sigma^2)$, 则 $\ln X\sim N(\mu,\sigma^2)$; 反之亦真.

性质 1 若 $X\sim LN(\mu,\sigma^2)$, 则

$$E(X)=\mathrm{e}^{\mu+\sigma^2/2},\quad \mathrm{Var}(X)=\mathrm{e}^{2\mu+\sigma^2}(\mathrm{e}^{\sigma^2}-1).$$

性质 2 若 $X_i\sim LN(\mu_i,\sigma_i^2)$, $i=1,2,\cdots,n$, 且 $X_1,X_2,\cdots,X_n$ 相互独立, 则

$$X_1X_2\cdots X_n\sim LN(\mu_1+\mu_2+\cdots+\mu_n,\ \sigma_1^2+\sigma_2^2+\cdots+\sigma_n^2).$$

性质 3 若 $X\sim LN(\mu,\sigma^2)$, a 和 b 是实数, 且 $a\neq 0$, $b>0$, 则

$$bX^a\sim LN(a\mu+\ln b,\ a^2\sigma^2).$$

许多领域中的实际问题都与对数正态分布有关. 例如, 地质勘探中岩石的某种化学成分, 针刺麻醉的镇痛效果, 流行病蔓延时间的长短, 某些电器的使用寿命等都服从对数正态分布.

10. χ^2 分布

定义 设 $X_1,X_2,\cdots,X_n$ 独立同分布, 且 $X_1\sim N(0,1)$, 则称随机变量 $X=X_1^2+X_2^2+\cdots+X_n^2$ 的分布为具有自由度为 n 的 χ^2 分布, 记为 $X\sim\chi_n^2$.

χ^2 分布是从正态分布派生出来的一种重要分布, 在数理统计中占有重要地位. 若 $X\sim\chi_n^2$, 则其概率密度函数为

$$f(x)=\begin{cases}[2^{n/2}\Gamma(n/2)]^{-1}\mathrm{e}^{-x/2}x^{n/2-1}, & x>0,\\ 0, & x\leqslant 0,\end{cases}$$

其中 $\Gamma(\cdot)$ 为伽玛函数,

$$\Gamma(n/2)=\begin{cases}(n/2-1)(n/2-2)\cdots 3\cdot 2\cdot 1, & \text{若 } n \text{ 为偶数},\\ (n/2-1)(n/2-2)\cdots(3/2)\cdot(1/2)\sqrt{\pi}, & \text{若 } n \text{ 为奇数}.\end{cases}$$

性质 1 若 $X\sim\chi_n^2$, 则 $E(X^k)=2^k\Gamma(n/2+k)/\Gamma(n/2)$, $k=1,2,\cdots$. 于是, $E(X)=n$, $\mathrm{Var}(X)=2n$.

性质 2 若 $X_i\sim\chi_{n_i}^2$, $i=1,2,\cdots,m$, 且 $X_1,X_2,\cdots,X_m$ 相互独立, 则 $\sum\limits_{i=1}^m X_i\sim\chi_n^2$, 其中 $n=\sum\limits_{i=1}^m n_i$.

若 $X_1,X_2,\cdots,X_n$ 是抽自正态总体 $N(\mu,\sigma^2)$ 的简单样本, 令

$$\overline{X}=\frac{1}{n}\sum_{i=1}^n X_i,\quad S^2=\frac{1}{n-1}\sum_{i=1}^n(X_i-\overline{X})^2,$$

则 $(n-1)S^2/\sigma^2\sim\chi_{n-1}^2$ 且与 $\overline{X}$ 独立. 称 $\overline{X}$ 为样本均值, S^2 为样本方差. 当 μ 和 σ^2 未知时, 常用 $\overline{X}$ 来估计 μ, S^2 来估计 σ^2, 它们分别为 μ 和 σ^2 的无偏估计.

11. t 分布

定义　设 $X \sim N(0,1)$, $Y \sim \chi_n^2$, 且 X 与 Y 独立, 称随机变量

$$T = \frac{X}{\sqrt{Y/n}}$$

的分布为具有自由度为 n 的 t 分布, 记为 $T \sim t_n$.

t 分布又称学生 (Student) 分布, 它也是数理统计中的重要分布. 若 $X \sim t_n$, 则其概率密度函数为

$$f(x) = \frac{\Gamma\left(\dfrac{n+1}{2}\right)}{\sqrt{n\pi}\,\Gamma\left(\dfrac{n}{2}\right)}\left(1+\frac{x^2}{n}\right)^{-(n+1)/2}, \quad -\infty < x < +\infty,$$

且有 $\lim\limits_{n\to\infty} f(x) = \dfrac{1}{\sqrt{2\pi}}\mathrm{e}^{-x^2/2}$, 即 $n \to \infty$ 时, 自由度为 n 的 t 分布收敛到标准正态分布 $N(0,1)$.

性质 1　若 $X \sim t_n$, 对任给的自然数 k, 当 $k < n$ 时, $E(X^k)$ 存在; 当 $k \geqslant n$ 时, $E(X^k)$ 不存在.

当 $k < n$, 且 k 为奇数时, $E(X^k) = 0$;

当 $k < n$, 且 k 为偶数时,

$$E(X^k) = n^{k/2}\frac{1\cdot 3\cdot 5\cdots(k-1)}{(n-2)(n-4)\cdots(n-k)}.$$

于是, $E(X) = 0,\ n = 2,3,\cdots,\ \mathrm{Var}(X) = n/(n-2),\ n = 3,4,\cdots$.

性质 2　若 X_1 与 X_2 独立同分布于 χ_n^2, 则随机变量

$$Y = \frac{X_2 - X_1}{2\sqrt{X_1X_2/n}} \sim t_n.$$

性质 3　若 $X_1, X_2, \cdots, X_n$ 是抽自正态总体 $N(\mu,\sigma^2)$ 的简单样本, 记 $\overline{X}$ 为样本均值, S^2 为样本方差, $S = \sqrt{S^2}$, 则

$$\frac{\overline{X}-\mu}{S/\sqrt{n}} \sim t_{n-1}.$$

利用上式, 可对正态总体 $N(\mu,\sigma^2)$ 中的参数 μ 进行区间估计及假设检验.

12. F 分布

定义　设 $X \sim \chi_m^2$, $Y \sim \chi_n^2$, 且 X 与 Y 独立, 称随机变量

$$F = \frac{X/m}{Y/n}$$

的分布为具有自由度为 m 和 n 的 F 分布, 记为 $F \sim F_{m,n}$.

F 分布也是数理统计中的重要分布, 根据其定义, 可导出 $F_{m,n}$ 分布的概率密度函数

$$f(x) = \begin{cases} \dfrac{\Gamma(m/2+n/2)}{\Gamma(m/2)\Gamma(n/2)}(m/n)^{m/2}x^{m/2-1}(1+mx/n)^{-(m+n)/2}, & x > 0, \\ 0, & x \leqslant 0. \end{cases}$$

性质 1　若 $X \sim F_{m,n}$, 对任给的自然数 k, 当 $0 < k < n/2$ 时, $E(X^k)$ 存在, 且

$$E(X^k) = \left(\frac{n}{m}\right)^k \frac{\Gamma(m/2+k)\Gamma(n/2-k)}{\Gamma(m/2)\Gamma(n/2)}.$$

于是, 当 $n > 2$ 时, $E(X) = \dfrac{n}{n-2}$; 当 $n > 4$ 时, $\mathrm{Var}(X) = \dfrac{2n^2(m+n-2)}{m(n-2)^2(n-4)}$.

性质 2　若 $X \sim F_{m,n}$, 则 $1/X \sim F_{n,m}$.

性质 3　若 $X \sim t_n$, 则 $X^2 \sim F_{1,n}$.

F 分布的应用相当广泛, 在一元统计中, 用它对两个正态总体的方差比进行区间估计或假设检验, 对多个正态总体的均值是否相等进行假设检验 (方差分析); 在回归分析中, 用它对回归方程进行显著性检验; 在多元统计中, 逐步回归、逐步判别等都需要使用 F 分布进行假设检验.

13. 韦布尔分布

定义　若随机变量 X 的概率密度函数

$$f(x) = \begin{cases} \dfrac{\alpha}{\beta}(x-\delta)^{\alpha-1}\mathrm{e}^{-(x-\delta)^\alpha/\beta}, & x > \delta, \\ 0, & x \leqslant \delta, \end{cases}$$

则称 X 服从参数为 α, β, δ 的韦布尔 (Weibull) 分布, 记为 $X \sim W(\alpha,\beta,\delta)$, 其中 $\delta \geqslant 0$ 为位置参数, $\alpha > 0$ 为形状参数, $\beta > 0$ 为尺度参数.

韦布尔分布是重要的寿命分布, 许多电子产品 (或元件) 的寿命都服从韦布尔分布. 所以, 它在可靠性理论中占有重要地位.

性质 1　若 $X \sim W(\alpha,\beta,\delta)$, 则

$$E(X) = \beta^{1/\alpha}\Gamma(1+1/\alpha) + \delta, \quad \mathrm{Var}(X) = [\Gamma(1+2/\alpha) - \Gamma^2(1+1/\alpha)]\beta^{2/\alpha}.$$

性质 2　若 $X_1, X_2, \cdots, X_n$ 独立同分布, 且 $X_1 \sim W(\alpha,\beta,\delta)$, 则 $X_{(1)} = \min(X_1, X_2, \cdots, X_n) \sim W(\alpha, \beta/n, \delta)$; 反之亦真.

当 $\alpha = 1,\ \delta = 0$ 时, 记 $\lambda = 1/\beta$, 韦布尔分布的概率密度函数

$$f(x) = \begin{cases} \lambda\mathrm{e}^{-\lambda x}, & x \geqslant 0, \\ 0, & x < 0, \end{cases}$$

它是指数分布的概率密度函数. 所以, $W(1,\beta,0)$ 是指数分布, 即指数分布是韦布尔分布的特例.

当 $\alpha = 2,\ \delta = 0$ 时, 韦布尔分布的概率密度函数

$$f(x) = \begin{cases} \dfrac{2}{\beta}x\mathrm{e}^{-x^2/\beta}, & x \geqslant 0, \\ 0, & x < 0, \end{cases}$$

它是瑞利 (Rayleigh) 分布的概率密度函数. 所以, $W(2,\beta,0)$ 是瑞利分布, 即瑞利分布是韦布尔分布的另一特例.

14. 伽玛分布

定义　若随机变量 X 的概率密度函数

$$f(x)=\begin{cases}\beta^{\alpha}x^{\alpha-1}\mathrm{e}^{-\beta x}/\Gamma(\alpha), & x>0,\\ 0, & x\leqslant 0,\end{cases}$$

则称 X 服从参数为 α,β 的伽玛分布, 记为 $X\sim\Gamma(\alpha,\beta)$, 其中 $\alpha>0$ 为形状参数, $\beta>0$ 为尺度参数.

当 $\alpha=1$ 时, 记 $\lambda=\beta$, 伽玛分布的概率密度函数变成了指数分布的概率密度函数. 所以, 指数分布是伽玛分布的特例. 可见, 指数分布既属于韦布尔分布族, 又属于伽玛分布族.

当 $\alpha=n/2,\ \beta=1/2$ 时, 伽玛分布的概率密度函数为 χ_n^2 分布的概率密度函数. 所以, χ_n^2 分布也是伽玛分布的特例.

性质 1　若 $X\sim\Gamma(\alpha,\beta)$, 则 $E(X)=\alpha/\beta,\ \mathrm{Var}(X)=\alpha/\beta^2$.

性质 2　若 $X\sim\Gamma(\alpha,\beta)$, 令 $Y=\beta X$, 则 $Y\sim\Gamma(\alpha,1)$.

性质 3　若 $X_i\sim\Gamma(\alpha_i,\beta),\ i=1,2,\cdots,n$, 且 $X_1,X_2,\cdots,X_n$ 相互独立, 则

$$X=X_1+X_2+\cdots+X_n\sim\Gamma(\alpha_1+\alpha_2+\cdots+\alpha_n,\beta).$$

15. 指数分布

定义　若连续型随机变量 X 的概率密度函数

$$f(x)=\begin{cases}\lambda\mathrm{e}^{-\lambda x}, & x\geqslant 0,\\ 0, & x<0,\end{cases}$$

其中 $\lambda>0$ 为常数, 则称 X 服从参数为 λ 的指数分布, 记为 $X\sim EP(\lambda)$.

性质 1　若 $X\sim EP(\lambda)$, 则 $E(X)=\lambda^{-1},\ \mathrm{Var}(X)=\lambda^{-2}$.

性质 2　若 $X\sim EP(\lambda)$, 则对任意的 $x>0,\ y>0$, 均有

$$P\{X>x+y\big|X>y\}=P\{X>x\}.$$

这个性质称为指数分布的无记忆性.

性质 3　若 $X_1,X_2,\cdots,X_n$ 独立同分布, 且共同分布为 $EP(\lambda)$, 则

$$X=X_1+X_2+\cdots+X_n\sim\Gamma(n,\lambda).$$

性质 4　若 $X\sim U(0,1)$, 令 $Y=-\ln X$, 则 $Y\sim EP(1)$.

性质 5　若 $X\sim EP(1)$, 令 $Y=(\beta X)^{1/\alpha}+\delta$, 则 $Y\sim W(\alpha,\beta,\delta)$.

指数分布是重要的寿命分布, 许多电子元件的寿命服从指数分布. 所以, 该分布在可靠性理论中占有重要地位.

16. 贝塔分布

定义　若随机变量 X 的概率密度函数为

$$f(x)=\begin{cases} x^{a-1}(1-x)^{b-1}/B(a,b), & 0<x<1, \\ 0, & \text{其他}, \end{cases}$$

其中 $a>0,\ b>0$ 为常数, $B(a,b)=\int_0^1 x^{a-1}(1-x)^{b-1}\mathrm{d}x$ 为贝塔 (Beta) 函数, 则称 X 服从参数为 a,b 的贝塔分布, 记为 $X\sim BE(a,b)$.

当 $a=b=1$ 时, 其概率密度函数变成了均匀分布 $U(0,1)$ 的概率密度函数. 所以, 均匀分布 $U(0,1)$ 是贝塔分布的特例.

性质 1　若 $X\sim BE(a,b)$, 则

$$E(X)=\frac{a}{a+b},\quad \mathrm{Var}(X)=\frac{ab}{(a+b+1)(a+b)^2}.$$

性质 2　若 $X\sim BE(a,b)$, 则 $1-X\sim BE(b,a)$.

性质 3　若 $X_1\sim\chi^2_m,\ X_2\sim\chi^2_n$, 且 X_1 与 X_2 相互独立, 则 $\dfrac{X_1}{X_1+X_2}\sim BE(m/2,n/2)$.

性质 4　若 $X_1\sim\Gamma(\alpha_1,\beta),\ X_2\sim\Gamma(\alpha_2,\beta)$, 且二者相互独立, 则 $\dfrac{X_1}{X_1+X_2}\sim BE(\alpha_1,\alpha_2)$.

17. 柯西分布

定义　若随机变量 X 的概率密度函数为

$$f(x)=\frac{\lambda}{\pi[\lambda^2+(x-\theta)^2]},\quad -\infty<x<+\infty,$$

其中 $\lambda>0,\ -\infty<\theta<+\infty$ 为常数, 则称 X 服从位置参数为 θ, 尺度参数为 λ 的柯西 (Cauchy) 分布, 记为 $X\sim C(\theta,\lambda)$.

通常称 $C(0,1)$ 为标准柯西分布. 对照 t 分布的概率密度函数公式, 可以发现: 标准柯西分布就是自由度为 1 的 t 分布 t_1.

性质 1　柯西分布的均值和方差均不存在.

性质 2　若 $X\sim C(0,1)$, 则 $Y=\lambda X+\theta\sim C(\theta,\lambda)$.

性质 3　若 $X\sim C(\theta,\lambda)$, 则 $1/X\sim C\big(\theta/(\theta^2+\lambda^2),\ \lambda/(\theta^2+\lambda^2)\big)$.

性质 4　若 X_1,X_2 独立同分布, 且 $X_1\sim N(0,1)$, 则 $Y=X_1/|X_2|\sim C(0,1)$.

性质 5　若 $X_i\sim C(\theta_i,\lambda_i),\ i=1,2,\cdots,n$, 且 $X_1,X_2,\cdots,X_n$ 相互独立, 则

$$X=X_1+X_2+\cdots+X_n\sim C(\theta_1+\theta_2+\cdots+\theta_n,\ \lambda_1+\lambda_2+\cdots+\lambda_n).$$

18. 逻辑斯谛分布

定义　若随机变量 X 的分布函数为

$$F(x)=\frac{1}{1+\mathrm{e}^{-(x-\alpha)/\beta}},\quad -\infty<x<+\infty,$$

其中 $\beta > 0$, $-\infty < \alpha < +\infty$ 为常数, 则称 X 服从位置参数为 α, 尺度参数为 β 的逻辑斯谛 (Logistic) 分布, 记为 $X \sim L(\alpha, \beta)$.

通常称 $L(0,1)$ 为标准逻辑斯谛分布.

逻辑斯谛分布最早来自于生长曲线的需要, 后来用于经济和人口的统计学中, 近代多用于回归分析和判别分析之中.

性质 1 若 $X \sim L(\alpha, \beta)$, 则 $E(X) = \alpha$, $\mathrm{Var}(X) = \pi^2\beta^2/3$.

性质 2 若 $X \sim L(0,1)$, 则 $Y = \beta X + \alpha \sim L(\alpha, \beta)$.

性质 3 若 $X \sim U(0,1)$, 则 $Y = \ln \dfrac{X}{1-X} \sim L(0,1)$.

19. 极值分布

定义 若随机变量 X 的分布函数为

$$F(x) = \mathrm{e}^{-\mathrm{e}^{-(x-\alpha)/\beta}}, \quad -\infty < x < +\infty,$$

其中 $\beta > 0$, $-\infty < \alpha < +\infty$ 为常数, 则称 X 服从位置参数为 α, 尺度参数 β 的极值分布, 记为 $X \sim EV(\alpha, \beta)$.

通常称 $EV(0,1)$ 为标准极值分布.

性质 1 若 $X \sim EV(\alpha, \beta)$, 则 $E(X) = \alpha + \gamma\beta$, $\mathrm{Var}(X) = \pi^2\beta^2/6$, 其中 γ 为欧拉 (Euler) 常数, 约为 0.5772.

性质 2 若 $X \sim EV(0,1)$, 则 $Y = \beta X + \alpha \sim EV(\alpha, \beta)$.

性质 3 若 $X \sim EV(0,1)$, 则 $Y = \mathrm{e}^{-X} \sim EP(1)$; 若 $X \sim EV(\alpha, \beta)$, 则 $Y = \mathrm{e}^{-X} \sim W(1/\beta, \mathrm{e}^{-\alpha/\beta}, 0)$.

性质 4 若 $X_1, X_2 \sim EV(0,1)$, 且二者独立, 则 $X_2 - X_1 \sim L(0,1)$.

极值分布是常见的寿命分布, 工程中部件的应力或载荷等常服从该分布.

20. 拉普拉斯分布

定义 若随机变量 X 的概率密度函数为

$$f(x) = \frac{1}{2\beta}\mathrm{e}^{-|x-\alpha|/\beta}, \quad -\infty < x < +\infty,$$

其中 $\beta > 0$, $-\infty < \alpha < +\infty$ 为常数, 则称 X 服从位置参数为 α, 尺度参数为 β 的拉普拉斯分布, 记为 $X \sim LA(\alpha, \beta)$.

性质 1 若 $X \sim LA(\alpha, \beta)$, 则 $E(X) = \alpha$, $\mathrm{Var}(X) = 2\beta^2$.

性质 2 若 $X \sim LA(0,1)$, 则 $Y = \beta X + \alpha \sim LA(\alpha, \beta)$.

性质 3 若 $X_1, X_2, \cdots$ 相互独立, 且 $X_i \sim LA(0, 1/i)$, $i = 1, 2, \cdots$, 则 $Y = \sum\limits_{i=1}^{\infty} X_i \sim L(0,1)$.

附录三　2009 年至 2015 年全国硕士研究生入学统一考试试题

一、选择题

1. (2009 年数学一, 一 (7)) 设随机变量 X 的分布函数为 $F(x)=0.3\Phi(x)+0.7\Phi\left(\dfrac{x-1}{2}\right)$, 其中 $\Phi(x)$ 为标准正态分布函数, 则 $E(X)$ 等于 (　　)

   (A) 0　　(B) 0.3　　(C) 0.7　　(D) 1

2. (2009 年数学一, 一 (8); 数学三, 一 (8)) 设随机变量 X 与 Y 相互独立, 且 X 服从标准正态分布 $N(0,1)$, Y 的概率分布为 $P\{Y=0\}=P\{Y=1\}=\dfrac{1}{2}$, 记 $F_Z(z)$ 为随机变量 $Z=XY$ 的分布函数, 则函数 $F_Z(z)$ 的间断点个数为 (　　)

   (A) 0　　(B) 1　　(C) 2　　(D) 3

3. (2009 年数学三, 一 (7)) 设事件 A 与事件 B 互不相容, 则 (　　)

   (A) $P(\overline{AB})=0$　　(B) $P(AB)=P(A)P(B)$

   (C) $P(A)=1-P(B)$　　(D) $P(\overline{A}\cup\overline{B})=1$

4. (2010 年数学一, 一 (7); 数学三, 一 (7)) 设随机变量 X 的分布函数为

$$F(x)=\begin{cases}0, & x<0,\\ \dfrac{1}{2}, & 0\leqslant x<1,\\ 1-\mathrm{e}^{-x}, & x\geqslant 1,\end{cases}$$

   则 $P\{X=1\}$ 等于 (　　)

   (A) 0　　(B) $\dfrac{1}{2}$　　(C) $\dfrac{1}{2}-\mathrm{e}^{-1}$　　(D) $1-\mathrm{e}^{-1}$

5. (2010 年数学一, 一 (8); 数学三, 一 (8)) 设 $f_1(x)$ 为标准正态分布的概率密度, $f_2(x)$ 为 $[-1,3]$ 上均匀分布的概率密度, 若

$$f(x)=\begin{cases}af_1(x), & x\leqslant 0,\\ bf_2(x), & x>0,\end{cases}\quad a>0,\ b>0$$

   为概率密度, 则 a, b 满足． (　　)

   (A) $2a+3b=4$　　(B) $3a+2b=4$　　(C) $a+b=1$　　(D) $a+b=2$

6. (2011 年数学一, 一 (7); 数学三, 一 (7)) 设$F_1(x),F_2(x)$ 为两个分布函数, 其相应的概率密度 $f_1(x),f_2(x)$ 是连续函数, 则必为概率密度的是 (　　)

   (A) $f_1(x)f_2(x)$　　(B) $2f_2(x)F_1(x)$　　(C) $f_1(x)F_2(x)$　　(D) $f_1(x)F_2(x)+f_2(x)F_1(x)$

7. (2011 年数学一, 一 (8)) 设随机变量 X 与 Y 相互独立, 且 $E(x)$ 与 $E(Y)$ 存在, 记 $U=$

$\max\{X,Y\}, V=\min\{X,Y\}$, 则 $E(UV)=$　(　　)

(A) $E(U)E(V)$　(B) $E(X)E(Y)$　(C) $E(U)E(Y)$　(D) $E(X)E(V)$

8. (2011 年数学三, 一 (8)) 设总体 X 服从参数为 $\lambda(\lambda>0)$ 的泊松分布, $X_1,X_2,\cdots,X_n(n\geqslant 2)$ 为来自总体的简单随机样本, 设 $T_1=\dfrac{1}{n}\sum\limits_{i=1}^{n}X_i$, $T_2=\dfrac{1}{n-1}\sum\limits_{i=1}^{n-1}X_i+\dfrac{1}{n}X_n$, 则　(　　)

(A) $E(T_1)>E(T_2), D(T_1)>D(T_2)$　(B) $E(T_1)>E(T_2), D(T_1)<D(T_2)$

(C) $E(T_1)<E(T_2), D(T_1)>D(T_2)$　(D) $E(T_1)<E(T_2), D(T_1)<D(T_2)$

9. (2012 年数学一, 一 (7)) 设随机变量 X 与 Y 相互独立, 且分别服从参数为 1 和参数为 4 的指数分布, 则 $P\{X<Y\}=$　(　　)

(A) $\dfrac{1}{5}$　(B) $\dfrac{1}{3}$　(C) $\dfrac{2}{5}$　(D) $\dfrac{4}{5}$

10. (2012 年数学一, 一 (8)) 将长度为 1 米的木棒随机地截成两段, 则两段长度的相关系数为　(　　)

(A) 1　(B) $\dfrac{1}{2}$　(C) $-\dfrac{1}{2}$　(D) -1

11. (2012 年数学三, 一 (7)) 设随机变量 X 与 Y 相互独立, 且都服从区间 (0,1) 上的均匀分布, 则 $P\{X^2+Y^2\leqslant 1\}=$　(　　)

(A) $\dfrac{1}{4}$　(B) $\dfrac{1}{2}$　(C) $\dfrac{\pi}{8}$　(D) $\dfrac{\pi}{4}$

12. (2012 年数学三, 一 (8)) 设 X_1,X_2,X_3,X_4 为来自总体 $N(1,\sigma^2)(\sigma>0)$ 的简单随机样本, 则统计量 $\dfrac{X_1-X_2}{|X_3+X_4-2|}$ 的分布是　(　　)

(A) $N(0,1)$　(B) $t(1)$　(C) $\chi^2(1)$　(D) $F(1,1)$

13. (2013 年数学一, 一 (7); 数学三, 一 (7)) 设X_1,X_2,X_3 是随机变量, 且 $X_1\sim N(0,1)$, $X_2\sim N(0,4)$, $X_3\sim N(5,9)$, $p_j=P\{-2\leqslant X_j\leqslant 2\}(j=1,2,3)$, 则　(　　)

(A) $p_1>p_2>p_3$　(B) $p_2>p_1>p_3$　(C) $p_3>p_1>p_2$　(D) $p_1>p_3>p_2$

14. (2013 年数学一, 一 (8)) 设随机变量 $X\sim t(n), Y\sim F(1,n)$, 给定 $\alpha(0<\alpha<0.5)$, 常数 c 满足 $P\{X>c\}=\alpha$, 则 $P\{Y>c^2\}=$　(　　)

(A) α　(B) $1-\alpha$　(C) 2α　(D) $1-2\alpha$

15. (2013 年数学三, 一 (8)) 设随机变量 X 与 Y 相互独立, 且 X 与 Y 的概率分布分别为

X	0	1	2	3
p	1/2	1/4	1/8	1/8

Y	-1	0	1
p	1/3	1/3	1/3

则 $P\{X+Y=2\}=$　(　　)

(A) 1/12　(B) 1/8　(C) 1/6　(D) 1/2

16. (2014 年数学一, 一 (7); 数学三, 一 (7)) 设随机事件 A 与 B 相互独立, 且 $P(B)=0.5$, $P(A-B)=0.3$, 则 $P(B-A)=$　(　　)

(A) 0.1　(B) 0.2　(C) 0.3　(D) 0.4

17. (2014 年数学一, 一 (8)) 设连续型随机变量 X_1,X_2 相互独立, 且方差均存在, X_1,X_2 的概率密度分别为 $f_1(x),f_2(x)$, 随机变量 Y_1 的概率密度为 $f_{Y_1}(y)=\dfrac{1}{2}[f_1(y)+f_2(y)]$, 随机变量

$Y_2 = \frac{1}{2}(X_1 + X_2)$, 则 (　　)

(A) $E(Y_1) > E(Y_2)$, $D(Y_1) > D(Y_2)$　　(B) $E(Y_1) = E(Y_2)$, $D(Y_1) = D(Y_2)$

(C) $E(Y_1) = E(Y_2)$, $D(Y_1) < D(Y_2)$　　(D) $E(Y_1) = E(Y_2)$, $D(Y_1) > D(Y_2)$

18. (2014 年数学三, 一 (8))　设 X_1, X_2, X_3 是来自正态总体 $N(0, \sigma^2)$ 的简单随机样本, 则统计量 $S = \dfrac{X_1 - X_2}{\sqrt{2}|X_3|}$ 服从的分布为 (　　)

(A) $F(1,1)$　　(B) $F(2,1)$　　(C) $t(1)$　　(D) $t(2)$

19. (2015 年数学一, 一 (7); 数学三, 一 (7))　若 A, B 为任意两个随机事件, 则 (　　)

(A) $P(AB) \leqslant P(A)P(B)$　　(B) $P(AB) \geqslant P(A)P(B)$

(C) $P(AB) \leqslant \dfrac{P(A) + P(B)}{2}$　　(D) $P(AB) \geqslant \dfrac{P(A) + P(B)}{2}$

20. (2015 年数学一, 一 (8))　设随机变量 X 与 Y 不相关, 且 $E(X) = 2$, $E(Y) = 1$, $D(X) = 3$, 则 $E[X(X + Y - 2)]$ 等于 (　　)

(A) -3　　(B) 3　　(C) -5　　(D) 5

21. (2015 年数学三, 一 (8))　设总体 $X \sim B(m, \theta)$, $X_1, X_2, \cdots, X_n$ 为来自该总体的简单随机样本, $\bar{X}$ 为样本均值, 则 $E\left[\sum\limits_{i=1}^{n}(X_i - \bar{X})^2\right] =$ (　　)

(A) $(m-1)n\theta(1-\theta)$　　(B) $m(n-1)\theta(1-\theta)$

(C) $(m-1)(n-1)\theta(1-\theta)$　　(D) $mn\theta(1-\theta)$

二、填空题

1. (2009 年数学一, 二 (14))　设$X_1, X_2, \cdots, X_n$ 为来自二项分布总体 $B(n, p)$ 的简单随机样本, $\overline{X}$ 和 S^2 分别为样本均值和样本方差, 若 $\overline{X} + kS^2$ 为 np^2 的无偏估计量, 则 $k =$________.

2. (2009 年数学三, 二 (14))　设$X_1, X_2, \cdots, X_n$ 为来自二项分布总体 $B(n, p)$ 的简单随机样本, $\overline{X}$ 和 S^2 分别为样本均值和样本方差, 记统计量 $T = \overline{X} - S^2$, 则 $E(T)$=________.

3. (2010 年数学一, 二 (14))　设随机变量 X 的概率分布为 $P\{X = k\} = \dfrac{c}{k!}$, $k = 0, 1, 2, \cdots$, 则 $E(X^2)$=________.

4. (2010 年数学三, 二 (14))　设$X_1, X_2, \cdots, X_n$ 为来自总体 $N(\mu, \sigma^2)$ 的简单随机样本, 记 $T = \dfrac{1}{n}\sum\limits_{i=1}^{n} X_i^2$, 则 $E(T)$=________.

5. (2011 年数学一, 二 (14); 数学三, 二 (14))　设二维随机变量 (X, Y) 服从 $N(\mu, \mu, \sigma^2, \sigma^2, 0)$, 则 $E(XY^2)$=________.

6. (2012 年数学一, 二 (14); 数学三, 二 (14))　设A, B, C 为三个随机事件, A 与 C 互不相容, $P(AB) = \dfrac{1}{2}, P(C) = \dfrac{1}{3}$, 则 $P(AB|\overline{C})$=________.

7. (2013 年数学一, 二 (14))　设随机变量 Y 服从参数为 1 的指数分布, a 为常数且大于零, 则 $P\{Y \leqslant a + 1 | Y > a\}$=________.

8. (2013 年数学三, 二 (14))　设随机变量 $X \sim N(0, 1)$, 则 $E(Xe^{2X})$=________.

9. (2014 年数学一, 二 (14); 数学三, 二 (14)) 设总体 X 的概率密度

$$f(x,\theta)=\begin{cases}\dfrac{2x}{3\theta^2}, & \theta<x<2\theta,\\ 0, & \text{其他},\end{cases}$$

其中 θ 是未知参数, $X_1,X_2,\cdots,X_n$ 为来自总体 X 的简单随机样本, 若 $E\left(c\sum\limits_{i=1}^{n}X_i^2\right)=\theta^2$, 则 c=________.

10. (2015 年数学一, 二 (14); 数学三, 二 (14)) 设二维随机变量 (X,Y) 服从正态分布 $N(1,0,1,1,0)$, 则 $P\{XY-Y<0\}$=________.

三、解答题

1. (2009 年数学一, 三 (22)) 袋中有 1 个红色球, 2 个黑色球与 3 个白色球, 现有放回地从袋中取两次, 每次取一球, 以 X,Y,Z 分别表示两次取球所取得的红球、黑球与白球的个数.
(1) 求 $P\{X=1|Z=0\}$; (2) 求二维随机变量 (X,Y) 概率分布.

2. (2009 年数学一, 三 (23); 数学三, 三 (23)) 设总体 X 的概率密度为

$$f(x)=\begin{cases}\lambda^2 x\mathrm{e}^{-\lambda x}, & x>0,\\ 0, & \text{其他},\end{cases}$$

其中参数 $\lambda(\lambda>0)$ 未知, $X_1,X_2,\cdots,X_n$ 为来自总体 X 的简单随机样本. (1) 求参数 λ 的矩估计量; (2) 求参数 λ 的最大似然估计量.

3. (2009 年数学三, 三 (22)) 设二维随机变量 (X,Y) 的概率密度为

$$f(x,y)=\begin{cases}\mathrm{e}^{-x}, & 0<y<x,\\ 0, & \text{其他}.\end{cases}$$

(1) 求条件概率密度 $f_{Y|X}(y|x)$; (2) 求条件概率 $P\{X\leqslant 1|Y\leqslant 1\}$.

4. (2010 年数学一, 三 (22); 数学三, 三 (22)) 设二维随机变量 (X,Y) 的概率密度函数为 $f(x,y)=A\mathrm{e}^{-2x^2+2xy-y^2}$ $(-\infty<x,\ y<+\infty)$, 求 A 及 $f_{Y|X}(y|x)$.

5. (2010 年数学一, 三 (23)) 设总体 X 的概率分布为

X	1	2	3
P	$1-\theta$	$\theta-\theta^2$	θ^2

其中 $\theta\in(0,1)$ 为未知参数, 以 N_i 表示来自总体 X 的样本容量为 n 的简单随机样本中等于 $i(i=1,2,3)$ 的个数, 求常数 a_1,a_2,a_3, 使 $T=\sum\limits_{i=1}^{3}a_iN_i$ 为 θ 的无偏估计量, 并求 T 的方差.

6. (2010 年数学三, 三 (23)) 箱内有 6 个球, 其中红、白、黑球的个数分别为 1,2,3, 现从箱中随机地取出 2 个球, 记 X 为取出的红球个数, Y 为取出的白球个数, (1) 求二维随机变量 (X,Y) 的概率分布; (2) 求 $\mathrm{Cov}(X,Y)$.

7. (2011 年数学一, 三 (22), 数学三, 三 (22)) 设 X 与 Y 的概率分布分别为

X	0	1
P	$\frac{1}{3}$	$\frac{2}{3}$

Y	-1	0	1
P	$\frac{1}{3}$	$\frac{1}{3}$	$\frac{1}{3}$

且 $P\{X^2=Y^2\}=1$, 求: (1) (X,Y) 的概率分布; (2) $Z=XY$ 的概率分布; (3) X 与 Y 的相关系数 ρ_{XY}.

8. (2011 年数学 (一), 三 (23)) 设 $X_1,X_2,\cdots,X_n$ 为来自正态总体 $N(\mu_0,\sigma^2)$ 的简单随机样本, 其中 μ_0 已知, $\sigma^2>0$ 未知, $\overline{X}$ 和 S^2 分别表示样本均值和样本方差. (1) 求 σ^2 的最大似然估计 $\hat{\sigma}^2$; (2) 计算 $E(\hat{\sigma}^2)$ 和 $D(\hat{\sigma}^2)$.

9. (2011 年数学三, 三 (23)) 设 (X,Y) 在 G 上服从均匀分布, G 由 $x-y=0$, $x+y=2$ 与 $y=0$ 围成. (1) 求边缘概率密度 $f_X(x)$; (2) 求 $f_{X|Y}(x|y)$.

10. (2012 年数学一, 三 (22)) 设二维离散型随机变量 (X,Y) 的概率分布为

X \ Y	0	1	2
0	$\frac{1}{4}$	0	$\frac{1}{4}$
1	0	$\frac{1}{3}$	0
2	$\frac{1}{12}$	0	$\frac{1}{12}$

求: (1) $P\{X=2Y\}$; (2) $\mathrm{Cov}(X-Y,Y)$ 及 ρ_{XY}.

11. (2012 年数学一, 三 (23)) 设随机变量 X 与 Y 相互独立, 且分别服从正态分布 $N(\mu,\sigma^2)$ 与 $N(\mu,2\sigma^2)$, 其中 σ 是未知参数, 且 $\sigma>0$. 设 $Z=X-Y$.

(1) 求 Z 的概率密度 $f_Z(z)$;

(2) 设 $Z_1,Z_2,\cdots,Z_n$ 为来自总体 Z 的简单随机样本, 求 σ^2 的最大似然估计量 $\hat{\sigma}^2$;

(3) 证明 $\hat{\sigma}^2$ 是 σ^2 的无偏估计量.

12. (2012 年数学三, 三 (22)) 已知随机变量 X,Y 以及 XY 的概率分布如下表所示:

X	0	1	2
P	$\frac{1}{2}$	$\frac{1}{3}$	$\frac{1}{6}$

Y	0	1	2
P	$\frac{1}{3}$	$\frac{1}{3}$	$\frac{1}{3}$

XY	0	1	2	4
P	$\frac{7}{12}$	$\frac{1}{3}$	0	$\frac{1}{12}$

求: (1) $P\{X=2Y\}$; (2) Cov $(X-Y,Y)$ 与 ρ_{XY}.

13. (2012 年数学三, 三 (23)) 设随机变量 X 与 Y 相互独立, 且都服从参数为 1 的指数分布, $V=\min\{X,Y\}$, $U=\max\{X,Y\}$. 求: (1) V 的概率密度; (2) $E(U+V)$.

14. (2013 年数学一, 三 (22)) 设随机变量 X 的概率密度为 $f(x)=\begin{cases}\frac{1}{9}x^2, & 0<x<3,\\ 0, & \text{其他},\end{cases}$ 令

随机变量 $Y=\begin{cases} 2, & X\leqslant 1, \\ X, & 1<X<2, \\ 1, & X\geqslant 2. \end{cases}$

(1) 求 Y 的分布函数;　(2) 求概率 $P\{X\leqslant Y\}$.

15. (2013 年数学一, 三 (23); 数学三, 三 (23))　设总体 X 的概率密度为

$$f(x)=\begin{cases} \dfrac{\theta^2}{x^3}\mathrm{e}^{-\frac{\theta}{x}}, & x>0, \\ 0, & \text{其他}, \end{cases}$$

其中 θ 为未知参数且大于零, $X_1,X_2,\cdots,X_n$ 为来自总体 X 的简单随机样本.

(1) 求 θ 的矩估计量;　(2) 求 θ 的最大似然估计量.

16. (2013 年数学三, 三 (22))　设 (X,Y) 是二维随机变量, X 的边缘概率密度为

$$f_X(x)=\begin{cases} 3x^2, & 0<x<1, \\ 0, & \text{其他}, \end{cases}$$

在给定 $X=x(0<x<1)$ 的条件下, Y 的条件概率密度

$$f_{Y|X}(y|x)=\begin{cases} \dfrac{3y^2}{x^3}, & 0<y<x, \\ 0, & \text{其他}. \end{cases}$$

(1) 求 (X,Y) 的概率密度 $f(x,y)$;

(2) 求 Y 的边缘概率密度 $f_Y(y)$;

(3) 求 $P\{X>2Y\}$.

17. (2014 年数学一, 三 (22); 数学三, 三 (22))　设随机变量 X 的概率分布为 $P\{X=1\}=P\{X=2\}=\dfrac{1}{2}$. 在给定 $X=i$ 的条件下, 随机变量 Y 服从均匀分布 $U(0,i)(i=1,2)$.

(1) 求 Y 的分布函数 $F_Y(y)$; (2) 求 $E(Y)$.

18. (2014 年数学一, 三 (23))　设总体 X 的分布函数

$$F(x,\theta)=\begin{cases} 1-\mathrm{e}^{-\frac{x^2}{\theta}}, & x\geqslant 0, \\ 0, & x<0, \end{cases}$$

其中 θ 是未知参数且大于零, $X_1,X_2,\cdots,X_n$ 为来自总体 X 的简单随机样本. (1) 求 $E(X)$ 与 $E(X^2)$; (2) 求 θ 的最大似然估计量 $\hat{\theta}_n$; (3) 是否存在实数 a, 使得对任何 $\varepsilon>0$, 都有 $\lim\limits_{n\to\infty}P\{|\hat{\theta}_n-a|\geqslant\varepsilon\}=0$?

19. (2014 年数学三, 三 (23))　设随机变量 X,Y 的概率分布相同, X 的概率分布为 $P\{X=0\}=\dfrac{1}{3},P\{X=1\}=\dfrac{2}{3}$, 且 X 与 Y 的相关系数 $\rho_{XY}=\dfrac{1}{2}$. (1) 求 (X,Y) 的概率分布; (2) 求 $P\{X+Y\leqslant 1\}$.

20. (2015 年数学一, 三 (22); 数学三, 三 (22)) 设随机变量 X 的概率密度为

$$f(x)=\begin{cases} 2^{-x}\ln 2, & x>0, \\ 0, & x\leqslant 0. \end{cases}$$

对 X 进行独立重复的观测, 直到第 2 个大于 3 的观测值出现时停止, 记 Y 为观测次数. (1) 求 Y 的概率分布; (2) 求 $E(Y)$.

21. (2015 年数学一, 三 (23); 数学三, 三 (23)) 设总体 X 的概率密度为

$$f(x)=\begin{cases} \dfrac{1}{1-\theta}, & \theta\leqslant x\leqslant 1, \\ 0, & 其他, \end{cases}$$

其中 θ 为未知参数, $X_1, X_2, \cdots, X_n$ 为来自该总体的简单随机样本. (1) 求 θ 的矩估计量; (2) 求 θ 的最大似然估计量.

答案与选解

一、选择题

1. (C) 2. (B) 3. (D) 4. (C) 5. (A) 6. (D) 7. (B) 8. (D) 9. (A) 10. (D) 11. (D) 12. (B) 13. (A) 14. (C) 15. (C) 16. (B) 17. (D) 18. (C) 19. (C) 20. (D) 21. (B)

二、填空题

1. -1 2. np^2 3. 2 4. $\sigma^2+\mu^2$ 5. $\mu(\mu^2+\sigma^2)$ 6. $\dfrac{3}{4}$ 7. $1-\mathrm{e}^{-1}$ 8. $2\mathrm{e}^2$ 9. $\dfrac{2}{5n}$ 10. $\dfrac{1}{2}$

三、解答题

1. (1) $P\{X=1|Z=0\}=\dfrac{2\times 2}{3\times 3}=\dfrac{4}{9}$.

(2)

X \ Y	0	1	2
0	1/4	1/3	1/9
1	1/6	1/9	0
2	1/36	0	0

2. (1) $\overline{X}=E(X)=\displaystyle\int_0^{+\infty}\lambda^2x^2\mathrm{e}^{-\lambda x}\mathrm{d}x=\dfrac{2}{\lambda}$, 解得 λ 的矩估计量为 $\hat{\lambda}=\dfrac{2}{\overline{X}}$.

(2) 似然函数

$$L(\lambda)=\lambda^{2n}\prod_{i=1}^{n}x_i\mathrm{e}^{-\lambda\sum\limits_{i=1}^{n}x_i}.$$

对数似然函数

$$\ln L(\lambda)=2n\ln\lambda+\sum_{i=1}^{n}\ln x_i-\lambda\sum_{i=1}^{n}x_i,$$

$$\frac{\mathrm{d}\ln L(\lambda)}{\mathrm{d}\lambda}=\frac{2n}{\lambda}-\sum_{i=1}^{n}x_i=0,$$

解得 λ 的最大似然估计量为 $\hat{\lambda}=\dfrac{2n}{\sum\limits_{i=1}^{n}X_i}=\dfrac{2}{\overline{X}}$.

3. (1) $f_X(x)=\displaystyle\int_0^x \mathrm{e}^{-x}\mathrm{d}y=x\mathrm{e}^{-x},\quad x>0,$

$$f_{Y|X}(y|x)=\begin{cases}\dfrac{f(x,y)}{f_X(x)}=\dfrac{1}{x}, & 0<y<x,\\ 0, & \text{其他}.\end{cases}$$

(2) $P\{X\leqslant 1|Y\leqslant 1\}=\dfrac{P\{X\leqslant 1,\ Y\leqslant 1\}}{P\{Y\leqslant 1\}}$.

$$P\{X\leqslant 1,\ Y\leqslant 1\}=\iint_{x\leqslant 1,\ y\leqslant 1}f(x,y)\mathrm{d}x\mathrm{d}y=1-2\mathrm{e}^{-1}.$$

$$f_Y(y)=\int_y^{+\infty}\mathrm{e}^{-x}\mathrm{d}x=\mathrm{e}^{-y},\quad y>0,$$

$$P\{Y\leqslant 1\}=\int_0^1\mathrm{e}^{-y}\mathrm{d}y=1-\mathrm{e}^{-1}.$$

$$P\{X\leqslant 1|Y\leqslant 1\}=\frac{1-2\mathrm{e}^{-1}}{1-\mathrm{e}^{-1}}=\frac{\mathrm{e}-2}{\mathrm{e}-1}.$$

4.
$$A\int_{-\infty}^{+\infty}\int_{-\infty}^{+\infty}\mathrm{e}^{-2x^2+2xy-y^2}\mathrm{d}x\mathrm{d}y=A\int_{-\infty}^{+\infty}\mathrm{e}^{-x^2}\mathrm{d}x\int_{-\infty}^{+\infty}\mathrm{e}^{-(y-x)^2}\mathrm{d}y$$

$$=\frac{A}{\sqrt{2}}\int_{-\infty}^{+\infty}\mathrm{e}^{-x^2}\mathrm{d}x\int_{-\infty}^{+\infty}\mathrm{e}^{-\frac{t^2}{2}}\mathrm{d}t=A\pi=1,\qquad A=\frac{1}{\pi}.$$

$$f_X(x)=\frac{1}{\pi}\int_{-\infty}^{+\infty}\mathrm{e}^{-x^2}\mathrm{e}^{-(y-x)^2}\mathrm{d}y=\frac{1}{\sqrt{\pi}}\mathrm{e}^{-x^2},\quad -\infty<x<+\infty,$$

$$f_{Y|X}(y|x)=\frac{1}{\sqrt{\pi}}\mathrm{e}^{-(y-x)^2},\quad -\infty<x,y<+\infty.$$

注　事实上, $(X,Y)\sim N(0,0,0.5,1,\sqrt{2}/2)$.

5. $N_1\sim B(n,1-\theta),\ N_2\sim B(n,\theta-\theta^2),\ N_3\sim B(n,\theta^2)$,

$$\begin{aligned}E(T)&=a_1E(N_1)+a_2E(N_2)+a_3E(N_3)\\&=a_1n(1-\theta)+a_2n(\theta-\theta^2)+a_3n\theta^2=\theta,\end{aligned}$$

解得 $a_1=0,\quad a_2=a_3=\dfrac{1}{n}$.

$$T=\frac{1}{n}(N_2+N_3)=\frac{1}{n}(n-N_1)=1-\frac{N_1}{n},$$

$$D(T)=D\left(\frac{N_1}{n}\right)=\frac{1}{n}\theta(1-\theta).$$

6. (1)

X \ Y	0	1	2
0	3/15	6/15	1/15
1	3/15	2/15	0

(2) $E(X)=\dfrac{1}{3},\ E(Y)=\dfrac{2}{3},\ E(XY)=\dfrac{2}{15}$,

$$\mathrm{Cov}(X,Y)=\frac{2}{15}-\frac{1}{3}\times\frac{2}{3}=-\frac{4}{45}.$$

7. (1) 由 $P\{X^2=Y^2\}=1$ 知 $P\{X^2\neq Y^2\}=0$, 从而

$$P\{X=0,Y=-1\}=P\{X=0,Y=1\}=P\{X=1,Y=0\}=0.$$

由 $P\{Y=1\}=P\{X=0,Y=1\}+P\{X=1,Y=1\}=\dfrac{1}{3}$ 得 $P\{X=1,Y=1\}=\dfrac{1}{3}$.

同理可得 $P\{X=1,Y=-1\}=P\{X=0,Y=0\}=\dfrac{1}{3}$.

(2) $Z=-1,0,1.P\{Z=-1\}=P\{XY=-1\}=P\{X=1,Y=-1\}=\dfrac{1}{3}$,

$P\{Z=1\}=P\{XY=1\}=P\{X=1,Y=1\}=\dfrac{1}{3},P\{Z=0\}=1-\dfrac{1}{3}-\dfrac{1}{3}=\dfrac{1}{3}$.

(3) $E(X)=\dfrac{2}{3},E(X^2)=\dfrac{2}{3},\ D(X)=\dfrac{2}{9}.\ E(Y)=0,E(Y^2)=\dfrac{2}{3},D(Y)=\dfrac{2}{3}$,

$E(XY)=E(Z)=0,\ \mathrm{Cov}(X,Y)=0,\rho_{XY}=0.$

8. (1) 似然函数和对数似数函数分别为

$$L=(2\pi)^{-\frac{n}{2}}(\sigma^2)^{-\frac{n}{2}}\mathrm{e}^{-\frac{1}{2\sigma^2}\sum\limits_{i=1}^{n}(x_i-\mu_0)^2},\quad \ln L=-\frac{n}{2}\ln 2\pi-\frac{n}{2}\ln\sigma^2-\frac{1}{2\sigma^2}\sum_{i=1}^{n}(x_i-\mu_0)^2,$$

由 $\dfrac{\mathrm{d}\ln L}{\mathrm{d}\sigma^2}=0$ 解得 $\hat{\sigma}^2=\dfrac{1}{n}\sum\limits_{i=1}^{n}(x_i-\mu_0)^2$.

(2) 记 $\chi^2=\dfrac{1}{\sigma^2}\sum\limits_{i=1}^{n}(X_i-\mu_0)^2\sim\chi^2(n),E(\chi^2)=n,D(\chi^2)=2n$,

$$\hat{\sigma}^2=\frac{\sigma^2}{n}\chi^2,E(\hat{\sigma}^2)=\frac{\sigma^2}{n}E(\chi^2)=\sigma^2,D(\hat{\sigma}^2)=\frac{\sigma^4}{n^2}D(\chi^2)=\frac{2\sigma^4}{n}.$$

9. $S_G=1,f(x,y)=\begin{cases}1, & (x,y)\in G,\\ 0, & \text{其他}.\end{cases}$

(1) $$f_X(x)=\int_{-\infty}^{+\infty}f(x,y)\mathrm{d}y=\begin{cases}x, & 0<x\leqslant 1,\\ 2-x, & 1<x<2,\\ 0, & \text{其他}.\end{cases}$$

(2) $$f_Y(y)=\int_{-\infty}^{+\infty}f(x,y)\mathrm{d}x=\begin{cases}2-2y, & 0<y<1\\ 0, & \text{其他},\end{cases}$$

$$f_{X|Y}(x|y)=\frac{f(x,y)}{f_Y(y)}=\begin{cases}\dfrac{1}{2-2y}, & (x,y)\in G,y\neq 1,\\ 0, & \text{其他}.\end{cases}$$

10. (1) $P\{X=2Y\}=P\{X=0,Y=0\}+P\{X=2,Y=1\}=\frac{1}{4}$.

(2)

X	0	1	2
P	1/2	1/3	1/6

Y	0	1	2
P	1/3	1/3	1/3

XY	0	1	2	4
P	7/12	1/3	0	1/12

$E(X)=\frac{2}{3},\quad E(Y)=1,\quad E(XY)=\frac{2}{3},\quad D(X)=\frac{5}{9},\quad D(Y)=\frac{2}{3}$.

$\mathrm{Cov}(X,Y)=0,\quad \rho_{XY}=0.\quad \mathrm{Cov}(X-Y,Y)=\mathrm{Cov}(X,Y)-\mathrm{Cov}(Y,Y)=-\frac{2}{3}$.

11. (1) $Z=X-Y\sim N(0,3\sigma^2)$,

$$f_Z(z)=\frac{1}{\sqrt{6\pi}\sigma}\mathrm{e}^{-\frac{z^2}{6\sigma^2}}\quad(-\infty<z<+\infty).$$

(2) $L=\prod\limits_{i=1}^{n}f_Z(z_i)=(6\pi)^{-\frac{n}{2}}(\sigma^2)^{-\frac{n}{2}}\mathrm{e}^{-\frac{\sum\limits_{i=1}^{n}z_i^2}{6\sigma^2}}$,

$$\ln L=-\frac{n}{2}\ln(2\pi)-\frac{n}{2}\ln\sigma^2-\frac{1}{6\sigma^2}\sum_{i=1}^{n}z_i^2,$$

$$\frac{\mathrm{d}\ln L}{\mathrm{d}\sigma^2}=-\frac{n}{2\sigma^2}+\frac{1}{6\sigma^4}\sum_{i=1}^{n}z_i^2=0,$$

$$\hat{\sigma}^2=\frac{1}{3n}\sum_{i=1}^{n}Z_i^2.$$

(3) $E(\hat{\sigma}^2)=\frac{1}{3n}\sum\limits_{i=1}^{n}E(Z_i^2)=\frac{1}{3n}\sum\limits_{i=1}^{n}D(Z_i)=\sigma^2$.

12. (1) 由 $P\{XY=2\}=0$ 可得

$$P\{X=2,Y=1\}=P\{X=1,Y=2\}=0.$$

由 $P\{XY=4\}=\frac{1}{12}$ 可得

$P\{X=2,Y=2\}=\frac{1}{12}$,

$P\{X=2,Y=0\}=P\{X=2\}-P\{X=2,Y=1\}-P\{X=2,Y=2\}=\frac{1}{12}$.

由 $P\{XY=1\}=\frac{1}{3}$ 可得

$P\{X=1,Y=1\}=\frac{1}{3}$,

$P\{X=1,Y=0\}=P\{X=1\}-P\{X=1,Y=1\}-P\{X=1,Y=2\}=0$,

$P\{X=0,Y=0\}=P\{Y=0\}-P\{X=1,Y=0\}-P\{X=2,Y=0\}=\frac{1}{4}$.

最后 $P\{X=2Y\}=P\{X=0,Y=0\}+P\{X=2,Y=1\}=\dfrac{1}{4}$.

(2) 同 2012 年数学一, 三 (22) 的 (2).

13. $f_X(x)=\begin{cases} e^{-x}, & x>0,\\ 0, & x\leqslant 0;\end{cases}$ $\quad f_Y(y)=\begin{cases} e^{-y}, & y>0,\\ 0, & y\leqslant 0.\end{cases}$

$F_X(x)=\begin{cases} 1-e^{-x}, & x>0,\\ 0, & x\leqslant 0;\end{cases}$ $\quad F_Y(y)=\begin{cases} 1-e^{-y}, & y>0,\\ 0, & y\leqslant 0.\end{cases}$

(1) V 的分布函数 $F_V(v)=\begin{cases} 1-e^{-2v}, & v>0,\\ 0, & v\leqslant 0;\end{cases}$

$$f_V(v)=\begin{cases} 2e^{-2v}, & v>0,\\ 0, & v\leqslant 0.\end{cases}$$

(2) $E(U+V)=E(X+Y)=E(X)+E(Y)=2$.

14. (1) Y 的分布函数 $F_Y(y)=P\{Y\leqslant y\}$. 当 $y<1$ 时, $F_Y(y)=0$. 当 $y\geqslant 2$ 时, $F_Y(y)=1$. 当 $1\leqslant y<2$ 时,

$$\begin{aligned} F_Y(y)&=P\{Y=1\}+P\{1<Y\leqslant y\}\\ &=P\{X\geqslant 2\}+P\{1<X\leqslant y\}\\ &=\int_2^3\frac{1}{9}x^2\mathrm{d}x+\int_1^y\frac{1}{9}x^2\mathrm{d}x=\frac{1}{27}(y^3+18). \end{aligned}$$

最后有

$$F_Y(y)=\begin{cases} 0, & y<1,\\ \dfrac{1}{27}(y^3+18), & 1\leqslant y<2,\\ 1, & y\geqslant 2. \end{cases}$$

(2)
$$\begin{aligned} &P\{X\leqslant Y\}\\ =&P\{X\leqslant Y|X\leqslant 1\}P\{X\leqslant 1\}\\ &+P\{X\leqslant Y|1<X<2\}P\{1<X<2\}\\ &+P\{X\leqslant Y|X\geqslant 2\}P\{X\geqslant 2\}\\ =&P\{X\leqslant 2|X\leqslant 1\}P\{X\leqslant 1\}+P\{X\leqslant X|1<X<2\}P\{1<X<2\}\\ &+P\{X\leqslant 1|X\geqslant 2\}P\{X\geqslant 2\}\\ =&P\{X\leqslant 1\}+P\{1<X<2\}\\ =&\int_0^2\frac{1}{9}x^2\mathrm{d}x=\frac{8}{27}. \end{aligned}$$

15. (1)
$$E(X)=\int_0^{+\infty}\frac{\theta^2}{x^2}e^{-\frac{\theta}{x}}\mathrm{d}x=\theta=\bar{X},$$

得 θ 的矩估计量为 $\hat{\theta}=\bar{X}$.

(2) $L(\theta)=\begin{cases} \theta^{2n}\displaystyle\prod_{i=1}^n\frac{1}{x_i^3}\cdot e^{-\sum\limits_{i=1}^n\frac{\theta}{x_i}}, & x_i>0(i=1,2,\cdots,n),\\ 0, & \text{其他}. \end{cases}$

取 $\ln L(\theta)=2n\ln\theta-3\sum_{i=1}^{n}\ln x_i-\theta\sum_{i=1}^{n}x_i^{-1}$,

$$\frac{\mathrm{d}\ln L(\theta)}{\mathrm{d}\theta}=\frac{2n}{\theta}-\sum_{i=1}^{n}\frac{1}{x_i}=0,$$

得 θ 的最大似然估计量为 $\hat{\theta}=\dfrac{2n}{\sum\limits_{i=1}^{n}\dfrac{1}{x_i}}$.

16. (1) $f(x,y)=f_{Y|X}(y|x)f_X(x)=\begin{cases}\dfrac{9y^2}{x}, & 0<y<x<1,\\ 0, & \text{其他}.\end{cases}$

(2)

$$f_Y(y)=\int_{-\infty}^{+\infty}f(x,y)\mathrm{d}x=\begin{cases}\displaystyle\int_y^1\frac{9y^2}{x}\mathrm{d}x, & 0<y<1,\\ 0, & \text{其他}\end{cases}$$

$$=\begin{cases}-9y^2\ln y, & 0<y<1,\\ 0, & \text{其他}.\end{cases}$$

(3)

$$P\{X>2Y\}=\iint_{x>2y}f(x,y)\mathrm{d}x\mathrm{d}y=\int_0^1\mathrm{d}x\int_0^{\frac{x}{2}}\frac{9y^2}{x}\mathrm{d}y=\frac{1}{8}.$$

17. (1) $F_Y(y)=P\{Y\leqslant y\}=P\{Y\leqslant y|X=1\}P\{X=1\}+P\{Y\leqslant y|X=2\}P\{X=2\}$

$$=\frac{1}{2}P\{Y\leqslant y|X=1\}+\frac{1}{2}P\{Y\leqslant y|X=2\}.$$

当 $y<0$ 时, $F_Y(y)=0$;

当 $0\leqslant y<1$ 时, $F_Y(y)=\dfrac{y}{2}+\dfrac{y}{4}=\dfrac{3}{4}y$;

当 $1\leqslant y<2$ 时, $F_Y(y)=\dfrac{1}{2}+\dfrac{y}{4}$;

当 $y\geqslant 2$ 时, $F_Y(y)=\dfrac{1}{2}+\dfrac{1}{2}=1$.

(2)

$$f_Y(y)=\begin{cases}\dfrac{3}{4}, & 0<y<1,\\ \dfrac{1}{4}, & 1\leqslant y<2,\\ 0, & \text{其他},\end{cases}$$

$$E(Y)=\int_0^1\frac{3}{4}y\mathrm{d}y+\int_1^2\frac{y}{4}\mathrm{d}y=\frac{3}{4}.$$

18. (1)

$$f(x,\theta)=\begin{cases}\dfrac{2x}{\theta}\mathrm{e}^{-\frac{x^2}{\theta}}, & x\geqslant 0,\\ 0, & x<0.\end{cases}$$

$$E(X)=\int_0^{+\infty}\frac{2x^2}{\theta}\mathrm{e}^{-\frac{x^2}{\theta}}\mathrm{d}x=\frac{1}{2}\sqrt{\theta\pi},$$

$$E(X^2)=\int_0^{+\infty}\frac{2x^3}{\theta}\mathrm{e}^{-\frac{x^2}{\theta}}\mathrm{d}x=\theta.$$

(2) $L(\theta)=\prod\limits_{i=1}^{n}\frac{2x_i}{\theta}\mathrm{e}^{-\frac{x_i^2}{\theta}}=\frac{2^n}{\theta^n}\left(\prod\limits_{i=1}^{n}x_i\right)\mathrm{e}^{-\frac{1}{\theta}\sum\limits_{i=1}^{n}x_i^2}$,

$$\ln L(\theta)=\ln\left(\prod_{i=1}^{n}x_i\right)+n\ln 2-n\ln\theta-\frac{1}{\theta}\sum_{i=1}^{n}x_i^2,$$

$$\frac{\mathrm{d}\ln L(\theta)}{\mathrm{d}\theta}=-\frac{n}{\theta}+\frac{1}{\theta^2}\sum_{i=1}^{n}x_i^2=0,$$

$$\hat{\theta}_n=\frac{1}{n}\sum_{i=1}^{n}X_i^2.$$

(3) 由大数定律知, 对任何 $\varepsilon>0$,

$$\lim_{n\to\infty}P\left\{\left|\frac{1}{n}\sum_{i=1}^{n}X_i^2-E\left(\frac{1}{n}\sum_{i=1}^{n}X_i^2\right)\right|\geqslant\varepsilon\right\}=0,$$

$$\lim_{n\to\infty}P\{|\hat{\theta}_n-\theta|\geqslant\varepsilon\}=0,$$

$$a=\theta.$$

19. (1) $\rho_{XY}=\dfrac{E(XY)-E(X)E(Y)}{\sqrt{D(X)D(Y)}}=\dfrac{1}{2}$,

$$E(X)=E(Y)=\frac{2}{3},\quad D(X)=D(Y)=\frac{2}{9},$$

从而 $E(XY)=\dfrac{5}{9}$.

$$E(XY)=P\{X=1,Y=1\}=\frac{5}{9},$$

$$P\{X=0,Y=1\}=P\{X=1,Y=0\}=\frac{1}{9},$$

$$P\{X=0,Y=0\}=\frac{2}{9}.$$

(2) $P\{X+Y\leqslant 1\}=1-P\{X=1,Y=1\}=\dfrac{4}{9}$.

20. (1) 记

$$p=P\{X>3\}=\int_3^{+\infty}2^{-x}\ln 2\mathrm{d}x=\frac{1}{8},$$

则

$$P\{Y=k\}=\mathrm{C}_{k-1}^{1}p^2(1-p)^{k-2}=\frac{k-1}{64}\cdot\left(\frac{7}{8}\right)^{k-2},\quad k=2,3,\cdots.$$

(2)

$$E(Y)=\sum_{k=2}^{\infty}\frac{k(k-1)}{64}\left(\frac{7}{8}\right)^{k-2}=\frac{1}{64}\left(\sum_{k=2}^{\infty}x^k\right)''\Bigg|_{x=\frac{7}{8}}$$
$$=\frac{1}{64}\left(\frac{x^2}{1-x}\right)''\Bigg|_{x=\frac{7}{8}}=16.$$

21. $E(X)=\dfrac{\theta+1}{2}=\bar{X}=\dfrac{1}{n}\sum\limits_{i=1}^{n}X_i$, 矩估计量 $\hat{\theta}=2\bar{X}-1$.

(2) $\theta\leqslant x_i\leqslant 1(i=1,2,\cdots,n)$ 时, $L(\theta)=\dfrac{1}{(1-\theta)^n}$, 关于 θ 单调增加. 最大似然估计量 $\hat{\theta}=\min\{X_1,X_2,\cdots,X_n\}$.

附录四　概率论与数理统计应用漫谈

诸君辛勤耕作一学期, 不知收获几何? 课程中定义、定理、公式接连不断, 顺序有致, 如工笔画时笔端起落游走皆细致入微, 然而, 若不站出画外, 概观其中, 恐不得大气. 好, 现在我们不妨一起信步闲庭, 置身画外, 或许可得画中之味也.

桥梁 —— 随机与概率

人之行路, 常涉山水. 每遇幽深峡谷, 水流湍急, 自然欲有所辑, 或舟或桥. 常说概率统计应用广泛, 舟桥也. 知之则可达彼岸, 善之则事半功倍. 若无视之, 则在现代社会中, 迷茫云雾会随处遭遇, 恐怕就不是难得糊涂了. 试看下面的例子.

2010 年 5 月 26 日网易新闻: **为何“被涨工资”? 60% 以上人没达到平均工资!**

浙江在线杭州 5 月 26 日讯 (记者 XXX)26 日上午 9 时 30 分至 10 时 30 分, 浙江省统计局局长 YYY 作客浙江在线“问政零距离”网络直播访谈, 围绕“统计服务转型升级”的主题, 与网友对话交流.

面对网友们“被涨工资”、“被就业”的质疑, YYY 坦然回应说, 平均工资的指标以及计算方法本身没有问题, 民众感觉统计数据与自己实际感觉有差异, 原因有二:“一是收入分配差距较大, 二是目前的工资统计制度滞后于发展需要.”

“处于平均工资以下的人群要超过 60%.”YYY 说, 这造成“一旦平均计算, 就感觉自己的工资没有达到这个水平.”

搜狐焦点: **北京房产协会称全国 6000 万套房空置说不成立**

来源: 京华时报 2010 年 7 月 23 日

本报讯　日前有报道称, 国家电网公司在 660 个城市的调查显示, 有高达 6540 万套住宅的电表连续 6 个月读数为零, 按每套房三口计算, 可供近 2 亿人居住. 根据 XXXX 大学应用文理学院城市科学系课题组, 对北京 50 多个 2004 年到 2006 年售出后入住的小区用电情况进行抽样调查, 得出 27.16% 的住房空置率结果, 推算出北京 2007 年约有 5400 多万平米已购商品房闲置. 对此, 北京市房地产业协会副秘书长 XX 昨天坚定地说, 这个数据有错误, 说明不了任何问题.

诸位幸运, 学好了概率统计, 就有了这舟这桥. “被涨工资” 曾经是 2009 年的热门话题, 并由此产生了一连串“被 ···”的话题, 国家统计局、各地方统计局纷纷出面解释. 上面的报道即是这样的一个例子. 这个问题有两个方面, 一是人们的社会心理, 这超出我们讨论的范围; 二是一个简单的统计常识问题: 即便统计制度没有问题, 工资收入也本是一个右偏的分布, 平均值大于中位数, 因而平均值不适于用作个体的参照. 当然, 收入差距越大, 这个分布右偏的程度也越强. 对于有偏倚的分布, 中位数比平均值更具有参照价值. 心知肚明的情况下, 我们的网评是否可以多一些理性的成分呢?

你如何看待第二条新闻呢？住房空置率是 2010 年下半年的敏感话题. 我想, 学过概率统计的人的第一反映或许应该是：住房空置率调查的样本是如何得到的？代表性如何？弄清这些, 肯定比只看新闻报道的表面文字能够得到更多的信息. 你看, 如果没有概率统计知识, 要生活得明白可不容易.

不过, 概率统计这舟桥也并非能跨越所有障碍, 所涉之川有“随机”标牌. 概率统计作为建立数学模型的方法, 其重要特点就是通过概率统计的语言, 实现对于研究对象的规律的描述. 我们知道, 概率是用来描述随机现象的. 说到“随机性”, 大致有三类：一是要研究的对象本身的活动具有随机性, 比如粒子的运动; 二是为了某种目的而人为产生的随机性, 比如抽签, 抽样; 三是由于要研究的现象成因太复杂, 除去其中主要的部分外, 把剩余的部分视为“随机”发生, 比如信号处理中的噪声. 在许多具体的问题中, 属于哪一种情况是不言自明的, 但也有的情况更复杂些, 如不同币种之间的汇率.

对于第一种情况, 一般希望用概率论的模型刻画寓于偶然性中的必然, 即透过偶然性捕捉其中的规律, 比如我们通常用叫做“维纳过程”的概率模型描述粒子在受到介质分子碰撞后的不规则运动. 在这种情况下, “随机性”是客观存在的, 概率统计模型成为人们对于客观现象的认识的理性结果, 是对客观的一种刻画.

第二种情况, 多是由于均衡或代表性的考虑, 比如市场调查, 显然不可能把所有潜在的顾客一一进行调查, 只能用某种随机的方法, 得到部分顾客的数据, 并以此了解整体顾客群的需求趋向. 有时, 即便客观上能够对于研究对象的全体进行一一观测, 但有了概率统计的方法, 全体的调查就会显得不太必要. 再如彩票的抽奖, 利用随机性实现一种公平. 这样, 对于第二种情况, “随机性”是人为的, 概率统计基本上是一种手段.

在第三种情况中, 虽然看上去有些无奈, 但只要能够把主要的部分找出来, 同时加上对于剩余部分 (比如噪声) 的适当的刻画, 往往能够很好地达到目的 (比如实现控制). 此时, 概率统计模型既有对于客观的描述的成分, 也有研究手段的属性.

可见, 概率统计模型的确是人类智慧的结晶啊! 难怪从统计热物理到物理试验的曲线拟合, 从建筑结构可靠性设计到道路交通流量的分析, 从火箭寿命试验到家用电器的设计与质量管理, 从国民经济的宏观分析到一种产品的市场需求调查, 从金融市场的分析到赌徒盈亏的规律, 从新开发药品的临床试验到生儿育女的遗传规律, 从天气预报、大气环境的分析到地质调查和矿井的勘探, 从航天器的控制到运动物体的自动识别, 到处都有概率统计模型的成功应用呢.

要成功解决一个实际问题, 首先需要对问题本身的背景有正确的理解和认识, 然后才能恰当地运用概率统计和其他数学模型分析蕴涵在表象深处的内在规律. 数学, 是一种语言, 更是一种思维方法.

对了, 每天你看天气预报吗？预报员每天都说“降水概率”. 那么, 气象专家们是如何预报的呢？

明天什么样？—— 从预测问题谈起

明天什么样？这当然是一个预测问题, 例如天气预报. 预测的吸引力可是不言而喻的, 古往今来有多少人向往“先知先觉”啊. 经验是人们进行预测的日常依据, 然而, 当有了充分的数据积累,我们就可以通过数学的方法, 把这种经验理性化、量化, 并通过数学模型进行预测甚至决策. 中国科学院数学与系统科学研究院利用数学模型连续二十多年提前半年预测我国每年的粮食产量, 平均误差 1.9%, 为国家有关部门进行决策提供了依据. 第 9 章讲到的回归分析是解决许多预测问题的重要工具. 还是来谈谈天气预报吧.

气象卫星在飞行过程中, 不断向周围发射电磁波, 并通过雷达接收经过云层反射后的电磁波, 以此来判断云层中蒸汽、水和冰的含量, 从而可以对降雨量进行预测. 由于天气的变化是一个很复杂的过程, 利用大量气象卫星传回的数据进行天气预报也是一个非常复杂的问题, 需要大量的计算. 在此, 我们限于考虑时刻 $t(1 \leqslant t \leqslant T)$ 某区域 A 上的平均降雨强度 (mm/h)(清水邦夫, 地球环境データ, 共立株式会社, 2002). 形象地说, 雷达工作时是把空间区域划分为小块依次测量的, 因而考虑把该区域分为 N 个子区域 $a_i, i=1,\cdots,N$. 子区域的划分与雷达的空间分辨率有关. 记子区域 a_i 的面积占区域 A 总面积的百分比为 $f_i, i=1,\cdots,N$, a_i 上的平均降雨强度为 y_{ti}, 则区域 A 上的平均降雨强度近似为

$$v_t = \sum_{i=1}^{N} f_j y_{ti}. \tag{D.1}$$

即便是小区域上的降雨强度, y_{ti} 也是不容易测量的, 因而一般并不直接从 (D.1) 计算 v_t. 现取定阈值 τ, 那么平均降雨强度超过 τ 的子区域面积百分比的和 $u_{\tau t}$ 近似于 A 上平均降雨强度超过 τ 的面积比例:

$$u_{\tau t} = \sum_{i=1}^{N} f_i I[y_{ti} > \tau], \tag{D.2}$$

其中 $I[\cdot]$ 表示示性函数, 即

$$I[y>\tau] = \begin{cases} 1, & y > \tau, \\ 0, & y \leqslant \tau. \end{cases}$$

$u_{\tau t}$ 是比较容易得到的. 如果我们能够建立 u 和 v 之间的关系, 就可以利用 $u_{\tau s}$ 的数据来预测 s 时刻整个区域 A 上的平均降雨强度. 于是希望利用已有的数据 $\{(u_{\tau t}, v_t), t=1,\cdots,T\}$ 来考察 u 和 v 之间的关系. 以 u 作为横轴, v 作为纵轴, 把数据画在坐标系中, 得到相应于阈值 τ 的数据散点图. 某次观测中 $\tau=5$ 的图如图 D.1 所示.

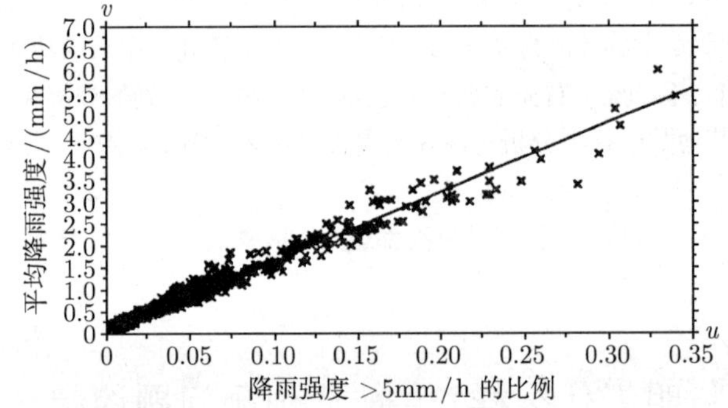

图 D.1　$\{(u_{\tau t}, v_t)\}$ 散点图 (Short, D. A., Shimizu, K. and Kedem, B., 1993, Optimal thresholds for the estimation of area rain-rate moments by the threshold method, *J. Appl. Meteor.*, 32, p. 184, [46])

由图 D.1 可见, 这些数据点大致呈一条直线, 表明两个变量之间有某种线性的关系. 另一方面, 这些数据点又不完全在同一直线上, 即两个变量不能相互完全决定. 于是, 我们把这种关系用下面的模型来表示:

$$v_t = \alpha_\tau + \beta_\tau u_{\tau t} + \varepsilon_t, \quad t = 1, \cdots, T.$$

这是一个一元线性回归模型. 由第 9 章 (9.1.6) 式, α_τ, β_τ 的最小二乘法估计为误差平方和 $Q(\alpha_\tau, \beta_\tau) = \sum\limits_{t=1}^{T} [v_t - (\alpha_\tau + \beta_\tau u_{\tau t})]^2$ 的极小值点, 即

$$\hat{\alpha}_\tau = \bar{v} - \hat{\beta}_\tau \bar{u}, \qquad \hat{\beta}_\tau = \frac{\sum\limits_{t=1}^{T}(u_{\tau t} - \bar{u})(v_t - \bar{v})}{\sum\limits_{t=1}^{T}(u_{\tau t} - \bar{u})^2},$$

其中

$$\bar{u} = \frac{1}{T}\sum_{t=1}^{T} u_{\tau t}, \qquad \bar{v} = \frac{1}{T}\sum_{t=1}^{T} v_t.$$

有了这条直线, 对于新的 u 值, 我们就可以得到相应的区域 A 上平均降雨强度的预测值. 假定在时刻 s, 可以判断各个子区域上是否有 $y_{si} > \tau$, 那么由 (D.2) 可以算得 $u_{\tau s}$. 于是得到 v_s 的预测值为 $\hat{v}_s = \hat{\alpha}_\tau + \hat{\beta}_\tau u_{\tau s}$. 更进一步, 对于一个预先指定的置信系数, 可以给出 v_s 的一个预测区间. 实际中, 可以根据具体的情况挑选不同的阈值 τ.

现在回过头来谈谈一般的回归模型, 它是应用最广泛的数理统计模型. 回归分析的一般描述如下: 假定我们希望探索某个变量 Y 的取值如何受到 p 个变量 $X_1, X_2, \cdots, X_p$ 的变化的影响, 或者希望用变量 $X_1, X_2, \cdots, X_p$ 预测变量 Y. 为了方便, 称 $X_1, X_2, \cdots, X_p$ 为自变量, Y 为因变量. 对于这样的问题, 如果从具体的实际背景可以推演出各个量之间的确定性规律 (比如各个量之间的物理规律), 那当然是求之不得的. 但在很多场合, 或者还没有现成的理论可用, 或者变量之间虽然有一定的关系, 但又不能由自变量唯一确定因变量 (比如上例). 此时, 一般通过试验, 对自变量和因变量进行观测, 记录下相应的数据. 不妨设对 $(X_1, X_2, \cdots, X_p,\ Y)$ 做了 n 次观测或试验, 得到如下形式的数据:

$$x_{i1}, x_{i2}, \cdots, x_{ip},\ y_i, \qquad i = 1, \cdots, n. \tag{D.3}$$

然后, 利用这些数据, 建立一个联系自变量与因变量的关系方程来描述自变量的变化对因变量变化影响的规律, 并通过这些数量化的规律实现预测或解释等目的. 称这个关系方程为回归方程. 建立回归方程的思想和步骤大致如下:

1. 用散点图等方法对数据进行初步分析, 由此提出一个因变量 Y 与自变量 $X_1, X_2, \cdots, X_p$ 间的关系模型:

$$Y = f(X_1, X_2, \cdots, X_p; \beta_1, \beta_2, \cdots, \beta_k) + \varepsilon, \tag{D.4}$$

其中 $f(X_1, X_2, \cdots, X_p; \beta_1, \beta_2, \cdots, \beta_k)$ 为模型的系统部分; ε 表示模型的误差部分. 把这个关系应用到进行的试验, 得到

$$y_i = f(x_{i1}, x_{i2}, \cdots, x_{ip}; \beta_1, \beta_2, \cdots, \beta_k) + \varepsilon_i,\ i = 1, \cdots, n. \tag{D.5}$$

在提出模型的过程中, 要综合考虑问题本身的实际背景和试验进行的条件及方式, 对于模型的系统部分和误差部分作出适当的选择. 首先谈谈关于误差项的假设.

由于实际问题的多样性, 误差部分的含义是相当丰富的. 类似于开始随机性的划分, 可以归纳如下：

(1) 因变量的随机测量误差. 设想我们要证实欧姆定律, 在一个电阻两端加上不同的电压并测量相应的电流. 此时, 在模型"电流 $=\alpha+\beta\cdot$ 电压 $+\varepsilon$"中, ε 就表示了电流计的测量误差. 在这种情形下, 自变量与因变量之间有确定的规律, 而误差项仅反映了测量的精度.

(2) 不能由自变量反映的随机差异. 比如考虑体重与身高的关系, 即使测量误差可以忽略, 相同身高的人体重也不尽相同. 如图 D.2 所示, 对于任一个固定的身高, 人们的体重有一个分布. 当随机抽取一个身高 165cm 的人称其体重时, 就相当于在身高 165cm 的人的体重分布 (即给定身高为 165cm 时, 体重的条件分布) 中抽取了一个个体. 因而在模型中, $f(165)$ 应该代表身高 165cm 的人群的平均体重 (即给定身高为 165cm 时, 体重的条件期望), 而 ε 应该表示被抽到的个体的体重与这个平均体重之间的差异.

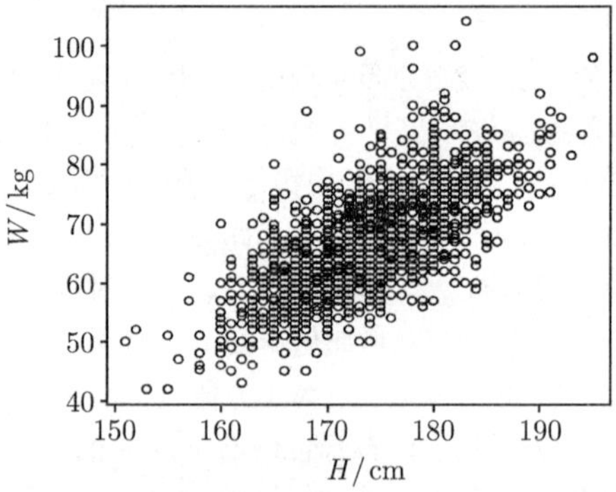

图 D.2　体重与身高的关系：横轴为身高, 纵轴为体重

(3) 除自变量以外的其他因素的随机影响. 比如在某项试验中, 我们考察温度和压力对于某个化学反映的影响. 试验中电压设定为 220V. 但实际进行时电路的电压会有少许波动. 由这种波动造成的对于因变量的影响也由模型中的随机误差项表示.

在实际问题中, 误差项的含义往往决定对于误差的模型假设. 例如, 对于测量误差的情况, 常见的假定为 ε_i 相互独立并且同服从正态分布 $N(0,\sigma^2)$. 这意味着, 试验中的各次测量相互独立地进行, 并且各次测量的精度一致. 而对于体重的例子, 虽然仍然可以假定 ε_i 相互独立, 但从图 D.2 可以看出, 不同身高处, 体重的分布是不同的. 在很多情况下, 误差的含义不止一个方面, 比如在体重的例子中, 如果再考虑磅秤的测量误差, ε_i 的含义就至少包含两个方面. 这就需要根据问题本身和试验进行的过程细致考虑, 形成关于误差的假定. 误差的假定适当与否影响到模型建立的质量.

其次谈谈模型系统部分的选择. 在写出模型的过程中, 尽量多地利用背景知识和数据表现出的变量之间关系的特点, 简化其中的系统部分. 系统部分有以下几种常见的形式：

(1) $f(X_1,X_2,\cdots,X_p;\beta_1,\beta_2,\cdots,\beta_k)$ 为 $X_1,X_2,\cdots,X_p$ 及 $\beta_1,\beta_2,\cdots,\beta_k$ 的已知函数, 并且经过一定的变量变换可以简化为 $f(X_1,X_2,\cdots,X_p;\beta_1,\beta_2,\cdots,\beta_k)=\alpha_0+\alpha_1Z_1+\cdots+\alpha_qZ_q$, 其

中 $a_0,\cdots,a_q$ 都是 $\beta_1,\beta_2,\cdots,\beta_k$ 的已知函数, $Z_1,\cdots,Z_q$ 都是 $X_1,X_2,\cdots,X_p$ 的已知函数: $Z_j=g_j(X_1,X_2,\cdots,X_p)$. 于是, 模型 (D.5) 可写为

$$y_i=\alpha_0+\alpha_1 z_{i1}+\cdots+\alpha_q z_{iq}+\varepsilon_i,\quad i=1,\cdots,n, \tag{D.6}$$

其中 $z_{ij}=g_j(x_{i1},\cdots,x_{ip})$. 这里, "线性"是指模型的系统部分是回归系数的线性函数. 线性回归模型是实际中应用最多、理论上也最完善的回归模型, 可以参考的书非常多. 对于线性回归模型的基本理论感兴趣的读者请参看王松桂等《线性模型引论》(科学出版社, 2004); 对于实际应用感兴趣的读者请参看陈希孺、王松桂《近代回归分析》(安徽教育出版社, 1987).

(2) $f(X_1,X_2,\cdots,X_p;\beta_1,\beta_2,\cdots,\beta_k)$ 为 $X_1,X_2,\cdots,X_p$ 及 $\beta_1,\beta_2,\cdots,\beta_k$ 的已知函数, 但无法简化为线性回归模型的形式. 此时, 模型 (D.5) 称为非线性回归模型. 一般来说, 非线性回归模型的理论要比线性回归模型复杂得多. 比如, 为了估计模型中的参数 $\beta_1,\beta_2,\cdots,\beta_k$, 要极小化

$$Q(\beta_1,\beta_2,\cdots,\beta_k)=\sum_{i=1}^{n}[y_i-f(x_{i1},x_{i2},\cdots,x_{ip};\beta_1,\beta_2,\cdots,\beta_k)]^2,$$

这显然比最小二乘估计的计算要复杂得多, 一般需要用迭代算法; 模型的性质讨论起来也比线性回归模型困难. 因此, 在可能的情况下尽量向线性模型简化. 关于非线性回归模型的理论与方法可参见韦博成《近代非线性回归分析》(东南大学出版社, 1989), Ratkowsky 的《非线性回归模型——统一的实用方法》(洪再吉等译, 南京大学出版社, 1986) .

(3) 如果无法获得系统部分函数 $f(\cdot)$ 的具体形式, 则就成为非参数回归分析问题, 需要估计整个函数, 这比前面的两种情况更复杂. 此时, 仍然需要根据问题的本身的特点尽量简化模型. 比如, 有时模型可以表示为

$$y_i=f_1(x_{i1})+\cdots+f_p(x_{ip})+\varepsilon_i,\quad i=1,\cdots,n, \tag{D.7}$$

(D.7) 称为可加模型, 即各个自变量对于因变量的"效应"是叠加的. 这样的模型比起对 $f(\cdot)$ 毫无信息的模型来容易处理得多. 非参数回归的理论和方法至今仍然是重要的研究对象, 可参见陈希孺、柴根象《非参数统计教程》(华东师范大学出版社, 1993).

(4) 如果知道对于一部分自变量, 其效应可以化为线性的, 而对于其他的自变量其效应的函数形式是未知的, 即有形如

$$y_i=\alpha_0+a_1 z_{i1}+\cdots+\alpha_r z_{ir}+f(x_{is+1},\cdots,x_{ip})+\varepsilon_i,\quad i=1,\cdots,n \tag{D.8}$$

的模型, 其中 $z_{ij}=g_j(x_{i1},\cdots,x_{is})$ 为已知的, 则称模型 (D.8) 为半参数回归模型. 这种模型介于参数模型 ((1)(2) 中的模型) 与非参数回归之间. 可以参见柴根象等《半参数回归模型》(安徽教育出版社, 1994).

(5) 有时, 部分自变量是因变量在前若干时刻的取值, 此时, 模型为

$$y_i=f(y_{i-1},\cdots,y_{i-r},x_{ir+1},\cdots,x_{ip})+\varepsilon_i \tag{D.9}$$

的形式. 这样的模型称为时间序列模型. 随 $f(y_{i-1},\cdots,y_{i-r},x_{ir+1},\cdots,x_{ip})$ 的形式也有线性、非线性、非参数、半参数之分. 时间序列的理论也是数理统计学的一个重要的分支, 近年来得到了很快的发展, 尤其是非线性模型. 基本理论可参见何书元《应用时间序列分析》(北京大学出版社, 2003), 应用可参见项静恬《时间序列分析》(安徽教育出版社, 1990). 关于非线性模型, 目前仍然是热门的研究课题. 参见安鸿志、陈敏的《非线性时间序列分析》(上海科学技术出版社, 1997).

回归模型多种多样, 以上仅是常见的几种情况. 但无论哪种模型, 建立模型的主体步骤都是一样的. 写出模型仅仅是开始, 接下来, 最基本的便是估计未知量.

2. 用数据估计未知参数 (或未知函数), 即利用观测数据把模型的系统部分以及误差的分布参数识别出来, 从而得到回归方程

$$\hat{Y} = f(X_1, X_2, \cdots, X_p; \hat{\beta}_1, \cdots, \hat{\beta}_k).$$

不同类型的回归模型, 估计未知量的方法也不同, 具体分别参见上面的参考书.

3. 模型诊断, 即看一看上述模型以及相应的假设是否有问题; 若诊断出模型或假设有问题, 需要对模型作出改进, 并回到步骤 2; 否则, 进行下一步.

4. 结合问题本身的背景知识与统计分析的结果, 对于相应的实际问题进行解释或预测, 并提交相关结论.

其中第 3 步是为了确认开始提出的模型. 对于复杂的问题, 未必一开始就能找到合适的模型, 因此, 我们需要不断检查改进, 直至不能发现问题为止. 不仅如此, 我们有时通过这样的诊断, 还能发现测量 (试验) 过程本身的一些问题. 第 2、3、4 步中需要利用关于模型的分布的假设、试验的性质对估计量的理论性质进行研究. 对于不同的模型, 这些内容可以在上面给出的参考书中找到.

以上讨论了预测 (预报) 的问题, 还有一类问题与预测问题类似, 只不过预测的是类别. 这就是判别与分类问题.

有矿还是无矿? —— 判别与分类

人们在日常生活中经常会根据某些特征对于研究对象的类型进行判断: 医生根据某些指标区分诊断对象是否患病, 地质工作者根据岩石的成分判断地下有矿还是无矿, 银行信贷员依据客户的各种指标划分信用等级并决定是否发放信用卡等. 这类问题的共同背景是: 已经从研究对象的不同类中观测了多个个体的若干指标, 对于一个不知道类别归属的新个体, 观测其相应的指标值以后, 能否依此把该个体归类. 判别分析就是用来解决这类问题的统计方法.

首先看下面的例子. 测定了 14 块岩石标本中 Cu、Ag、Bi 三种化学成分的含量, 如表 D.1. 已知 14 块岩石中 7 块含矿, 7 块不含矿. 今取得一块岩石标本, 测得 Cu、Ag、Bi 的含量分别为 2.95、2.15 和 1.54, 试问该岩石是否含矿?

表 D.1　14 个岩石标本 Cu、Ag、Bi 含量数据

类别	编号	x_1(Cu)	x_2(Ag)	x_3(Bi)	类别	编号	x_1(Cu)	x_2(Ag)	x_3(Bi)
A 类（含矿）	1	2.58	0.90	0.95	B 类（不含矿）	1	2.25	1.98	1.06
	2	2.90	1.23	1.00		2	2.16	1.80	1.06
	3	3.55	1.15	1.00		3	2.33	1.74	1.10
	4	2.35	1.15	0.79		4	1.96	1.48	1.04
	5	3.54	1.85	0.79		5	1.94	1.40	1.00
	6	2.70	2.23	1.30		6	3.00	1.30	1.00
	7	2.70	1.70	0.48		7	2.78	1.70	1.48

这类问题的一般提法是：设有来自两个类别的共 n 个个体，对每个个体已经测得 p 个指标的值，并且知道每个个体的类别. 希望利用这些数据，找出一种判别方法，能尽可能把不同类别中的个体区别开来，并能够利用该方法以及测得的某个个体的同样 p 个指标的数据，判断该个体属于哪一类. 通常我们考虑此类问题的一个基本想法是，如果测量的这 p 个指标 (变量) 能够作为区别这两个类别的数量依据的话，那么同一类的个体按照这 p 个指标确定的某种"距离"应该比较接近，而不同类的个体"距离"比较远. 这就是说，如果一个个体距离某一类比距离其他类更近，那么我们就可以把该个体归为这一类. 当然，这里所说的"距离"是广义的.

把两个类分别看作 p 维总体 π_1、π_2，假定它们分别是正态总体 $N(\boldsymbol{\mu}_1,\Sigma_1)$ 和 $N(\boldsymbol{\mu}_2,\Sigma_2)$. 首先我们考虑两个总体完全已知 (即 $\boldsymbol{\mu}_i,\Sigma_i$ 都已知) 的情形. 如何衡量一个个体 $\boldsymbol{x}$ 与一个总体之间的远近呢？方法之一是用 Mahalanobis 距离 (简称为马氏距离). 个体 $\boldsymbol{x}$ 到总体 $N(\boldsymbol{\mu}_i,\Sigma_i)$ 的马氏距离 $d(\boldsymbol{x},\pi_i)$ 由

$$d^2(\boldsymbol{x},\pi_i)=(\boldsymbol{x}-\boldsymbol{\mu}_i)^{\mathrm{T}}\Sigma_i^{-1}(\boldsymbol{x}-\boldsymbol{\mu}_i) \tag{D.10}$$

定义. 当协方差阵为单位矩阵时，这个距离就是 $\boldsymbol{x}$ 与均值向量 $\boldsymbol{\mu}$ 的欧氏距离. 马氏距离可以看成是把总体分布变化为协方差阵为单位矩阵的正态分布后，相应的点与均值向量的欧氏距离. 事实上，利用线性代数知识可以证明有唯一的正定矩阵 B_i 满足 $\Sigma_i^{-1}=B_iB_i$ 以及对任意 $\boldsymbol{x}\sim N(\boldsymbol{\mu}_i,\Sigma_i)$ 有 $\boldsymbol{y}_i=B_i\boldsymbol{x}\sim N(\boldsymbol{\nu}_i,I_p)$，这里 $\boldsymbol{\nu}_i=B_i\boldsymbol{\mu}_i$，$I_p$ 为 p 阶单位矩阵. 于是 $d(\boldsymbol{x},\pi_i)=[(\boldsymbol{y}_i-\boldsymbol{\nu}_i)^{\mathrm{T}}(\boldsymbol{y}_i-\boldsymbol{\nu}_i)]^{1/2}$ 为 $\boldsymbol{y}_i$ 与 $\boldsymbol{\nu}_i$ 的欧氏距离. 之所以先作变换再计算欧氏距离，是因为考虑到当协方差阵不是单位矩阵时，与 $\boldsymbol{\nu}_i$ 欧氏距离相同的点处的概率密度不同.

由此可以确定下列判别准则：

$$\begin{aligned}&\text{如果}d^2(\boldsymbol{x},\pi_1)-d^2(\boldsymbol{x},\pi_2)\leqslant 0,\quad \text{判}\boldsymbol{x}\text{属于}\pi_1,\\&\text{如果}d^2(\boldsymbol{x},\pi_1)-d^2(\boldsymbol{x},\pi_2)>0,\quad \text{判}\boldsymbol{x}\text{属于}\pi_2.\end{aligned} \tag{D.11}$$

在很多实际问题中 $\boldsymbol{\mu}_i,\Sigma_i,i=1,2$ 未知，需要用样本估计. 设从这两个总体分别抽取了容量为 n_1 和 n_2(均大于 p) 的样本，得到观测值 $\boldsymbol{x}_{11},\cdots,\boldsymbol{x}_{1n_1}$ 和 $\boldsymbol{x}_{21},\cdots,\boldsymbol{x}_{2n_2}$. 称它们为训练样本. 在 (D.10) 中用

$$\bar{\boldsymbol{x}}_1=\frac{1}{n_1}\sum_{i=1}^{n_1}\boldsymbol{x}_{1i},\qquad \bar{\boldsymbol{x}}_2=\frac{1}{n_2}\sum_{i=1}^{n_2}\boldsymbol{x}_{2i},$$

$$\hat{\Sigma}_1=\frac{1}{n_1-1}\sum_{i=1}^{n_1}(\boldsymbol{x}_{1i}-\bar{\boldsymbol{x}}_1)(\boldsymbol{x}_{1i}-\bar{\boldsymbol{x}}_1)^{\mathrm{T}},\qquad \hat{\Sigma}_2=\frac{1}{n_2-1}\sum_{i=1}^{n_2}(\boldsymbol{x}_{2i}-\bar{\boldsymbol{x}}_2)(\boldsymbol{x}_{2i}-\bar{\boldsymbol{x}}_2)^{\mathrm{T}}$$

分别代替 $\boldsymbol{\mu}_1$、$\boldsymbol{\mu}_2$、Σ_1 和 Σ_2 得到

$$d^2(\boldsymbol{x},\hat{\pi}_i)=(\boldsymbol{x}-\bar{\boldsymbol{x}}_i)^{\mathrm{T}}\hat{\Sigma}_i^{-1}(\boldsymbol{x}-\bar{\boldsymbol{x}}_i), \tag{D.12}$$

相应的准则为

$$\begin{aligned}&\text{如果 } d^2(\boldsymbol{x},\hat{\pi}_1)-d^2(\boldsymbol{x},\hat{\pi}_2)\leqslant 0,\quad \text{判 }\boldsymbol{x}\text{ 属于 }\pi_1,\\&\text{如果 } d^2(\boldsymbol{x},\hat{\pi}_1)-d^2(\boldsymbol{x},\hat{\pi}_2)>0,\quad \text{判 }\boldsymbol{x}\text{ 属于 }\pi_2.\end{aligned} \tag{D.13}$$

准则 (D.11)(D.13) 中不等号左边的表达式为 $\boldsymbol{x}$ 的二次函数，因而称为**二次判别函数**. 如果 $\Sigma_1=\Sigma_2=\Sigma$，则

$$d^2(\boldsymbol{x},\pi_1)-d^2(\boldsymbol{x},\pi_2)=2(\boldsymbol{x}-\frac{\boldsymbol{\mu}_1+\boldsymbol{\mu}_2}{2})^{\mathrm{T}}\Sigma^{-1}(\boldsymbol{\mu}_2-\boldsymbol{\mu}_1),$$

简化为**线性判别函数**:

$$\begin{aligned}&\text{如果 } \left(\boldsymbol{x}-\frac{\boldsymbol{\mu}_1+\boldsymbol{\mu}_2}{2}\right)^{\mathrm{T}}\Sigma^{-1}(\boldsymbol{\mu}_2-\boldsymbol{\mu}_1)\leqslant 0,\quad \text{判 } \boldsymbol{x} \text{ 属于 } \pi_1,\\&\text{如果 } \left(\boldsymbol{x}-\frac{\boldsymbol{\mu}_1+\boldsymbol{\mu}_2}{2}\right)^{\mathrm{T}}\Sigma^{-1}(\boldsymbol{\mu}_2-\boldsymbol{\mu}_1)> 0,\quad \text{判 } \boldsymbol{x} \text{ 属于 } \pi_2.\end{aligned}\tag{D.14}$$

由训练样本给出的相应的线性判别准则为

$$\begin{aligned}&\text{如果 } \left(\boldsymbol{x}-\frac{\bar{\boldsymbol{x}}_1+\bar{\boldsymbol{x}}_2}{2}\right)^{\mathrm{T}}\hat{\Sigma}^{-1}(\bar{\boldsymbol{x}}_2-\bar{\boldsymbol{x}}_1)\leqslant 0,\quad \text{判 } \boldsymbol{x} \text{ 属于 } \pi_1,\\&\text{如果 } \left(\boldsymbol{x}-\frac{\bar{\boldsymbol{x}}_1+\bar{\boldsymbol{x}}_2}{2}\right)^{\mathrm{T}}\hat{\Sigma}^{-1}(\bar{\boldsymbol{x}}_2-\bar{\boldsymbol{x}}_1)> 0,\quad \text{判 } \boldsymbol{x} \text{ 属于 } \pi_2,\end{aligned}\tag{D.15}$$

其中 $\hat{\Sigma}$ 为由混合样本给出的 Σ 的估计:

$$\hat{\Sigma}=\frac{1}{n_1+n_2-2}[(n_1-1)\hat{\Sigma}_1+(n_2-1)\hat{\Sigma}_2].$$

对于上面的问题, $\bar{\boldsymbol{x}}_1=(2.9029,1.4586,0.9014)^{\mathrm{T}},\bar{\boldsymbol{x}}_2=(2.3457,1.6286,1.1057)^{\mathrm{T}}$.

$$\hat{\Sigma}_1=\begin{pmatrix}0.2195&0.0326&0.0072\\0.0326&0.2269&0.0194\\0.0072&0.0194&0.0638\end{pmatrix},\qquad \hat{\Sigma}_2=\begin{pmatrix}0.1623&-0.0169&0.0291\\-0.0169&0.0588&0.0118\\0.0291&0.0118&0.0285\end{pmatrix}$$

代入 (D.15) 计算得 $\left(\boldsymbol{x}-\dfrac{\bar{\boldsymbol{x}}_1+\bar{\boldsymbol{x}}_2}{2}\right)^{\mathrm{T}}\hat{\Sigma}^{-1}(\bar{\boldsymbol{x}}_2-\bar{\boldsymbol{x}}_1)=2.3064>0$, 故判样品 $\boldsymbol{x}$ 不含矿.

从上面的准则看出, 对于两个类的判别问题, 一个判别准则实际上相当于把 $\boldsymbol{x}$ 的取值范围划分 (样本空间) 为两个互不相交的部分 R_1 和 R_2, 当 $\boldsymbol{x}$ 落入 R_i 时, 就把 $\boldsymbol{x}$ 判定为第 i 类. 划分样本空间的方法除了上述的马氏距离外, 还有许多方法. 显然, 这些区域的不同划分产生的效果是不同的. 因而, 我们还需要考虑判别准则的优劣. 常用的优良性标准是错判概率和错判损失.

首先, 在多数情况下, 由于两个总体不能截然分开 (参见图 D.3), 错判是不可避免的. 因而需要考虑如何选取判别准则, 使得错判概率尽量小. 在两个总体的判别分析中, 所犯的错误有两种: 个体来自于 π_1 但其观测值 $\boldsymbol{x}$ 落入 R_2, 以及个体来自于 π_2 但其观测值 $\boldsymbol{x}$ 落入 R_1. 设总体 π_i 的概率密度为 $f_i(\boldsymbol{x})$, 则个体来自 π_1, 但判入 π_2 的概率为

$$P(2|1)=\int_{R_2}f_1(\boldsymbol{x})\mathrm{d}\boldsymbol{x},$$

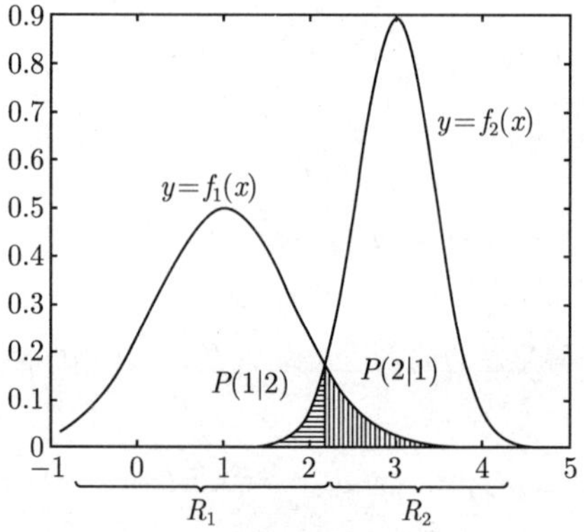

图 D.3　两个总体的判别

在一维总体的判别中, $P(2|1)$ 为区间 R_2 上密度曲线 $f_1(\boldsymbol{x})$ 下的面积 (图 D.3). 同理, 个体来自 π_2, 但判入 π_1 的概率为

$$P(1|2)=\int_{R_1} f_2(\boldsymbol{x})\mathrm{d}\boldsymbol{x}.$$

有时, 两个总体出现的可能性不一样大, 比如, 在发放信用卡时, 诚信的顾客群比不诚信的顾客群大, 在市场中, 经营正常的公司比面临破产的公司多等. 称这种可能性为先验概率. 设总体 π_i 的先验概率为 p_i, $p_1+p_2=1$, 则由 R_1 和 R_2 确定的判别准则总的错判概率为

$$P=p_1P(2|1)+p_2P(1|2).$$

判别准则的确定应该使得上述错判概率达到最小.

但有时犯两种错误可能造成的损失不同, 例如把有病的人判别为无病比把无病的人判为有病后果要严重得多. 用 $c(2|1)$ 表示把 π_1 中的个体判入 π_2 造成的损失, $c(1|2)$ 表示把 π_2 中的个体判入 π_1 造成的损失, 则由 R_1 和 R_2 确定的判别准则所造成的平均损失为

$$L=p_1P(2|1)c(2|1)+p_2P(1|2)c(1|2).$$

因此, 在考虑两种错误所造成的损失的情况下, 判别准则的确定应该使得错判概率达到最小. 可以证明, 在正态总体的情形, 当 $\Sigma_1=\Sigma_2$ 并且 $p_1=p_2, c(2|1)=c(1|2)$ 时, 判别准则 (D.14) 是使得平均损失和总错判概率最小的准则. 当 $\Sigma_1\neq\Sigma_2$ 时, 最优的准则要复杂一些.

以上是从理论的角度对判别准则的优劣进行分析. 但在实际中由于总体的概率密度一般是未知的, R_1 和 R_2 也由训练样本构造, 我们实际上无法准确计算错判概率和损失. 比较实用的方法是计算其估计, 一个简单的方法如下：把每一个训练样本中的 x_{ij} 用判别准则进行判别, 记下 $x_{11},\cdots,x_{1n_1}$ 中被判入 π_2 的个数 m_1, 以及 $x_{21},\cdots,x_{2n_2}$ 中被判入 π_1 的个数 m_2, 则 $P(2|1)$ 和 $P(1|2)$ 的估计分别为

$$\hat{P}(2|1)=\frac{m_1}{n_1},\quad \hat{P}(1|2)=\frac{m_2}{n_2},$$

总的错判概率估计为

$$\hat{P}=\frac{n_1}{n_1+n_2}\hat{P}(2|1)+\frac{n_2}{n_1+n_2}\hat{P}(1|2)=\frac{m_1+m_2}{n_1+n_2}.$$

这些估计简单易算, 但作为相应的错判概率的估计有偏低的倾向, 原因是判别准则就是用这些样本值确定的, 回代时正确判别的倾向大. 一个更为准确、但也稍微繁琐的方法如下：依次去掉训练样本值中每一个, 用其余 n_1+n_2-1 个样本值建立判别函数, 并判别被删除的一个; 记下 $x_{11},\cdots,x_{1n_1}$ 中被判入 π_2 的个数 m_{J1}, 以及 $x_{21},\cdots,x_{2n_2}$ 中被判入 π_1 的个数 m_{J2}. 用

$$\tilde{P}(2|1)=\frac{m_{J1}}{n_1},\quad \tilde{P}(1|2)=\frac{m_{J2}}{n_2}$$

分别作为 $P(2|1)$ 和 $P(1|2)$ 的估计, 总的错判概率估计为

$$\hat{P}=\frac{n_1}{n_1+n_2}\tilde{P}(2|1)+\frac{n_2}{n_1+n_2}\tilde{P}(1|2)=\frac{m_{J1}+m_{J2}}{n_1+n_2}.$$

这种每次删除一个样本值的方法称为刀切 (Jacknife) 法.

上述的判别分析问题可以推广到多个类别的情况. 判别分析是统计学的另一个分支 —— 多元统计分析 —— 的一部分. 与分类问题相关的还有聚类问题, 即当对于一类个体还不知道分为多少类合适时, 利用这些个体的数据表现出的差异分类. 关于这些问题的更一般的讨论参见多元统计分析的著作, 如王学仁、王松桂《实用多元统计分析》(上海科学技术出版社, 1990), 孙尚拱、潘恩沛《实用判别分析》(科学出版社, 1990), 梅长林、周家良《实用统计方法》(科学出版社, 2002). 关于在模式识别与人工智能领域中的应用, 请参见有关统计模式识别的书, 如边兆祺等《模式识别》(第二版, 清华大学出版社, 2000).

诸君可意识到, 你给出的判别分析方法实际上是一种产品. 是的, 你设计了一种产品, 使得它的损失或错判概率最小. 然而, 在有些领域, 要设计出最优的产品, 可就不那么容易了. 请看 ——

生产什么样的产品? —— 产品设计与质量管理

每个人作为消费者都希望自己购买的产品有好的质量. 如何设计和生产出顾客满意的产品是摆在每个企业面前的问题. 数理统计方法作为全面质量管理 (TQM, total quality management) 以及 6σ(一种质量管理理论) 的工具, 已经广泛应用于产品的设计开发、生产过程的监控、以至营销管理当中. 日本工业在 20 世纪 80 年代的全面质量管理在很大程度上提高了产品的质量, 促进了日本经济的全面发展, 而摩托罗拉、通用电器等在 20 世纪 90 年代应用 6σ 取得了巨大的经济效益. 现在我们就来介绍一些基本的概念和方法.

2,4- 二硝基苯肼是一种试剂, 用于检验醛酮色层分析及肝功能试验 (此例来自中国现场统计研究会三次设计组和全国总工会电教中心《正交法和三次设计》, 科学出版社, 1985). 欲使用水合肼与氯代苯在乙醇中直接合成的工艺, 在氯代苯与乙醇混合溶液中, 加入水合肼搅拌, 中途再追加 200 毫升乙醇, 但小试验表明产率只有 45%, 希望提高产率并有符合要求的颜色. 技术人员详细分析可能影响这两个指标的因素, 决定考察六个因素对于考核指标的影响. 为此, 确定了每个因素的两种试验状态 (称为因素的水平或位级), 列表如表 D.2:

表 D.2　6 个因素的水平

因素	追加乙醇用量 A	水合肼用量 B	温度 C	时间 D	水合肼纯度 E	搅拌速度 F
水平 1	200 毫升	理论量的 2 倍	回流	4 小时	精品	中快
水平 2	0 毫升	理论量的 1.2 倍	60°C	2 小时	粗品	快速

由于共考虑 6 个因素, 每个因素有两个水平, 全面的试验共需要 $2^6=64$ 次试验. 如何既能减少试验次数又能通过比较选择合适的生产工艺参数, 是一个重要的问题.

在很多实际问题中, 考虑的因素个数很多, 要考虑的因素水平数也比较多, 但往往受到时间、场地、资金、人力等其他条件的限制, 不能把每种因素水平的组合都做试验. 此时, 如何在达到试验目的 (比如像上面的问题, 试验目的简单地说就是在所有因素组合中挑选一组既能有高的产率又能有好的颜色) 的条件下, 合理配置试验方案, 减少试验次数, 就成为一个必须解决的问题. 试验设计就是专门讨论此类问题解决方法的一个统计学分支. 显然, 这类问题的关键在于怎样才算"合理配置". 至少有两个方面: 一是各个因素的不同水平都要考虑到, 二是所得结果便于比较和分析. 就这些方面而言, 有不同的准则. 正交设计是最常见的试验设计方法. 它基于所谓"正交表", 这是一种表格, 由研究人员用数学的方法生成, 如表 D.3 所示. 按照这种表格布置试验因素和它们的水平, 搭配成相应的试验条件. 在这样形成的试验条件下所做的试验叫正交试验.

表 D.3　$L_8(2^7)$

试验号	列号						
	1	2	3	4	5	6	7
1	1	1	1	2	2	1	2
2	2	1	2	2	1	1	1
3	1	2	2	2	2	2	1
4	2	2	1	2	1	2	2
5	1	1	2	1	1	2	2
6	2	1	1	1	2	2	1
7	1	2	1	1	1	1	1
8	2	2	2	1	2	1	2

对于上述 2,4- 二硝基苯肼合成问题, 根据因素个数和各个因素的水平数, 选取表 $L_8(2^7)$, 见表 D.3. 该表有 8 行 7 列, 每列只有 1 和 2 两个符号, 最多可以安排 7 个 2 水平因素, 8 次试验. 把 6 个因素分配到 1~6 列, 列中的 1 和 2 分别换成该因素的水平 1 和水平 2, 那么每一行就成为一个试验条件 (最后一列无因素, 舍弃), 如表 D.4 所示. 由表可见, 每个因素的每个水平均使用 4 次; 任意两个因素的任意水平组合均出现 2 次. 表中的 8 个试验条件均衡地分散在所有 64 个试验条件中. 这就是正交表的均衡分散性和整齐可比性.

表 D.4　用 $L_8(2^7)$ 安排的试验方案

试验号	试验条件						试验结果	
	因素 A	因素 B	因素 C	因素 D	因素 E	因素 F	产率	颜色
1	200 毫升	2 倍	回流	2 小时	粗品	中快	56	合格
2	0 毫升	2 倍	60°C	2 小时	精品	中快	65	紫色
3	200 毫升	1.2 倍	60°C	2 小时	粗品	快	54	合格
4	0 毫升	1.2 倍	回流	2 小时	精品	快	43	合格
5	200 毫升	2 倍	60°C	4 小时	精品	快	63	合格
6	0 毫升	2 倍	回流	4 小时	粗品	快	60	合格
7	200 毫升	1.2 倍	回流	4 小时	精品	中快	42	紫色
8	0 毫升	1.2 倍	60°C	4 小时	粗品	中快	42	合格

按照表中的试验方案做试验, 所得的结果如表中右边两列. 比较表明, 2 号和 5 号试验条件产率高. 但 2 号试验结果呈紫色, 不合格. 为弄清出现紫色的原因, 对于这两个试验条件各重复一次, 结果产率相同, 但颜色变为合格, 表明还有未列入考察对象的因素. 技术人员认为可能与加料速度有关. 用试验设计中的分析方法对上面表格中的结果进行统计分析, 可得到如下推断: (1) 各个因素按对于试验结果影响从大到小的排序为: 水合肼用量, 反应温度, 搅拌速度, 反应时间, 乙

醇用量, 水合肼纯度. (2) 可能的好条件为 $A_2B_1C_2D_2E_1F_1$ 和 $A_2B_1C_2D_2E_2F_2$. 在好条件附近进一步做试验, 最后得到生产的好条件: 用粗品水合肼, 水合肼用量为理论量的 2.3 倍, 反映时间为 2 小时, 温度为 60~70°C, 采用慢速加料与快速搅拌. 效果是平均产率超过 80%, 从未出现紫色.

在实际中, 有时面临的问题要复杂得多. 比如, 经常有这样的问题: 虽然在设计阶段按经过试验和设计得到的参数生产产品能够满足技术要求, 但一旦大规模生产, 得到的产品质量并不满意, 原因是在试验阶段各个因素 (如用料、元件的质量等) 能够很好地控制在指定的水平, 而在大规模生产中控制精度有所下降. 类似的还有, 产品使用条件稍有变化, 产品的性能就不稳定. 例如, 1979 年 4 月 17 日日本报纸《朝日新闻》在一份调查报告中, 绘制了一张日本和美国两个索尼电视机生产厂家生产的电视机色彩浓度的分布图 (图 D.4). 图中, 日产电视机色彩浓度近似均值为 m(目标值) 的正态分布, 标准差为 5/3, 而美国产的电视机色彩浓度近似服从 $[m-5, m+5]$ 上的均匀分布, 因而标准差为 $10/\sqrt{12} = 2.887$. 由于 5 为设定的容差, 即在 $[m-5, m+5]$ 内为合格品, 美国产的电视机色彩浓度均合格, 日本产的电视机有 0.3% 不合格, 但 A 级品的比例 (图中 A 标出范围所对应的面积) 远比美国产的高, 而美国产的 C 级品的比例远比日本的高. 另外, 在使用一段时间后, 美国产彩电发生退化至不合格的比例比日本产的高. 因此, 尽管日本和美国索尼电视生产线是一样的, 20 世纪 70 年代后期美国消费者更喜欢购买日本产的彩电.

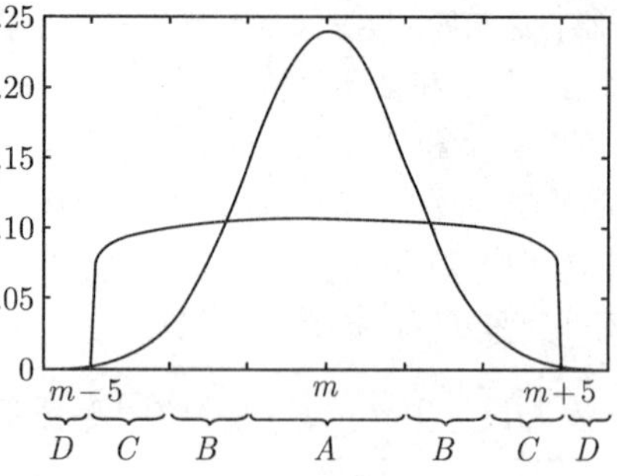

图 D.4　两种索尼电视机的色彩浓度

田口玄一敏感地抓住了这一类的问题. 他利用正交表和试验设计的基本做法, 提出了一套行之有效的"参数设计"的方法, 用来减少产品质量的波动. 他的这一思想方法在日本被广泛采用, 获得了巨大的成功, 取得了非常可观的经济效益.

作为对于试验设计的入门, 读者可以阅读王万中、茆诗松编著《试验的设计与分析》(华东师范大学出版社, 1997). 更多的参见任露泉《试验优化设计与分析》(吉林科学技术出版社, 2001), Wu and Hamada《试验设计与分析及参数优化》(张润楚等译, 中国统计出版社, 2003 年). 20 世纪 80 年代, 我国学者王元、方开泰提出了"均匀设计"的方法, 近年来有了很大的发展, 可参见方开泰《正交与均匀试验设计》(科学出版社, 2001).

试验设计的方法, 既可以用在新产品本身性能的试验中, 也可以用到选择产品的生产条件上. 一般来说, 在完成产品设计和生产条件的准备以后, 进入制造阶段. 在制造过程中, 由于各种各样的原因, 产品的质量特性指标也会波动. 事实上, 没有两个产品完全一样. 波动按其原因可以分为两类: 正常波动和异常波动. 如果波动是由很多因素的微小波动引起, 而这些微小波动可以看成是随机的, 就说过程 (工序) 处于统计受控状态. 否则, 如果波动是由某些事项引起, 如不当的机器调整、操作错误或不合格的原材料, 质量特性指标的波动就会大到不可接受, 此时就说过程处于失控状态. 在受控状态下, 生产的产品有稳定的质量. 否则, 就会生产出过多的不合格产品. 因此, 对于生产过程状态的监控对于保证质量也是十分重要的. 统计过程控制 (SPC, statistical process control) 就是监控生产过程的一个重要工具. 我们以最简单的 $\bar{x}$-s 控制图为例介绍其基本思想.

一个生产过程的不良表现通常可以从两个方面来描述. 一是处于受控状态, 但生产的合格品率偏低; 二是处于失控状态. 以 X 表示产品的某个质量特性指标, 规格限为 $[T_L, T_U]$, 即特性指标落入该区间时是合格的, 否则是不合格的. 由于受到许多随机因素的影响, 在生产过程处于受控状态时, 常常可以认为 X 服从正态分布 $N(\mu, \sigma^2)$, 这里 μ 和 σ 表明了受控生产过程的状态. 此时, 产品的合格率是一定的.

判断过程是否处于受控状态, 通常用控制图. 过程是否受控, 在于两个方面, 一是均值是否发生了变化, 二是方差是否发生了变化. 设在时刻 t 特性指标 $X \sim N(\mu_t, \sigma_t^2)$, 如果 Δt 不太大, 可以认为在 $[t, t+\Delta t]$ 上特性指标的分布相同. 在这个时段内抽取样本 $X_1, \cdots, X_n$, 利用第 8 章讲到的假设检验的方法就可以检验过程是否处于受控状态, 即检验假设 $H_{01}: \mu_t = \mu \leftrightarrow H_{11}: \mu_t \neq \mu$ 和 $H_{02}: \sigma_t = \sigma \leftrightarrow H_{12}: \sigma_t \neq \sigma$. 以 $H_{01} \leftrightarrow H_{11}$ 的检验为例. 此时, 我们假定 $\sigma_t^2 = \sigma^2$ 已知. 由 8.3 节知, 显著性水平为 α 的检验的拒绝域为 $|\bar{X} - \mu| > \dfrac{Z_{\alpha/2}}{\sqrt{n}}\sigma$. 取 $\alpha = 0.0027$ 得 $Z_{\alpha/2} = 3$. 这样, 当 $|\bar{X} - \mu| > \dfrac{3}{\sqrt{n}}\sigma$ 时拒绝 H_{01}, 犯错误的概率仅为 0.27%. 这就是 3σ 原理, 即由于 $\bar{X}$ 落入其均值 μ 的左右 3σ 的范围以外的概率仅为 0.27%, 一旦这样的事件发生, 就认为其均值偏离了 μ. 如果 $|\bar{X} - \mu| \leqslant \dfrac{3}{\sqrt{n}}\sigma$, 就接受原假设, 认为由均值看不出过程失控的迹象.

我们把上述检验的方法应用到过程的监控之中, 方法如下: 在以时间或样本序号为横轴的坐标纸上, 画出上侧控制线 (upper control limit)$UCL = \mu + \dfrac{3}{\sqrt{n}}\sigma$, 下侧控制线 (lower control limit)$LCL = \mu - \dfrac{3}{\sqrt{n}}\sigma$, 以及中心线 (center line)$CL = \mu$, 如图 D.5. 定期抽取大小为 n 的样本, 在 t 时抽取的 (或第 t 号) 样本记为 $X_{t1}, \cdots, X_{tn}$, 并计算样本均值 $\bar{X}_t = \sum\limits_{i=1}^{n} X_{ti}/n$, 在坐标纸上标出点 $(t, \bar{X}_t)$. 如果点落在两条控制线之外, 认为此时过程处于失控状态. 这样的图称为 $\bar{x}$ 图.

当 μ 和 σ 未知时, 需要用它们的估计代替. 做法是, 在认为过程处于受控状态的情况下定期抽取 m(通常为 20~25) 个大小为 n 的样本, 并对每个样本计算 $\bar{x}$ 和 $s = \sqrt{\dfrac{1}{n-1}\sum\limits_{i=1}^{n}(x_i - \bar{x})^2}$ 得到 $\bar{x}_1, \cdots, \bar{x}_m$ 和 $s_1, \cdots, s_m$. 令

$$\bar{\bar{x}} = \frac{1}{m}\sum_{i=1}^{m}\bar{x}_i, \qquad \bar{s} = \frac{1}{m}\sum_{i=1}^{m}s_i.$$

以 $\bar{\bar{x}}$ 代替 μ, σ 的无偏估计 $\bar{s}/c_4$ 代替 σ, 其中 $c_4 = \sqrt{\dfrac{2}{n-1}}\dfrac{\Gamma(n/2)}{\Gamma[(n-1)/2]}$, 即取上侧控制线为 $UCL = \bar{\bar{x}} + \dfrac{3\bar{s}}{c_4\sqrt{n}}$, 下侧控制线 $LCL = \bar{\bar{x}} - \dfrac{3\bar{s}}{c_4\sqrt{n}}$, 以及中心线 $CL = \bar{\bar{x}}$.

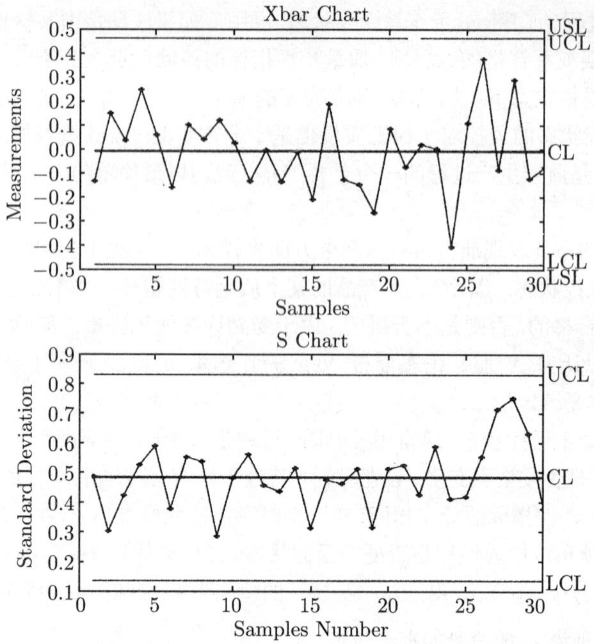

图 D.5　$\bar{x}$ 图和 s 图

同理, 也需要对于过程的波动进行监控, 方法是用 s 图. 其原理与上面类似, 由于 $\mathrm{Var}(s)=\sigma^2(1-c_4^2)$, 按 3σ 原理, 方法如下: 中心线为 $CL=\sigma$, 上侧控制线为 $UCL=B_4\sigma$, 下侧控制线为 $LCL=B_3\sigma$, 这里,

$$B_3=1-\frac{3}{c_4}\sqrt{1-c_4^2},\qquad B_4=1+\frac{3}{c_4}\sqrt{1-c_4^2},$$

当 σ 未知时, 用 $\bar{s}$ 代替 σ.

由上面可以看出, 控制图直观方便、简单易行. 利用控制图, 就可以把生产过程的监控日常化, 对生产过程进行诊断, 及时发现过程的问题并适时调整, 保证生产过程处于统计控制状态. 实际中根据质量特性指标的特点 (如离散情形) 以及过程、产品等方面的具体情况, 有许多不同种类的控制图. 国家制定了相应的国家标准. 关于控制图以及质量控制方面的更多介绍参见周纪芗、茆诗松编著《质量管理统计方法》(中国统计出版社, 1999).

好, 现在你能够生产出高质量的产品了. 那么, 你了解市场情况吗?

企业知多少?—— 抽样调查

什么样的人喜欢你设计的新产品, 当前家庭车辆拥有状况如何等, 类似的问题很常见. 这是些初看起来不难回答的问题, 然而仔细想想, 要把这些问题回答得客观准确却不那么容易. 利用抽样调查的方法, 可以对这类问题给出比较好的回答. 这种方法现在应用十分广泛: 国家和地方决策部门通过抽样调查统计粮食产量, 了解劳动力和就业情况、人口变动情况等国民经济的基本运行状况; 以经营调查为主的公司受客户委托承接诸如市场调查 (如"西式快餐市场调查", 某品牌汽车广告效应调查) 等. 在一些网站上可以看到许多抽样调查报告的摘要 (如 vc.chinanasdaq.com), 比如关于国内网站的抽样调查结果.

抽样调查是数理统计学的一个分支, 主要研究如何从总体 (尤其是有限总体) 中抽样才能使抽样有更高的效率, 即在给定的样本量 (或抽样费用) 下, 如何抽取样本、如何分析样本才能对总体做更高精度的推断, 或者在给定精度的要求下如何抽取样本才更节省. 因此, 抽样理论实际上涉及统计学的两个方面的任务, 即收集数据和分析数据. 在第 6~8 章曾经讲到依据样本对总体的推断, 但那里主要针对独立同分布样本. 然而, 在抽样调查中, 由于主要研究的是有限总体的抽样问题, 样本一般不是独立同分布的. 另外, 抽样调查还是一种获取信息的技术. 针对一个具体的问题, 抽样调查的过程包括一系列可以按规程操作的步骤. 同时, 选取的抽样方案必须是可以实施的, 而统计分析方法要从属于所使用的抽样方案.

我们以国家统计局公布的 2001 年"规模以下工业抽样调查实施方案"为例 (国家统计局网站), 介绍抽样调查的一些基本概念和基本问题, 对于这一理论有兴趣的读者可以参考冯士雍等《抽样调查理论》(中国统计出版社, 1998), 孙山泽《抽样调查》(北京大学出版社, 2004), 科克伦《抽样技术》(张尧庭、吴辉译, 中国统计出版社, 1985). 下面是这个抽样调查方案的一部分.

规模以下工业抽样调查实施方案

一、调查目的

反映规模以下工业的基本总量, 为国民经济核算提供基础数据.

二、调查范围 (总体)

年产品销售收入 500 万元以下的非国有工业企业和全部个体经营工业单位. 具体包括 ······

三、调查内容及表式

调查内容包括 500 万元以下的非国有工业企业的基本情况, 如: 企业详细名称、地址、企业法人代码、登记注册类型、人员及生产经营状况等; 个体经营工业单位的基本情况、人员及生产经营状况等 ······. 调查表具体内容详见表式 ······

四、调查报告期及报送时间

年报的报告期为 1 至 11 月份, 报送时间为 2001 年 12 月 25 日前 ······. 报送方式为计算机远程传输.

五、调查总体划分

根据国民经济核算要求, 首先将规模以下工业总体划分成两个子总体, 即年销售收入 500 万元以下的非国有工业企业, 以下简称企业子总体; 全部个体经营工业单位, 以下简称个体经营单位子总体.

根据调查总体的分布状况、抽样框现状以及我国目前行政管理体制特点, 各地的抽样调查设计可以将企业子总体再划分成两个子总体, 即乡及乡以上年销售收入 500 万元以下的非国有工业企业, 以下简称乡及乡以上企业; 销售收入 500 万元以下的村及村以下工业企业，以下简称村及村以下企业. 同样可以将个体经营单位划分成农村个体经营工业单位和城镇个体经营工业单位两个子总体.

需要强调的是，对两个子总体的进一步划分的主要目的，是为了适应各种不同的抽样框，并非要求得到各子总体的数据. 各地可以根据本地区抽样框的条件，采取不同的方法划分子总体，但要求能区分出企业和个体经营单位两种类型.

六、基本抽样方法

基本原则是，对调查总体中有企业名录库的部分采用目录抽样，没有企业名录库的部分采用整群抽样. 若抽样框条件许可，应对所有规模以下工业企业采用目录抽样，对个体经营单位采用整群抽样. 目前，考虑到各地企业名录库的状况及上述四个子总体的分布特点，方案设计了四种抽样方法，供各地选择使用：

(一) 一阶段目录抽样. 根据省级企业名录库直接抽取样本企业，有名录库的企业都应采取此方法.

(二) 一阶段整群抽样. 在省一级直接抽取行政村，以村、街道或居委会作为群单位. 主要用于农村和城镇个体经营单位和未建企业名录库的村及村以下企业.

(三) 二阶段整群抽样. 第一阶段抽取省辖区内的市辖区、县级市和县 (以下简称县、区)，第二阶段抽取样本县、区内的行政村，以村作为群单位. 主要用于农村个体经营单位. 村及村以下企业若无名录库，也可以采取此方法 ……

(四) 二阶段目录抽样. 第一阶段抽取省辖区内的县、区，第二阶段抽取样本县、区内的个体经营单位. 主要用于城镇个体经营单位.

七、总体估计量及其方差

方案根据不同的子总体，设计了不同的抽样方法. 因此，在进行估计时，要先对子总体进行估计，然后估计总体. 总体总量指标估计量与子总体总量指标估计量的关系及方差如下：

(一) 总体总量指标估计量：$\hat{Y}=\sum\limits_{i=1}^{4}\hat{Y}_i$.

(二) $\hat{Y}$ 的方差估计量：$V(\hat{Y})=\sum\limits_{i=1}^{4}V(\hat{Y}_i)$.

(三) $\hat{Y}$ 的最大相对误差：$r=\dfrac{t\sqrt{V(\hat{Y})}}{\hat{Y}}$.

式中，$i=1$ 表示乡及乡以上企业子总体，$i=2$ 表示村及村以下企业子总体，$i=3$ 表示农村个体经营单位子总体，$i=4$ 表示城镇个体经营单位子总体. 由于本方案规定的置信系数度为 95%，故 t 等于 1.96，以下相同. $\hat{Y}$ 为总体总量指标 Y 的估计量，$V(\hat{Y})$ 为 $\hat{Y}$ 的方差估计量. $\hat{Y}_i$ 为第 i 个子总体的总量指标 Y_i 的估计量，$V(\hat{Y}_i)$ 为 $\hat{Y}_i$ 的方差估计量. r 为总体总量估计量 $\hat{Y}$ 的最大相对误差. 有关各子总体的抽样方法及估计量计算方法在以下有关部分进行说明.

八、抽样精度

规模以下工业抽样调查以省为总体控制抽样精度，具体要求是：在 95% 的概率保证程度下，各省（区、市）的核心指标——工业总产值的最大相对误差控制在 10% 以内，即 $r \leqslant 10\%$．同时，要求全省（区、市）规模以下工业总体的企业单位数指标的最大相对误差控制在 15% 以内，即 $r \leqslant 15\%$．

抽样精度是以全部年销售收入 500 万元以下的非国有工业企业和个体经营工业单位作为一个总体设置的，即要求总体工业总产值估计值的最大相对误差不超过 10%，并非要求每个子总体工业总产值的最大相对误差控制都在 10% 以内．

各子总体的抽样精度 r_i 与总体抽样精度 r 的关系为

$$r^2 = \sum_{i=1}^{4} \left(\frac{Y_i}{Y}\right)^2 r_i^2,$$

式中，Y 为总体总量指标值 Y_i 为第 i 个子总体的总量指标值，r 为总体总量指标估计值的最大相对误差，r_i 为第 i 个子总体的总量指标估计值的最大相对误差．……

确定 r_i 的目的是为了分别计算各子总体的样本量，各地应利用有关资料及本地区的实际情况测算并确定 r_i．不同子总体的最大相对误差可以相等，也可不相等，但彼此之间的差异不宜过大．一般原则是，占总体总量比重大的子总体，r_i 应相对较小，即控制的抽样精度较高；占总体总量比重小的子总体，r_i 应相对较大．

调查设计共分为 4 个部分，主要是针对不同的子总体及抽样框采取了不同的抽样设计．第一部分为一阶段目录抽样，第二部分为二阶段整群抽样，第三部分为二阶段目录抽样，第四部分为一阶段整群抽样．

第一部分　一阶段目录抽样

——乡及乡以上工业企业抽样设计

本部分的应用范围是所有有名录库的规模以下工业企业．无论是乡及乡以上或是村及村以下工业企业，只要有省一级企业名录库，都应采用此方法．考虑到目前各地普遍已建立乡及乡以上工业企业名录库，因此本部分以乡及乡以上工业企业为例说明此方法．已建立村及村以下工业企业名录库的省（区、市）应对村及村以下工业企业采用此方法．本部分方法要求从省级企业名录库中直接抽取企业．在本部分 i 取值 1，代表乡及乡以上企业子总体．

一、抽样框

抽样框的范围包括全部年销售收入 500 万元以下的乡及乡以上的非国有工业企业，企业年销售收入以上年数据为准，即包括上年末销售收入不足 500 万元的所有乡及乡以上的非国有工业企业．抽样框内容应包括企业的基本属性指标和基本价值量指标．

由于抽样框中资料的时点与调查时点存在差异，各省（区、市）在调查时会遇到企业的消亡和新生的问题．企业消亡是指企业被列入抽样框，但在调查时已不存在，如破产、解体或改行；新生企业是指企业没有列入抽样框，但在调查时已经产生，如新建企业或由其他行业改行而来的企业．因此，必须对新生企业和消亡企业进行相应的处理．具体处理办法将在有关部分进行说明．

二、企业分层

将子总体中的全部企业按规模 —— 工业总产值或销售收入进行分层. 各地可灵活掌握分层数量和分层界限, 一般分为 2 或 3 个层即可.

三、样本量的确定与分配

……

四、样本抽取的方法

层内抽取样本主要有两种方法, 即对称等距抽样法和简单随机抽样法. 各地可根据具体情况, 选用其中的一种方法.

(一) 对称等距抽样

1. 将层内企业按工业总产值数额由大到小排队、编号.

……

我们看到, 一项调查的实施是一个组织严谨的工程. 一项全国范围内的调查必须由众多的调查人员共同完成, "调查实施方案" 是所有调查人员的工作规范. 制定恰当、详细的实施方案是为了保证调查的质量和工期. 上述的调查方案是一个比较复杂的大型抽样调查方案的一部分, 反映了大型抽样方案的典型内容: 包括了整个调查方案 8 个方面的内容: 调查目的、调查总体、调查内容及表式 (表式是调查表的形式和内容)、调查报告期及报送时间、调查总体划分、基本抽样方法、总体估计量及其方差和抽样精度 (上面省去了有关的公式). 前 4 项主要是由这次调查的主题和行政主体所决定的, 后 4 项则是这次调查的具体方法及其相应的说明, 是把抽样理论应用到具体的调查问题所产生的. 这些内容保证了整个调查队伍统一认识、统一行动、得到的数据规整有效.

作为一个项目, 必须有明确的目的. 第 1 项明确规定了项目的目的所在. 第 2 项中涉及抽样理论中的基本概念 —— 总体. 所谓总体是指要了解的所有对象构成的集合. 集合中的元素称为个体 (或称抽样单位). 抽样调查就是从总体中抽取个体, 并通过对于抽样数据的统计分析, 达到了解总体的某些特征目的的过程. 确定总体是这个过程的第一步. 第 2 项规定, 调查的总体是 "年产品销售收入 500 万元以下的非国有工业企业和全部个体经营工业单位." 在这个问题中, 个体是企业或工业单位. 第 3 项规定了调查内容. 要确保其中的每项内容都与达到调查目的直接有关, 了解不必要的内容是一种浪费. 同时, 也要保证调查内容的完整性, 以能得到充分的数据信息. 把要调查的具体内容如企业名称、地址、注册类型、经营情况等列成表格, 是常用的方法, 这样便于组织调查过程, 保证调查数据质量. 第 4 项明确规定了调查起止时间. 对于大型调查, 这是必须的. 不仅作为这项工作的纪律, 有时, 调查本身也必须有时效限制, 如人口问题的调查, 必须规定调查某时某刻的数据, 因为总体的情况随时而变. 第 5 项中的总体划分是针对要调查的总体结构复杂这一情况的. 由于这个总体由不同的经济成分构成, 对于总体中不同类型个体的了解情况有差异, 分为子总体有利于采取更为实际的抽样方法, 有时也能提高调查的精度. 另一方面, 如果总体中的个体比较单纯, 从理论上讲, 分为子总体并对不同的子总体采用不同的抽取样本的方法, 可能会增加统计分析的难度, 或降低统计分析的精度.

第 6 项抽样方法是核心内容. 抽样方法是指按照什么样的方式从总体中抽取个体进行调查, 这包括两个部分, 一是如何抽取个体, 二是抽取到个体以后如何得到有关这个个体的数据. 在这项调查中, 由于执行单位是从属于政府部门的企业调查队, 因而从被抽中的个体得到数据是他们工作的一个部分. 对于一般的调查, 常见的方式有寄送并回收问卷调查表, 电话调查, 入户调查等. 每一种方法都有相应的技巧, 可以帮助调查人员得到比较准确的回答 (即数据). 比如, 如果调查的是敏感问题, 调查员问话不小心时可能造成反感印象, 使得被调查者对于要调查的问题拒绝回答. 因此, 为了保证调查的质量, 很多时候选用训练有素的专业调查员.

如何从总体中抽取个体是抽样的关键. 确定如何抽取, 一般需要考虑下面几个因素:

(1) 精度: 在很多情况在, 抽样的目的是估计总体的某些特征, 此时, 精度指所能达到的估计精度 (一般与估计量的方差或者置信区间的长度和置信系数有关). 不同的抽样方法从总体中得到的信息量是不同的. 调查时, 一般都有一定的精度要求, 这就需要调查本身提供充足的信息量. 为此, 如果抽样之前对总体有所了解, 那么就可以采取相应的办法, 提高抽样的效率. 当然, 精度与分析抽样数据的统计方法、抽样方法以及样本量有关. 因此, 确定抽样方法时, 一般同时考虑相应的统计分析方法. 上述抽样方案的第 8 项详细讨论了精度问题.

(2) 费用: 如果仅从精度考虑, 那么倾向于样本量大的选择. 但对于一项实际工作必须考虑到实施的预算. 因此, 提高抽样的效率成为选择抽样方案的重要原则.

(3) 可操作性: 是指能够按抽样方案抽取到相应的个体, 并能够得到相应的数据. 设计抽样方案, 应该考虑到各种可能的困难, 包括个体的抽取和观测中的困难, 以及这些困难对于各个方面的影响.

任何疏忽都有可能造成抽样结果是“有偏”的. 例如, 1936 年罗斯福和兰登竞选美国总统时, 美国《文学摘要》(Literary Digest) 做了 1000 万人的抽样调查, 他们从电话簿或俱乐部的会员名册上抽取到这些人的地址, 把问卷寄给抽中的人, 收回 240 万份问卷, 据此抽样调查的结果,《文学摘要》预测兰登会以 57% 对 43% 的优势获胜. 然而实际却是罗斯福以 62% 对 38% 的压倒优势获胜. 问题在于抽样漏掉了既不是俱乐部成员也没有电话的穷人 (当时平均 4 个家庭只有 1 部电话). 这样得到的信息是有偏倚的. 这种排除了一类抽样单位造成的偏倚称为“选择性偏倚”. 选举表明, 穷人的多数票投给了罗斯福. 此后不久《文学摘要》便垮了. 而盖洛普 (Gallup) 公司正是由于正确预测了罗斯福获胜得以起家. 另外一类偏倚是“无回答偏倚”, 即不能从被抽到的单位得到要调查的信息, 比如, 许多人不回答问卷. 这样有时会使得抽样调查的精度大打折扣.

抽样时一般先给出抽样框. 所谓抽样框是指总体中所有个体的一份清单, 一般载有地址或其他联系方式等内容.

抽取样本的方法有很多, 常用的有简单随机抽样, 系统抽样 (等距抽样), 整群抽样, 分层随机抽样等.

简单随机抽样: 这是一种随机抽样的方法, 它保证总体中所有可能的样本被抽中的可能性相同. 因此这样抽到的样本具有良好的代表性. 可以是有放回独立重复随机抽样 (所得到的样本就是第 6~8 章研究的独立同分布样本), 也可以是无放回随机抽样 (形象地说, 就是“抓阄”). 对于无放回随机抽样, 抽取时可以把所有抽样单位编号, 然后用随机选号 (比如用计算机产生随机数或利用随机数表) 的方法. 这个方法并不总是容易做到的: 设想如果从 13 亿人口中选取 1000 万人, 工作量会大得无法完成.

系统抽样：设总体中共有 N 个单位，把总体中所有单位编号为 $1, 2, \cdots, N$. 设要抽取的样本容量为 n，令 $k = [N/n] + 1$. 系统抽样的方法是：先从前 k 个单位中随机抽取一个，然后每隔 k 个抽取一个单位. 这种方法称为系统抽样，其特点是便利.

整群抽样：把总体分为多个子群，随机抽取一个子群，然后调查被抽中的子群中的所有个体. 在实际问题中，有时没有总体中个体的名单，或者制作这种名单的费用太贵. 例如，我们很难制作一份北京市全体家庭的清单，但每个社区一般都有该社区住户的一个清单. 于是我们可以考虑随机抽取社区，并调查被抽到的社区中的所有家庭. 这便是整群抽样. 另外，有时考虑费用问题：跑遍从北京市城区随机抽取的 1000 个家庭比跑遍随机抽到的五个社区 (假设共有 1000 个家庭) 费用要高得多.

分层随机抽样：如果总体中的个体在某个因素上差异较大，并且这种差异影响到个体的观测值，那么，就可以利用该因素把总体分为若干层，再分别从各个层中抽取简单随机样本. 这种方法称为分层随机抽样. 恰当的分层可以提高估计的精度. 我们从“第一部分”中的“二、企业分层”中看到在上述调查中的分层的方法.

上述抽样调查实施方案中的“目录抽样”是指利用子总体的清单抽取 (等距或简单随机) 样本. 在复杂的问题中，往往还要把抽样分为多级. 比如，在整群抽样中，如果子群都很大，那么对子群进行完全的观测也不一定是必要的. 此时，可以再把子群细分为二级子群，从抽到的子群中抽取二级子群，并对于抽到的二级子群进行全体观测. 这样的抽样称为两阶段整群抽样. 第 6 项中的 (三) 中规定了具体的两阶段整群抽样方法. 同样，从第 6 项中的 (四) 我们可以理解两阶段目录抽样的含义.

通过上述解释，想必你已经大致清楚了抽样调查考虑的问题：如何抽样，如何利用抽样所得的数据对总体进行统计推断 (估计方法、估计精度等)，如何确定样本量等. 另一方面，别忘了，你的抽样方案还应该有充分的可操作性啊!

抽样调查的方法可以帮助你对于开发产品的潜在市场进行调查. 假如你运作成功，就会赚取大量的剩余资本，那么如何投资就摆在你的面前了.

投资什么样的股票？—— 投资决策问题

在市场经济的发展进程中，投资越来越成为人们的日常活动. 这种活动当然是以获取利益为目的的，因而如何投资就成为人们所关心的问题. 1952 年美国经济金融学家马尔柯维茨 (Harry Markowitz) 提出了投资组合选择理论，利用概率论的模型刻画金融市场中的投资策略. 此工作于 1990 年获得诺贝尔经济学奖. 下面我们就看看诺贝尔奖获得者的智谋.

假设有两种风险证券 S_1 和 S_2 可供某投资者选择，收益率分别为 R_1 和 R_2. 该投资者持有资金 d 元，问题是投资者如何分配购买这两个证券的资金.

假定投资者分配购买两个证券的资金分别为 d_1 和 d_2 元，这一投资组合策略的收益率记为 R，如果投资期间内没有其它变化，那么应该有

$$d(1 + R) = d_1(1 + R_1) + d_2(1 + R_2).$$

记 $x = d_1/d$，则每个 x 代表一种投资组合策略，即投资于证券 S_1 的资金比例为 x，投资于证券

S_2 的资金比例为 $1-x$. 由上式,

$$R = xR_1 + (1-x)R_2. \tag{D.16}$$

由于受到众多因素的影响, 收益率随机波动, 视为随机变量, 并假定 (R_1, R_2) 服从二维正态分布, R_1, R_2 期望分别为 μ_1, μ_2, 方差分别为 σ_1^2 和 σ_2^2, 它们的相关系数为 ρ. 这时, R 仍然服从正态分布, 期望和方差分别为

$$\mu = x\mu_1 + (1-x)\mu_2, \tag{D.17}$$

$$\sigma^2 = x^2\sigma_1^2 + 2x(1-x)\rho\sigma_1\sigma_2 + (1-x)^2\sigma_2^2. \tag{D.18}$$

收益率的期望 μ 表示相应于 x 的投资组合选择的平均收益率. 另一方面, 我们知道, 投资是有风险的, 风险的大小正是在于收益率的波动性, 因此, 可以用收益率的标准差 σ 来衡量一个投资组合的风险. 为了解平均收益率与风险的关系, 从 (D.17) 中解出 $x = (\mu - \mu_2)/(\mu_1 - \mu_2)$ 代入 (D.18) 得到

$$\sigma^2 = \frac{(\mu-\mu_2)^2}{(\mu_1-\mu_2)^2}\sigma_1^2 + 2\frac{(\mu-\mu_2)(\mu_1-\mu)}{(\mu_1-\mu_2)^2}\rho\sigma_1\sigma_2 + \frac{(\mu_1-\mu)^2}{(\mu_1-\mu_2)^2}\sigma_2^2.$$

整理得

$$\sigma^2 = A(\mu-\mu_0)^2 + \sigma_0^2, \tag{D.19}$$

其中

$$A = \frac{1}{(\mu_1-\mu_2)^2}(\sigma_1^2 - 2\rho\sigma_1\sigma_2 + \sigma_2^2),$$

$$\mu_0 = \frac{\mu_1\sigma_2^2 - (\mu_1+\mu_2)\rho\sigma_1\sigma_2 + \mu_2\sigma_1^2}{(\sigma_1-\sigma_2)^2 + 2(1-\rho)\sigma_1\sigma_2},$$

$$\sigma_0^2 = \frac{\sigma_1^2\sigma_2^2(1-\rho^2)}{(\sigma_1-\sigma_2)^2 + 2(1-\rho)\sigma_1\sigma_2}.$$

考虑到 $\sigma > 0$, 方程 (D.19) 表示 σ-μ 平面 (即以 σ 为横坐标, μ 为纵坐标的平面坐标系) 上一条以 (σ_0, μ_0) 为顶点的双曲线的右支, 如图 D.6. (D.17)(D.18) 为这条曲线的参数方程, x 为参数. 双曲线上每一个点对应一个投资组合 (即对应一个 x 的值). 称该曲线为投资组合曲线. 顶点上横坐标 σ_0 为所有组合中的最小风险, 对应投资于证券 S_1 的资金比例为 $x = (\mu_0 - \mu_2)/(\mu_1 - \mu_2)$.

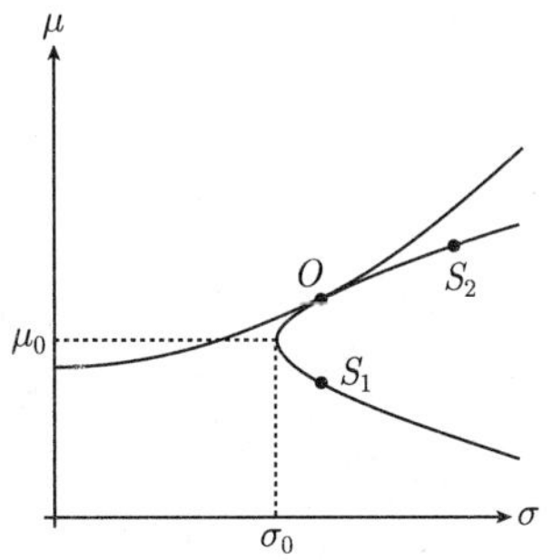

图 D.6　投资组合曲线

双曲线反映了期望收益与风险之间的关系. 曲线的上半部表示, 期望收益越高, 风险越大. 对于曲线下半部中的投资组合, 总有具有相同风险但有更高的收益率的上半部中的组合, 实际中没有人会选择曲线下半部对应的投资组合, 因而曲线下半部没有实用意义. 曲线上半部中的投资组合称为有效投资组合.

考虑如何在这两种证券上分配资金的问题时, 应该兼顾收益与风险. 如何做到二者兼顾, 不同的投资者会有不同的考虑. 我们不妨假定每个投资者心目中都有一个效用函数 $U(x)$, 用来衡量一个投资组合 x 的优劣, 该函数满足以下两点: (1) 函数值越大, 投资者认为相应的组合越好; (2) 当两个组合 x 和 y 对应的效用函数值一样时, 对两个组合不加区别. 由 (D.17) 和 (D.18) 看出, 投资组合的期望收益率和收益率方差都是投资比例 x 的函数, 故分别记它们为 $\mu(x)$ 和 $\sigma^2(x)$. 一个简单的效用函数是 $U(x)=\mu(x)-k\sigma^2(x)$, 其中 $k>0$ 表示投资者对于风险的关注, 随投资者而异. 这个效用函数表明, 如果两个投资组合的期望收益率相同, 则选择风险小的组合; 如果两个投资组合的风险一样, 那么就选择期望收益率高的组合. 在这个效用函数下, 投资组合的挑选问题就化为如下的数学问题:

$$\begin{aligned}\text{极大化:}\quad U(x)=&x\mu_1+(1-x)\mu_2-k[x^2\sigma_1^2+2x(1-x)\rho\sigma_1\sigma_2+(1-x)^2\sigma_2^2]\\ =&-k\ (\sigma_1^2-2\rho\sigma_1\sigma_2+\sigma_2^2)x^2\\ &+\ (\mu_1-\mu_2-2k\rho\sigma_1\sigma_2+2k\sigma_2^2)x+\mu_2+k\sigma_2^2. \end{aligned}\tag{D.20}$$

$U(x)$ 为 x 的二次函数, 容易得到最优投资组合为

$$x_O=\frac{\mu_1-\mu_2-2k\rho\sigma_1\sigma_2+2k\sigma_2^2}{2k\ (\sigma_1^2-2\rho\sigma_1\sigma_2+\sigma_2^2)}=\frac{\mu_O-\mu_2}{\mu_1-\mu_2},$$

其中 $\mu_O=\mu_0+\dfrac{1}{2kA}$. 代入 (D.17) 和 (D.18) 得最优投资组合 x_O 所对应的期望收益率为 μ_O, 风险和相应的效用函数的值分别为

$$\sigma_O=\sqrt{\sigma_0^2+\frac{1}{4Ak^2}},\qquad U(x_O)=\mu_O-k\sigma_O^2.$$

如图 D.6 所示, 抛物线 $\mu-k\sigma^2=U(x_O)$ 和双曲线 $\sigma^2=A(\mu-\mu_0)^2+\sigma_0^2$ 在 (σ_O,μ_O) 处相切.

注 我们在求解 (D.20) 式的过程中, 允许卖空的投资组合, 即 x 的值可以取在区间 $[0,1]$ 之外. 比如, 如果 $x_O<0$, 那么, 就要卖空卖出 x_Od 元的 S_1 证券.

如果两个证券中有一个是无风险证券, 比如 S_1 为国债, 收益率 r_1 为定值, 此时, $\sigma_1=0$,

$$\begin{aligned}\mu&=xr_1+(1-x)\mu_2=\mu_2-(\mu_2-r_1)x,\\ \sigma^2&=(1-x)^2\sigma_2^2.\end{aligned}$$

有效投资组合的集合为直线

$$\mu=r_1+\frac{\mu_2-r_1}{\sigma_2}\ \sigma\quad(\sigma>0).$$

在效用函数 $U(x)=\mu-k\sigma^2$ 下, 最优投资组合为

$$x_O=\frac{2k\sigma_2^2-(\mu_2-r_1)}{2k\sigma_2^2}.$$

上面我们是用效用函数来作为选择投资组合的准则的. 还有其他准则, 比如, 在给定风险上界的条件下极大化期望收益率, 或在指定期望收益率下界的条件下极小化风险. 一般情况下, 设有 n 种证券 $S_1,\cdots,S_n$, 收益率分别为 $R_1,\cdots,R_n$. 假定 $(R_1,\cdots,R_n)^{\mathrm{T}}\sim N(\boldsymbol{\mu},\Sigma)$, 其中

$$\boldsymbol{\mu}=\begin{pmatrix}\mu_1\\ \mu_2\\ \vdots\\ \mu_n\end{pmatrix},\qquad \Sigma=\begin{pmatrix}\sigma_{11}&\sigma_{12}&\cdots&\sigma_{1n}\\ \sigma_{21}&\sigma_{22}&\cdots&\sigma_{2n}\\ \vdots&\vdots&&\vdots\\ \sigma_{n1}&\sigma_{n2}&\cdots&\sigma_{nn}\end{pmatrix}$$

分别为期望收益率向量和协方差矩阵. 记 $x_1,\cdots,x_n$ 为各个证券的投资比例, 类似于 (D.17)~(D.18), 投资组合的期望收益率和方差分别为

$$\mu=x_1\mu_1+\cdots+x_n\mu_n,\qquad \sigma^2=\sum_{i=1}^{n}\sum_{j=1}^{n}x_ix_j\sigma_{ij}.$$

如果采用指定期望收益率下界 μ_L 的条件下极小化风险的策略, 那么, 问题就变为

$$\begin{aligned}\text{极小化:}\quad&\sigma^2(x_1,\cdots,x_n)=\sum_{i=1}^{n}\sum_{j=1}^{n}x_ix_j\sigma_{ij},\\ \text{约束条件:}\quad&x_1\mu_1+\cdots+x_n\mu_n\geqslant\mu_L,\\ &x_1+\cdots+x_n=1.\end{aligned}$$

这是一个有线性等式和不等式约束的二次规划问题. 记

$$B=\begin{pmatrix}\mu_1&\mu_2&\cdots&\mu_n\\ 1&1&\cdots&1\end{pmatrix}^{\mathrm{T}},\quad \boldsymbol{r}=\begin{pmatrix}\mu_L\\ 1\end{pmatrix},\quad \boldsymbol{x}=(x_1,\cdots,x_n)^{\mathrm{T}}.$$

利用高等数学和线性代数的知识, 不难得出上述准则下的最优投资组合为

$$\boldsymbol{x}_O=\Sigma^{-1}B(B^{\mathrm{T}}\Sigma^{-1}B)^{-1}\boldsymbol{r}.$$

这里, 假定所有涉及的逆矩阵都存在, 同时也允许卖空. 如果不允许卖空, 即限制 $0\leqslant x_i\leqslant 1$, $i=1,\cdots,n$, 结论要复杂一些, 但目前大多数数学软件都有现成的函数可以求解这类问题.

在以上讨论中, 依据期望收益率和收益率方差来决定投资组合的选择, 这种模型称为期望—方差 (EV) 模型. 这里讨论的是一个静态模型, 只适用于短期的投资问题. 如果考虑长期的投资问题, 需要考虑沿时间的变化, 可以应用更一般的概率论模型来刻画这类问题. 关于投资组合的动态模型, 目前仍然是一个热门的研究课题. 除了投资组合理论以外, 利用概率模型还可以讨论期权定价问题. 这方面的工作是由马尔柯维茨的学生夏蒲 (William Shape) 首先发表的, 他与马尔柯维茨 1990 年同获诺贝尔经济学奖. 关于数理金融的书已经很多, 如程希骏、胡达沙《金融投资数理分析》(安徽科学技术出版社, 2001), 姜礼尚《期权定价的数学模型和方法》(高等教育出版社, 2003), 叶中行、林建忠《数理金融》(第二版, 科学出版社, 2010).

明白该如何选择投资组合了吗? 不过, 要真想一试身手, 别忘了风险总是存在的啊!

结　束　语

不知不觉间时间已经过去了. 话题还多着呢, 亲子鉴定、DNA、搜索引擎、保险精算什么的, 说不完! 不过, 道别前我还有一句贴心窝子的话: 如果你要与数据打交道, 别忘了邀上概率统计工作者, 这可是一件事半功倍的事啊!

2010 年 8 月 20 日
修改于北京工业大学

教学支持说明

科学出版社高等教育出版中心为了对教师的教学提供支持，特对教师免费提供本教材的电子课件，以方便教师教学。

获取电子课件的教师需要填写如下情况的调查表，以确保本电子课件仅为任课教师获得，并保证只能用于教学，不得复制传播用于商业用途。否则，科学出版社保留诉诸法律的权利。

地址：北京市东黄城根北街 16 号，100717

科学出版社　高等教育出版中心　数理出版分社 姚莉丽 （收）

电话：010-64034725　　传真：010-64015178

E-mail：yaolili@mail.sciencep.com

（登陆科学出版社网站：www.sciencep.com“教材天地”栏目可下载本表。）

请将本证明签字盖章后，传真或者邮寄到我社，我们确认销售记录后立即赠送。

如果您对本书有任何意见和建议，也欢迎您告诉我们。意见经采纳，我们将赠送书目，教师可以免费赠书一本。

证　明

兹证明__________大学 __________学院/_____系第____学年□上/□下学期开设的课程，采用科学出版社出版的____________/__________（书名/作者）作为上课教材。任课老师为________共_____人，学生___个班共___人。

任课教师需要与本教材配套的电子课件。

电　话：______________________________

传　真：______________________________

E-mail: ______________________________

地　址：______________________________

邮　编：________________

院长/系主任：__________　（签字）

（盖章）

_____年____月____日